KB190978

JLPT
일본어 능력시험

한권으로 끝내기 보카

김성곤 지음

N5~N1

다락원

3rd EDITION

JLPT 일본어 능력시험

한권으로 끝내기
보카 N5~N1

지은이 김성곤
펴낸이 정규도
펴낸곳 (주)다락원

초판 1쇄 발행 2012년 6월 15일
개정 1판 1쇄 발행 2016년 7월 4일
개정 2판 1쇄 발행 2025년 4월 7일

책임편집 손명숙, 임혜련, 송화록
디자인 장미연, 이승현

다락원 경기도 파주시 문발로 211
내용문의: (02)736-2031 내선 460~465
구입문의: (02)736-2031 내선 250~252
Fax: (02)732-2037
출판등록 1977년 9월 16일 제406-2008-000007호

ISBN 978-89-277-1316-6 13730

http://www.darakwon.co.kr

- 다락원 홈페이지를 방문하시면 상세한 출판 정보와 함께 동영상 강좌, MP3 자료 등 다양한 어학 정보를 얻으실 수 있습니다.
- 다락원 홈페이지에 접속하시거나 표지의 QR코드를 스캔하시면 MP3 파일 및 관련 자료를 다운로드하실 수 있습니다.

일본어능력시험은 일본어 능력을 객관적으로 측정하는 가장 공신력 있는 시험으로, N5부터 N1까지 다섯 레벨이 있습니다. 각 레벨의 시험 영역 중에서 가장 기본이 되는 것은 역시 문자·어휘에 대한 이해, 즉 어휘력입니다. 본서는 일본어능력시험의 각 레벨에 필요한 어휘를 터득하는 것을 목표로 하고 있습니다.

상위 레벨로 올라갈수록 학습해야 할 단어가 많아지기 때문에, 무조건 외우기 보다는 출제 빈도가 높은 단어를 중심으로 학습하는 것이 효율적입니다. 본서는 35년 이상에 걸친 일본어 능력시험의 출제 내용에 근거하여 약 8,000개의 어휘를 레벨별로 정리하여 제공하고 있습니다.

이 책을 학습할 때는 응시하고자 하는 레벨은 물론이고, 그 아래 하위 레벨의 단어도 학습할 필요가 있습니다. 예를 들어, N2를 응시하는 사람은 N3의 내용도 함께 학습하세요. N2는 N3 레벨의 내용을 포함하여 출제되기 때문입니다.

저자의 오랜 수험 경험과 지도 경험을 통해 볼 때 이 책만으로도 철저한 능력시험 대비는 물론, 여러분들의 일본어 실력 향상에도 도움이 되리라 확신합니다. 최고의 학습법은 반복입니다. 막연하게 어디선가 본 듯한 느낌만으로는 시험에 대비할 수 없습니다. 자신이 생길 때까지 지속적으로 반복하여 학습하기를 권합니다.

마지막으로 이 책이 발간되기까지 많은 격려를 해주신 다락원 정규도 사장님과 일본어출판부 관계자분들께 이 자리를 빌어 감사를 드립니다.

저자 김성곤

차례

1　품사별 + あいうえお순 구성

일본어능력시험 N5에서 N1까지 필요한 어휘와 함께 대표적인 용례들을 실었습니다. 수록된 모든 단어에 예문이 실려 있어 제시된 단어의 적절한 의미와 활용을 묻는 '용법' 유형의 문제에 대응할 수 있습니다.

2　2가지 버전의 MP3 파일

MP3 형식의 음성 파일을 2가지 버전으로 제공합니다. 단어와 예문의 네이티브 음성을 듣는 학습용 MP3 와, 단어만을 모아 일본어 음성과 한국어 뜻을 들려주는 암기용 MP3가 있습니다. 학습용은 책과 함께 차분하게 공부할 때, 암기용은 지하철이나 버스 등에서 책 없이 단어를 암기할 때 활용하면 좋습니다.

3　학습 스케줄

규칙적이고 효율적인 학습을 지속적으로 할 수 있도록 급수별 30일 완성 학습 스케줄을 제공합니다.

4　Level별 문자·어휘 모의고사

학습 달성도를 확인할 수 있도록 실제 시험과 동일한 형식의 문자·어휘 모의고사를 제공합니다. 모의고사 문제를 풀며 실제 시험에 대비할 수 있습니다.

5　일일 쪽지 시험

하루 분량의 학습을 마친 후 단어를 확실히 외웠는지 쪽지 시험을 통해 확인할 수 있습니다. 쪽지 시험은 다락원 홈페이지 학습자료실에서 내려받을 수 있습니다.

1 단어

단어를 품사별 + あいうえお순으로 나누어 수록하였습니다. 수록된 모든 단어에 예문을 실어 단어가 실제로 어떻게 쓰이는지 확인할 수 있습니다.
- ⊕ 추가단어
- ⊖ 반대말
- ⊜ 비슷한 말

2 모의고사

단어 학습을 마치면 실제 JLPT 시험 형식의 문자·어휘 파트 모의고사로 실력을 확인해 봅시다. 해석과 답은 바로 뒤에 실려 있습니다.

3 쪽지 시험

하루 분량의 학습을 끝낸 후 쪽지 시험을 통해 단어를 확실히 암기했는지 확인합시다. 다락원 홈페이지에서 다운로드받으세요.

4 MP3 활용법

버전1 학습용

단어와 예문의 네이티브 음성이 모두 들어 있습니다. 함께 들으면서 학습하면 자연스러운 일본어 발음을 익힐 수 있습니다.

버전2 암기용

일본어–한국어 순으로 단어만을 모아 놓았기 때문에 책이 없어도 어디서나 단어를 외울 수 있습니다.

쪽지 시험과 MP3 파일은 여기서!

매일 스케줄에 맞추어 하루 분량을 학습한 후 다락원 홈페이지 학습자료실에서 쪽지 시험을 다운로드하여 확실히 단어를 암기했는지 꼭 확인해 보세요.

N5				
1일째	2일째	3일째	4일째	5일째
명사 12~13	명사 14~15	명사 16~17	명사 18~19	명사 20~21
6일째	7일째	8일째	9일째	10일째
명사 22~23	명사 24~25	명사 26~27	명사 28~29	명사 30~31
11일째	12일째	13일째	14일째	15일째
조수사 32	조수사 33	조수사 34	조수사 35	조수사 36
16일째	17일째	18일째	19일째	20일째
조수사 37	조수사 38	동사 39~40	동사 41~42	동사 43~44
21일째	22일째	23일째	24일째	25일째
い형용사 45~46	い형용사 47~48	な형용사 49~50	부사 51~52	기타 53
26일째	27일째	28일째	29일째	30일째
가타카나 54~55	가타카나 56~57	인사말 58	모의고사 60~63	복습

※숫자는 해당 쪽수를 나타냄

N4					
1일째	2일째	3일째	4일째	5일째	6일째
명사 68~70	명사 71~73	명사 74~76	명사 77~79	명사 80~82	명사 83~85
7일째	8일째	9일째	10일째	11일째	12일째
명사 86~88	명사 89~91	명사 92~94	명사 95~97	명사 98~100	명사 101
13일째	14일째	15일째	16일째	17일째	18일째
동사 102~103	동사 104~105	동사 106~107	동사 108~109	동사 110~111	동사 112~113
19일째	20일째	21일째	22일째	23일째	24일째
동사 114~116	い형용사 117~118	い형용사 119~120	な형용사 121~122	부사 123~124	부사 125~127
25일째	26일째	27일째	28일째	29일째	30일째
기타, 가타카나 128~129	가타카나 130~131	가타카나 132~133	가타카나, 인사말 134~136	모의고사 138~142	복습

N3					
1일째	2일째	3일째	4일째	5일째	6일째
명사 148~152	명사 153~157	명사 158~162	명사 163~167	명사 168~172	명사 173~177
7일째	8일째	9일째	10일째	11일째	12일째
명사 178~182	명사 183~187	명사 188~192	명사 193~197	명사 198~202	명사 203~207
13일째	14일째	15일째	16일째	17일째	18일째
명사 208~212	명사 213~217	명사 218~222	명사 223~226	동사 227~230	동사 231~234
19일째	20일째	21일째	22일째	23일째	24일째
동사 235~238	동사 239~242	동사 243~246	동사 247~251	い형용사 252~255	な형용사 256~260
25일째	26일째	27일째	28일째	29일째	30일째
부사 261~264	부사 265~268	가타카나 269~273	가타카나 274~279	모의고사 282~288	복습

N2

1일째	2일째	3일째	4일째	5일째	6일째
명사 294~299	명사 300~305	명사 306~311	명사 312~317	명사 318~323	명사 324~329
7일째	8일째	9일째	10일째	11일째	12일째
명사 330~335	명사 336~341	명사 342~347	명사 348~353	명사 354~359	명사 360~365
13일째	14일째	15일째	16일째	17일째	18일째
명사 366~371	명사 372~377	명사 378~383	명사 384~387	명사 388~389	동사 390~395
19일째	20일째	21일째	22일째	23일째	24일째
동사 396~401	동사 402~407	동사 408~413	동사, い형용사 414~420	な형용사 421~426	な형용사, 부사 427~432
25일째	26일째	27일째	28일째	29일째	30일째
부사 433~438	부사, 기타 439~445	가타카나 446~450	가타카나 451~454	모의고사 456~462	복습

N1

1일째	2일째	3일째	4일째	5일째	6일째
명사 468~474	명사 475~481	명사 482~488	명사 489~495	명사 496~502	명사 503~509
7일째	8일째	9일째	10일째	11일째	12일째
명사 510~516	명사 517~523	명사 524~530	명사 531~537	명사 538~544	명사 545~551
13일째	14일째	15일째	16일째	17일째	18일째
명사 552~558	명사 559~565	명사, 동사 566~569	동사 570~575	동사 576~581	동사 582~587
19일째	20일째	21일째	22일째	23일째	24일째
동사 588~593	동사 594~599	い형용사 600~605	な형용사 606~611	な형용사 612~617	な형용사, 부사 618~623
25일째	26일째	27일째	28일째	29일째	30일째
부사 624~629	부사 630~634	가타카나 635~639	가타카나 640~645	모의고사 648~652	복습

JLPT
보카

N5

합격 단어

명사	조수사	동사
い형용사	な형용사	부사
기타	가타카나	인사말

間	あいだ	**사이, 동안** 家と学校の間に公園がある。 집과 학교 사이에 공원이 있다.
秋	あき	**가을** 秋は果物がおいしい。 가을은 과일이 맛있다.
朝	あさ	**아침** 朝早く起きる。 아침 일찍 일어나다.
朝ご飯	あさごはん	**아침, 아침밥** 朝ご飯を食べる。 아침밥을 먹다.
あさって		**모레** あさっては休みだ。 모레는 휴일이다.
足	あし	**다리, 발** 足をけがする。 다리를 다치다.
明日 ●あす	あした	**내일** 明日は晴れるでしょう。 내일은 맑겠습니다.
あそこ		**저기, 저곳** あそこに田中さんがいる。 저기에 다나카 씨가 있다.
頭	あたま	**머리** 頭を下げる。 머리를 숙이다.
あちら ●あっち		**저쪽** 入り口はあちらです。 입구는 저쪽입니다.
後	あと	**뒤, 후, 다음** ご飯を食べた後で本を読む。 밥을 먹은 후에 책을 읽는다.
あなた		**당신** あなたの話が聞きたい。 당신의 이야기를 듣고 싶다.
兄	あに	**형, 오빠** 兄と出かける。 형(오빠)과 외출하다.

姉	あね	언니, 누나 姉と買い物に行く。 누나(언니)와 쇼핑하러 가다.
雨	あめ	비 雨が降る。 비가 오다.
家	いえ	집 家に帰る。 집으로 돌아가다.
いくつ		몇 개 りんごはいくつありますか。 사과는 몇 개 있습니까?
いくら		얼마 このシャツはいくらですか。 이 셔츠는 얼마입니까?
池	いけ	연못 池に魚がいる。 연못에 물고기가 있다.
医者	いしゃ	의사 医者になる。 의사가 되다.
いす		의자 いすに座る。 의자에 앉다.
一日	いちにち	하루 一日中寝ている。 하루 종일 자고 있다.
一週間	いっしゅうかん	일주일간 一週間会社を休む。 일주일간 회사를 쉬다.
犬	いぬ	개 犬と散歩する。 개와 산책하다.
今	いま	지금 今すぐ行きます。 지금 바로 가겠습니다.
意味	いみ	의미 意味が同じだ。 의미가 같다.
妹	いもうと	여동생 妹と遊ぶ。 여동생과 놀다.

入り口	いりぐち	**입구** 入り口から入る。 입구로 들어가다.
色	いろ	**색, 색깔** 青い色が好きだ。 파란색을 좋아한다.
上	うえ	**위** 上を見る。 위를 보다.
後ろ	うしろ	**뒤** 学校の後ろに公園がある。 학교 뒤에 공원이 있다.
歌	うた	**노래** 歌を歌う。 노래를 부르다.
海	うみ	**바다** 海で泳ぐ。 바다에서 수영하다.
上着	うわぎ	**윗옷, 상의, 겉옷** 上着を着る。 상의를 입다.
運動	うんどう	**운동** 軽い運動をする。 가벼운 운동을 하다.
絵	え	**그림** この子は絵が上手だ。 이 아이는 그림을 잘 그린다.
映画	えいが	**영화** 映画を見る。 영화를 보다.
英語	えいご	**영어** 英語を勉強する。 영어를 공부하다.
駅	えき	**역** 駅で電車を待つ。 역에서 전철을 기다리다.
円	えん	**엔(일본의 화폐 단위)** 果物は全部で500円です。 과일은 전부 500엔입니다.
鉛筆	えんぴつ	**연필** 鉛筆で字を書く。 연필로 글씨를 쓰다.

お母さん	おかあさん	엄마, 어머니, 어머님
		お母さんといっしょに行く。 엄마와 함께 가다.

お菓子	おかし	과자
		お菓子を食べる。 과자를 먹다.

お金	おかね	돈
		お金がない。 돈이 없다.

お客さん	おきゃくさん	손님
		お客さんが来る。 손님이 오다.

奥さん	おくさん	부인, 사모님
		奥さんはお元気ですか。 부인은 잘 지내십니까?

お酒	おさけ	술
		お酒を飲む。 술을 마시다.

お皿	おさら	접시
		お皿を洗う。 접시를 씻다.

おじいさん		할아버지
		おじいさんに会う。 할아버지를 만나다.

おじさん		아저씨, 삼촌
		おじさんにあいさつする。 아저씨에게 인사하다.

お茶	おちゃ	차
		お茶を飲む。 차를 마시다.

お父さん	おとうさん	아빠, 아버지, 아버님
		お父さんに似ている。 아빠를 닮았다.

弟	おとうと	남동생
		弟とけんかする。 남동생과 싸우다.

男	おとこ	남성, 남자
		山田はおもしろい男だ。 야마다는 재미있는 남자이다.

男の子	おとこのこ	남자아이
		あの男の子は背が高い。 저 남자아이는 키가 크다.

男の人	おとこのひと	남성, 남자 男の人が話している。 남자가 이야기하고 있다.
一昨日	おととい	그저께 一昨日、デパートに行った。 그저께 백화점에 갔다.
一昨年	おととし	재작년 一昨年、結婚した。 재작년에 결혼했다.
大人	おとな	어른 大人になる。 어른이 되다.
お腹	おなか	배, 복부 お腹がすく。 배가 고프다.
お兄さん	おにいさん	형, 오빠 お兄さんと出かける。 형(오빠)과 외출하다.
お姉さん	おねえさん	누나, 언니 お姉さんにプレゼントする。 언니(누나)에게 선물하다.
おばあさん		할머니 おばあさんと話す。 할머니와 이야기하다.
おばさん		아주머니, 이모, 고모 おばさんに会う。 아주머니를 만나다.
お風呂	おふろ	욕조, 욕실, 목욕 お風呂に入る。 목욕을 하다.
お弁当	おべんとう	도시락 お弁当を作る。 도시락을 싸다.
おまわりさん		경찰, 경찰관 おまわりさんに道を聞く。 경찰관에게 길을 묻다.
音楽	おんがく	음악 音楽が好きだ。 음악을 좋아하다.
女	おんな	여성, 여자 この学校には女の先生が多い。 이 학교에는 여자 선생님이 많다.

女の子	おんなのこ	여자아이
		女の子が走っている。 여자아이가 달리고 있다.

女の人	おんなのひと	여성, 여자
		女の人が話している。 여자가 이야기하고 있다.

会議	かいぎ	회의
		会議に出る。 회의에 출석하다.

外国	がいこく	외국
		外国へ行く。 외국에 가다.

外国人	がいこくじん	외국인
		外国人と英語で話す。 외국인과 영어로 이야기하다.

会社	かいしゃ	회사
		会社に行く。 회사에 가다.

会社員	かいしゃいん	회사원
		兄は会社員です。 형(오빠)은 회사원입니다.

階段	かいだん	계단
		階段を使う。 계단을 이용하다.

買い物	かいもの	쇼핑, 장 보기, 물건을 삼
		買い物をする。 쇼핑하다.

顔	かお	얼굴
		顔を洗う。 세수를 하다.

かぎ		열쇠
		かばんの中にかぎがある。 가방 안에 열쇠가 있다.

学生	がくせい	학생
		学生が勉強する。 학생이 공부하다.

かさ		우산
		かさをさす。 우산을 쓰다.

風	かぜ	바람
		風が強い。 바람이 세다.

風邪	かぜ	감기 風邪を引く。 감기에 걸리다.
家族	かぞく	가족 家族で食事をする。 가족끼리 식사를 하다.
学校	がっこう	학교 学校に行く。 학교에 가다.
かばん		가방 かばんを持つ。 가방을 들다.
花瓶	かびん	화병, 꽃병 花瓶に花を入れる。 꽃병에 꽃을 넣다.
紙	かみ	종이 紙に字を書く。 종이에 글씨를 쓰다.
体	からだ	몸 体が弱い。 몸이 약하다.
川	かわ	강 川で泳ぐ。 강에서 수영하다.
漢字	かんじ	한자 漢字を読む。 한자를 읽다.
木	き	나무 庭に木がある。 정원에 나무가 있다.
北	きた	북, 북쪽 北に高い山がある。 북쪽에 높은 산이 있다.
北側	きたがわ	북쪽 家の北側に山がある。 집 북쪽에 산이 있다.
切手	きって	우표 切手を買う。 우표를 사다.
切符	きっぷ	표 切符を見せる。 표를 보여주다.

| 昨日 | きのう | 어제 |
| | | 昨日、映画を見た。 어제 영화를 보았다. |

| 牛肉 | ぎゅうにく | 소고기 |
| | | 牛肉を焼く。 소고기를 굽다. |

| 牛乳 | ぎゅうにゅう | 우유 |
| | | 牛乳を飲む。 우유를 마시다. |

| 今日 | きょう | 오늘 |
| | | 今日は晴れだ。 오늘은 맑다. |

| 教室 | きょうしつ | 교실 |
| | | 教室で勉強する。 교실에서 공부하다. |

| 兄弟 | きょうだい | 형제 |
| | | うちは三人兄弟です。 우리집은 삼 형제입니다. |

| 去年 | きょねん | 작년 |
| | | 去年、海外旅行に行った。 작년에 해외여행을 갔다. |

| 銀行 | ぎんこう | 은행 |
| | | 駅の前に銀行がある。 역 앞에 은행이 있다. |

| 薬 | くすり | 약 |
| | | 薬を飲む。 약을 먹다. |

| 果物 | くだもの | 과일 |
| | | 果物を食べる。 과일을 먹다. |

| 口 | くち | 입 |
| | | 口を開ける。 입을 벌리다. |

| 靴 | くつ | 신발, 구두 |
| | | 靴を履く。 신발을 신다. |

| 靴下 | くつした | 양말 |
| | | 靴下を脱ぐ。 양말을 벗다. |

| 国 | くに | 나라 |
| | | あなたの国はどこですか。 당신의 나라는 어디입니까? |

車	くるま	자동차 車を運転する。 자동차를 운전하다.
警官	けいかん	경관, 경찰관 警官になりたい。 경찰관이 되고 싶다.
子	こ	아이 私には三人の子がある。 나에게는 세 아이가 있다.
公園	こうえん	공원 公園を歩く。 공원을 걷다.
紅茶	こうちゃ	홍차 紅茶を飲む。 홍차를 마시다.
交番	こうばん	파출소 駅の前に交番がある。 역 앞에 파출소가 있다.
声	こえ	목소리, 소리 大きい声で歌う。 큰 목소리로 노래하다.
ここ		여기, 이곳 ここで少し休みましょう。 여기서 좀 쉽시다.
午後	ごご	오후 午後に会議がある。 오후에 회의가 있다.
午前	ごぜん	오전 午前中に買い物に行く。 오전 중에 쇼핑하러 가다.
こちら ⊜こっち		이쪽 こちらへどうぞ。 이쪽으로 오세요.
今年	ことし	금년, 올해 今年の冬はとても寒い。 올해 겨울은 무척 춥다.
子ども	こども	어린이, 아이 子どもが生まれる。 아이가 태어나다.
ご飯	ごはん	밥 ご飯を食べる。 밥을 먹다.

これ		이것
		これを見てください。 이것을 보세요.

今月	こんげつ	이번 달
		今月は忙しい。 이번 달은 바쁘다.

今週	こんしゅう	이번 주
		今週は雨が多い。 이번 주는 비가 많이 온다.

今晩	こんばん	오늘 밤
		今晩、パーティーがある。 오늘 밤 파티가 있다.

最後	さいご	최후, 마지막, 끝
		本を最後まで読む。 책을 끝까지 읽다.

財布	さいふ	지갑
		財布を忘れる。 지갑을 잃어버리다.

魚	さかな	생선, 물고기
		魚屋で魚を買う。 생선 가게에서 생선을 사다.

先	さき	앞
		先に進む。 앞으로 나아가다.

作文	さくぶん	작문
		作文を書く。 작문을 쓰다.

散歩	さんぽ	산책
		散歩に出かける。 산책하러 나가다.

塩	しお	소금
		その塩をとってください。 그 소금을 집어주세요.

時間	じかん	시간
		時間を守る。 시간을 지키다.

仕事	しごと	일, 업무
		仕事に行く。 일하러 가다.

辞書	じしょ	사전
● 辞典, 字引		辞書を引く。 사전을 찾다.

下	した	아래

木の<ruby>下<rt>した</rt></ruby>に<ruby>座<rt>すわ</rt></ruby>る。 나무 밑에 앉다.

写真	しゃしん	사진

<ruby>写真<rt>しゃしん</rt></ruby>を<ruby>見<rt>み</rt></ruby>る。 사진을 보다.

宿題	しゅくだい	숙제

<ruby>宿題<rt>しゅくだい</rt></ruby>をする。 숙제를 하다.

食堂	しょくどう	식당

<ruby>食堂<rt>しょくどう</rt></ruby>で<ruby>食事<rt>しょくじ</rt></ruby>をする。 식당에서 식사를 하다.

新聞	しんぶん	신문

<ruby>新聞<rt>しんぶん</rt></ruby>を<ruby>読<rt>よ</rt></ruby>む。 신문을 읽다.

すし		초밥

すしを<ruby>食<rt>た</rt></ruby>べる。 초밥을 먹다.

背	せ	① 등, 등허리

⊜ せい

<ruby>馬<rt>うま</rt></ruby>の<ruby>背<rt>せ</rt></ruby>に<ruby>乗<rt>の</rt></ruby>る。 말 등에 올라타다.

② 키, 신장

<ruby>背<rt>せ</rt></ruby>が<ruby>高<rt>たか</rt></ruby>い。 키가 크다.

生徒	せいと	학생(보통 초·중·고)

<ruby>生徒<rt>せいと</rt></ruby>が<ruby>集<rt>あつ</rt></ruby>まる。 학생이 모이다.

せっけん		비누

せっけんで<ruby>洗<rt>あら</rt></ruby>う。 비누로 씻다.

千	せん	천, 1,000

これは<ruby>一<rt>ひと</rt></ruby>つ<ruby>千円<rt>せんえん</rt></ruby>です。 이것은 하나에 천 엔입니다.

先月	せんげつ	지난달

<ruby>先月<rt>せんげつ</rt></ruby>、<ruby>旅行<rt>りょこう</rt></ruby>に<ruby>行<rt>い</rt></ruby>った。 지난달에 여행을 갔다.

先週	せんしゅう	지난주

<ruby>先週<rt>せんしゅう</rt></ruby>、<ruby>試験<rt>しけん</rt></ruby>があった。 지난주에 시험이 있었다.

先生	せんせい	선생님

<ruby>先生<rt>せんせい</rt></ruby>に<ruby>質問<rt>しつもん</rt></ruby>する。 선생님께 질문하다.

そこ		거기, 그곳
		そこに置いてください。 거기에 놓아 주세요.

そちら		그쪽
●そっち		今からそちらへ行きます。 지금부터 그쪽으로 가겠습니다.

外	そと	바깥, 밖
		外で遊ぶ。 밖에서 놀다.

そば		메밀국수
		そばを食べる。 메밀국수를 먹다.

そば		근처, 곁, 옆
		駅のそばに図書館がある。 역 옆에 도서관이 있다.

空	そら	하늘
		空が青い。 하늘이 푸르다.

それ		그것
		それをとってください。 그것을 집어주세요.

大学	だいがく	대학
		大学に通う。 대학에 다니다.

台所	だいどころ	부엌
		台所で料理をする。 부엌에서 요리를 하다.

建物	たてもの	건물
		駅の前に大きい建物がある。 역 앞에 큰 건물이 있다.

たばこ		담배
		たばこを吸う。 담배를 피우다.

食べ物	たべもの	음식
		好きな食べ物は何ですか。 좋아하는 음식은 무엇입니까?

たまご		계란, 달걀
		たまご料理を作る。 달걀 요리를 만들다.

だれ		누구
		この辞書はだれのですか。 이 사전은 누구의 것입니까?

誕生日	たんじょうび	**생일**
		明日は山下さんの誕生日だ。 내일은 야마시타 씨의 생일이다.

地下鉄	ちかてつ	**지하철**
		地下鉄に乗る。 지하철을 타다.

地図	ちず	**지도**
		地図を見る。 지도를 보다.

父	ちち	**아버지, 아빠**
		父は新聞を読んでいる。 아버지는 신문을 읽고 있다.

次	つぎ	**다음**
		三日の次は四日です。 3일 다음은 4일입니다.

つくえ		**책상**
		つくえの上に本を置く。 책상 위에 책을 놓다.

作り方	つくりかた	**만드는 법**
		ケーキの作り方を教える。 케이크 만드는 법을 가르치다.

手	て	**손**
		手を洗う。 손을 씻다.

手紙	てがみ	**편지**
		手紙を書く。 편지를 쓰다.

出口	でぐち	**출구**
		出口から出る。 출구로 나오다.

天気	てんき	**날씨**
		天気がいい。 날씨가 좋다.

電気	でんき	**전기**
		電気をつける。 전기를 켜다.

電車	でんしゃ	**전철**
		電車に乗る。 전철을 타다.

電話	でんわ	**전화**
		電話をかける。 전화를 걸다.

動物 ➕動物園 동물원	どうぶつ	동물 山に動物がたくさんいる。 산에 동물이 많이 있다.
時計	とけい	시계 時計を見る。 시계를 보다.
どこ		어디 どこに行くの？ 어디 가?
ところ		곳, 장소 ここは静かなところだ。 여기는 조용한 곳이다.
年	とし	① 해 新しい年になる。 새해가 되다. ② 나이 年をとる。 나이를 먹다.
図書館	としょかん	도서관 図書館で本を読む。 도서관에서 책을 읽다.
どちら ➖どっち		어느 쪽 どちらがいいですか。 어느 쪽이 좋으세요?
どなた		누구, 어느 쪽 あの人はどなたですか。 저 사람은 누구시죠?
となり		옆, 이웃 となりの家に住む。 이웃집에 살다.
友だち	ともだち	친구 友だちと遊ぶ。 친구와 놀다.
鳥	とり	새 鳥が空を飛ぶ。 새가 하늘을 날다.
鶏肉	とりにく	닭고기 鶏肉を料理する。 닭고기를 요리하다.
どれ		어느 것 あなたのかばんはどれですか。 당신의 가방은 어느 것입니까?

中	なか	가운데, 안, 속 かばんの中に入れる。 가방 속에 넣다.
夏	なつ	여름 夏が来る。 여름이 오다.
夏休み	なつやすみ	여름 방학, 여름휴가 明日から夏休みだ。 내일부터 여름 방학이다.
何	なに ●なん	무엇 学校で何を勉強しますか。 학교에서 무엇을 공부합니까?
名前	なまえ	이름 名前を呼ぶ。 이름을 부르다.
肉	にく	고기 肉を切る。 고기를 자르다.
西	にし	서쪽 町の西に高い建物がある。 마을 서쪽에 높은 건물이 있다.
日本語	にほんご	일본어 日本語を勉強する。 일본어를 공부하다.
日本人	にほんじん	일본인, 일본 사람 あの人は日本人だ。 저 사람은 일본인이다.
庭	にわ	정원, 뜰 毎日庭の掃除をする。 매일 정원 청소를 한다.
猫	ねこ	고양이 猫を飼う。 고양이를 기르다.
飲み物	のみもの	음료, 마실 것 私の好きな飲み物は紅茶です。 제가 좋아하는 음료는 홍차입니다.
灰皿	はいざら	재떨이 灰皿を置く。 재떨이를 놓다.
葉書	はがき	엽서 葉書を買う。 엽서를 사다.

二十歳	はたち	스무 살 二十歳になる。 스무 살이 되다.
鼻	はな	코 鼻が高い。 콧대가 높다.
花	はな	꽃 花が咲く。 꽃이 피다.
話	はなし	이야기, 대화 おもしろい話を聞く。 재미있는 이야기를 듣다.
母	はは	어머니, 엄마 私は母に似ている。 나는 엄마를 닮았다.
春	はる	봄 春が来る。 봄이 오다.
番号	ばんごう	번호 電話番号を教える。 전화번호를 가르쳐주다.
晩ご飯	ばんごはん	저녁, 저녁 밥 晩ご飯を食べる。 저녁 밥을 먹다.
半分	はんぶん	절반, 반 りんごを半分に切る。 사과를 반으로 자르다.
東	ひがし	동쪽 東の空が明るくなる。 동쪽 하늘이 밝아지다.
飛行機	ひこうき	비행기 飛行機に乗る。 비행기를 타다.
人	ひと	사람 あの人は料理が上手だ。 저 사람은 요리를 잘한다.
百	ひゃく	백, 100 このりんごは一つ百円です。 이 사과는 하나에 백 엔입니다.
百点	ひゃくてん	백 점, 100점 テストで百点を取る。 시험에서 백 점을 받다.

病院	びょういん	병원 病院に行く。 병원에 가다.
病気	びょうき	병 病気になる。 병이 나다.
ひらがな		히라가나 ひらがなで書く。 히라가나로 쓰다.
昼	ひる	낮 昼に会う。 낮에 만나다.
昼ご飯	ひるごはん	점심, 점심밥 食堂で昼ご飯を食べる。 식당에서 점심을 먹다.
服	ふく	옷 服を着る。 옷을 입다.
冬	ふゆ	겨울 今年の冬はとても寒い。 올 겨울은 매우 춥다.
部屋	へや	방 部屋をきれいにする。 방을 깨끗이 하다.
勉強	べんきょう	공부 家で勉強する。 집에서 공부하다.
方	ほう	방향, 쪽 コーヒーの方が好きだ。 커피 쪽을 좋아한다.
帽子	ぼうし	모자 帽子をかぶる。 모자를 쓰다.
ほか		외, 다른 것 ほかに質問はありますか。 다른 질문 있습니까?
本	ほん	책 本屋で本を買う。 서점에서 책을 사다.
毎朝	まいあさ	매일 아침 毎朝公園を散歩する。 매일 아침 공원을 산책하다.

毎月	まいげつ	매월, 매달
⊜ まいつき		毎月テストがある。 매달 시험이 있다.

毎週	まいしゅう	매주
		毎週掃除をする。 매주 청소를 하다.

毎日	まいにち	매일
		毎日漢字の勉強をする。 매일 한자 공부를 하다.

毎年	まいねん	매년
⊜ まいとし		毎年一月はとても忙しい。 매년 1월은 매우 바쁘다.

毎晩	まいばん	매일 밤
		毎晩日記を書く。 매일 밤 일기를 쓰다.

前	まえ	앞, 전
		寝る前に薬を飲む。 자기 전에 약을 먹다.

町	まち	마을
		町を歩く。 마을을 걷다.

窓	まど	창, 창문
		窓を開ける。 창문을 열다.

右	みぎ	오른쪽
		右に曲がる。 오른쪽으로 돌다.

水	みず	물
		水を飲む。 물을 마시다.

店	みせ	가게
		店で買い物をする。 가게에서 장을 보다.

道	みち	길
		道を渡る。 길을 건너다.

みなさん		여러분
		みなさん、こちらを見てください。 여러분, 이쪽을 보세요.

南	みなみ	남쪽
		町の南に大きい川がある。 마을 남쪽에 큰 강이 있다.

耳	みみ	귀

朝から耳が痛い。 아침부터 귀가 아프다.

みんな		모두, 전원
⊜みな		

みんなで写真をとる。 모두 함께 사진을 찍다.

昔	むかし	옛날

昔は映画館へよく行った。 옛날에는 영화관에 자주 갔다.

息子	むすこ	아들

息子が生まれる。 아들이 태어나다.

目	め	눈

目が大きい。 눈이 크다.

めがね		안경

めがねをかける。 안경을 쓰다.

物	もの	물건

ほしい物を買う。 갖고 싶은 물건을 사다.

門	もん	문

学校の門を出る。 학교 문을 나서다.

問題	もんだい	문제

問題に答える。 문제에 답하다.

八百屋	やおや	채소 가게, 채소 장수

八百屋で野菜を買う。 채소 가게에서 채소를 사다.

野菜	やさい	야채, 채소

野菜を食べる。 야채를 먹다.

休み	やすみ	휴일, 쉬는 시간

5月の休みに旅行に行く。 5월 휴일에 여행을 가다.

山	やま	산

山に登る。 산에 오르다.

夕方	ゆうがた	저녁

夕方まで友だちと遊ぶ。 저녁까지 친구들과 놀다.

夕飯	ゆうはん	저녁, 저녁밥 夕飯を作る。 저녁밥을 짓다.
雪	ゆき	눈 雪が降る。 눈이 내리다.
洋服	ようふく	옷, 의복, 양복 洋服を着る。 옷을 입다.
横	よこ	옆 横に座る。 옆에 앉다.
夜	よる	밤 昨日の夜は雨が降った。 어제 밤에는 비가 왔다.
来月	らいげつ	다음 달 来月旅行に行く。 다음 달에 여행을 간다.
来週	らいしゅう	다음 주 来週試験がある。 다음 주에 시험이 있다.
来年	らいねん	내년 来年大学に入学する。 내년에 대학에 입학한다.
留学生	りゅうがくせい	유학생 この大学には留学生が多い。 이 대학에는 유학생이 많다.
料理	りょうり	요리 料理を作る。 요리를 만들다.
練習	れんしゅう	연습 ピアノの練習をする。 피아노 연습을 하다.
私	わたし	나 私は学生です。 나는 학생입니다.

● 수

일	一	いち	육	六	ろく
이	二	に	칠	七	しち / なな
삼	三	さん	팔	八	はち
사	四	し / よん	구	九	く / きゅう
오	五	ご	십	十	じゅう

● ～つ ～개

하나, 한 개	一つ	ひとつ	여섯, 여섯 개	六つ	むっつ
둘, 두 개	二つ	ふたつ	일곱, 일곱 개	七つ	ななつ
셋, 세 개	三つ	みっつ	여덟, 여덟 개	八つ	やっつ
넷, 네 개	四つ	よっつ	아홉, 아홉 개	九つ	ここのつ
다섯, 다섯 개	五つ	いつつ	열, 열 개	十	とお

いくつ 몇 개

● ～個(こ) ～개(작은 사물을 세는 말)

한 개	一個	いっこ	여섯 개	六個	ろっこ
두 개	二個	にこ	일곱 개	七個	ななこ
세 개	三個	さんこ	여덟 개	八個	はっこ
네 개	四個	よんこ	아홉 개	九個	きゅうこ
다섯 개	五個	ごこ	열 개	十個	じゅっこ / じっこ

何個 몇 개

N5

● ～階(かい / がい) ～층

1층	一階	いっかい	6층	六階	ろっかい
2층	二階	にかい	7층	七階	ななかい
3층	三階	さんかい / さんがい	8층	八階	はっかい / はちかい
4층	四階	よんかい	9층	九階	きゅうかい
5층	五階	ごかい	10층	十階	じゅっかい / じっかい

^{なんがい}
何階 몇 층(なんかい로도 읽음)

● ～回(かい) ～회, ～번(횟수를 나타내는 말)

한 번, 1회	一回	いっかい	여섯 번, 6회	六回	ろっかい
두 번, 2회	二回	にかい	일곱 번, 7회	七回	ななかい
세 번, 3회	三回	さんかい	여덟 번, 8회	八回	はっかい
네 번, 4회	四回	よんかい	아홉 번, 9회	九回	きゅうかい
다섯 번, 5회	五回	ごかい	열 번, 10회	十回	じゅっかい / じっかい

^{なんかい}
何回 몇 번

● ～番(ばん) ～번(번호를 나타내는 말)

1번	一番	いちばん	6번	六番	ろくばん
2번	二番	にばん	7번	七番	ななばん
3번	三番	さんばん	8번	八番	はちばん
4번	四番	よんばん	9번	九番	きゅうばん
5번	五番	ごばん	10번	十番	じゅうばん

^{なんばん}
何番 몇 번

N5 12 / 12일째

● ~円(えん) ~엔

일 엔, 1엔	一円	いちえん	육 엔, 6엔	六円	ろくえん
이 엔, 2엔	二円	にえん	칠 엔, 7엔	七円	ななえん
삼 엔, 3엔	三円	さんえん	팔 엔, 8엔	八円	はちえん
사 엔, 4엔	四円	よえん	구 엔, 9엔	九円	きゅうえん
오 엔, 5엔	五円	ごえん	십 엔, 10엔	十円	じゅうえん

いくら 얼마

● ~年(ねん) ~년

일 년, 1년	一年	いちねん	육 년, 6년	六年	ろくねん
이 년, 2년	二年	にねん	칠 년, 7년	七年	ななねん / しちねん
삼 년, 3년	三年	さんねん	팔 년, 8년	八年	はちねん
사 년, 4년	四年	よねん	구 년, 9년	九年	きゅうねん
오 년, 5년	五年	ごねん	십 년, 10년	十年	じゅうねん

何年 몇 년

● ~月(がつ) ~월

1월	一月	いちがつ	7월	七月	しちがつ
2월	二月	にがつ	8월	八月	はちがつ
3월	三月	さんがつ	9월	九月	くがつ
4월	四月	しがつ	10월	十月	じゅうがつ
5월	五月	ごがつ	11월	十一月	じゅういちがつ
6월	六月	ろくがつ	12월	十二月	じゅうにがつ

何月 몇 월

● ～日(にち) ～일

1일	1日	ついたち	17일	17日	じゅうしちにち
2일	2日	ふつか	18일	18日	じゅうはちにち
3일	3日	みっか	19일	19日	じゅうくにち
4일	4日	よっか	20일	20日	はつか
5일	5日	いつか	21일	21日	にじゅういちにち
6일	6日	むいか	22일	22日	にじゅうににち
7일	7日	なのか	23일	23日	にじゅうさんにち
8일	8日	ようか	24일	24日	にじゅうよっか
9일	9日	ここのか	25일	25日	にじゅうごにち
10일	10日	とおか	26일	26日	にじゅうろくにち
11일	11日	じゅういちにち	27일	27日	にじゅうしちにち
12일	12日	じゅうににち	28일	28日	にじゅうはちにち
13일	13日	じゅうさんにち	29일	29日	にじゅうくにち
14일	14日	じゅうよっか	30일	30日	さんじゅうにち
15일	15日	じゅうごにち	31일	31日	さんじゅういちにち
16일	16日	じゅうろくにち		何日 며칠 (なんにち)	

● ～時(じ) ～시

한 시, 1시	一時	いちじ	일곱 시, 7시	七時	しちじ
두 시, 2시	二時	にじ	여덟 시, 8시	八時	はちじ
세 시, 3시	三時	さんじ	아홉 시, 9시	九時	くじ
네 시, 4시	四時	よじ	열 시, 10시	十時	じゅうじ
다섯 시, 5시	五時	ごじ	열한 시, 11시	十一時	じゅういちじ
여섯 시, 6시	六時	ろくじ	열두 시, 12시	十二時	じゅうにじ

何時 몇 시 (なんじ)

● ～分(ふん / ぷん) ～분

일분, 1분	一分	いっぷん	육분, 6분	六分	ろっぷん
이분, 2분	二分	にふん	칠분, 7분	七分	ななふん / しちふん
삼분, 3분	三分	さんぷん	팔분, 8분	八分	はっぷん / はちふん
사분, 4분	四分	よんぷん	구분, 9분	九分	きゅうふん
오분, 5분	五分	ごふん	십분, 10분	十分	じゅっぷん / じっぷん

何分 몇 분

● ～曜日(ようび) ～요일

월요일	月曜日	げつようび	금요일	金曜日	きんようび
화요일	火曜日	かようび	토요일	土曜日	どようび
수요일	水曜日	すいようび	일요일	日曜日	にちようび
목요일	木曜日	もくようび	何曜日 무슨 요일		

● ～杯(はい / ばい / ぱい) ～잔

한 잔	一杯	いっぱい	여섯 잔	六杯	ろっぱい
두 잔	二杯	にはい	일곱 잔	七杯	ななはい
세 잔	三杯	さんばい	여덟 잔	八杯	はっぱい
네 잔	四杯	よんはい	아홉 잔	九杯	きゅうはい
다섯 잔	五杯	ごはい	열 잔	十杯	じゅっぱい / じっぱい

何杯 몇 잔

● ~倍(ばい) ~배

한 배	一倍	いちばい	여섯 배	六倍	ろくばい
두 배	二倍	にばい	일곱 배	七倍	ななばい
세 배	三倍	さんばい	여덟 배	八倍	はちばい
네 배	四倍	よんばい	아홉 배	九倍	きゅうばい
다섯 배	五倍	ごばい	열 배	十倍	じゅうばい

何倍 몇 배
(なんばい)

● ~本(ほん / ぼん / ぽん) ~자루, ~병(가늘고 긴 것을 세는 말)

한 자루, 한 병	一本	いっぽん	여섯 자루, 여섯 병	六本	ろっぽん
두 자루, 두 병	二本	にほん	일곱 자루, 일곱 병	七本	ななほん
세 자루, 세 병	三本	さんぼん	여덟 자루, 여덟 병	八本	はっぽん
네 자루, 네 병	四本	よんほん	아홉 자루, 아홉 병	九本	きゅうほん
다섯 자루, 다섯 병	五本	ごほん	열 자루, 열 병	十本	じゅっぽん / じっぽん

何本 몇 자루, 몇 병
(なんぼん)

● ~枚(まい) ~매, ~장(얇고 평평한 것을 세는 말)

한 장, 1매	一枚	いちまい	여섯 장, 6매	六枚	ろくまい
두 장, 2매	二枚	にまい	일곱 장, 7매	七枚	しちまい / ななまい
세 장, 3매	三枚	さんまい	여덟 장, 8매	八枚	はちまい
네 장, 4매	四枚	よんまい	아홉 장, 9매	九枚	きゅうまい
다섯 장, 5매	五枚	ごまい	열 장, 10매	十枚	じゅうまい

何枚 몇 장
(なんまい)

● ～人(にん) ～명

한 명, 1명	一人	ひとり	여섯 명, 6명	六人	ろくにん
두 명, 2명	二人	ふたり	일곱 명, 7명	七人	しちにん / ななにん
세 명, 3명	三人	さんにん	여덟 명, 8명	八人	はちにん
네 명, 4명	四人	よにん	아홉 명, 9명	九人	きゅうにん / くにん
다섯 명, 5명	五人	ごにん	열 명, 10명	十人	じゅうにん

なんにん
何人 몇 명

● ～匹(ひき / びき / ぴき) ～마리(주로 작은 동물을 세는 말)

한 마리, 1마리	一匹	いっぴき	여섯 마리, 6마리	六匹	ろっぴき
두 마리, 2마리	二匹	にひき	일곱 마리, 7마리	七匹	ななひき
세 마리, 3마리	三匹	さんびき	여덟 마리, 8마리	八匹	はっぴき
네 마리, 4마리	四匹	よんひき	아홉 마리, 9마리	九匹	きゅうひき
다섯 마리, 5마리	五匹	ごひき	열 마리, 10마리	十匹	じゅっぴき / じっぴき

なんびき
何匹 몇 마리

동사

会う	あう	만나다 駅で友だちに会う。 역에서 친구를 만나다.
上がる	あがる	오르다, 올라가다 エスカレーターで上がる。 에스컬레이터로 올라가다.
開く	あく	열리다 ドアが開いている。 문이 열려 있다.
開ける	あける	열다 窓を開ける。 창문을 열다.
あげる		주다 友だちにプレゼントをあげる。 친구에게 선물을 주다.
上げる	あげる	올리다, 들다 部屋の温度を上げる。 방의 온도를 올리다.
遊ぶ	あそぶ	놀다 友だちの家に遊びに行く。 친구 집에 놀러 가다.
あびる		뒤집어쓰다, 끼얹다 シャワーをあびる。 샤워를 하다.
洗う	あらう	씻다 顔を洗う。 세수하다.
ある		(사물이) 있다 つくえの上に本がある。 책상 위에 책이 있다.
歩く	あるく	걷다 学校まで歩いて行く。 학교까지 걸어 가다.
言う	いう	말하다 友だちに言う。 친구에게 말하다.
行く	いく	가다 毎朝会社へ行く。 매일 아침 회사에 간다.

いる		**(사람・동물이) 있다** 私は5時まで会社にいます。 나는 5시까지 회사에 있습니다.
要る	いる	**필요하다** 時間と金が要る。 시간과 돈이 필요하다.
入れる	いれる	**넣다, 담다** コップに水を入れる。 컵에 물을 담다.
歌う	うたう	**노래하다** 歌を歌う。 노래를 부르다.
生まれる ●死ぬ 죽다	うまれる	**태어나다** 女の子が生まれる。 여자아이가 태어나다.
売る ●買う 사다	うる	**팔다** 安く売る。 싸게 팔다.
起きる	おきる	**일어나다** 毎朝6時に起きる。 매일 아침 6시에 일어난다.
置く	おく	**놓다, 두다** テーブルの上に新聞を置く。 탁자 위에 신문을 두다.
教える	おしえる	**가르치다** ピアノを教える。 피아노를 가르치다.
押す	おす	**누르다, 밀다** ドアを押して開ける。 문을 밀어서 열다.
泳ぐ	およぐ	**헤엄치다** 海で泳ぐ。 바다에서 헤엄치다.
終わる	おわる	**끝나다** 夏休みが終わる。 여름휴가가 끝나다.
買う ●売る 팔다	かう	**사다** たばこを買う。 담배를 사다.
帰る	かえる	**돌아가다, 돌아오다** 家に帰る。 집으로 돌아가다.

N5

かかる		걸리다

家から会社まで1時間かかる。 집에서 회사까지 1시간 걸린다.

書く	かく	쓰다, 적다

本に名前を書く。 책에 이름을 쓰다.

かぶる		(모자를) 쓰다

帽子をかぶる。 모자를 쓰다.

消える	きえる	사라지다, 꺼지다

火が消える。 불이 꺼지다.

聞く	きく	듣다, 묻다

ニュースを聞く。 뉴스를 듣다.

切る	きる	자르다, 끊다

はさみで紙を切る。 가위로 종이를 자르다.

着る	きる	입다

シャツを着る。 셔츠를 입다.

来る	くる	오다

友だちが遊びに来る。 친구가 놀러 오다.

答える	こたえる	대답하다

大きな声で答える。 큰 목소리로 대답하다.

咲く	さく	(꽃이) 피다

庭に花が咲く。 뜰에 꽃이 피다.

死ぬ	しぬ	죽다, 사망하다

⊖生まれる 태어나다

病気で死ぬ。 병으로 죽다.

閉まる	しまる	닫히다

ドアが閉まる。 문이 닫히다.

閉める	しめる	닫다

窓を閉めて寝る。 창문을 닫고 자다.

住む	すむ	살다, 거주하다

東京に住んでいる。 도쿄에 살고 있다.

する		하다 食事をする。 식사를 하다.
座る	すわる	앉다 いすに座る。 의자에 앉다.
出す	だす	내다, 꺼내다 かばんから本を出す。 가방에서 책을 꺼내다.
立つ	たつ	서다, 일어서다 ドアの前に立つ。 문 앞에 서다.
食べる	たべる	먹다 ご飯を食べる。 밥을 먹다.
使う	つかう	사용하다, 이용하다, 쓰다 ボールペンを使って書く。 볼펜을 사용해서 쓰다.
作る	つくる	만들다 木でいすを作る。 나무로 의자를 만들다.
つける		켜다 部屋の電気をつける。 방의 전등을 켜다.
出かける	でかける	나가다, 외출하다 買い物に出かける。 쇼핑하러 나가다.
出る	でる	나오다, 나가다, 나서다 朝早く家を出る。 아침 일찍 집을 나서다.
飛ぶ	とぶ	날다 鳥が空を飛ぶ。 새가 하늘을 날다.
撮る	とる	(사진을) 찍다 写真を撮る。 사진을 찍다.
習う	ならう	배우다 アメリカ人に英語を習う。 미국인에게 영어를 배우다.
並べる	ならべる	늘어놓다, 진열하다 いすを並べる。 의자를 늘어놓다.

寝る	ねる	**자다** もう寝る時間です。 이제 잘 시간입니다.
登る	のぼる	**오르다** 山に登る。 산에 오르다.
飲む	のむ	**마시다** 水を飲む。 물을 마시다.
乗る	のる	**(교통수단을) 타다** 電車に乗る。 전철을 타다.
入る	はいる	**들어가다, 들어오다** 部屋に入る。 방에 들어가다.
始まる	はじまる	**시작되다** 学校が始まる。 학교가 시작되다.
話す	はなす	**이야기하다** 友だちと話す。 친구와 이야기하다.
はる		**붙이다** きってをはる。 우표를 붙이다.
弾く	ひく	**연주하다, 치다** ピアノを弾く。 피아노를 치다.
降る	ふる	**(눈, 비가) 내리다** 雪が降っている。 눈이 내리고 있다.
曲がる	まがる	**구부러지다, 굽다, 돌다** 角を左に曲がる。 모퉁이를 왼쪽으로 돌다.
待つ	まつ	**기다리다** ここで待っています。 여기서 기다리고 있겠습니다.
磨く	みがく	**닦다** くつを磨く。 구두를 닦다.
見せる	みせる	**보여주다** 友だちに写真を見せる。 친구에게 사진을 보여주다.

見る	みる	**보다** テレビを見る。 텔레비전을 보다.
持つ	もつ	**들다, 가지다, 소유하다** 傘を持って出かける。 우산을 들고 외출하다.
もらう		**받다** 誕生日にプレゼントをもらう。 생일에 선물을 받다.
休む	やすむ	**쉬다** 風邪で学校を休む。 감기로 학교를 쉬다.
呼ぶ	よぶ	**부르다, 외치다** 名前を呼ぶ。 이름을 부르다.
読む	よむ	**읽다** 新聞を読む。 신문을 읽다.
分かる	わかる	**알다, 이해하다** 言いたいことはよく分かります。 하고 싶은 말은 잘 알겠습니다.

44

青い	あおい	푸르다, 파랗다 空が青い。 하늘이 푸르다.
赤い	あかい	붉다, 빨갛다 顔が赤くなる。 얼굴이 붉어지다.
明るい ● 暗い 어둡다	あかるい	밝다, 명랑하다 部屋が明るい。 방이 밝다.
暖かい	あたたかい	따뜻하다 暖かい春が来た。 따뜻한 봄이 왔다.
新しい ● 古い 낡다, 오래 되다	あたらしい	새롭다 新しい家に住む。 새 집에 살다.
暑い ● 寒い 춥다	あつい	덥다 今年の夏は暑い。 올해 여름은 덥다.
危ない	あぶない	위험하다 道路で遊ぶのは危ない。 도로에서 노는 것은 위험하다.
甘い ● 苦い 쓰다	あまい	달다 このケーキは甘い。 이 케이크는 달다.
いい/よい ● 悪い 나쁘다		좋다 天気がいい。 날씨가 좋다.
忙しい ● ひまな 한가한	いそがしい	바쁘다 仕事で忙しい。 업무로 바쁘다.
痛い	いたい	아프다 頭が痛い。 머리가 아프다.
うるさい ● 静かな 조용한		시끄럽다 電車の音がうるさい。 전철 소리가 시끄럽다.
おいしい ● まずい 맛이 없다		맛있다 この料理はおいしい。 이 요리는 맛있다.

多い おおい	많다
⊝少ない 적다	夏は雨が多い。 여름은 비가 많이 내린다.

大きい おおきい	크다
⊝小さい 작다	字を大きく書く。 글씨를 크게 쓰다.

重い おもい	무겁다
⊝軽い 가볍다	このかばんは重い。 이 가방은 무겁다.

おもしろい	재미있다
⊝つまらない 재미없다	昨日見た映画はおもしろかった。 어제 본 영화는 재미있었다.

軽い かるい	가볍다
⊝重い 무겁다	このいすは軽い。 이 의자는 가볍다.

かわいい	귀엽다, 사랑스럽다
	かわいい声で歌う。 귀여운 목소리로 노래하다.

黄色い きいろい	노랗다
	黄色い花が咲く。 노란 꽃이 피다.

暗い くらい	어둡다
⊝明るい 밝다	夜の道は暗い。 밤길은 어둡다.

黒い くろい	검다
⊝白い 희다	黒いスーツを買う。 검은 정장을 사다.

寒い さむい	춥다
⊝暑い 덥다	冬は寒い。 겨울은 춥다.

白い しろい	희다
⊝黒い 검다	白い雪が降る。 흰 눈이 내리다.

少ない すくない	적다
⊝多い 많다	この会社は休みが少ない。 이 회사는 휴일이 적다.

狭い せまい	좁다
⊝広い 넓다	わたしの部屋は狭い。 내 방은 좁다.

高い ●低い 낮다	たかい	① 높다 あの山は高い。 저 산은 높다. ② 비싸다 このかばんは高い。 이 가방은 비싸다.

●安い 싸다 (under second row)

楽しい	たのしい	즐겁다 友だちと遊んで楽しかった。 친구와 놀아서 즐거웠다.

小さい ●大きい 크다	ちいさい	작다 小さい声で話す。 작은 목소리로 이야기하다.

近い ●遠い 멀다	ちかい	가깝다 会社は駅に近い。 회사는 역에 가깝다.

強い ●弱い 약하다	つよい	강하다 今日は風が強い。 오늘은 바람이 강하다.

遠い ●近い 가깝다	とおい	멀다 学校は駅から遠い。 학교는 역에서 멀다.

ない		없다 時間がない。 시간이 없다.

長い ●短い 짧다	ながい	길다 電話で長く話す。 전화로 길게 이야기하다.

速い 早い ●遅い 느리다	はやい	① 움직임이 빠르다 この車はスピードが速い。 이 차는 속도가 빠르다. ② 시간이 이르다 朝早く起きる。 아침 일찍 일어나다.

低い ●高い 높다	ひくい	낮다 田中さんは背が低い。 다나카 씨는 키가 작다.

広い ●狭い 좁다	ひろい	넓다 家の前に広い公園がある。 집 앞에 넓은 공원이 있다.

古い ●新しい 새롭다	ふるい	낡다, 오래되다 かばんが古くなる。 가방이 낡아지다.

まずい		맛이 없다
⊖ おいしい 맛있다		まずくて食べ(た)たくない。 맛이 없어서 먹고 싶지 않다.

短い	みじかい	짧다
⊖ 長(なが)い 길다		髪(かみ)を短(みじか)く切(き)る。 머리카락을 짧게 자르다.

難しい	むずかしい	어렵다
⊖ 易(やさ)しい 쉽다		難(むずか)しい漢字(かんじ)を書(か)く。 어려운 한자를 쓰다.

安い	やすい	싸다
⊖ 高(たか)い 비싸다		この店(みせ)は安(やす)くておいしい。 이 가게는 싸고 맛있다.

弱い	よわい	약하다
⊖ 強(つよ)い 강하다		体(からだ)が弱(よわ)い。 몸이 약하다.

悪い	わるい	나쁘다
⊖ いい 좋다		天気(てんき)が悪(わる)い。 날씨가 나쁘다.

あんな		저런, 그런

あんなまずい店には行きたくない。
그런 맛이 없는 가게에는 가고 싶지 않다.

いやな		싫은

仕事がいやになる。 일이 싫어지다.

いろいろな		여러 가지, 갖가지

いろいろな花が咲く。 갖가지 꽃이 피다.

大きな	おおきな	큰, 커다란

家のそばに大きな木がある。 집 근처에 커다란 나무가 있다.

同じな	おなじな	같은(뒤에 명사가 오면 な는 생략)

兄と同じ学校に入学する。 형(오빠)과 같은 학교에 입학하다.

簡単な	かんたんな	간단한

● 複雑な 복잡한

簡単に説明する。 간단하게 설명하다.

きらいな		싫어하는

● 好きな 좋아하는

魚はきらいだ。 생선은 싫어한다.

きれいな		① 예쁜

きれいな花が咲く。 예쁜 꽃이 피다.

② 깨끗한

● 汚い 더럽다

部屋をきれいにする。 방을 깨끗하게 하다.

元気な	げんきな	건강한, 활기찬

早く元気になってください。 빨리 건강해지세요.

こんな		이런

こんなことをしてはいけない。 이런 일을 해선 안 된다.

静かな	しずかな	조용한

● うるさい 시끄럽다

静かにしなさい。 조용히 하세요.

上手な	じょうずな	능숙한, 잘하는

● 下手な 서투른

英語を上手に話す。 영어를 능숙하게 말하다.

丈夫な	じょうぶな	튼튼한
		このくつは丈夫だ。 이 구두는 튼튼하다.

好きな	すきな	좋아하는
⊖ きらいな 싫어하는		弟は甘いものが好きだ。 남동생은 단 것을 좋아한다.

そんな		그런
		そんな物はほしくない。 그런 물건은 갖고 싶지 않다.

大丈夫な	だいじょうぶな	괜찮은, 문제없는
		時間は大丈夫ですか。 시간은 괜찮습니까?

大好きな	だいすきな	매우 좋아하는, 무척 좋아하는
		ゲームが大好きだ。 게임을 무척 좋아한다.

大変な	たいへんな	중대한, 대단한, 힘든
		この仕事はなかなか大変だ。 이 일은 상당히 힘들다.

小さな	ちいさな	작은
⊖ 大きな 큰		小さな家に住む。 작은 집에 살다.

どんな		어떤
		どんな本が好きですか。 어떤 책을 좋아합니까?

にぎやかな		번화한, 북적이는, 떠들썩한
		この町はにぎやかだ。 이 거리는 북적인다.

ひまな		한가한
		明日はひまです。 내일은 한가합니다.

便利な	べんりな	편리한
⊖ 不便な 불편한		近くにスーパーがあって便利だ。 근처에 슈퍼마켓이 있어서 편리하다.

有名な	ゆうめいな	유명한
		彼の作品は有名だ。 그의 작품은 유명하다.

あまり		별로, 그다지

甘いものはあまり好きではない。
단 것은 별로 좋아하지 않는다.

一番	いちばん	제일, 가장

りんごが一番好きです。 사과를 제일 좋아합니다.

いつ		언제

いつ日本に来ましたか。 언제 일본에 오셨나요?

いっしょに		함께, 같이

母といっしょに出かける。 어머니와 함께 외출하다.

いつも		언제나, 항상, 늘

いつも歩いて学校に行く。 항상 걸어서 학교에 간다.

おおぜい		많이(명사로 쓰이는 경우 '많은 사람들'이라는 의미)

人がおおぜい集まる。 사람이 많이 모이다.

すぐ		곧, 바로, 즉시

◎すぐに

もうすぐ冬になる。 이제 곧 겨울이 된다.

少し	すこし	조금

お酒を少し飲む。 술을 조금 마시다.

全部	ぜんぶ	전부

料理を全部食べる。 요리를 전부 먹다.

たいへん		매우, 대단히

たいへんおもしろい。 매우 재미있다.

たくさん		많이

ご飯をたくさん食べる。 밥을 많이 먹다.

だんだん		점점, 차츰

だんだん寒くなる。 점점 추워지다.

ちょっと		조금, 잠깐

ちょっと待ってください。 잠깐 기다려 주세요.

どう		**어떻게**
		どうしましょうか。 어떻게 할까요?
どうして ⊝なぜ		**어째서, 왜**
		どうして来なかったの？ 왜 안 왔어?
どうも		**정말, 참으로(사과나 감사의 인사말을 강조)**
		どうもすみません。 정말 죄송합니다.
時々	ときどき	**때때로, 가끔**
		時々映画を見に行く。 가끔 영화를 보러 간다.
とても		**매우, 아주, 무척**
		今日はとても寒い。 오늘은 매우 춥다.
なぜ ⊝どうして		**어째서, 왜**
		なぜ遅刻したの？ 왜 지각했어?
また		**또**
		あしたまた来ます。 내일 또 오겠습니다.
まだ		**아직**
		まだ雨が降っている。 아직 비가 내리고 있다.
まっすぐ		**곧장, 똑바로**
		まっすぐ家に帰る。 곧장 집에 돌아가다.
もう一度	もういちど	**한 번 더, 다시 한 번**
		もう一度言ってください。 한 번 더 말해 주세요.
もっと		**더욱, 더**
		もっと寒くなる。 더 추워지다.
ゆっくり		**천천히, 느긋하게**
		ゆっくり歩く。 천천히 걷다.

あの	저 〈연체사〉
	あの人は誰ですか。 저 사람은 누구입니까?

この	이 〈연체사〉
	このかばんは誰のですか。 이 가방은 누구의 것입니까?

その	그 〈연체사〉
	その時計はどこで買いましたか。 그 시계는 어디서 샀습니까?

どの	어느 〈연체사〉
	どの本を買いましょうか。 어느 책을 살까요?

でも ● しかし 하지만, 그러나	그렇지만, 하지만 〈접속사〉
	３月になった。でも、まだ寒い。 3월이 되었다. 그렇지만 아직 춥다.

～くらい/～ぐらい	～정도 〈조사〉
	時間はどれくらいかかりますか。 시간은 어느 정도 걸립니까?

～ずつ	～씩 〈조사〉
	子どもたちにお菓子を二つずつあげる。 아이들에게 과자를 두 개씩 주다.

～だけ	～만, ～뿐 〈조사〉
	あなただけに話す。 당신에게만 이야기하겠다.

アパート	아파트, 공동 주택, 연립 주택
	アパートに住んでいる。 공동 주택에 살고 있다.

エレベーター	엘리베이터, 승강기
	エレベーターに乗る。 엘리베이터를 타다.

カップ	(손잡이가 있는) 컵
	カップにコーヒーを入れる。 컵에 커피를 담다.

カメラ	카메라
	カメラで写真を撮る。 카메라로 사진을 찍다.

カレンダー	캘린더, 달력
	誕生日をカレンダーに書く。 생일을 달력에 쓰다.

ギター	기타
	ギターを弾く。 기타를 치다.

クラス	반, 학급, 등급
	わたしのクラスは15人です。 우리 반은 15명입니다.

グラス	유리잔, 유리컵
	グラスでワインを飲む。 유리잔으로 와인을 마시다.

コート	코트, 외투
	コートを着て、家を出る。 코트를 입고 집을 나서다.

コーヒー	커피
	一杯のコーヒーを飲む。 한 잔의 커피를 마시다.

コップ	컵
	コップで水を飲む。 컵으로 물을 마시다.

コピー	복사
	コピーをとる。 복사하다.

シャツ	셔츠
	シャツを洗う。 셔츠를 빨다.

シャワー	샤워
	シャワーをあびる。 샤워를 하다.

スカート	스커트, 치마
	このスカートはちょっと短い。 이 치마는 조금 짧다.

ストーブ	스토브, 난로
	ストーブをつける。 난로를 켜다.

スプーン	스푼, 숟가락
	スプーンでカレーを食べる。 숟가락으로 카레를 먹다.

スポーツ	스포츠
	スポーツの中では野球が好きです。 스포츠 중에서는 야구를 좋아합니다.

ズボン	바지
	ズボンをはく。 바지를 입다.

セーター	스웨터
	このセーターは暖かい。 이 스웨터는 따뜻하다.

ゼロ	제로, 0(숫자), 없음
	ゼロから始める。 제로에서 시작하다.

タクシー	택시
	タクシーで行く。 택시로 가다.

テープ	테이프
	テープを切る。 테이프를 자르다.

テーブル	테이블, 탁자
	テーブルの上にお皿を置く。 탁자 위에 접시를 놓다.

テスト	테스트, 시험
	これからテストを始めます。 지금부터 시험을 시작하겠습니다.

デパート	백화점
	デパートで買い物をする。 백화점에서 쇼핑을 하다.

テレビ	텔레비전, 티브이
	テレビを見る。 텔레비전을 보다.

ドア	문
	ドアを開ける。 문을 열다.

トイレ	화장실
	トイレに行く。 화장실에 가다.

ナイフ	나이프, 칼
	ナイフで肉を切る。 나이프로 고기를 자르다.

ネクタイ	넥타이
	プレゼントにネクタイを買う。 선물로 넥타이를 사다.

ノート	노트, 공책, 필기, 메모
	ノートをとる。 필기를 하다.

パーティー	파티
	パーティーを開く。 파티를 열다.

バス	버스
	バスに乗って会社に行く。 버스를 타고 회사에 가다.

パン	빵
	今朝パンを食べました。 오늘 아침 빵을 먹었습니다.

ハンカチ	손수건
	ハンカチをもらう。 손수건을 받다.

ビル	빌딩
	高いビルが並んでいる。 높은 빌딩이 늘어서 있다.

ペン	펜
	ペンで字を書く。 펜으로 글씨를 쓰다.

ボールペン	볼펜
	名前は黒いボールペンで書いてください。 이름은 검은 볼펜으로 써 주세요.

ポケット	주머니
	ポケットに手を入れる。 주머니에 손을 넣다.

ボタン	버튼, 단추
	ボタンを押す。 버튼을 누르다.

ホテル	호텔

ホテルでパーティーをする。 호텔에서 파티를 하다.

メートル	미터

家の前に高さ10メートルぐらいの木がある。
집 앞에 높이 10미터 정도의 나무가 있다.

ラーメン	라면

ラーメンを食べる。 라면을 먹다.

ラジオ	라디오

ラジオでニュースを聞く。 라디오로 뉴스를 듣다.

レストラン	레스토랑, 서양식 음식점

レストランで食事をする。 레스토랑에서 식사를 하다.

일본어	읽기	뜻
ありがとうございます		감사합니다
いいえ		아니요
いただきます		잘 먹겠습니다
いらっしゃいませ		어서 오십시오 〈주로 가게에서 손님에게〉
おねがいします		부탁합니다
おはようございます		안녕하세요 〈아침 인사〉
お休みなさい	おやすみなさい	안녕히 주무세요
ごちそうさまでした		잘 먹었습니다
こちらこそ		저야말로
ごめんなさい		미안합니다
こんにちは		안녕하세요 〈낮 인사〉
こんばんは		안녕하세요 〈저녁 인사〉
さようなら		안녕, 잘 가요 〈오랜 기간 헤어짐〉
失礼します	しつれいします	실례합니다
すみません		미안합니다, 실례합니다
どういたしまして		천만에요
どうぞ		자, 어서, 부디 〈권유나 부탁〉
はい		네
はじめまして		처음 뵙겠습니다
もしもし		여보세요
よろしくお願いします	よろしくおねがいします	잘 부탁합니다

JLPT 보카

N5

문자·어휘
모의고사

もんだい1 ＿＿＿の ことばは ひらがなで どう かきますか。1・2・3・4から
　　　　 いちばん いい ものを ひとつ えらんで ください。

1 あさから 雨が ふって います。
　　 1 あめ 　　　　　 2 くも 　　　　　 3 ゆき 　　　　　 4 かぜ

2 午後から てんきが よく なりました。
　　 1 こご 　　　　　 2 ごご 　　　　　 3 こごう 　　　　　 4 ごごう

3 きのう たなかさんに 会いました。
　　 1 かいました 　　 2 いいました 　　 3 あいました 　　 4 すいました

4 毎朝、7じに おきます。
　　 1 けさ 　　　　　 2 あさって 　　　　 3 まいにち 　　　　 4 まいあさ

5 きょうは 火よう日です。
　　 1 すいようび 　　 2 どようび 　　　 3 かようび 　　　 4 にちようび

6 りんごを 二つ かいました。
　　 1 につ 　　　　　 2 ふたつ 　　　　 3 いつつ 　　　　 4 ここのつ

7 きょうは 外へ でないで いえに います。
　　 1 そと 　　　　　 2 おと 　　　　　 3 あと 　　　　　 4 ひと

もんだい2 ＿＿＿の ことばは どう かきますか。1・2・3・4から いちばん
　　　いい ものを ひとつ えらんで ください。

8　この　シャツは　おおきいです。

　　1 大きい　　　　　2 天きい　　　　　3 太きい　　　　　4 犬きい

9　わたしの　くには　やまが　おおいです。

　　1 林　　　　　　2 川　　　　　　3 山　　　　　　4 花

10　これを　ちょっと　みて　ください。

　　1 貝て　　　　　　2 見て　　　　　　3 目て　　　　　　4 具て

11　この　くるまは　たかいですね。

　　1 高　　　　　　2 車　　　　　　3 古　　　　　　4 事

12　らいねん　けっこんします。

　　1 来年　　　　　　2 今年　　　　　　3 来週　　　　　　4 今週

もんだい3（　　　）に　なにが　はいりますか。1・2・3・4から　いちばん
　　　いい　ものを　ひとつ　えらんで　ください。

13　ようかの　つぎは　（　　　）です。

　　　1 とおか　　　　　　2 なのか　　　　　　3 ここのか　　　　4 みっか

14　えきで　でんしゃの　（　　　）を　かいました。

　　　1 きって　　　　　　2 きっぷ　　　　　　3 ざっし　　　　　4 さっし

15　わたしは　いつも　よる　（　　　）ねます。

　　　1 とおく　　　　　　2 はやく　　　　　　3 ほそく　　　　　4 ちかく

16　きってを　3（　　　）ください。

　　　1 まい　　　　　　　2 ほん　　　　　　　3 かい　　　　　　4 ふん

17　（　　　）で　かいものを　しました。

　　　1 スカート　　　　　2 デパート　　　　　3 ポケット　　　　4 アパート

18　（　　　）えいがを　みに　いきませんか。

　　　1 きのう　　　　　　2 ゆうべ　　　　　　3 おととい　　　　4 あした

もんだい4 ＿＿＿の ぶんと だいたい おなじ いみの ぶんが あります。
1・2・3・4から いちばん いい ものを ひとつ えらんで
ください。

N5

19　この　りょうりは　かんたんです。

1 この　りょうりは　やさしいです。
2 この　りょうりは　たいへんです。
3 この　りょうりは　つまらないです。
4 この　りょうりは　おいしいです。

20　へやの　でんきを　つけました。

1 へやを　あかるく　しました。
2 へやを　くらく　しました。
3 へやを　すずしく　しました。
4 へやを　あたたかく　しました。

21　この　へやは　ひろいです。

1 この　へやは　せまいです。
2 この　へやは　せまく　ないです。
3 この　へやは　あかるいです。
4 この　へやは　あかるく　ないです。

1 ①	2 ②	3 ③	4 ④	5 ③	6 ②	7 ①	8 ①	9 ③	10 ②
11 ②	12 ①	13 ③	14 ②	15 ②	16 ①	17 ②	18 ④	19 ①	20 ①
21 ②									

해석

| 문제1 |

1 あさから　雨(あめ)が　ふって　います。
아침부터 비가 내리고 있습니다.

2 午後(ごご)から　てんきが　よく　なりました。
오후부터 날씨가 좋아졌습니다.

3 きのう　たなかさんに　会いました(あいました)。
어제 다나카 씨를 만났습니다.

4 毎朝(まいあさ)、7じに　おきます。
매일 아침 7시에 일어납니다.

5 きょうは　火よう日(かようび)です。
오늘은 화요일입니다.

6 りんごを　二つ(ふたつ)　かいました。
사과를 두 개 샀습니다.

7 きょうは　外(そと)へ　でないで　いえに　います。
오늘은 밖에 나가지 않고 집에 있습니다.

| 문제2 |

8 この　シャツは　おおきい(大きい)です。
이 셔츠는 큽니다.

9 わたしの　くには　やま(山)が　おおいです。
우리나라는 산이 많습니다.

10 これを　ちょっと　みて(見て)　ください。
이것을 좀 보세요.

11 この　くるま(車)は　たかいですね。
이 자동차는 비싸네요.

12 らいねん(来年)　けっこんします。
　　내년에 결혼합니다.

| 문제3 |

13 ようかの　つぎは　ここのかです。
　　8일 다음은 9일입니다.

14 えきで　でんしゃの　きっぷを　かいました。
　　역에서 전철표를 샀습니다.

15 わたしは　いつも　よる　はやく　ねます。
　　나는 언제나 밤에 일찍 잡니다.

16 きってを　3まい　ください。
　　우표를 3장 주세요.

17 デパートで　かいものを　しました。
　　백화점에서 쇼핑을 했습니다.

18 あした　えいがを　みに　いきませんか。
　　내일 영화 보러 가지 않겠습니까?

| 문제4 |

19 この　りょうりは　かんたんです。
　　이 요리는 간단합니다.

　＝ この　りょうりは　やさしいです。
　　　이 요리는 쉽습니다.

20 へやの　でんきを　つけました。
　　방의 전기를 켰습니다.

　＝ へやを　あかるく　しました。
　　　방을 밝게 했습니다.

21 この　へやは　ひろいです。
　　이 방은 넓습니다.

　＝ この　へやは　せまく　ないです。
　　　이 방은 좁지 않습니다.

JLPT
보카

N4

합격 단어

명사	동사	い형용사
な형용사	부사	기타
가타카나	인사말	

あいさつ		인사

あいさつをする。 인사하다.

赤ちゃん	あかちゃん	아기

赤ちゃんが泣く。 아기가 울다.

あご		턱

あごが痛い。 턱이 아프다.

味	あじ	맛

味を見る。 맛을 보다.

足音	あしおと	발소리

足音が聞こえる。 발소리가 들리다.

汗	あせ	땀

汗をかく。 땀을 흘리다.

遊び	あそび	놀이

遊びを楽しむ。 놀이를 즐기다.

暑さ	あつさ	더위

厳しい暑さが続く。 혹독한 더위가 계속되다.

飴	あめ	사탕, 엿

飴を口に入れる。 사탕을 입에 넣다.

安心	あんしん	안심

親を安心させる。 부모를 안심시키다.

案内	あんない	안내

道を案内する。 길을 안내하다.

以下	いか	이하

小学生以下は入場できません。

초등학생 이하는 입장할 수 없습니다.

以外	いがい	이외

それ以外は問題ない。 그 외에는 문제없다.

医学	いがく	의학 医学を学ぶ。 의학을 배우다.
生き方	いきかた	생활 방식 生き方を変える。 생활 방식을 바꾸다.
意見	いけん	의견 意見を言う。 의견을 말하다.
石	いし	돌 石を投げる。 돌을 던지다.
以上	いじょう	이상 以上で終わります。 이상으로 마치겠습니다.
一度	いちど	한 번, 한번 一度会ってみます。 한번 만나보겠습니다.
一日中	いちにちじゅう	하루 종일 一日中寝ている。 하루 종일 자고 있다.
糸	いと	실 糸が細い。 실이 가늘다.
以内	いない	이내 一時間以内に着く。 한 시간 이내에 도착한다.
田舎	いなか	시골 田舎で暮らす。 시골에서 살다.
命	いのち	목숨, 생명 命を大切にする。 생명을 소중히 하다.
居間	いま	거실 居間でテレビを見る。 거실에서 텔레비전을 보다.
色紙	いろがみ	색종이 色紙に書く。 색종이에 쓰다.
飲酒	いんしゅ	음주 飲酒運転は危ない。 음주 운전은 위험하다.

受付	うけつけ	**접수** 受付をする。 접수를 하다.
うそ		**거짓말** うそをつく。 거짓말을 하다.
内	うち	**안, 속** 外から内に入る。 밖에서 안으로 들어가다.
裏	うら	**뒤쪽, 반대쪽** 家の裏に大きな木がある。 집 뒤쪽에 큰 나무가 있다.
売り場	うりば	**매장** 売り場を探す。 매장을 찾다.
運	うん	**운, 운수, 운명** 運がいい。 운이 좋다.
運転	うんてん	**운전** 車を運転する。 자동차를 운전하다.
運転手	うんてんしゅ	**운전수, 운전사** 運転手になる。 운전사가 되다.
運動会	うんどうかい	**운동회** 運動会を行う。 운동회를 하다.
英会話	えいかいわ	**영어 회화** 英会話を習う。 영어 회화를 배우다.
映画館	えいがかん	**영화관** 映画館に行く。 영화관에 가다.
営業	えいぎょう	**영업** 営業を始める。 영업을 시작하다.
駅員	えきいん	**역무원** 駅員に聞く。 역무원에게 묻다.
枝	えだ	**가지** 枝を折る。 가지를 꺾다.

遠慮	えんりょ	**사양, 삼감** たばこは遠慮してください。 담배는 삼가 주세요.
横断歩道	おうだんほどう	**횡단보도** 横断歩道を渡る。 횡단보도를 건너다.
大雨	おおあめ	**큰비, 폭우** 大雨が降る。 큰비가 내리다.
大雪	おおゆき	**폭설** 大雪で動けない。 폭설로 움직일 수 없다.
おかげ		**덕분** あなたのおかげです。 당신 덕분입니다.
億	おく	**억** 一億円を集める。 일억 엔을 모으다.
奥様	おくさま	**부인, 사모님(타인의 부인을 높여 부름)** 奥様に会う。 사모님을 만나다.
屋上	おくじょう	**옥상** 屋上に上がる。 옥상에 올라가다.
贈り物	おくりもの	**선물** 贈り物を渡す。 선물을 건네다.
お子さん	おこさん	**자녀분** お子さん、可愛いですね。 자녀분이 귀엽네요.
おじ		**삼촌, 숙부, 백부, 이모부, 고모부** おじに電話する。 삼촌에게 전화하다.
押入れ	おしいれ	**벽장** 押入れを片付ける。 벽장을 정리하다.
お嬢さん	おじょうさん	**아가씨, 따님** お嬢さんはお元気ですか。 따님은 잘 지내십니까?
お宅	おたく	**댁** 先生のお宅を訪問する。 선생님 댁을 방문하다.

N4

夫	おっと	남편
		夫が掃除している。 남편이 청소하고 있다.

おつり		거스름돈
		おつりをもらう。 거스름돈을 받다.

お手洗い	おてあらい	화장실
⊜ トイレ		お手洗いに行く。 화장실에 가다.

お出かけ	おでかけ	외출
		お出かけの準備をする。 외출 준비를 하다.

音	おと	소리
		音が聞こえる。 소리가 들리다.

落し物	おとしもの	분실물, 유실물
		落し物をする。 물건을 분실하다.

お年寄り	おとしより	노인, 어르신
		お年寄りにあいさつする。 노인에게 인사하다.

踊り	おどり	춤
⊜ ダンス		踊りを踊る。 춤을 추다.

おば		이모, 고모, 숙모, 백모
		おばに会う。 이모를 만나다.

お祭り	おまつり	축제
		お祭りに行く。 축제에 가다.

お見舞い	おみまい	문병, 병문안
		お見舞いに行く。 병문안을 가다.

お土産	おみやげ	선물, 기념품
		お土産をあげる。 선물을 주다.

思い出	おもいで	추억
		思い出を話す。 추억을 이야기하다.

おもちゃ		장난감
		おもちゃを買う。 장난감을 사다.

表	おもて	겉, 표면, 바깥 封筒の表に住所を書く。 봉투 겉에 주소를 쓰다.
終わり	おわり	끝, 마지막 話はこれで終わりだ。 이야기는 이것으로 끝이다.
海岸	かいがん	해안 海岸を散歩する。 해안을 산책하다.
会議室	かいぎしつ	회의실 会議室を予約する。 회의실을 예약하다.
会場	かいじょう	회장, 모임 장소 会場に着く。 모임 장소에 도착하다.
会長	かいちょう	회장(님) 会長の話を聞く。 회장님의 이야기를 듣다.
外部	がいぶ	외부 外部に知らせる。 외부에 알리다.
会話	かいわ	회화, 대화 英語で会話をする。 영어로 대화하다.
帰り	かえり	귀가 帰りが遅い。 귀가가 늦다.
科学	かがく	과학 科学を勉強する。 과학을 공부하다.
鏡	かがみ	거울 鏡を見る。 거울을 보다.
書き方	かきかた	쓰는 법 漢字の書き方を教える。 한자 쓰는 법을 가르치다.
飾り	かざり	장식 飾りをつける。 장식을 달다.
火事	かじ	화재 火事が起きる。 화재가 발생하다.

歌手	かしゅ	**가수** 歌手になる。 가수가 되다.
数	かず	**수, 숫자** 数を数える。 수를 세다.
ガス代	ガスだい	**가스 요금, 가스비** ガス代が高い。 가스비가 비싸다.
形	かたち	**모양, 형태** 星の形をしている。 별 모양을 하고 있다.
課長	かちょう	**과장(님)** 課長に相談する。 과장님에게 상담하다.
家庭	かてい	**가정** 家庭を大切にする。 가정을 소중히 하다.
家内	かない	**아내** 家内に話す。 아내에게 이야기하다.
金持ち	かねもち	**부자** 金持ちになる。 부자가 되다.
彼女	かのじょ	**그녀** これは彼女の本だ。 이것은 그녀의 책이다.
壁	かべ	**벽** 壁に絵をかける。 벽에 그림을 걸다.
髪	かみ	**머리카락** 髪を切る。 머리카락을 자르다.
彼	かれ	**그, 그 사람** 彼に電話する。 그에게 전화하다.
彼ら	かれら	**그들** 彼らは学生だ。 그들은 학생이다.
代わり	かわり	**대신, 대리** 代わりに行く。 대신해서 가다.

74

考え方	かんがえかた	사고방식, 생각

考え方が変わる。 생각이 바뀌다.

気	き	생각, 마음, 기력, 기분

気がする。 기분이 든다.

N4

期間	きかん	기간

期間を決める。 기간을 정하다.

聞き取り	ききとり	청취, 듣기

聞き取りが難しい。 듣기가 어렵다.

帰国	きこく	귀국

明日帰国する。 내일 귀국한다.

記者	きしゃ	기자

新聞記者になる。 신문 기자가 되다.

汽車	きしゃ	기차

汽車に乗る。 기차를 타다.

技術	ぎじゅつ	기술

技術を磨く。 기술을 연마하다.

季節	きせつ	계절

季節が変わる。 계절이 바뀌다.

喫茶店	きっさてん	찻집

喫茶店でコーヒーを飲む。 찻집에서 커피를 마시다.

絹	きぬ	비단, 실크, 견사

絹のスカーフをする。 실크 스카프를 하다.

気分	きぶん	기분, 마음, 심정, 분위기

気分がいい。 기분이 좋다.

君	きみ	자네, 너

君もいっしょに行こう。 너도 같이 가자.

気持ち	きもち	기분, 마음, 심정

気持ちを伝える。 마음을 전하다.

着物	きもの	옷, 기모노(일본 전통 의상)
		着物を着る。 기모노를 입다.

客	きゃく	손님
		家に客が来る。 집에 손님이 오다.

急行	きゅうこう	급행
		急行に乗る。 급행을 타다.

教育	きょういく	교육
		教育を受ける。 교육을 받다.

教会	きょうかい	교회
		教会に行く。 교회에 가다.

金魚	きんぎょ	금붕어
		金魚を飼う。 금붕어를 기르다.

近所	きんじょ	근처
		近所を散歩する。 근처를 산책하다.

具合	ぐあい	형편, 상황, 몸 상태
		具合が悪い。 몸 상태가 좋지 않다.

空気	くうき	공기
		空気を吸う。 공기를 들이마시다.

空港	くうこう	공항
		空港に着く。 공항에 도착하다.

草	くさ	풀
		草が青い。 풀이 푸르다.

雲	くも	구름
		空に雲が多い。 하늘에 구름이 많다.

曇り	くもり	흐림
		曇りの日が続く。 흐린 날이 계속되다.

区役所	くやくしょ	구청
		区役所に行く。 구청에 가다.

軍人	ぐんじん	군인 軍人になる。 군인이 되다.
毛	け	털 この犬は毛が多い。 이 개는 털이 많다.
経験	けいけん	경험 新しい経験をする。 새로운 경험을 하다.
経済	けいざい	경제 経済を勉強する。 경제를 공부하다.
警察	けいさつ	경찰 警察に知らせる。 경찰에 알리다.
今朝	けさ	오늘 아침 今朝は寒い。 오늘 아침은 춥다.
消しゴム	けしゴム	지우개 消しゴムで消す。 지우개로 지우다.
結婚	けっこん	결혼 結婚を祝う。 결혼을 축하하다.
欠席	けっせき	결석 授業に欠席する。 수업에 결석하다.
けんか		싸움 友達とけんかする。 친구와 싸우다.
見学	けんがく	견학 工場見学に行く。 공장 견학을 가다.
玄関	げんかん	현관 玄関を開ける。 현관을 열다.
研究	けんきゅう	연구 大学で研究する。 대학에서 연구하다.
見物	けんぶつ	구경 見物に行く。 구경하러 가다.

子犬	こいぬ	강아지 子犬と遊ぶ。 강아지와 놀다.
公開	こうかい	공개 映画を公開する。 영화를 공개하다.
郊外	こうがい	교외 郊外に住む。 교외에 살다.
工業	こうぎょう	공업 工業大学に入学する。 공업 대학에 입학하다.
高校	こうこう	고교, 고등학교 高校に通う。 고등학교에 다니다.
高校生	こうこうせい	고교생, 고등학생 高校生になる。 고등학생이 되다.
交差点	こうさてん	교차로 交差点を渡る。 교차로를 건너다.
工事	こうじ	공사 工事が始まる。 공사가 시작되다.
工場	こうじょう	공장 工場を見学する。 공장을 견학하다.
校長	こうちょう	교장 校長先生にあいさつする。 교장 선생님께 인사하다.
交通	こうつう	교통 交通信号を守る。 교통 신호를 지키다.
講堂	こうどう	강당 生徒が講堂に集まる。 학생이 강당에 모이다.
工場	こうば	공장 町の工場で働く。 마을 공장에서 일하다.
公務員	こうむいん	공무원 公務員になる。 공무원이 되다.

氷	こおり	얼음
		氷が冷たい。 얼음이 차갑다.

国際	こくさい	국제
		国際会議に出席する。 국제 회의에 출석하다.

国産	こくさん	국산
⊕ 国産品 국산품		国産の車を買う。 국산 차를 사다.

国内	こくない	국내
		国内旅行に行く。 국내 여행을 가다.

国民	こくみん	국민
		国民の声を聞く。 국민의 소리를 듣다.

国立	こくりつ	국립
		国立大学に合格する。 국립 대학에 합격하다.

心	こころ	마음
		心を開く。 마음을 열다.

故障	こしょう	고장
		故障を直す。 고장을 수리하다.

ご存じ	ごぞんじ	알고 계심
		ご存じですか。 알고 계십니까?

答え	こたえ	답, 대답, 해답
		答えを見つける。 답을 찾아내다.

ごちそう		맛있는 음식, 호화로운 요리, 대접
		ごちそうを食べる。 맛있는 음식을 먹다.

事	こと	일, 것
		これは大変な事だ。 이것은 큰일이다.

言葉	ことば	말, 언어, 단어
		言葉の意味を調べる。 단어의 뜻을 조사하다.

小鳥	ことり	작은 새
		小鳥が飛ぶ。 작은 새가 날다.

子猫	こねこ	새끼 고양이 子猫を育てる。 새끼 고양이를 기르다.
この間 ⊜先日	このあいだ	요전, 얼마 전, 지난번 この間、友人に会った。 얼마 전에 친구를 만났다.
木の葉 ⊜きのは	このは	나뭇잎 木の葉が落ちる。 나뭇잎이 떨어지다.
この辺	このへん	이 근처, 이 근방, 이쯤, 이 정도 この辺で終わります。 이쯤에서 마치겠습니다.
ごみ		쓰레기 ごみを出す。 쓰레기를 배출하다.
米	こめ	쌀 米を作る。 쌀을 재배하다.
今回	こんかい	이번 今回のテストは難しかった。 이번 시험은 어려웠다.
今度	こんど	이번, 다음번 今度は成功する。 이번에는 성공하겠다.
今夜	こんや	오늘 밤 今夜は眠れない。 오늘 밤은 잠이 오지 않는다.
最近	さいきん	최근, 요즘 最近忙しい。 요즘 바쁘다.
坂	さか	언덕 坂の上まで歩く。 언덕 위까지 걷다.
魚屋	さかなや	생선 가게 魚屋で魚を買う。 생선 가게에서 생선을 사다.
作品	さくひん	작품 作品を作る。 작품을 만들다.
桜	さくら	벚꽃, 벚나무 桜が咲く。 벚꽃이 피다.

砂糖	さとう	설탕

砂_さ糖_{とう}を入_いれる。 설탕을 넣다.

再来月	さらいげつ	다다음 달

再_さ来_{らい}月_{げつ}に旅_{りょ}行_{こう}に行_いく。 다다음 달에 여행을 간다.

再来週	さらいしゅう	다다음 주

再_さ来_{らい}週_{しゅう}に会_あう。 다다음 주에 만난다.

再来年	さらいねん	다다음 해, 후년, 내후년

再_さ来_{らい}年_{ねん}に結_{けっ}婚_{こん}する。 내후년에 결혼하다.

三角	さんかく	삼각

三_{さん}角_{かく}の形_{かたち}を作_{つく}る。 삼각형 모양을 만들다.

産業	さんぎょう	산업

産_{さん}業_{ぎょう}が発_{はっ}展_{てん}する。 산업이 발전하다.

算数	さんすう	산수

算_{さん}数_{すう}を教_{おし}える。 산수를 가르치다.

賛成	さんせい	찬성

意_い見_{けん}に賛_{さん}成_{せい}する。 의견에 찬성하다.

市	し	시(행정구역)

大_{おお}阪_{さか}市_しに住_すんでいる。 오사카 시에 살고 있다.

字	じ	글자, 문자, 글씨

字_じを書_かく。 글자를 쓰다.

試合	しあい	시합

試_し合_{あい}に出_でる。 시합에 나가다.

仕方	しかた	하는 방법, 수단

仕_し方_{かた}がない。 방법이 없다.

試験	しけん	시험

試_し験_{けん}に合_{ごう}格_{かく}する。 시험에 합격하다.

事故	じこ	사고

事_じ故_こが起_おきる。 사고가 일어나다.

地震	じしん	**지진** 地震で家がこわれる。 지진으로 집이 부서지다.
舌	した	**혀** 舌を出す。 혀를 내밀다.
時代	じだい	**시대** 時代が変わる。 시대가 변하다.
下着	したぎ	**속옷** 下着を買う。 속옷을 사다.
支度	したく	**준비, 채비** 出かける支度をする。 외출할 준비를 하다.
室内	しつない	**실내** 室内で過ごす。 실내에서 지내다.
失敗	しっぱい	**실패** 失敗から学ぶ。 실패로부터 배우다.
質問	しつもん	**질문** 質問に答える。 질문에 답하다.
失礼	しつれい	**실례** どうも失礼しました。 몹시 실례했습니다.
辞典 ● 辞書, 字引	じてん	**사전** 辞典で調べる。 사전을 찾다.
自転車	じてんしゃ	**자전거** 自転車に乗る。 자전거를 타다.
自動	じどう	**자동** ドアが自動で開く。 문이 자동으로 열리다.
自動車	じどうしゃ	**자동차** 自動車を運転する。 자동차를 운전하다.
市内	しない	**시내** 市内を散策する。 시내를 산책하다.

| 品物 | しなもの | 물건, 상품, 물품 |
| | | 品物を選ぶ。 물건을 고르다. |

| 支払い | しはらい | 지불, 값을 치름 |
| | | 支払いを済ませる。 지불을 끝내다. |

| 字引
 ⊜ 辞書, 辞典 | じびき | 사전 |
| | | 字引を引く。 사전을 찾다. |

| 自分 | じぶん | 자기 자신, 나 |
| | | 自分を信じる。 자신을 믿다. |

| 姉妹 | しまい | 자매 |
| | | 姉妹がけんかする。 자매가 싸우다. |

| 市民 | しみん | 시민 |
| | | 市民の声を聞く。 시민의 소리를 듣다. |

| 事務所 | じむしょ | 사무소, 사무실 |
| | | 事務所に行く。 사무실에 가다. |

| 社会 | しゃかい | 사회 |
| | | 社会に出る。 사회에 나가다. |

| 市役所 | しやくしょ | 시청 |
| | | 市役所に行く。 시청에 가다. |

| 社長 | しゃちょう | 사장(님) |
| | | 社長にあいさつする。 사장님에게 인사하다. |

| 車道 | しゃどう | 차도 |
| | | 車が車道を走る。 자동차가 차도를 달리다. |

| 習慣 | しゅうかん | 습관 |
| | | 悪い習慣を直す。 나쁜 습관을 고치다. |

| 住所 | じゅうしょ | 주소 |
| | | 住所を書く。 주소를 쓰다. |

| 柔道 | じゅうどう | 유도 |
| | | 柔道を習う。 유도를 배우다. |

授業	じゅぎょう	수업
		授業に出る。 수업에 출석하다.

主人	しゅじん	주인, 남편
		主人と相談します。 남편과 상의하겠습니다.

出席	しゅっせき	출석
		会議に出席する。 회의에 출석하다.

出発	しゅっぱつ	출발
		朝早く出発する。 아침 일찍 출발하다.

趣味	しゅみ	취미
		趣味を楽しむ。 취미를 즐기다.

準備	じゅんび	준비
		会議の準備をする。 회의 준비를 하다.

紹介	しょうかい	소개
		友だちを紹介する。 친구를 소개하다.

小学生	しょうがくせい	초등학생
		小学生が運動場で遊ぶ。 초등학생이 운동장에서 놀다.

正月	しょうがつ	정월, 설, 설날
		お正月が来る。 설날이 다가오다.

小学校	しょうがっこう	초등학교
		小学校に入学する。 초등학교에 입학하다.

小説	しょうせつ	소설
		小説を読む。 소설을 읽다.

しょうゆ		간장
		しょうゆを入れる。 간장을 넣다.

将来	しょうらい	장래
		将来の夢を聞く。 장래의 꿈을 묻다.

食事	しょくじ	식사
		食事をする。 식사를 하다.

食料品	しょくりょうひん	식료품 食料品を買う。 식료품을 사다.
女性	じょせい	여성 この会社は女性が多い。 이 회사는 여성이 많다.
人口	じんこう	인구 人口が増える。 인구가 늘다.
神社	じんじゃ	신사 神社に行く。 신사에 가다.
新年	しんねん	신년, 새해 新年になる。 새해가 되다.
心配	しんぱい	걱정 試験が心配だ。 시험이 걱정이다.
新聞社	しんぶんしゃ	신문사 新聞社で働く。 신문사에서 일하다.
水泳	すいえい	수영 水泳を習う。 수영을 배우다.
水道	すいどう	수도 水道から水が出る。 수도에서 물이 나오다.
数学	すうがく	수학 数学がおもしろい。 수학이 재미있다.
砂	すな	모래 砂の上を歩く。 모래 위를 걷다.
すり		소매치기 すりにやられる。 소매치기를 당하다.
生活	せいかつ	생활 生活が大変だ。 생활이 힘들다.
生産	せいさん	생산 米を生産する。 쌀을 생산하다.

政治	せいじ	정치 政治の話をする。 정치 이야기를 하다.
西洋	せいよう	서양 西洋料理を食べる。 서양 요리를 먹다.
世界	せかい	세계 世界平和を願う。 세계 평화를 바라다.
世界中	せかいじゅう	세계, 전 세계 世界中を旅行する。 전 세계를 여행하다.
説明	せつめい	설명 詳しく説明する。 자세히 설명하다.
背中	せなか	등, 뒤쪽 背中が痛い。 등이 아프다.
背広	せびろ	신사복, 양복 背広を着る。 신사복을 입다.
世話	せわ	돌봄, 보살핌, 신세, 폐 世話になる。 신세를 지다.
全国	ぜんこく	전국 全国大会に出場する。 전국 대회에 출전하다.
先々月	せんせんげつ	지지난달 先々月に旅行に行った。 지지난달에 여행을 갔다.
先々週	せんせんしゅう	지지난 주 先々週山田さんに会った。 지지난 주에 야마다 씨를 만났다.
戦争	せんそう	전쟁 戦争が始まる。 전쟁이 시작되다.
全体	ぜんたい	전체 全体を見る。 전체를 보다.
洗濯	せんたく	세탁 洗濯をする。 세탁을 하다.

先輩	せんぱい	선배(님) 先輩に会う。 선배를 만나다.
専門	せんもん	전문 英語を専門にする。 영어를 전문으로 하다.
掃除	そうじ	청소 部屋を掃除する。 방을 청소하다.
相談	そうだん	상담, 의논 友だちに相談する。 친구와 의논하다.
卒業	そつぎょう	졸업 大学を卒業する。 대학을 졸업하다.
外側	そとがわ	바깥쪽 道路の外側を歩く。 도로의 바깥쪽을 걷다.
祖父 ⊜おじいさん	そふ	할아버지 祖父が亡くなる。 할아버지가 돌아가시다.
祖母 ⊜おばあさん	そぼ	할머니 祖母に会う。 할머니를 만나다.
大学生	だいがくせい	대학생 大学生になる。 대학생이 되다.
大使館	たいしかん	대사관 大使館に行く。 대사관에 가다.
台風	たいふう	태풍 台風が来る。 태풍이 오다.
竹	たけ	대나무 竹を切る。 대나무를 자르다.
多数	たすう	다수 多数が賛成する。 다수가 찬성하다.
畳	たたみ	다다미(방에 까는 바닥재) 畳の上に座る。 다다미 위에 앉다.

縦	たて	**세로** 縦に線を引く。 세로로 선을 긋다.
棚	たな	**선반** 棚に本を並べる。 선반에 책을 늘어놓다.
楽しみ	たのしみ	**즐거움, 기대** 旅行を楽しみにする。 여행을 기대하다.
食べすぎ	たべすぎ	**과식** 食べ過ぎに注意する。 과식에 주의하다.
ため		**이익이나 도움이 되는 일, 목적** 自分のためになる。 자신에게 도움이 되다.
男性	だんせい	**남성** 男性が多い。 남성이 많다.
血	ち	**피** 血が出る。 피가 나다.
力	ちから	**힘** 力が強い。 힘이 세다.
遅刻	ちこく	**지각** 学校に遅刻する。 학교에 지각하다.
父親	ちちおや	**아버지, 부친** 父親と出かける。 아버지와 외출하다.
茶色	ちゃいろ	**갈색** 茶色の服を着る。 갈색 옷을 입다.
茶碗	ちゃわん	**밥공기, 밥그릇** 茶碗でご飯を食べる。 밥공기에 밥을 먹다.
注意	ちゅうい	**주의** 車に注意する。 자동차를 조심하다.
中学生	ちゅうがくせい	**중학생** 中学生になる。 중학생이 되다.

中学校	ちゅうがっこう	중학교 中学校に通う。 중학교에 다니다.
中国 ➕中国語 중국어	ちゅうごく	중국 中国に出張する。 중국으로 출장을 가다.
中止	ちゅうし	중지 イベントが中止になる。 이벤트가 중지되다.
駐車	ちゅうしゃ	주차 車を駐車する。 자동차를 주차하다.
駐車場	ちゅうしゃじょう	주차장 駐車場に止める。 주차장에 세우다.
貯金	ちょきん	저금 貯金をする。 저금을 하다.
地理	ちり	지리 地理が分からない。 지리를 모른다.
月	つき	달 月が出る。 달이 뜨다.
都合	つごう	사정, 형편 都合が悪い。 형편이 나쁘다.
妻	つま	처, 아내 妻と買い物に行く。 아내와 쇼핑하러 가다.
爪	つめ	손톱 爪を切る。 손톱을 깎다.
つもり		작정, 생각 明日行くつもりだ。 내일 갈 생각이다.
梅雨 ➖ばいう	つゆ	장마, 장마철 梅雨に入る。 장마철에 접어들다.
出入口	でいりぐち	출입구 出入口が分からない。 출입구를 모르겠다.

_{N4}

手袋	てぶくろ	장갑 手袋をする。 장갑을 끼다.
手前	てまえ	바로 자기 앞 手前のテーブルに置く。 앞에 있는 테이블에 놓다.
寺	てら	절 寺に行く。 절에 가다.
点	てん	점, 점수 テストの点が上がる。 시험 점수가 오르다.
店員	てんいん	점원 店員に聞く。 점원에게 묻다.
電気代	でんきだい	전기 요금 電気代が上がる。 전기 요금이 오르다.
天気予報	てんきよほう	일기 예보 天気予報を見る。 일기 예보를 보다.
電灯	でんとう	전등 電灯をつける。 전등을 켜다.
天ぷら	てんぷら	튀김 天ぷらを食べる。 튀김을 먹다.
電報	でんぽう	전보 電報がとどく。 전보가 도착하다.
展覧会	てんらんかい	전람회 展覧会を見に行く。 전람회를 보러 가다.
都 ➊ 東京都 도쿄 도	と	도(행정구역) 東京都は広い。 도쿄 도는 넓다.
道具	どうぐ	도구 道具を使う。 도구를 사용하다.
動物園	どうぶつえん	동물원 動物園に行く。 동물원에 가다.

遠く	とおく	먼 곳, 멀리 遠くから見える。 멀리서 보인다.
通り	とおり	도로, 거리, 왕래 通りを歩く。 거리를 걷다.
都会	とかい	도회, 도시 都会は夜も明るい。 도시는 밤에도 밝다.
時	とき	때, 시간 時が流れる。 시간이 흐르다.
床屋	とこや	이발소 床屋で髪を切る。 이발소에서 머리를 자르다.
途中	とちゅう	도중 途中で降りる。 도중에 내리다.
特急	とっきゅう	특급 特急に乗る。 특급을 타다.
隣	となり	곁, 옆 彼女の隣に座る。 그녀의 옆에 앉다.
泥棒	どろぼう	도둑 泥棒に入られる。 도둑이 들다.
内部	ないぶ	내부 建物の内部に入る。 건물 내부로 들어가다.
生ビール	なまビール	생맥주 生ビールを飲む。 생맥주를 마시다.
何度	なんど	몇 번, 여러 번 何度も練習する。 몇 번이고 연습하다.
におい		냄새 いいにおいがする。 좋은 냄새가 나다.
肉屋	にくや	정육점 肉屋で肉を買う。 정육점에서 고기를 사다.

日記	にっき	일기 にっき 日記をつける。 일기를 쓰다.
入院	にゅういん	입원 びょう き　にゅういん 病気で入院する。 병으로 입원하다.
入学	にゅうがく	입학 がっ こう　にゅうがく 学校に入学する。 학교에 입학하다.
入社	にゅうしゃ	입사 かい しゃ　にゅうしゃ 会社に入社する。 회사에 입사하다.
人形	にんぎょう	인형 にんぎょう　あそ 人形で遊ぶ。 인형을 가지고 놀다.
にんじん		당근 き にんじんを切る。 당근을 썰다.
熱	ねつ	열 ねつ　で 熱が出る。 열이 나다.
寝坊	ねぼう	늦잠 ね ぼう　がっ こう　おく 寝坊して学校に遅れる。 늦잠을 자서 학교에 늦다.
のど		목 いた のどが痛い。 목이 아프다.
飲みすぎ	のみすぎ	과음 の　　　　ちゅう い 飲みすぎに注意する。 과음에 주의하다.
乗り換え	のりかえ	환승, 갈아타기 の　か　　えき　でんしゃ　ま 乗り換えの駅で電車を待つ。 환승역에서 전철을 기다리다.
乗り物	のりもの	탈 것, 교통수단 くるま　べん り　の　もの 車は便利な乗り物だ。 자동차는 편리한 교통수단이다.
葉	は	잎 は　お 葉が落ちる。 잎이 떨어지다.
場合	ばあい	경우 あめ　ば あい　ちゅう し 雨の場合は中止になる。 비가 오는 경우에는 중지된다.

歯医者	はいしゃ	치과의사, 치과 歯医者に行く。 치과에 가다.
白菜	はくさい	배추 白菜の料理を作る。 배추 요리를 만들다.
箱	はこ	상자 箱を開ける。 상자를 열다.
橋	はし	다리, 교각 橋を渡る。 다리를 건너다.
始まり	はじまり	시작 朝は一日の始まりだ。 아침은 하루의 시작이다.
場所	ばしょ	장소 決まった場所に集まる。 정해진 장소에 모이다.
はず		~할 것, ~할 예정, ~할 터, ~할 리 飛行機は9時に着くはずだ。 비행기는 9시에 도착할 것이다.
発音	はつおん	발음 正しい発音で話す。 똑바른 발음으로 말하다.
花見	はなみ	꽃놀이, 꽃구경 花見をする。 꽃놀이를 하다.
羽	はね	날개 鳥の羽は美しい。 새의 날개는 아름답다.
林	はやし	숲 林の中を歩く。 숲속을 걷다.
晴れ	はれ	맑음 今日は晴れだ。 오늘은 맑다.
半 ➕ 3時半 3시 반	はん	반, 절반 今日は5時半に起きた。 오늘은 5시 반에 일어났다.
番組	ばんぐみ	프로그램, 방송 편성표 テレビ番組を見る。 텔레비전 프로그램을 보다.

反対	はんたい	**반대** 反対意見を言う。 반대 의견을 말하다.
パン屋	パンや	**빵 가게, 빵집** パン屋でパンを買う。 빵집에서 빵을 사다.
日	ひ	**해, 날, 낮** 日が暮れる。 날이 저물다.
光	ひかり	**빛** 部屋に光が入る。 방에 빛이 들어오다.
引き出し	ひきだし	**서랍, (현금) 인출** 引き出しを開ける。 서랍을 열다.
ひげ		**수염** ひげが長い。 수염이 길다.
飛行場	ひこうじょう	**비행장** 飛行場に着く。 비행장에 도착하다.
久しぶり	ひさしぶり	**오래간만, 오랜만** 久しぶりに会う。 오랜만에 만나다.
美術館	びじゅつかん	**미술관** 美術館で絵を見る。 미술관에서 그림을 보다.
左 ➡ 左側 (ひだりがわ)	ひだり	**왼쪽** 左に曲がる。 왼쪽으로 돌다.
必要	ひつよう	**필요** 急ぐ必要がある。 서두를 필요가 있다.
百貨店	ひゃっかてん	**백화점** 百貨店でネクタイを買う。 백화점에서 넥타이를 사다.
昼間	ひるま	**낮, 대낮** 昼間に出かける。 낮에 외출하다.
昼休み	ひるやすみ	**점심시간** 昼休みに食事をする。 점심시간에 식사를 하다.

N4

広さ	ひろさ	넓이

家の広さを決める。 집의 넓이를 정하다.

封筒	ふうとう	봉투

封筒に切手をはる。 봉투에 우표를 붙이다.

豚肉	ぶたにく	돼지고기

豚肉を焼く。 돼지고기를 굽다.

部長	ぶちょう	부장(님)

部長に知らせる。 부장님에게 알리다.

ぶどう		포도

ぶどうを食べる。 포도를 먹다.

布団	ふとん	이불

布団で寝る。 이불에서 자다.

船	ふね	배

船に乗る。 배를 타다.

文化	ぶんか	문화

自分の文化を大切にする。 자신의 문화를 소중히 하다.

文学	ぶんがく	문학

文学作品を読む。 문학 작품을 읽다.

文章	ぶんしょう	문장, 글

文章を書く。 문장을 쓰다.

文法	ぶんぽう	문법

文法を学ぶ。 문법을 배우다.

返事	へんじ	대답, 답장

返事をする。 답장을 하다.

放送	ほうそう	방송

ラジオ放送を聞く。 라디오 방송을 듣다.

僕	ぼく	나(남자)

僕も行くよ。 나도 갈게.

星	ほし	**별** 星が光る。 별이 빛나다.	
骨	ほね	**뼈** この魚は骨が多い。 이 생선은 뼈가 많다.	
本気	ほんき	**본심, 진심, 진지함** 本気でやる。 진지하게 임하다.	
本棚	ほんだな	**책장** 本棚を作る。 책장을 만들다.	
本当	ほんとう	**사실, 진실, 정말, 진짜** 本当のことを言う。 진실을 말하다.	
本屋	ほんや	**책방, 서점** 本屋で本を買う。 서점에서 책을 사다.	
窓ガラス	まどガラス	**창유리** 窓ガラスが割れる。 창유리가 깨지다.	
窓口	まどぐち	**창구** 駅の窓口で切符を買う。 역 창구에서 표를 사다.	
万	まん	**만, 10,000** 5万人が集まる。 5만 명이 모이다.	
まんが		**만화, 만화책** まんがを読む。 만화책을 읽다.	
真ん中	まんなか	**한가운데, 정중앙, 한복판** 市内の真ん中に公園がある。 시내 한복판에 공원이 있다.	
万年筆	まんねんひつ	**만년필** 万年筆で字を書く。 만년필로 글씨를 쓰다.	
みな ⊜みんな		**모두** みなが反対する。 모두가 반대하다.	
港	みなと	**항구** 船が港に入る。 배가 항구에 들어오다.	

向こう	むこう	맞은편, 건너편
		ビルの向こうに駅がある。 빌딩 건너편에 역이 있다.

虫	むし	벌레
		虫が飛ぶ。 벌레가 날다.

息子さん	むすこさん	아드님
		息子さんは高校生ですか。 아드님은 고등학생인가요?

娘	むすめ	딸
		娘が結婚する。 딸이 결혼하다.

娘さん	むすめさん	따님
		娘さんは何歳ですか。 따님은 몇 살입니까?

村	むら	마을
		小さな村で生活する。 작은 마을에서 생활하다.

持ち帰り	もちかえり	가져감, 포장 판매
●テイクアウト		持ち帰りの弁当を買う。 포장 판매하는 도시락을 사다.

木綿	もめん	면, 무명
		木綿のシャツを着る。 면 셔츠를 입다.

森	もり	숲
		森には木がたくさんある。 숲에는 나무가 많이 있다.

夜間	やかん	야간
		夜間に営業する。 야간에 영업하다.

約束	やくそく	약속
		約束を守る。 약속을 지키다.

山道	やまみち	산길
		山道を歩く。 산길을 걷다.

湯	ゆ	뜨거운 물
		お湯を沸かす。 물을 끓이다.

夕食	ゆうしょく	저녁 식사 , 저녁
		家族で夕食を食べる。 가족끼리 저녁을 먹다.

郵便局	ゆうびんきょく	우체국
		郵便局に行く。 우체국에 가다.

夕べ	ゆうべ	① 어젯밤
		夕べは寒かった。 어젯밤은 추웠다.
		② 저녁
		夕べは涼しい風が吹く。 저녁에는 서늘한 바람이 분다.

行き方 〓いきかた	ゆきかた	가는 방법
		行き方を教える。 가는 방법을 가르쳐주다.

指	ゆび	손가락
		指をけがする。 손가락을 다치다.

指輪	ゆびわ	반지
		指輪をする。 반지를 끼다.

夢	ゆめ	꿈
		夢を見る。 꿈을 꾸다.

用意	ようい	준비
		出発の用意をする。 출발 준비를 하다.

用事	ようじ	용무, 용건
		大切な用事がある。 중요한 용무가 있다.

翌年 〓よくねん	よくとし	이듬해, 다음 해
		翌年に卒業する。 이듬해에 졸업하다.

予習	よしゅう	예습
		予習をする。 예습을 하다.

予定	よてい	예정
		予定が変わる。 예정이 바뀌다.

読み方	よみかた	읽는 법
		漢字の読み方を聞く。 한자의 읽는 법을 묻다.

読み物	よみもの	읽을거리, 책
		子供の読み物を買う。 아이의 읽을거리를 사다.

予約	よやく	예약
		ホテルを予約する。 호텔을 예약하다.

利用	りよう	이용
		図書館を利用する。 도서관을 이용하다.

両親	りょうしん	부모(님), 양친
		両親に電話する。 부모님께 전화하다.

両方	りょうほう	양쪽
		両方の話を聞く。 양쪽의 이야기를 듣다.

旅館	りょかん	여관
		温泉には旅館が多い。 온천에는 여관이 많다.

旅行	りょこう	여행
		家族旅行に出かける。 가족 여행을 떠나다.

りんご		사과
		りんごを食べる。 사과를 먹다.

零	れい	영, 0(숫자)
		テストで零点をとる。 시험에서 영점을 받다.

冷房	れいぼう	냉방
		部屋に冷房を入れる。 방에 냉방을 켜다.

歴史	れきし	역사
		歴史を学ぶ。 역사를 배우다.

列車	れっしゃ	열차
		列車に乗る。 열차를 타다.

連絡	れんらく	연락
		友だちに連絡する。 친구에게 연락하다.

廊下	ろうか	복도
		廊下を歩く。 복도를 걷다.

老人	ろうじん	노인
➕老人ホーム 양로원		老人が公園を散歩する。 노인이 공원을 산책하다.

訳	わけ	**이유, 이치, 까닭** 泣いている訳を聞く。 우는 이유를 묻다.
忘れ物	わすれもの	**분실물, 물건을 잃어버림** 忘れ物をする。 물건을 잃어버리다.
私	わたくし	**저(わたし의 겸손)** それは私がいたします。 그것은 제가 하겠습니다.

명사

접두어

| お/ご～ | 공손의 의미를 나타내는 말 ▶ お名前 이름　ご案内 안내 |

접미어

～員	～いん	～원(어떤 일을 하는 사람) ▶ 会員 회원　社員 사원
～会	～かい	～회, 모임 ▶ 運動会 운동회　飲み会 회식
～か月	～かげつ	～개월 ▶ 一か月 1개월　何か月 몇 개월
～君	～くん	～군(호칭) ▶ さとる君 사토루 군　山田君 야마다 군
～軒	～けん	～채(집을 세는 단위) ▶ 一軒 한 채　二軒 두 채
～語	～ご	～어, ～말 ▶ 日本語 일본어　フランス語 프랑스어
～頃	～ごろ	～경, ～무렵 ▶ 2時頃 2시경　何時頃 몇 시경
～歳	～さい	～세, ～살 ▶ 何歳 몇 살　二歳 두 살
～冊	～さつ	～권 ▶ 何冊 몇 권　四冊 네 권
～様	～さま	～님(존경을 나타내는 호칭) ▶ 田中様 다나카 님　中村様 나카무라 님
～中	～じゅう	온～, 전부～ ▶ 一日中 하루 종일　世界中 전 세계, 온 세상
～製	～せい	～제 ▶ アメリカ製 미국제　日本製 일본제
～達	～たち	～들(여럿임) ▶ あなた達 당신들, 여러분들　私達 우리
～ちゃん		～야(친밀감을 나타내는 호칭) ▶ なおこちゃん 나오코야!　みきちゃん 미키야!
～中	～ちゅう	～중 ▶ 会議中 회의 중　午前中 오전 중
～度	～ど	～번(횟수) ▶ 何度 몇 번, 여러 번　二度 두 번
～番線	～ばんせん	～번선(승강장 번호) ▶ 1番線 1번선　5番線 5번선
～目	～め	～째(순서) ▶ 3番目 세 번째　二つ目 두 개째
～屋	～や	～가게, ～장수 ▶ 魚屋 생선 가게, 생선 장수　花屋 꽃집, 꽃 가게

동사

| 合う | あう | 맞다, 일치하다 |

答えが合わない。 답이 맞지 않는다.

| 空く | あく | 비다 |

空いた席に座る。 빈 자리에 앉다.

| 集まる | あつまる | 모이다 |

みんな集まってください。 모두 모여 주세요.

| 集める | あつめる | 모으다 |

切手を集める。 우표를 모으다.

| 謝る | あやまる | 사과하다 |

待たせたことを謝る。 기다리게 한 것을 사과하다.

| 生きる | いきる | 살다 |
● 死ぬ 죽다

100歳まで生きる。 100세까지 살다.

| いじめる | | 괴롭히다 |

動物をいじめてはいけない。

동물을 괴롭혀서는 안 된다.

| 急ぐ | いそぐ | 서두르다 |

急いで家に帰る。 서둘러 집으로 돌아가다.

| 致す | いたす | 하다(する의 겸손) |

これで失礼致します。 이것으로 실례하겠습니다.

| いただく | | ① 받다(もらう의 겸손) |

プレゼントをいただく。 선물을 받다.

② 먹다, 마시다(食べる, 飲む의 겸손)

紅茶をいただく。 홍차를 마시다.

| 祈る | いのる | 빌다, 기원하다 |

合格を祈る。 합격을 기원하다.

いらっしゃる		① 가시다(行く의 존경)
		音楽会<small>おんがくかい</small>にいっしょにいらっしゃいますか。
		음악회에 함께 가시겠습니까?
		② 오시다(来る의 존경)
		先生<small>せんせい</small>は5時<small>ごじ</small>にいらっしゃいます。
		선생님은 5시에 오십니다.
		③ 계시다(いる의 존경)
		明日<small>あした</small>はお宅<small>たく</small>にいらっしゃいますか。
		내일은 댁에 계십니까?
うかがう		① 듣다(聞く의 겸손)
		話<small>はなし</small>をうかがう。 이야기를 듣다.
		② 여쭙다(問う의 겸손)
		ちょっとうかがいたいことがありますが。
		잠시 여쭙고 싶은 것이 있습니다만.
		③ 찾아뵙다(訪れる의 겸손)
		明日<small>あした</small>またうかがいます。 내일 또 찾아뵙겠습니다.
受ける	うける	받다
		注文<small>ちゅうもん</small>を受<small>う</small>ける。 주문을 받다.
動く	うごく	움직이다
		車<small>くるま</small>が動<small>うご</small>く。 차가 움직이다.
打つ	うつ	치다, 때리다
		キーボードを打<small>う</small>つ。 키보드를 치다.
写す	うつす	① 옮겨적다
		ノートに写<small>うつ</small>す。 노트에 옮겨적다.
		② 사진 찍다
		花<small>はな</small>の写真<small>しゃしん</small>を写<small>うつ</small>す。 꽃 사진을 찍다.
選ぶ	えらぶ	고르다, 선택하다
		プレゼントを選<small>えら</small>ぶ。 선물을 고르다.

おいでになる		① 가시다(行く의 존경)

① 가시다(行く의 존경)
どちらへおいでになりますか。 어디 가십니까?

② 오시다(来る의 존경)
先生はまもなくこちらへおいでになります。
선생님은 곧 이쪽으로 오실 겁니다.

③ 계시다(いる의 존경)
明日はお宅においでになりますか。
내일은 댁에 계십니까?

送る	おくる	보내다

メールを送る。 메일을 보내다.

遅れる	おくれる	늦다, 늦어지다

電車が遅れる。 전철이 늦어지다.

起こす	おこす	일으키다, 발생시키다

事故を起こす。 사고를 일으키다.

怒る	おこる	화를 내다

彼は小さいことでよく怒る。 그는 사소한 일로 자주 화를 낸다.

落ちる	おちる	떨어지다

財布が落ちている。 지갑이 떨어져 있다.

おっしゃる		말씀하시다(言う의 존경)

先生がおっしゃる。 선생님이 말씀하시다.

落とす	おとす	① 떨어뜨리다

① 떨어뜨리다
本を床に落とす。 책을 마루에 떨어뜨리다.

② 잃어버리다, 분실하다
財布を落とす。 지갑을 잃어버리다.

踊る	おどる	춤추다

子供たちが踊っている。 아이들이 춤추고 있다.

思い出す	おもいだす	떠올리다, 생각해내다

昔のことを思い出す。 옛 일을 떠올리다.

思う	おもう	생각하다
		親を大切に思う。 부모를 소중히 생각하다.

お休みになる	おやすみになる	주무시다(寝る, 眠る의 존경)
		よくお休みになれましたか。 푹 주무셨습니까?

降りる	おりる	내리다, 내려가다
		階段を降りる。 계단을 내려가다.

おる		있다(いる의 겸손)
		6時までは会社におります。 6시까지는 회사에 있습니다.

飼う	かう	기르다, 사육하다
		犬を飼う。 개를 기르다.

返す	かえす	돌려주다, 반납하다
		図書館に本を返す。 도서관에 책을 반납하다.

変える	かえる	바꾸다, 변경하다
		予定を変える。 예정을 변경하다.

かける		걸다
		壁に絵をかける。 벽에 그림을 걸다.

飾る	かざる	장식하다, 꾸미다
		玄関に花を飾る。 현관에 꽃을 장식하다.

貸す	かす	빌려주다
		お金を貸す。 돈을 빌려주다.

片づける	かたづける	정리하다, 치우다
		机の上を片づける。 책상 위를 정리하다.

勝つ	かつ	이기다, 승리하다
		試合に勝つ。 시합에 이기다.

がまんする		참다
		健康のために酒をがまんする。 건강을 위해 술을 참다.

噛む	かむ	씹다
		ガムを噛む。 껌을 씹다.

通う	かよう	(정기적으로) 다니다
		自転車で学校に通う。 자전거로 학교에 다닌다.

借りる	かりる	빌리다
		図書館で本を借りる。 도서관에서 책을 빌리다.

乾く	かわく	마르다, 건조되다
		洗濯物が乾く。 빨래가 마르다.

変わる	かわる	바뀌다, 변하다
		雨が雪に変わる。 비가 눈으로 바뀌다.

考える	かんがえる	생각하다
		よく考えてから返事をする。 잘 생각하고 나서 대답을 하다.

がんばる		노력하다, 분발하다
		成功するまでがんばる。 성공할 때까지 노력하다.

気がある	きがある	마음이 있다, 관심이 있다
		彼は彼女に気がある。 그는 그녀에게 관심이 있다.

聞こえる	きこえる	들리다
		テレビの音がよく聞こえない。 텔레비전 소리가 잘 들리지 않는다.

決まる	きまる	정해지다, 결정되다
		規則が決まる。 규칙이 정해지다.

決める	きめる	정하다, 결정하다
		合格者を決める。 합격자를 정하다.

下さる	くださる	주시다(くれる의 존경)
		先生が本を下さった。 선생님이 책을 주셨다.

曇る	くもる	흐리다
		空が曇っている。 하늘이 흐리다.

くれる		주다
		友だちがプレゼントをくれた。 친구가 선물을 주었다.

暮れる	くれる	저물다, 해가 지다
		冬は日が暮れるのが早い。 겨울은 해가 빨리 진다.

ござる		있다(ある의 정중한 표현) お願いがございます。 부탁이 있습니다.
込む ⊖ すく 비다, 한산하다	こむ	붐비다, 혼잡하다 電車が込んでいる。 전철이 붐비고 있다.
ご覧になる	ごらんになる	보시다(見る의 존경) 今朝のニュースをご覧になりましたか。 오늘 아침 뉴스를 보셨습니까?
壊す	こわす	부수다, 고장 내다, 망가뜨리다 時計を壊してしまう。 시계를 망가뜨리다.
壊れる	こわれる	부서지다, 고장 나다, 망가지다 壊れた車を修理する。 고장 난 차를 수리하다.
探す	さがす	찾다 映画館で空いた席を探す。 영화관에서 빈 자리를 찾다.
下がる	さがる	내려가다 気温が下がる。 기온이 내려가다.
下げる	さげる	내리다 値段を下げる。 가격을 내리다.
差し上げる	さしあげる	드리다(あげる의 존경) この花を差し上げます。 이 꽃을 드립니다.
さす		받치다, 쓰다 傘をさす。 우산을 쓰다.
騒ぐ	さわぐ	떠들다, 소란을 피우다 子供が騒ぐ。 아이들이 떠들다.
触る	さわる	손대다, 만지다 ヒーターに触らないでください。 히터에 손대지 마세요.
叱る	しかる	꾸짖다, 혼내다 子供を叱る。 아이를 꾸짖다.

締める	しめる	**(끈, 넥타이를) 매다** ネクタイを締める。 넥타이를 매다.
知らせる	しらせる	**알리다** メールで予定を知らせる。 메일로 예정을 알리다.
調べる	しらべる	**찾다, 조사하다** 辞書で調べる。 사전을 찾다.
知る	しる	**알다** この問題の答えを知っていますか。 이 문제의 답을 알고 있습니까?
吸う	すう	**들이마시다, 빨아들이다** たばこを吸う。 담배를 피우다.
過ぎる	すぎる	**지나다, 통과하다** 入学して1年が過ぎた。 입학해서 1년이 지났다.
すく ⊖込む 붐비다		**비다, 한산하다** 道がすいている。 길이 한산하다.
進む	すすむ	**나아가다, 전진하다, 진행되다** 工事が進む。 공사가 진행되다.
滑る	すべる	**미끄러지다** 足が滑って転ぶ。 발이 미끄러져 넘어지다.
倒れる	たおれる	**쓰러지다, 넘어지다** 自転車が倒れる。 자전거가 쓰러지다.
足す	たす	**더하다, 보태다** 1に2を足すと3になる。 1에 2를 더하면 3이 된다.
訪ねる	たずねる	**방문하다, 찾아뵙다** 田中先生の家を訪ねる。 다나카 선생님의 집을 방문하다.
建つ	たつ	**(건물이) 지어지다, 건설되다** 高いビルが建つ。 높은 빌딩이 지어지다.

建てる	たてる	(건물을) 짓다, 건설하다 新しい家を建てる。 새로운 집을 짓다.
楽しむ	たのしむ	① 즐기다 コーヒーの香りを楽しむ。 커피 향을 즐기다. ② 기대하다 子供の成長を楽しむ。 아이의 성장을 기대하다.
頼む	たのむ	부탁하다, 주문하다 食堂でうどんを頼んだ。 식당에서 우동을 주문했다.
足りる	たりる	충분하다 電車代は千円あれば足りる。 전철비는 천 엔 있으면 충분하다.
違う	ちがう	다르다 みんなの考えが違う。 모두의 생각이 다르다.
使う	つかう	사용하다, 이용하다, 쓰다 ボールペンを使って書く。 볼펜을 사용해서 쓰다.
捕まえる	つかまえる	잡다, 체포하다 警察がどろぼうを捕まえる。 경찰이 도둑을 잡다.
疲れる	つかれる	지치다, 피로하다 仕事で疲れる。 일에 지치다.
付く	つく	붙다, 딸리다, 포함되다 ランチにサラダが付く。 점심 메뉴에 샐러드가 포함된다.
着く	つく	도착하다, 닿다 東京に着いたら連絡してください。 도쿄에 도착하면 연락해 주세요.
付ける	つける	붙이다, 달다 服にボタンを付ける。 옷에 단추를 달다.
伝える	つたえる	전달하다 電話で用件を伝える。 전화로 용건을 전달하다.

続く	つづく	계속되다, 이어지다
		いい天気が続く。 좋은 날씨가 계속되다.

続ける	つづける	계속하다
		午後も会議を続ける。 오후에도 회의를 계속하다.

釣る	つる	낚다, 잡다
		川で魚を釣る。 강에서 물고기를 낚다.

連れる	つれる	데리고 가다(오다), 동반하다
		犬を連れて散歩する。 개를 데리고 산책하다.

できる		① 할 수 있다
		スポーツなら何でもできる。 스포츠라면 뭐든지 할 수 있다.
		② 완성되다
		料理ができたらすぐ食べよう。 요리가 완성되면 바로 먹자.
		③ 생기다, 발생하다
		家の近くにスーパーができた。 집 근처에 슈퍼가 생겼다.

手伝う	てつだう	돕다, 거들다
		掃除を手伝う。 청소를 돕다.

通る	とおる	지나다, 통과하다
		銀行の前を通る。 은행 앞을 지나다.

届く	とどく	도달하다, 도착하다
		荷物が届く。 짐이 도착하다.

届ける	とどける	① 전달하다
		部長に報告書を届ける。 부장님에게 보고서를 전달하다.
		② 신고하다
		財布を拾って交番に届ける。 지갑을 주워 파출소에 신고하다.

止まる	とまる	멈추다, 서다
		電車が駅に止まる。 전철이 역에 서다.

止める	とめる	멈추다, 세우다
		駅前に自転車を止める。 역 앞에 자전거를 세우다.

とられる		도난 당하다, 빼앗기다
		電車の中で財布をとられる。 전철 안에서 지갑을 도난 당하다.
取り替える	とりかえる	교체하다, 바꾸다
		カーテンを取り替える。 커튼을 바꾸다.
取る	とる	(손에) 들다, 집다, 잡다
		その本を取ってください。 그 책을 집어 주세요.
直す	なおす	고치다, 수리하다, 수정하다
		壊れたテレビを直す。 고장 난 텔레비전을 수리하다.
治す	なおす	고치다, 치료하다, 낫게 하다
		風邪を治す。 감기를 치료하다.
直る	なおる	고쳐지다, 수리되다, 수정되다
		パソコンが早く直らないと困る。 컴퓨터가 빨리 수리되지 않으면 곤란하다.
治る	なおる	낫다, 치료되다
		けがが治る。 상처가 낫다.
流れる	ながれる	흐르다
		川が流れる。 강이 흐르다.
泣く	なく	울다
		大きな声で泣く。 큰 소리로 울다.
無くす	なくす	잃다, 없애다
		勉強に自信を無くす。 공부에 자신을 잃다.
亡くなる ●死ぬ 죽다	なくなる	죽다, 사망하다
		病気で亡くなる。 병으로 죽다.
無くなる	なくなる	없어지다
		かばんが無くなる。 가방이 없어지다.
投げる	なげる	던지다
		ボールを投げて遊ぶ。 공을 던지며 놀다.

N4

111

なさる		하시다(する의 존경)
		ご注文は何になさいますか。 주문은 무엇으로 하시겠습니까?
並ぶ	ならぶ	늘어서다, 줄지어 서다, 진열되다
		店の前に客が並んでいる。 가게 앞에 손님이 줄 서 있다.
鳴る	なる	울리다
		玄関のベルが鳴る。 현관 벨이 울리다.
慣れる	なれる	익숙해지다
		日本での生活に慣れる。 일본에서의 생활에 익숙해지다.
似る	にる	닮다
		私は父に顔が似ている。 나는 아버지와 얼굴이 닮았다.
脱ぐ	ぬぐ	벗다
		帽子を脱いであいさつする。 모자를 벗고 인사하다.
盗む	ぬすむ	훔치다
		お金を盗んで逃げる。 돈을 훔쳐서 달아나다.
塗る	ぬる	바르다, 칠하다
		壁にペンキを塗る。 벽에 페인트를 칠하다.
濡れる	ぬれる	젖다
		道が雨に濡れている。 길이 비에 젖어 있다.
残る	のこる	남다
		会社に残って仕事を続ける。 회사에 남아 일을 계속하다.
乗り換える	のりかえる	갈아타다, 환승하다
		電車からバスに乗り換える。 전철에서 버스로 갈아타다.
拝見する	はいけんする	보다, 읽다(見る, 読む의 겸손)
		お手紙拝見しました。 편지 잘 보았습니다.
はく		① (바지, 치마를) 입다
		ズボンをはく。 바지를 입다.
		② (양말, 신발을) 신다
		靴をはく。 구두를 신다.

運ぶ	はこぶ	옮기다, 운반하다, 나르다 荷物を運ぶ。 짐을 옮기다.
始める	はじめる	시작하다 ジョギングを始める。 조깅을 시작하다.
走る	はしる	달리다 犬が走ってくる。 개가 달려오다.
働く	はたらく	일하다 工場で働く。 공장에서 일하다.
はる		붙이다, 바르다 教室に地図がはってある。 교실에 지도가 붙어 있다.
晴れる	はれる	날씨가 개다 明日はよく晴れるらしい。 내일은 아주 맑게 갠다고 한다.
光る	ひかる	빛나다 星が光っている。 별이 빛나고 있다.
引く	ひく	끌다, 당기다 ドアを引いて開ける。 문을 당겨서 열다.
引っ越す	ひっこす	이사하다 もっと広い家に引っ越したい。 좀 더 넓은 집으로 이사하고 싶다.
開く	ひらく	열다, 개최하다 店を開く。 가게를 열다.
増える	ふえる	늘다, 증가하다 人が増える。 사람이 늘다.
吹く	ふく	(바람이) 불다, (숨을) 불다 風が吹く。 바람이 불다.
ぶつかる		부딪치다 バスとトラックがぶつかる。 버스와 트럭이 부딪치다.
太る	ふとる	살찌다 甘い物を食べると太りやすい。 단 것을 먹으면 살찌기 쉽다.

😮 やせる 마르다, 살이 빠지다

踏む	ふむ	밟다
		電車の中で足を踏まれた。 전철 안에서 발을 밟혔다.

ほめる		칭찬하다
		先生が生徒をほめる。 선생님이 학생을 칭찬하다.

参る	まいる	오다, 가다(来る, 行く의 겸손)
		明日また参ります。 내일 또 오겠습니다.

負ける	まける	지다, 패배하다
		試合に負ける。 시합에 지다.

間違える	まちがえる	잘못하다, 착각하다, 틀리다
		答えを間違える。 답을 틀리다.

間に合う	まにあう	제 시간에 맞추다, 늦지 않다
		会議の時間に間に合う。 회의 시간에 늦지 않게 맞추다.

回る	まわる	돌다, 돌아다니다
		有名なところを見て回る。 유명한 곳을 보면서 돌아다니다.

見える	みえる	보이다
		窓から海が見える。 창으로 바다가 보인다.

見つかる	みつかる	발견되다
		いい方法が見つかる。 좋은 방법이 발견되다.

見つける	みつける	발견하다, 찾아내다
		落し物を見つける。 잃어버린 물건을 발견하다.

召し上がる	めしあがる	드시다(食べる, 飲む의 존경)
		何を召し上がりますか。 무엇을 드시겠습니까?

申し上げる	もうしあげる	말씀드리다(申す보다 정중한 표현)
		ご説明申し上げます。 설명 드리겠습니다.

申す	もうす	말씀드리다(言う의 겸양)
		私は中山と申します。 저는 나카야마라고 합니다.

戻す	もどす	되돌리다, 돌려놓다
		本を本棚に戻す。 책을 책장에 돌려놓다.

戻る	もどる	돌아오다
		急いで会社に戻る。 서둘러 회사로 돌아오다.

役に立つ	やくにたつ	도움이 되다, 유용하다
		この辞書は英語の勉強に役に立つ。
		이 사전은 영어 공부에 도움이 된다.

焼ける	やける	타다, 구워지다
		魚がおいしく焼ける。 생선이 맛있게 구워지다.

やせる		마르다, 살이 빠지다, 야위다
⊜太る 살찌다		病気でやせた。 병으로 살이 빠졌다.

やむ		멎다, 그치다
		雨がやむ。 비가 그치다.

やめる		그만두다, 끊다
		タバコをやめる。 담배를 끊다.

やる		① 주다
⊜あげる		花に水をやる。 꽃에 물을 주다.
		② 하다
⊜する		宿題をやる。 숙제를 하다.

揺れる	ゆれる	흔들리다
		地震で家が揺れる。 지진으로 집이 흔들리다.

寄る	よる	들르다, 들리다
		会社の帰りに書店に寄る。 회사에서 돌아오는 길에 서점에 들르다.

喜ぶ	よろこぶ	기뻐하다
		合格を喜ぶ。 합격을 기뻐하다.

沸かす	わかす	끓이다
		お湯を沸かす。 물을 끓이다.

沸く	わく	끓다
		お湯が沸く。 물이 끓다.

忘れる	わすれる	① 잊어버리다
		約束を忘れる。 약속을 잊어버리다.
		② 물건을 두고 오다
		電車にかさを忘れる。 전철에 우산을 두고 오다.
渡す	わたす	건네다
		プレゼントを渡す。 선물을 건네다.
渡る	わたる	건너다
		道を渡る。 길을 건너다.
笑う	わらう	웃다
		大声で笑う。 큰 소리로 웃다.

熱い	あつい	뜨겁다

冷たい 차갑다

熱いお茶を飲む。 뜨거운 차를 마시다.

薄い	うすい	얇다

厚い 두껍다

肉を薄く切る。 고기를 얇게 자르다.

美しい	うつくしい	아름답다

秋は紅葉が美しい。 가을은 단풍이 아름답다.

うまい		① 맛있다

おいしい

うまい料理を食べる。 맛있는 요리를 먹다.

② 잘하다

上手な 능숙한, 잘하는

彼女は歌がうまい。 그녀는 노래를 잘한다.

嬉しい	うれしい	기쁘다

悲しい 슬프다

友達に会って嬉しかった。 친구를 만나서 기뻤다.

おかしい		① 이상하다, 평소와 같지 않다

おなかの調子がおかしい。 속이 좋지 않다.

② 재미있다, 우습다

この漫画は本当におかしい。 이 만화는 정말 재미있다.

遅い	おそい	늦다, 느리다

速い (속도) 빠르다
早い (시간) 이르다

食べるのが遅い。 먹는 것이 느리다.
もう遅いから寝よう。 이제 늦었으니 자야겠다.

大人しい	おとなしい	얌전하다

大人しく座っていなさい。 얌전하게 앉아 있으렴.

固い	かたい	단단하다, 딱딱하다

柔らかい 부드럽다

固いパンが好きだ。 딱딱한 빵을 좋아한다.

かっこいい		멋지다

かっこ悪い 꼴사납다

自分をかっこよく見せたい。 자신을 멋지게 보이고 싶다.

かっこ悪い	かっこわるい	꼴사납다, 멋이 없다, 볼썽사납다

かっこいい 멋지다

階段で転んでかっこ悪かった。 계단에서 굴러서 볼썽사나웠다.

悲しい ⊖ 嬉(うれ)しい 기쁘다	かなしい	**슬프다** 別(わか)れは悲(かな)しい。 이별은 슬프다.
辛い	からい	**맵다** 私(わたし)は辛(から)い食(た)べ物(もの)が好(す)きだ。 나는 매운 음식을 좋아한다.
汚い ⊖ きれいな 깨끗한	きたない	**더럽다, 지저분하다** 部屋(へや)が汚(きたな)い。 방이 지저분하다.
厳しい	きびしい	**엄하다, 엄격하다** 厳(きび)しく注意(ちゅうい)する。 엄하게 주의를 주다.
怖い ⊜ 恐(おそ)ろしい	こわい	**무섭다, 두렵다** 地震(じしん)が怖(こわ)い。 지진이 무섭다.
寂しい	さびしい	**외롭다, 쓸쓸하다** 君(きみ)がいなくて寂(さび)しい。 네가 없어서 외롭다.
仕方ない	しかたない	**어쩔 수 없다, 하는 수 없다** 考(かんが)えても仕方(しかた)ない。 생각해도 어쩔 수 없다.
すごい		**대단하다, 굉장하다** すごくおもしろい。 굉장히 재미있다.
涼しい	すずしい	**시원하다** 涼(すず)しい風(かぜ)が吹(ふ)く。 시원한 바람이 불다.
素晴らしい	すばらしい	**훌륭하다, 멋있다** 山(やま)からの景色(けしき)は素晴(すば)らしい。 산에서 보는 경치는 멋있다.
正しい	ただしい	**올바르다, 옳다** その答(こた)えは正(ただ)しい。 그 답은 옳다.
足りない	たりない	**부족하다** お金(かね)が足(た)りない。 돈이 부족하다.
つまらない ⊖ おもしろい 재미있다		**재미없다, 시시하다** この映画(えいが)はつまらない。 이 영화는 시시하다.

冷たい	つめたい	① 차갑다

冷たい つめたい
●熱い 뜨겁다

① 차갑다
冷たいジュースを飲む。 차가운 주스를 마시다.

●優しい 상냥하다
② 쌀쌀맞다, 냉정하다
田中さんは冷たい人です。 다나카 씨는 냉정한 사람입니다.

苦い にがい
●甘い 달다
쓰다
このコーヒーは少し苦い。 이 커피는 조금 쓰다.

温い ぬるい
미지근하다
お茶が温くなった。 차가 미지근해졌다.

眠い ねむい
●眠たい
졸리다
寝不足で朝から眠い。 수면 부족 때문에 아침부터 졸리다.

眠たい ねむたい
●眠い
졸리다
眠たそうな目をしている。 졸린 듯한 눈을 하고 있다.

恥ずかしい はずかしい
부끄럽다, 쑥쓰럽다, 창피하다
成績が悪くて恥ずかしい。 성적이 나빠서 부끄럽다.

ひどい
심하다, 너무하다, 지독하다
今年の寒さはひどい。 올해 추위는 지독하다.

太い ふとい
●細い 가늘다
굵다
太い線を書く。 굵은 선을 그리다.

欲しい ほしい
갖고 싶다, 원하다
新しい車が欲しい。 새 차를 갖고 싶다.

細い ほそい
●太い 굵다
가늘다, (폭이) 좁다
細い道を歩く。 좁은 길을 걷다.

丸い まるい
둥글다
ボールは丸い。 공은 둥글다.

珍しい めずらしい
드물다, 희귀하다
珍しい鳥を見た。 희귀한 새를 보았다.

易しい やさしい
●難しい 어렵다
쉽다
テストの問題は易しかった。 시험 문제는 쉬웠다.

優しい やさしい	상냥하다, 다정하다
● 冷(つめ)たい 쌀쌀맞다	優(やさ)しい言葉(ことば)をかける。 상냥한 말을 걸다.

柔らかい やわらかい	부드럽다
● 固(かた)い 딱딱하다	このパンは柔(やわ)らかい。 이 빵은 부드럽다.

よろしい	괜찮다, 좋다(いい보다 정중한 말)
	今日(きょう)は気分(きぶん)がよろしい。 오늘은 기분이 좋다.

若い わかい	젊다, 어리다
	年(とし)より若(わか)く見(み)える。 나이보다 젊게 보인다.

な형용사

安全な きけん ⊝ 危険な 위험한	あんぜんな	**안전한** あんぜん えら ある 安全なコースを選んで歩く。 안전한 코스를 선택해서 걷다.
危険な あんぜん ⊝ 安全な 안전한	きけんな	**위험한** みち くるま おお きけん この道は車が多くて危険だ。 이 길은 차가 많아서 위험하다.
けっこうな		**① 좋은, 훌륭한** にゅうがく いわ けっこうな入学祝いをもらう。 훌륭한 입학 선물을 받다. **② 충분한, 만족스러운** さけ もう、お酒はけっこうです。 이제 술은 충분합니다.
残念な 	ざんねんな	**유감스러운** し あい ま ざんねん 試合に負けて残念だ。 시합에 져서 유감이다.
十分な	じゅうぶんな	**충분한** じゅうぶん せつめい 十分に説明する。 충분히 설명하다.
親切な	しんせつな	**친절한** しんせつ ひと みち おし 親切な人が道を教えてくれた。 친절한 사람이 길을 가르쳐 주었다.
大事な たいせつ ⊜ 大切な	だいじな	**중요한, 소중한** か ぞく だい じ かんが 家族を大事に考えている。 가족을 소중하게 생각하고 있다.
大切な だい じ ⊜ 大事な	たいせつな	**중요한** じょうず れんしゅう たいせつ 上手になるためには、練習が大切だ。 잘하기 위해서는 연습이 중요하다.
だめな		**① 안 되는(금지)** はし ここで走ってはだめですよ。 여기서 뛰면 안 돼요. **② 헛된(무의미함), 헛수고인** たの 頼んでみたが、だめだった。 부탁해 보았지만 헛수고였다.
丁寧な	ていねいな	**정중한, 꼼꼼한** し ごと てい ねい 仕事を丁寧にする。 일을 꼼꼼하게 하다.
特別な	とくべつな	**특별한** とく べつ ちゅうもん 特別に注文する。 특별히 주문하다.

N4

複雑な	ふくざつな	복잡한
⊖ 簡単な 간단한		複雑な問題になる。 복잡한 문제가 되다.

不便な	ふべんな	불편한
⊖ 便利な 편리한		ここは交通が不便だ。 이곳은 교통이 불편하다.

下手な	へたな	서투른
⊖ 上手な 능숙한, 잘하는		下手な英語で話す。 서투른 영어로 말하다.

別な	べつな	다른, 별개인
		それとこれとは話が別だ。 그것과 이것과는 이야기가 별개이다.

変な	へんな	이상한
		この薬は変なにおいがする。 이 약은 이상한 냄새가 난다.

真面目な	まじめな	성실한, 착실한
		真面目に勉強したら成績が上がった。 착실하게 공부했더니 성적이 올랐다.

無理な	むりな	무리한
		その仕事は一人では無理だ。 그 일은 혼자서는 무리이다.

立派な	りっぱな	훌륭한, 멋진
		スーツを着ると立派に見える。 정장을 입으면 멋지게 보인다.

あんなに		그렇게
		あんなにいい人はいない。 그렇게 좋은 사람은 없다.

いかが		어떻게
		もう一杯いかがですか。 한 잔 더 어떻습니까?

いくら		아무리(~ても가 뒤따름)
		いくら探しても見つからない。 아무리 찾아도 보이지 않는다.

いちいち		하나하나, 일일이, 전부
		いちいち説明する。 하나하나 설명하다.

いつか		언젠가
		またいつかお会いしましょう。 언젠가 또 만납시다.

一体	いったい	도대체
		一体何が言いたいんだ？ 도대체 무엇을 말하고 싶은 거야?

いっぱい		가득
		お腹いっぱい食べる。 배부르게 먹다.

おや		이런, 어, 어라
		おや、まだ帰らなかったの？ 어, 아직 안 갔어?

かなり ⊜けっこう, だいぶ		꽤, 상당히
		かなり困っている。 꽤 곤란해하고 있다.

きっと		반드시, 틀림없이
		君ならきっと合格するよ。 너라면 반드시 합격할거야.

急に	きゅうに	갑자기
		急に雨が降り出した。 갑자기 비가 내리기 시작했다.

けっこう ⊜かなり		꽤, 상당히, 그럭저럭
		けっこうおいしい。 꽤 맛있다.

これから		이제부터, 지금부터, 앞으로
		これから学校に行きます。 지금부터 학교에 갑니다.

こんなに		이렇게, 이토록
		こんなに込むとは思わなかった。
		이렇게 붐비리라고는 생각하지 못했다.

すっかり		완전히
⊜まったく		すっかり約束を忘れていた。 완전히 약속을 잊고 있었다.

ずっと		① 계속
		昨日はずっと家にいた。 어제는 계속 집에 있었다.
		② 훨씬
		この方がずっと大きい。 이 쪽이 훨씬 크다.

全然	ぜんぜん	전혀
⊜ちっとも, 少しも, まったく		意味が全然分からない。 의미를 전혀 모르겠다.

それほど		① 그 정도로, 그렇게
		それほど欲しいならあげよう。 그렇게 갖고 싶다면 줄게.
		② 그다지, 별로
		それほど難しくない。 그다지 어렵지 않다.
⊜あまり		

そんなに		그렇게
		そんなに心配しなくてもいい。 그렇게 걱정하지 않아도 된다.

大体	だいたい	대개, 대강, 대체로
		説明は大体分かりました。 설명은 대강 알겠습니다.

大抵	たいてい	대개, 대부분
		休日は大抵家で過ごす。 휴일은 대부분 집에서 지낸다.

だいぶ		상당히, 몹시
⊜かなり		今日はだいぶ寒い。 오늘은 상당히 춥다.

確か	たしか	분명히
		確か今日も営業しているはずだ。
		분명히 오늘도 영업하고 있을 것이다.

例えば	たとえば	예를 들면
		私は冬のスポーツ、例えばスキーが好きです。
		저는 겨울 스포츠, 예를 들면 스키를 좋아합니다.

多分	たぶん	**아마** 多分行けると思う。 아마 갈 수 있을 것 같다.
たまに		**간혹, 이따금** たまに映画を見る。 이따금 영화를 본다.
ちっとも 🔁全然, 少しも, まったく		**조금도, 전혀** この本はちっともおもしろくない。 이 책은 전혀 재미가 없다.
ちょうど		**정확히, 딱** ちょうど約束の時間に着く。 정확히 약속 시간에 도착하다.
できるだけ 🔁なるべく		**가능한 한** できるだけ早く返事をください。 가능한 한 빨리 답장을 주세요.
とうとう 🔁ついに, いよいよ, ようやく		**끝내, 마침내, 결국** 彼はとうとう来なかった。 그는 끝내 오지 않았다.
特に	とくに	**특히, 특별히** 特に問題はなかった。 특별히 문제는 없었다.
どんどん		**착착, 순조롭게** 工事がどんどん進む。 공사가 순조롭게 진행되다.
どんなに		**아무리** どんなに遅くても３時までには戻ります。 아무리 늦어도 3시까지는 돌아오겠습니다.
なかなか 🔁かなり, けっこう		**① 꽤, 상당히** この本はなかなかおもしろい。 이 책은 상당히 재미있다. **② 좀처럼(〜ない가 뒤따름)** タクシーがなかなかつかまらない。 택시가 좀처럼 잡히지 않는다.
など		**〜등〈조사〉** 休みの日は、掃除や洗濯などをします。 쉬는 날에는 청소나 빨래 등을 합니다.

なるほど		과연, 정말
⊖たしかに, ほんとうに		なるほどこの本はおもしろい。 과연 이 책은 재미있다.

ばかり		~뿐, ~만 〈조사〉
		いつも怒ってばかりいる。 언제나 화만 내고 있다.

はじめて		처음으로
		はじめてお目にかかります。 처음 뵙겠습니다.

はじめに		우선, 먼저
⊖まず		はじめに私から報告いたします。
		우선 저부터 보고하겠습니다.

はっきり		분명히
		はっきりと見える。 분명하게 보인다.

非常に	ひじょうに	매우, 상당히
		非常に悲しい。 매우 슬프다.

びっくり		깜짝 놀람
		値段を聞いてびっくりする。 가격을 듣고 깜짝 놀라다.

ほとんど		거의, 대부분
		ほとんど終わりました。 거의 끝났습니다.

まず		우선, 먼저
⊖はじめに		まずお茶でも飲んでください。 우선 차라도 드세요.

もう		이미, 벌써, 이제
		会議はもう終わりました。 회의는 벌써 끝났습니다.

もうすぐ		이제 곧, 머지않아
		もうすぐ来るでしょう。 이제 곧 오겠지요.

もう一つ	もうひとつ	하나 더, 조금 더
		コップをもう一つください。 컵을 하나 더 주세요.

もし		만약
		もし明日雨が降ったら中止になります。
		만약 내일 비가 내리면 중지됩니다.

もちろん	**물론**
	もちろん出席します。 물론 출석하겠습니다.
やっと	**겨우, 간신히**
	やっと成功した。 겨우 성공했다.
やはり ●やっぱり, はたして	**역시**
	彼はやはり来なかった。 그는 역시 오지 않았다.
よく	**① 잘**
	星がよく見える。 별이 잘 보인다.
	② 자주
	よく映画を見に行く。 자주 영화를 보러 간다.
わざわざ	**일부러**
	わざわざ行かなくてもいい。 일부러 가지 않아도 된다.

けれども	하지만, 그렇지만 〈접속사〉
	がんばった。けれども、失敗した。 열심히 했다. 그렇지만 실패했다.

しかし	그러나, 하지만 〈접속사〉
	天気は悪い。しかし、出かける。 날씨는 좋지 않다. 그러나 외출하겠다.

すると	그러자, 그랬더니 〈접속사〉
	ドアをノックした。すると誰か出てきた。
	문을 노크했다. 그러자 누군가 나왔다.

そして	그리고 〈접속사〉
	中学校を卒業して、そして、高校に入学した。
	중학교를 졸업하고, 그리고 고등학교에 입학했다.

それから	그리고, 그리고 나서 〈접속사〉
	顔を洗って、それからご飯を食べる。 세수를 하고, 그리고 밥을 먹는다.

それで	그래서 〈접속사〉
	昨日は天気が悪かった。それで出かけなかった。
	어제는 날씨가 나빴다. 그래서 외출하지 않았다.

それでは	그러면, 그럼 〈접속사〉
	それでは始めましょう。 그럼 시작합시다.

それに	게다가 〈접속사〉
	この仕事は楽だ。それに給料もいい。 이 일은 편하다. 게다가 급료도 좋다.

だから	그러므로, 그러니까, 그래서 〈접속사〉
	もう時間がない。だから急がなければならない。
	이제 시간이 없다. 그러니까 서둘러야 한다.

または	또는 〈접속사〉
	電話またはメールで知らせます。 전화 또는 메일로 알려드리겠습니다.

アイデア	아이디어
	いいアイデアを出す。 좋은 아이디어를 내다.

アイロン	다리미
	アイロンをかける。 다리미로 다리다.

アクセサリー	액세서리, 장식품
	アクセサリーをつける。 액세서리를 하다.

アジア	아시아
	アジアには多くの国がある。 아시아에는 많은 나라가 있다.

アナウンサー	아나운서
	アナウンサーがニュースを読む。 아나운서가 뉴스를 읽는다.

アニメ	애니메이션, 만화영화
⊜ アニメーション	テレビでアニメを見る。 텔레비전으로 애니메이션을 보다.

アフリカ	아프리카
	アフリカを旅行する。 아프리카를 여행하다.

アメリカ	미국
	アメリカに留学に行く。 미국으로 유학가다.

アルコール	알코올
	この飲み物にはアルコールが入っている。 이 음료에는 알코올이 들어 있다.

アルバイト	아르바이트
⊜ パートタイム 파트타임	本屋でアルバイトをする。 서점에서 아르바이트를 하다.

イヤリング	귀걸이
⊜ イアリング	イヤリングをつける。 귀걸이를 하다.

エアコン	에어컨
	エアコンが壊れている。 에어컨이 고장 나 있다.

エスカレーター	에스컬레이터
	4階まではエスカレーターで上がる。 4층까지는 에스컬레이터로 올라가다.

オートバイ	오토바이
	オートバイに乗って走る。 오토바이를 타고 달리다.

カーテン	커튼
	部屋のカーテンを閉める。 방의 커튼을 닫다.

ガス	가스
	ガスの火を強くする。 가스 불을 세게 하다.

ガソリン	가솔린, 휘발유
	ガソリンの値段が上がる。 휘발유 값이 오르다.

ガソリンスタンド	주유소
	近くのガソリンスタンドを探す。 가까운 주유소를 찾다.

ガラス	유리
	ガラスは割れやすい。 유리는 깨지기 쉽다.

カレー	카레
	昼食はカレーにする。 점심 식사는 카레로 하다.

キッチン ● 台所	부엌
	キッチンで料理をする。 부엌에서 요리를 하다.

キログラム	킬로그램
	体重が5キログラムも増えてしまった。 체중이 5킬로그램이나 늘어 버렸다.

キロメートル	킬로미터
	時速100キロメートルで走る。 시속 100킬로미터로 달리다.

ケーキ	케이크
	ケーキを半分に切る。 케이크를 반으로 자르다.

ケース	케이스, 상자
	ケースに入れる。 케이스에 넣다.

コンサート	콘서트, 음악회
	市民ホールでコンサートが開かれた。 시민 홀에서 콘서트가 열렸다.

コンピューター	컴퓨터
	コンピューターを使ってメールを送る。 컴퓨터를 사용해서 메일을 보내다.

サイン	사인, 서명

作家にサインをもらう。 작가에게 사인을 받다.

サッカー	축구

友達とサッカーを見に行く。 친구와 축구를 보러 가다.

サラダ	샐러드

野菜サラダを食べる。 야채 샐러드를 먹다.

サンダル	샌들

夏はやはりサンダルがいい。 여름은 역시 샌들이 좋다.

サンドイッチ	샌드위치

ハムと野菜の入ったサンドイッチを買った。
햄과 야채가 든 샌드위치를 샀다.

ジャム	잼

イチゴジャムを塗って食べる。 딸기잼을 발라 먹다.

ジュース	주스

オレンジジュースを飲む。 오렌지 주스를 마시다.

スイッチ	스위치

スイッチを入れる。 스위치를 켜다.

スーツ	슈트, 양복

黒いスーツを着る。 검은 양복을 입다.

スーツケース	슈트케이스, 여행 가방

スーツケースを持ち歩く。 슈트케이스를 가지고 다니다.

スーパー	슈퍼, 슈퍼마켓

● スーパーマーケット

スーパーに買い物に行く。 슈퍼에 쇼핑하러 가다.

スクリーン	스크린

映画をスクリーンに映す。 영화를 스크린에 상영하다.

ステーキ	스테이크

ステーキを焼く。 스테이크를 굽다.

ステレオ	스테레오, 음향 장치
	このステレオは音がいい。 이 스테레오는 소리가 좋다.

スピーカー	스피커, 확성기
	スピーカーで音を出す。 스피커로 소리를 내다.

スピーチ	연설, 담화
	みんなの前でスピーチをする。 모두의 앞에서 연설을 하다.

スピード	스피드, 속도
	スピードを上げる。 속도를 올리다.

スリッパ	슬리퍼
	室内ではスリッパをはく。 실내에서는 슬리퍼를 신는다.

ソフト	부드러움
	ソフトに言う。 부드럽게 말하다.

タイプ	타입, 종류, 유형
	新しいタイプの車を作る。 새로운 종류의 자동차를 만들다.

ダンス	댄스, 춤
	ダンスパーティーを開く。 댄스 파티를 열다.

チェック	체크, 확인
	明日のスケジュールをチェックする。 내일 스케줄을 확인하다.

チケット	티켓, 표
	コンサートのチケットを買う。 콘서트 티켓을 사다.

チャンス	찬스, 기회
	チャンスを逃がす。 기회를 놓치다.

デート	데이트
	彼女とデートする。 그녀와 데이트하다.

テキスト	텍스트, 교재
	このテキストから試験の問題が出ます。 이 교재에서 시험 문제가 나옵니다.

テニス	테니스
	友だちとテニスをした。 친구와 테니스를 쳤다.

トラック	트럭
	トラックで荷物を運ぶ。 트럭으로 짐을 옮기다.

ドラマ	드라마
	朝のテレビドラマを見る。 아침 텔레비전 드라마를 보다.

ドレス	드레스
	長いドレスを着る。 긴 드레스를 입다.

ニュース	뉴스
	地震のニュースを見る。 지진 뉴스를 보다.

パートタイム ●アルバイト 아르바이트	파트타임
	パートタイムで働く。 파트타임으로 일하다.

パソコン	컴퓨터
	パソコンが壊れたので新しいのを買った。 컴퓨터가 고장나서 새 것을 샀다.

バター	버터
	パンにバターをつける。 빵에 버터를 바르다.

ハンバーグ ●ハンバーグステーキ	햄버그스테이크
	牛肉でハンバーグを作る。 쇠고기로 햄버그스테이크를 만들다.

ピアノ	피아노
	ピアノを練習する。 피아노를 연습하다.

ビール	맥주
	ビールを飲む。 맥주를 마시다.

ピクニック	소풍, 야유회
	ピクニックに出かける。 소풍을 나가다.

ピンク	핑크, 분홍색
	ピンク色のブラウスを着る。 분홍색 블라우스를 입다.

フィルム	필름
	フィルムを一本買う。 필름을 한 통 사다.

プール	풀장, 수영장
	プールで泳ぐ。 수영장에서 헤엄치다.

フォーク	포크
	ナイフとフォークを使って食事をする。 나이프와 포크를 사용해서 식사를 하다.

プリント	프린트, 인쇄, 인쇄물
	プリントを渡す。 프린트를 건네주다.

プレゼント	선물
	誕生日のプレゼントをあげる。 생일 선물을 주다.

ページ	페이지, 쪽
	テキストの３５ページを開いてください。 교재 35쪽을 펴 주세요.

ベッド	침대
	ベッドに入る。 잠자리에 들다.

ペット	반려동물
	ペットを飼う。 반려동물을 기르다.

ベル	벨
	電話のベルが鳴る。 전화벨이 울리다.

ボート	보트
	二人でボートに乗る。 둘이서 보트를 타다.

ボール	볼, 공
	ボールを投げる。 공을 던지다.

ポスト	우편함, 우체통
	ポストに手紙を入れる。 우체통에 편지를 넣다.

マスク	마스크, 가면
	マスクをかける。 마스크를 쓰다.

マッチ	성냥
	マッチで火をつける。 성냥으로 불을 붙이다.

メロン	멜론
	このメロンはとても甘い。 이 멜론은 매우 달다.

ラジカセ ● ラジオカセット	라디오 카세트
	電気屋でラジカセを買った。 전자 제품 가게에서 라디오 카세트를 샀다.

ルール	**룰, 규칙, 법칙**
	ルールを守る。 규칙을 지키다.

レコード	**레코드, 기록, 음반**
	レコードをかけて音楽を楽しむ。 레코드를 틀고 음악을 즐기다.

N4

レジ	**계산대**
	レジでお金を払う。 계산대에서 돈을 지불하다.

レベル	**레벨, 수준**
	生活のレベルが高い。 생활 수준이 높다.

レポート	**리포트, 보고서**
	レポートを書く。 보고서를 쓰다.

ワープロ	**워드 프로세서, 문서 작성 프로그램**
⊜ ワードプロセッサー	ワープロで文書を作る。 워드 프로세서로 문서를 만들다.

ワイシャツ	**와이셔츠**
	ワイシャツにネクタイをする。 와이셔츠에 넥타이를 하다.

ワンピース	**원피스**
	娘にワンピースを買ってあげた。 딸에게 원피스를 사 주었다.

行ってまいります	いってまいります	다녀오겠습니다
行ってらっしゃい	いってらっしゃい	다녀오세요
お帰りなさい	おかえりなさい	어서 오세요 〈귀가 인사〉
おかげさまで		덕분에요
お元気ですか	おげんきですか	잘 지내십니까?
お大事に	おだいじに	몸조심하세요
お待たせしました	おまたせしました	오래 기다리셨습니다
おめでとうございます		축하합니다
かしこまりました		잘 알겠습니다, 분부대로 하겠습니다
ただいま		다녀왔습니다 〈귀가 인사〉
ようこそ		어서 오십시오, 환영합니다

JLPT 보카

N4

문자·어휘
모의고사

もんだい1 ＿＿＿の ことばは ひらがなで どう かきますか。1・2・3・4から
いちばん いい ものを ひとつ えらんで ください。

1 つぎの 特急 でんしゃに 乗りましょう。

　　1 ときゅう　　　　2 とうきゅう　　　　3 とっきゅ　　　　4 とっきゅう

2 あつまる 場所は どこですか。

　　1 じゅうしょ　　　2 じょうしょ　　　　3 ちょうしょ　　　4 ばしょ

3 駅の 窓口で きっぷを 買った。

　　1 いりぐち　　　　2 いりくち　　　　　3 まどぐち　　　　4 まどくち

4 さいきん、 きゅうに 涼しく なって きた。

　　1 ただしく　　　　2 きびしく　　　　　3 すずしく　　　　4 おかしく

5 かんじを 正しく かいて ください。

　　1 ただしく　　　　2 うつくしく　　　　3 すずしく　　　　4 めずらしく

6 こどもたちの 笑う こえが きこえる。

　　1 あらう　　　　　2 わらう　　　　　　3 にあう　　　　　4 ならう

7 大学で 経済を べんきょうして います。

　　1 けいさい　　　　2 けいざい　　　　　3 こうせい　　　　4 こうぜい

もんだい2 ＿＿＿ の ことばは どう かきますか。1・2・3・4から いちばん
いい ものを ひとつ えらんで ください。

8 おゆを わかして おちゃを 飲む。

1 熱かして 　　　2 冷かして 　　　3 沸かして 　　　4 温かして

9 あには 大学で れきしを べんきょうして いる。

1 役史 　　　2 絡志 　　　3 歴史 　　　4 役詩

10 えいごの はつおんは むずかしい。

1 発昔 　　　2 発倍 　　　3 発音 　　　4 発暗

11 しみずさんは びょういんで はたらいて います。

1 勤いて 　　　2 動いて 　　　3 働いて 　　　4 権いて

12 この 店は、 テレビで しょうかいされて ゆうめいに
なった。

1 招待 　　　2 紹介 　　　3 招介 　　　4 紹待

もんだい3 （　　　）に　なにを　いれますか。1・2・3・4から　いちばん　いい
　　　ものを　ひとつ　えらんで　ください。

13　（　　　）電話を　かけても　だれも　でなかった。

　　1 いくら　　　　　2 いくつ　　　　　3 どうして　　　4 どんな

14　日本で　買った　プレゼントを　国へ　（　　　）。

　　1 かけました　　　2 なげました　　　3 あげました　　4 おくりました

15　夜（　　　）ねむれない　とき、　むずかしい　本を　読むと、　すぐ
　　ねむく　なるらしい。

　　1 なかなか　　　　2 いろいろ　　　　3 いちいち　　　4 とうとう

16　会議に　（　　　）ように　駅から　はしった。

　　1 おくれる　　　　2 まにあう　　　　3 みつける　　　4 ぶつかる

17　6時に　レストランを　（　　　）して　おきました。

　　1 ごちそう　　　　2 よしゅう　　　　3 やくそく　　　4 よやく

18　まだ　やわらかいもの（　　　）は　食べられません。

　　1 以外　　　　　　2 以上　　　　　　3 以下　　　　　4 以内

19　わたしたちの　かんけいは　（　　　）ものでは　ありません。
　　ただの　友だちです。

　　1 たんじゅんな　　2 とくべつな　　　3 とくいな　　　4 たんきな

20　こうそくどうろに　出ると、　かれは　（　　　）を　あげた。

　　1 ハンドル　　　　2 エンジン　　　　3 スピード　　　4 ドライブ

もんだい4 ＿＿＿＿の ぶんと だいたい おなじ いみの ぶんが あります。
1・2・3・4から いちばん いい ものを ひとつ えらんで
ください。

21 かんじを 書くのは へたです。

1 かんじを 書くのは もんだい ありません。

2 かんじを 書くのは じしんが ありません。

3 かんじを 書くのは ふべんでは ありません。

4 かんじを 書くのは むずかしく ありません。

22 先生に しつもんして ください。

1 先生に かんがえて ください。

2 先生に こたえて ください。

3 先生に きいて ください。

4 先生に なおして ください。

23 この ボタンは きけんな ときに おします。

1 この ボタンは あぶない ときに おします。

2 この ボタンは うるさい ときに おします。

3 この ボタンは わからない ときに おします。

4 この ボタンは いそがしい ときに おします。

24 たなかさんは びょうきが なおって、 びょういんから うちへ
もどった そうです。

1 たなかさんは そつぎょうした そうです。

2 たなかさんは よやくした そうです。

3 たなかさんは そうたいした そうです。

4 たなかさんは たいいんした そうです。

もんだい5 つぎの ことばの つかいかたで いちばん いい ものを
1・2・3・4から ひとつ えらんで ください。

25　したく

1 これは したくだから まもって ください。
2 てがみの したくを 書かなければ ならない。
3 ちちは だいどころで しょくじの したくを して いる。
4 せんげつ、新しい 家に したくしました。

26　きびしい

1 この パンは とても きびしくて 食べられません。
2 この 部屋は そうじを して いないので、 きびしい。
3 この ジュースは きびしくて おいしいです。
4 なかむら先生は 時間に きびしい 人です。

27　そうじ

1 この ズボンは ふるいですが、 そうじして きて いる。
2 部屋を そうじしてから 買い物に でかけます。
3 いすが こわれて しまったので そうじを した。
4 友だちと おおきい にもつを にかいまで そうじした。

28　おもいで

1 ちちと ははは おもいでが ちがうので、 よく けんかする。
2 来週、 友だちと えいがに 行く おもいでです。
3 家族で いっしょに りょこうして、 いい おもいでを した。
4 この しゃしんは わたしには たいせつな おもいです。

1 ④	2 ④	3 ③	4 ③	5 ①	6 ②	7 ②	8 ③	9 ③	10 ③
11 ③	12 ②	13 ①	14 ④	15 ①	16 ②	17 ④	18 ①	19 ②	20 ③
21 ②	22 ③	23 ①	24 ④	25 ③	26 ④	27 ②	28 ④		

해석

| 문제1 |

1 つぎの　特急(とっきゅう)　でんしゃに　乗りましょう。
다음 특급 전철을 탑시다.

2 あつまる　場所(ばしょ)は　どこですか。
모이는 장소는 어디입니까?

3 駅の　窓口(まどぐち)で　きっぷを　買った。
역 창구에서 표를 샀다.

4 さいきん、きゅうに　涼しく(すずしく)　なって　きた。
요즘 갑자기 선선해졌다.

5 かんじを　正しく(ただしく)　かいて　ください。
한자를 바르게 써 주세요.

6 こどもたちの　笑う(わらう)　こえが　きこえる。
아이들의 웃는 소리가 들린다.

7 大学で　経済(けいざい)を　べんきょうして　います。
대학에서 경제를 공부하고 있습니다.

| 문제2 |

8 おゆを　わかして(沸かして)　おちゃを　飲む。
물을 끓여서 차를 마신다.

9 あには　大学で　れきし(歴史)を　べんきょうして　いる。
오빠(형)는 대학에서 역사를 공부하고 있다.

10 えいごの　はつおん(発音)は　むずかしい。
영어의 발음은 어렵다.

11 しみずさんは　びょういんで　はたらいて(働いて)　います。
시미즈 씨는 병원에서 일하고 있습니다.

12 この　店は、　テレビで　しょうかい(紹介)されて　ゆうめいに　なった。
이 가게는 TV에서 **소개되어** 유명해졌다.

| 문제3 |

13 いくら　電話を　かけても　だれも　でなかった。
아무리 전화를 걸어도 아무도 받지 않았다.

14 日本で　買った　プレゼントを　国へ　おくりました。
일본에서 산 선물을 **고국으로** 보냈습니다.

15 夜　なかなか　ねむれない　とき、　むずかしい　本を　読むと、　すぐ　ねむく　なるらしい。
밤에 **좀처럼** 잠이 오지 않을 때 어려운 책을 읽으면 잠이 빨리 온다고 한다.

16 会議に　まにあう　ように　駅から　はしった。
회의 시간에 **늦지 않도록** 역에서부터 달렸다.

17 ６時に　レストランを　よやくして　おきました。
6시에 레스토랑을 **예약해** 두었습니다.

18 まだ　やわらかいもの以外は　食べられません。
아직 부드러운 것 **이외**에는 먹을 수 없습니다.

19 わたしたちの　かんけいは　とくべつな　ものでは　ありません。
ただの　友だちです。
우리 관계는 **특별한** 것이 아닙니다. 그냥 친구입니다.

20 こうそくどうろに　出ると、　かれは　スピードを　あげた。
고속 도로로 나오자 그는 **속도**를 높였다.

| 문제4 |

21 かんじを　書くのは　へたです。
한자를 쓰는 것은 **서투릅**니다.

= かんじを　書くのは　じしんが　ありません。
한자를 쓰는 것은 **자신이** 없습니다.

22 先生に　しつもんして　ください。
선생님에게 **질문**하세요.

= 先生に　きいて　ください。
선생님에게 **물어보**세요.

23 この　ボタンは　きけんな　ときに　おします。

이 버튼은 위험할 때 누릅니다.

＝ この　ボタンは　あぶない　ときに　おします。

이 버튼은 위험할 때 누릅니다.

24 たなかさんは　びょうきが　なおって、　びょういんから　うちへ　もどった

そうです。

다나카 씨는 병이 나아 병원에서 집으로 돌아왔다고 합니다.

＝ たなかさんは　たいいんした　そうです。

다나카 씨는 퇴원했다고 합니다.

| 문제5 |

25 ちちは　だいどころで　しょくじの　したくを　して　いる。

아버지는 부엌에서 식사 준비를 하고 있다.

26 なかむら先生は　時間に　きびしい　人です。
_{せんせい} _{じ かん} _{ひと}

나카무라 선생님은 시간에 엄격한 사람입니다.

27 部屋を　そうじしてから　買い物に　でかけます。
_{へ や} _か _{もの}

방을 청소하고 나서 장을 보러 나갑니다.

28 この　しゃしんは　わたしには　たいせつな　おもいでです。

이 사진은 나에게는 소중한 추억입니다.

JLPT 보카

N3

합격 단어

명사   동사   い형용사

な형용사   부사   가타카나

| 愛 | あい | 사랑, 애정 |
| | | 音楽を愛する。 음악을 사랑하다. |

| 合図 | あいず | 신호 |
| | | 合図をする。 신호를 하다. |

| 相手 | あいて | 상대, 상대방 |
| | | 相手の気持ちを考える。 상대방의 기분을 생각하다. |

| 愛用者 | あいようしゃ | 애용자 |
| | | この商品は愛用者が多い。 이 상품은 애용자가 많다. |

| 赤ん坊
 ●赤ちゃん | あかんぼう | 갓난아기, 아기 |
| | | 赤ん坊が泣き止む。 아기가 울음을 그치다. |

| 空き地 | あきち | 공터 |
| | | 空き地に花を植える。 공터에 꽃을 심다. |

| あくび | | 하품 |
| | | あくびが出る。 하품이 나오다. |

| 朝日 | あさひ | 아침 해 |
| | | 朝日が昇る。 아침 해가 뜨다. |

| 足跡 | あしあと | 발자국 |
| | | 砂浜に足跡が残る。 모래사장에 발자국이 남다. |

| 味見 | あじみ | 맛봄, 간 보기 |
| | | スープの味見をする。 스프의 맛을 보다. |

| 足元 | あしもと | 발밑 |
| | | 足元に気をつける。 발밑을 조심하다. |

| 当たり前 | あたりまえ | 당연 |
| | | これは当たり前のことだ。 이것은 당연한 일이다. |

| 悪化 | あっか | 악화 |
| | | 状況が悪化する。 상황이 악화되다. |

集まり	あつまり	**모임** 人の集まりに出る。 사람들 모임에 나가다.
あて先	あてさき	**수신자, 수신인, 수신처** 手紙のあて先を書く。 편지의 수신인을 쓰다.
穴	あな	**구멍** 壁に穴が開く。 벽에 구멍이 나다.
油	あぶら	**기름** 油で揚げる。 기름에 튀기다.
雨戸	あまど	**덧문** 雨戸を閉める。 덧문을 닫다.
網戸	あみど	**방충망** 網戸を開ける。 방충망을 열다.
あれこれ		**이것저것, 여러 가지** あれこれ考える。 이것저것 생각하다.
泡	あわ	**거품** 泡が立つ。 거품이 일다.
案	あん	**안** 新しい案を出す。 새로운 안을 내놓다.
暗記	あんき	**암기** 詩を暗記する。 시를 암기하다.
胃	い	**위, 위장** 胃が痛い。 위가 아프다.
怒り	いかり	**분노** 怒りを我慢する。 분노를 참다.
息	いき	**숨, 호흡** 息をする。 숨을 쉬다.
意義	いぎ	**의의** 参加することに意義がある。 참가하는 데 의의가 있다.

生き物	いきもの	생물 海の生き物を観察する。 바다 생물을 관찰하다.
育児 ⊜子育て	いくじ こそだて	육아 育児に追われる。 육아에 쫓기다.
以後	いご	이후 以後気をつけます。 이후로 조심하겠습니다.
以降	いこう	이후 10時以降は店を閉める。 10시 이후에는 가게를 닫는다.
意思	いし	의사, 생각, 의견 自分の意思を伝える。 자기 의사를 전하다.
医師	いし	의사 医師に相談する。 의사와 상담하다.
意志	いし	의지, 의향 強い意志を持つ。 강한 의지를 가지다.
異常	いじょう	이상 体の異常を発見する。 몸의 이상을 발견하다.
以前	いぜん	이전 午後5時以前に終わる。 오후 5시 이전에 끝나다.
板	いた	판자, 널빤지 板の上に本を置く。 판자 위에 책을 놓다.
痛み	いたみ	아픔, 고통 痛みを感じる。 아픔을 느끼다.
位置	いち	위치 現在の位置を確かめる。 현재의 위치를 확인하다.
市場	いちば	시장(주로 재래시장을 말함) 家の近くに市場がある。 집 근처에 시장이 있다.
一部	いちぶ	일부 一部の人が反対する。 일부 사람이 반대하다.

一流	いちりゅう	**일류** 一流の職人になりたい。 일류 장인이 되고 싶다.
一生	いっしょう	**일생, 평생** 一生の思い出になる。 평생의 추억이 되다.
一方通行	いっぽうつうこう	**일방통행** この道は一方通行だ。 이 길은 일방통행이다.
移動	いどう	**이동** 別の場所に移動する。 다른 장소로 이동하다.
いとこ		**사촌** いとこに会う。 사촌을 만나다.
居眠り	いねむり	**앉아서 조는 것** 授業中に居眠りをする。 수업 중에 졸다.
医療 ➕ 医療費 의료비	いりょう	**의료** 医療サービスを受ける。 의료 서비스를 받다.
岩	いわ	**바위** この山は岩が多い。 이 산은 바위가 많다.
印象	いんしょう	**인상** いい印象を与える。 좋은 인상을 주다.
うがい		**입가심, 입안을 헹굼** うがいをする。 입안을 헹구다.
受取人 ➖ 差出人 발신인	うけとりにん	**수취인** 受取人の名前を書く。 수취인의 이름을 쓰다.
うさぎ		**토끼** うさぎを育てる。 토끼를 기르다.
牛	うし	**소** 牛が草を食べる。 소가 풀을 먹다.
右折	うせつ	**우회전** 交差点で右折する。 교차로에서 우회전하다.

うそつき		**거짓말쟁이** うそつきは嫌いた。 거짓말쟁이는 싫다.
内側	うちがわ	**안쪽** 歩道の内側を歩く。 보도 안쪽으로 걷다.
腕	うで	**팔** 腕を組む。 팔짱을 끼다.
馬	うま	**말** 馬に乗る。 말을 타다.
生まれ	うまれ	**탄생, 출생, 태생** 東京生まれだが、大阪で育った。 도쿄 태생이지만 오사카에서 자랐다.
梅	うめ	**매화** 梅の花が咲く。 매화꽃이 피다.
売り上げ	うりあげ	**매상, 매출** 売り上げが伸びる。 매상이 늘다.
売り切れ	うりきれ	**매진** 人気商品が売り切れになる。 인기 상품이 매진되다.
うわさ		**소문** うわさを聞く。 소문을 듣다.
運河	うんが	**운하** 船が運河を通る。 배가 운하를 지나다.
運休	うんきゅう	**운휴, 운전이나 운항을 중지함** 台風で電車が運休する。 태풍으로 전철이 운휴되다.
運転席	うんてんせき	**운전석** 運転席に座る。 운전석에 앉다.
運転免許	うんてんめんきょ	**운전면허** 運転免許を取る。 운전면허를 따다.

永遠	えいえん	영원 永遠の愛を約束する。 영원한 사랑을 약속하다.
影響	えいきょう	영향 大きな影響を与える。 커다란 영향을 끼치다.
英国 ⊜イギリス	えいこく	영국 英国に留学する。 영국에 유학하다.
英文	えいぶん	영문 英文を翻訳する。 영문을 번역하다.
栄養	えいよう	영양 栄養をとる。 영양을 섭취하다.
笑顔	えがお	웃는 얼굴 笑顔であいさつする。 웃는 얼굴로 인사하다.
宴会	えんかい	연회 盛大な宴会を開く。 성대한 연회를 열다.
延期	えんき	연기, 뒤로 미룸 会議が延期になる。 회의가 연기되다.
演劇	えんげき	연극 演劇を見に行く。 연극을 보러 가다.
演奏	えんそう	연주 ピアノを演奏する。 피아노를 연주하다.
遠足	えんそく	소풍 遠足に行く。 소풍을 가다.
おい		남자 조카 おいの誕生日を祝う。 조카의 생일을 축하하다.
お祝い	おいわい	축하, 축하 선물 入学のお祝いにプレゼントをあげる。 입학 축하로 선물을 주다.
応援	おうえん	응원 野球チームを応援する。 야구팀을 응원하다.

王様	おうさま	임금님, 왕 ライオンは動物の王様と言う。 사자는 동물의 왕이라고 한다.
王子	おうじ	왕자 王子が生まれる。 왕자가 태어나다.
横断	おうだん	횡단 道路を横断する。 도로를 횡단하다.
往復	おうふく	왕복 往復の切符を買う。 왕복 표를 사다.
応募	おうぼ	응모 コンテストに応募する。 콘테스트에 응모하다.
応用	おうよう	응용 理論を応用する。 이론을 응용하다.
大通り	おおどおり	큰길, 대로 大通りを歩く。 큰길을 걷다.
大家 ●家主	おおや	집주인 大家さんにあいさつする。 집주인에게 인사하다.
奥	おく	안쪽, 속 奥の部屋に入る。 안쪽 방으로 들어가다.
屋外	おくがい	옥외, 야외 屋外で食事をする。 야외에서 식사를 하다.
屋内	おくない	옥내, 실내 屋内プールで泳ぐ。 실내 수영장에서 수영하다.
お小遣い	おこづかい	용돈 お小遣いを貯める。 용돈을 모으다.
おしまい		끝 これで今日の仕事はおしまいだ。 이것으로 오늘 일은 끝이다.
おしゃれ		멋을 부림, 멋쟁이 おしゃれをして出かける。 멋을 부리고 나가다.

お尻	おしり	엉덩이 お尻が痛い。 엉덩이가 아프다.
お勧め	おすすめ	추천, 권유 医者のお勧めでダイエットをする。 의사의 권유로 다이어트를 하다.
お疲れ様	おつかれさま	수고했어, 수고하셨어요 お疲れ様でした。 수고하셨습니다.
お手伝いさん	おてつだいさん	가사 도우미 お手伝いさんを紹介してもらう。 가사 도우미를 소개받다.
お見合い	おみあい	맞선 お見合いをする。 맞선을 보다.
親指	おやゆび	엄지손가락 親指を立てる。 엄지손가락을 치켜세우다.
お礼	おれい	사례, 감사의 말 お礼を言う。 감사의 말을 하다.
音楽家	おんがくか	음악가 彼は有名な音楽家だ。 그는 유명한 음악가이다.
温室	おんしつ	온실 温室で花を育てる。 온실에서 꽃을 기르다.
温泉	おんせん	온천 温泉に入る。 온천에 들어가다.
温度	おんど	온도 温度を測る。 온도를 재다.
おんぶ		등에 업음, 어부바 子供をおんぶする。 아이를 업다.
会員	かいいん	회원 会員になる。 회원이 되다.

絵画	かいが	**회화, 그림**
		絵画を見る。 그림을 보다.

海外	かいがい	**해외**
		海外旅行に行く。 해외 여행을 가다.

会館	かいかん	**회관**
		市民会館でコンサートを開く。 시민회관에서 콘서트를 열다.

解決	かいけつ	**해결**
		問題を解決する。 문제를 해결하다.

会合	かいごう	**회합**
		会合に出席する。 회합에 참석하다.

改札	かいさつ	**개찰, 개찰구**
⊕改札機 개찰기		駅の改札を通る。 역 개찰구를 통과하다.

改札口	かいさつぐち	**개찰구**
		改札口で待ち合わせをする。 개찰구에서 만나기로 하다.

回収	かいしゅう	**회수**
		ゴミを回収する。 쓰레기를 회수하다.

外出	がいしゅつ	**외출**
		母が外出から戻る。 어머니가 외출에서 돌아오다.

外食	がいしょく	**외식**
		家族で外食をする。 가족끼리 외식을 하다.

海水浴	かいすいよく	**해수욕**
		海水浴を楽しむ。 해수욕을 즐기다.

回数	かいすう	**횟수**
		回数を数える。 횟수를 세다.

解説	かいせつ	**해설**
		解説を読む。 해설을 읽다.

会費	かいひ	**회비**
		会費を払う。 회비를 내다.

香り	かおり	**향기** 花の香りがする。 꽃향기가 난다.
画家	がか	**화가** 画家になりたい。 화가가 되고 싶다.
価格	かかく	**가격** 価格を比べる。 가격을 비교하다.
化学	かがく	**화학** 化学の実験をする。 화학 실험을 하다.
係り	かかり	**담당, 담당자** 係りの人に聞く。 담당자에게 묻다.
書留	かきとめ	**등기 우편** 書留で手紙を送る。 등기 우편으로 편지를 보내다.
書き取り	かきとり	**받아쓰기** 漢字の書き取りのテストをする。 한자 받아쓰기 테스트를 하다.
家具	かぐ	**가구** 家具を買う。 가구를 사다.
各駅停車	かくえきていしゃ	**각역 정차, 완행열차, 일반 열차** 各駅停車に乗る。 완행열차를 타다.
覚悟	かくご	**각오** 覚悟を決める。 각오를 정하다.
学者	がくしゃ	**학자** 学者の講演を聞く。 학자의 강연을 듣다.
学習	がくしゅう	**학습** 学習計画を立てる。 학습 계획을 세우다.
拡大	かくだい	**확대** 写真を拡大する。 사진을 확대하다.
各地	かくち	**각지** 各地を旅行する。 각지를 여행하다.

N3

157

確認	かくにん	**확인** 内容を確認する。 내용을 확인하다.
学費	がくひ	**학비** 学費を払う。 학비를 내다.
学部	がくぶ	**학부** 学部を卒業する。 학부를 졸업하다.
学問	がくもん	**학문** 大学で学びたい学問は何ですか。 대학에서 배우고 싶은 학문은 무엇입니까?
格安	かくやす	**값이 쌈, 보통보다 특별히 저렴함** 格安のチケットを買う。 특별히 저렴한 티켓을 사다.
学力	がくりょく	**학력** 学力テストを受ける。 학력 테스트를 받다.
かけ算	かけざん	**곱셈** かけ算を解く。 곱셈을 풀다.
過去	かこ	**과거** 過去のことは忘れよう。 과거의 일은 잊자.
火災 ⊜火事	かさい	**화재** 火災が発生する。 화재가 발생하다.
貸し出し	かしだし	**대출** 本を貸し出しする。 책을 대출하다.
下線	かせん	**밑줄** 下線を引く。 밑줄을 긋다.
河川	かせん	**하천** 河川が流れる。 하천이 흐르다.
肩	かた	**어깨** 肩を組む。 어깨동무를 하다.

課題	かだい	과제
		夏休みの課題を終わらせる。 여름 방학 과제를 끝내다.

方々	かたがた	여러분, 분들(존경의 복수형)
		多くの方々が協力してくれる。 많은 분들이 협조해 주시다.

片方	かたほう	다른 한쪽
		片方の靴を探す。 신발 한쪽을 찾다.

片道	かたみち	편도
		片道の切符を買う。 편도 표를 사다.

価値	かち	가치
		この本は読む価値がある。 이 책은 읽을 가치가 있다.

勝ち	かち	승리
		勝ちを得る。 승리를 얻다.

活気	かっき	활기
		この商店街は活気がある。 이 상점가는 활기가 있다.

楽器	がっき	악기
		楽器を習う。 악기를 배우다.

格好	かっこう	모양, 겉모습
		格好を気にする。 겉모습에 신경을 쓰다.

活動	かつどう	활동
		社会活動をする。 사회 활동을 하다.

仮定	かてい	가정, 전제, 가설
		できると仮定する。 할 수 있다고 가정하다.

家電製品	かでんせいひん	가전제품
		家電製品を使う。 가전제품을 사용하다.

角	かど	모퉁이, 모서리
		角を曲がる。 모퉁이를 돌다.

悲しみ	かなしみ	슬픔
		悲しみを感じる。 슬픔을 느끼다.

我慢	がまん	인내, 참음
		痛みを我慢する。 아픔을 참다.

神	かみ	신
		神に祈る。 신에게 빌다.

画面	がめん	화면
		画面を見る。 화면을 보다.

科目	かもく	과목
		試験科目を選ぶ。 시험 과목을 선택하다.

空	から	속이 빈 상태
		皿を空にする。 접시를 다 비우다.

空っぽ	からっぽ	속이 텅 빈 상태
		財布が空っぽだ。 지갑이 텅 비어 있다.

缶	かん	깡통, 캔
		缶を開ける。 캔을 따다.

考え	かんがえ	생각
		考えが変わる。 생각이 바뀌다.

間隔	かんかく	간격
		少し間隔を置く。 조금 간격을 두다.

感覚	かんかく	감각
		寒さで感覚を失う。 추위로 감각을 잃다.

環境	かんきょう	환경
		環境を守る。 환경을 지키다.

関係	かんけい	관계
		人間関係を大切にする。 인간관계를 소중히 하다.

歓迎会	かんげいかい	환영회
		歓迎会を開く。 환영회를 열다.

観光	かんこう	관광
⊕ 観光地 관광지		全国を観光して回る。 전국을 관광하며 돌아다니다.

看護師	かんごし	**간호사** 看護師として働く。 간호사로 일하다.
観察	かんさつ	**관찰** 動物の行動を観察する。 동물의 행동을 관찰하다.
感じ	かんじ	**느낌** 夢を見ているような感じがする。 꿈을 꾸는 것 같은 느낌이 든다.
感謝	かんしゃ	**감사** 両親に感謝する。 부모님께 감사하다.
患者	かんじゃ	**환자** 患者を診察する。 환자를 진찰하다.
感情	かんじょう	**감정** 感情を表に出さない。 감정을 겉으로 드러내지 않는다.
感心	かんしん	**감탄** 彼の態度に感心する。 그의 태도에 감탄하다.
関心	かんしん	**관심** ニュースに関心がある。 뉴스에 관심이 있다.
完成	かんせい	**완성** 作品が完成する。 작품이 완성되다.
間接	かんせつ	**간접** 間接の経験も大事だ。 간접 경험도 중요하다.
感想	かんそう	**감상** 自分の感想を話す。 자신의 감상을 말하다.
乾燥	かんそう	**건조** 洗濯物を乾燥させる。 빨래를 건조시키다.
感動	かんどう	**감동** 感動して涙を流す。 감동하여 눈물을 흘리다.
乾杯	かんぱい	**건배** お祝いの乾杯をする。 축하 건배를 하다.

気温	きおん	기온 気温が下がる。 기온이 내려가다.
機械	きかい	기계 機械が壊れる。 기계가 고장나다.
機会	きかい	기회 機会を逃す。 기회를 놓치다.
期限	きげん	기한 期限までに提出する。 기한까지 제출하다.
記事	きじ	기사 新聞記事を読む。 신문 기사를 읽다.
傷	きず	상처, 흠집 心に傷を負う。 마음에 상처를 입다.
規則	きそく	규칙 規則を守る。 규칙을 지키다.
期待	きたい	기대 活躍を期待する。 활약을 기대하다.
気体	きたい	기체 空気は気体である。 공기는 기체이다.
帰宅	きたく	귀가 仕事を終えて帰宅する。 일을 마치고 귀가하다.
喫煙席 🚭禁煙席 금연석	きつえんせき	흡연석 喫煙席に座る。 흡연석에 앉다.
喫茶店	きっさてん	찻집 喫茶店でお茶を飲む。 찻집에서 차를 마시다.
記入	きにゅう	기입 申込書に記入する。 신청서에 기입하다.
記念	きねん	기념 記念写真を撮る。 기념사진을 찍다.

N3

希望	きぼう	**희망**

<ruby>進<rt>しん</rt></ruby><ruby>学<rt>がく</rt></ruby>を<ruby>希<rt>き</rt></ruby><ruby>望<rt>ぼう</rt></ruby>する。 진학을 희망하다.

基本	きほん	**기본**

<ruby>基<rt>き</rt></ruby><ruby>本<rt>ほん</rt></ruby>から<ruby>習<rt>なら</rt></ruby>う。 기본부터 배우다.

決まり	きまり	**결정, 규칙**

<ruby>決<rt>き</rt></ruby>まりを<ruby>守<rt>まも</rt></ruby>る。 규칙을 지키다.

疑問	ぎもん	**의문**

<ruby>成<rt>せい</rt></ruby><ruby>功<rt>こう</rt></ruby>するかどうか<ruby>疑<rt>ぎ</rt></ruby><ruby>問<rt>もん</rt></ruby>だ。 성공할지 어떨지 의문이다.

逆	ぎゃく	**반대, 역, 거꾸로임**

<ruby>逆<rt>ぎゃく</rt></ruby>の<ruby>方<rt>ほう</rt></ruby><ruby>向<rt>こう</rt></ruby>に<ruby>進<rt>すす</rt></ruby>む。 반대 방향으로 나아가다.

休暇	きゅうか	**휴가**

<ruby>一<rt>いっ</rt></ruby><ruby>週<rt>しゅう</rt></ruby><ruby>間<rt>かん</rt></ruby>の<ruby>休<rt>きゅう</rt></ruby><ruby>暇<rt>か</rt></ruby>を<ruby>取<rt>と</rt></ruby>る。 일주일간의 휴가를 얻다.

休業	きゅうぎょう	**휴업**

<ruby>本<rt>ほん</rt></ruby><ruby>日<rt>じつ</rt></ruby>は<ruby>休<rt>きゅう</rt></ruby><ruby>業<rt>ぎょう</rt></ruby>します。 오늘은 휴업합니다.

休憩	きゅうけい	**휴게, 휴식**

<ruby>休<rt>きゅう</rt></ruby><ruby>憩<rt>けい</rt></ruby>をとる。 휴식을 취하다.

休日	きゅうじつ	**휴일**

<ruby>休<rt>きゅう</rt></ruby><ruby>日<rt>じつ</rt></ruby>は<ruby>家<rt>いえ</rt></ruby>でゆっくりする。 휴일은 집에서 푹 쉰다.

給食	きゅうしょく	**급식**

<ruby>学<rt>がっ</rt></ruby><ruby>校<rt>こう</rt></ruby>で<ruby>給<rt>きゅう</rt></ruby><ruby>食<rt>しょく</rt></ruby>を<ruby>食<rt>た</rt></ruby>べる。 학교에서 급식을 먹다.

急ブレーキ	きゅうブレーキ	**급브레이크, 급제동**

<ruby>急<rt>きゅう</rt></ruby>ブレーキをかける。 급브레이크를 걸다.

給与	きゅうよ	**급여**

うちの<ruby>会<rt>かい</rt></ruby><ruby>社<rt>しゃ</rt></ruby>は<ruby>給<rt>きゅう</rt></ruby><ruby>与<rt>よ</rt></ruby>が<ruby>低<rt>ひく</rt></ruby>い。 우리 회사는 급여가 낮다.

休養	きゅうよう	**휴양**

<ruby>田<rt>いな</rt></ruby><ruby>舎<rt>か</rt></ruby>で<ruby>休<rt>きゅう</rt></ruby><ruby>養<rt>よう</rt></ruby>する。 시골에서 휴양하다.

給料	きゅうりょう	**급료**

<ruby>給<rt>きゅう</rt></ruby><ruby>料<rt>りょう</rt></ruby>をもらう。 급료를 받다.

強化	きょうか	강화
		体力を強化する。 체력을 강화하다.
教科書	きょうかしょ	교과서
		教科書を開く。 교과서를 펴다.
教師	きょうし	교사
		教師として働く。 교사로 일하다.
行事	ぎょうじ	행사
		行事の準備を進める。 행사 준비를 진행하다.
教授	きょうじゅ	교수(님)
		教授の研究室を訪ねる。 교수님의 연구실을 방문하다.
競争	きょうそう	경쟁
		競争に勝つ。 경쟁에 이기다.
強調	きょうちょう	강조
		ポイントを強調する。 포인트를 강조하다.
共通	きょうつう	공통
		共通の価値観を持つ。 공통의 가치관을 가지다.
共通点	きょうつうてん	공통점
		二人に共通点がある。 두 사람에게 공통점이 있다.
興味	きょうみ	흥미
		興味を持つ。 흥미를 가지다.
協力	きょうりょく	협력
		みんなで協力する。 모두가 협력하다.
許可	きょか	허가
		許可を得る。 허가를 얻다.
距離	きょり	거리
		距離を測る。 거리를 재다.
記録	きろく	기록
		会議の内容を記録する。 회의 내용을 기록하다.

禁煙	きんえん	금연
		きんえん こころ 禁煙を心がける。 금연을 명심하다.

禁煙席 きつえんせき ⊜喫煙席 흡연석	きんえんせき	금연석
		きんえんせき あんない 禁煙席に案内する。 금연석으로 안내하다.

近視	きんし	근시
		きんし めがね 近視の眼鏡をかける。 근시용 안경을 쓰다.

禁止	きんし	금지
		ちゅうしゃ きんし 駐車を禁止する。 주차를 금지하다.

緊張	きんちょう	긴장
		きんちょう たか 緊張が高まる。 긴장이 고조되다.

勤務	きんむ	근무
		ご ご ろく じ きんむ 午後6時まで勤務する。 오후 6시까지 근무하다.

区域	くいき	구역
		ちゅうしゃきん し く いき ここは駐車禁止区域である。 여기는 주차 금지 구역이다.

空席	くうせき	공석, 빈자리
		くうせき み 空席を見つける。 빈자리를 발견하다.

偶然	ぐうぜん	우연
		かれ あ ぐうぜん 彼に会ったのは偶然だった。 그를 만난 것은 우연이었다.

区間	くかん	구간
		く かん こう じ ちゅう この区間は工事中だ。 이 구간은 공사 중이다.

くしゃみ		재채기
		で くしゃみが出る。 재채기가 나오다.

薬指	くすりゆび	약지, 약손가락
		くすりゆび ゆび わ 薬指に指輪をはめる。 약지에 반지를 끼다.

癖	くせ	버릇
		つめ か くせ 爪を噛む癖がある。 손톱을 깨무는 버릇이 있다.

下り のぼ ⊜上り 상행	くだり	하행, 내리막
		くだ れっしゃ の 下りの列車に乗る。 하행 열차를 타다.

口紅	くちべに	**립스틱, 루주** 口紅を塗る。 립스틱을 바르다.
首	くび	**목** キリンは首が長い。 기린은 목이 길다.
区別	くべつ	**구별** 善と悪を区別する。 선과 악을 구별하다.
暮らし	くらし	**생활** 田舎での暮らしに慣れる。 시골 생활에 익숙해지다.
繰り返し	くりかえし	**반복** 毎日同じ生活の繰り返しだ。 매일 같은 생활의 반복이다.
苦労	くろう	**고생** 苦労して成功する。 고생하여 성공하다.
訓練	くんれん	**훈련** 訓練を積む。 훈련을 쌓다.
経営	けいえい	**경영** 会社の経営が厳しい。 회사의 경영이 어렵다.
計画	けいかく	**계획** 計画を立てる。 계획을 세우다.
警察官	けいさつかん	**경찰관** 警察官になるための勉強をする。 경찰관이 되기 위한 공부를 하다.
警察署	けいさつしょ	**경찰서** 最寄りの警察署に行く。 가장 가까운 경찰서로 가다.
計算	けいさん	**계산** 計算が合わない。 계산이 맞지 않다.
芸術	げいじゅつ	**예술** 芸術作品を公開する。 예술 작품을 공개하다.
携帯	けいたい	**휴대** 携帯電話を使う。 휴대 전화를 사용하다.

毛糸	けいと	**털실** 毛糸で編み物をする。 털실로 뜨개질을 하다.
経由	けいゆ	**경유** 友人を経由して連絡する。 친구를 경유하여 연락하다.
怪我	けが	**상처, 부상** 事故で怪我をする。 사고로 부상을 입다.
景色	けしき	**경치** 景色が美しい。 경치가 아름답다.
下宿	げしゅく	**하숙** 大学の近くに下宿する。 대학 근처에 하숙하다.
化粧	けしょう	**화장** 化粧をする。 화장을 하다.
下駄	げた	**게다, 왜나막신** 下駄を履く。 게다를 신다.
血圧	けつあつ	**혈압** 血圧を測る。 혈압을 재다.
決意	けつい	**결의, 결심** 固く決意する。 굳게 결의하다.
血液	けつえき	**혈액** 血液検査を受ける。 혈액 검사를 받다.
結婚式	けっこんしき	**결혼식** 結婚式をあげる。 결혼식을 올리다.
決勝	けっしょう	**결승** 決勝に進む。 결승에 오르다.
決心	けっしん	**결심** 進学を決心する。 진학을 결심하다.
決定	けってい	**결정** 研究のテーマを決定する。 연구의 주제를 결정하다.

欠点	けってん	**결점, 단점** 欠点を直す。 결점을 고치다.
結論	けつろん	**결론** 結論を出す。 결론을 내다.
煙	けむり	**연기** たばこの煙は体に悪い。 담배 연기는 몸에 해롭다.
件	けん	**건** 会議の件で連絡する。 회의 건으로 연락하다.
券	けん	**권, 표, 티켓** 入り口で券を渡す。 입구에서 표를 건네다.
原因	げんいん	**원인** 事故の原因を調べる。 사고의 원인을 조사하다.
研究室	けんきゅうしつ	**연구실** 研究室で実験する。 연구실에서 실험하다.
現金	げんきん	**현금** 現金で支払う。 현금으로 지불하다.
言語	げんご	**언어** 外国の言語を学ぶ。 외국의 언어를 배우다.
健康	けんこう	**건강** 健康診断を受ける。 건강 검진을 받다.
検査	けんさ	**검사** 検査結果を待つ。 검사 결과를 기다리다.
現在	げんざい	**현재** 現在の状況を説明する。 현재의 상황을 설명하다.
現実	げんじつ	**현실** 現実を受け入れる。 현실을 받아들이다.
減少	げんしょう	**감소** 交通事故が減少する。 교통사고가 감소하다.

建設	けんせつ	**건설** ビルを建設する。 빌딩을 건설하다.
現代	げんだい	**현대** 現代社会の問題を考える。 현대 사회의 문제를 생각하다.
限度	げんど	**한도** 限度を超える。 한도를 넘어서다.
原料	げんりょう	**원료** 原料を輸入する。 원료를 수입하다.
恋	こい	**사랑, 연애** 恋に落ちる。 사랑에 빠지다.
恋人	こいびと	**연인** 恋人ができる。 연인이 생기다.
幸運	こううん	**행운** 幸運を祈る。 행운을 빌다.
効果	こうか	**효과** 薬の効果が現れる。 약의 효과가 나타나다.
工学	こうがく	**공학** 大学で工学を専攻する。 대학에서 공학을 전공하다.
合格	ごうかく	**합격** 試験に合格する。 시험에 합격하다.
交換	こうかん	**교환** 商品を交換する。 상품을 교환하다.
講義	こうぎ	**강의** 講義を聴く。 강의를 듣다.
高級	こうきゅう	**고급** 高級車を買う。 고급차를 사다.
公共料金	こうきょうりょうきん	**공공요금** 公共料金を払う。 공공요금을 지불하다.

N3

合計	ごうけい	합계
		合計金額を計算する。 합계 금액을 계산하다.
孝行	こうこう	효행, 효도
		親に孝行する。 부모에게 효도하다.
広告	こうこく	광고
		広告を出す。 광고를 내다.
交際	こうさい	교제
		交際を始める。 교제를 시작하다.
高速道路	こうそくどうろ	고속 도로
		高速道路を走る。 고속 도로를 달리다.
交通事故	こうつうじこ	교통사고
		交通事故を起こす。 교통사고를 일으키다.
交通費	こうつうひ	교통비
		交通費は会社から出る。 교통비는 회사에서 나온다.
校庭	こうてい	교정, 학교 마당
		校庭に集まる。 교정에 모이다.
行動	こうどう	행동
		自分で考えて行動する。 스스로 생각하고 행동하다.
合同	ごうどう	합동
		合同して作業を行う。 합동하여 작업을 하다.
後輩	こうはい	후배
		後輩の面倒を見る。 후배를 돌봐주다.
後半	こうはん	후반
		試合の後半に逆転する。 시합 후반에 역전하다.
幸福	こうふく	행복
		家族の幸福を願う。 가족의 행복을 바라다.
紅葉	こうよう	단풍
⊜ もみじ		山の紅葉が美しい。 산의 단풍이 아름답다.

公立	こうりつ	**공립** 公立学校に通う。 공립 학교에 다니다.
交流	こうりゅう	**교류** 文化交流を行う。 문화 교류를 하다.
合流	ごうりゅう	**합류** 二つの川が合流する。 두 강이 합류하다.
効力	こうりょく	**효력** 契約の効力が生じる。 계약의 효력이 생기다.
高齢者	こうれいしゃ	**고령자** 高齢者の人口が増える。 고령자 인구가 늘다.
語学	ごがく	**어학** 語学に弱い。 어학에 약하다.
小型	こがた	**소형** 小型カメラで写真を撮る。 소형 카메라로 사진을 찍다.
呼吸	こきゅう	**호흡** きれいな空気を呼吸する。 깨끗한 공기를 호흡하다.
故郷 ●ふるさと, 郷里	こきょう	**고향** 故郷へ帰る。 고향으로 돌아가다.
国語	こくご	**국어** 国語辞典を引く。 국어사전을 찾다.
黒板	こくばん	**칠판** 黒板に字を書く。 칠판에 글씨를 쓰다.
小声	こごえ	**작은 목소리** 小声で話す。 작은 목소리로 말하다.
腰	こし	**허리** 腰が痛い。 허리가 아프다.
個人	こじん	**개인** 個人の情報を守る。 개인 정보를 지키다.

N3

子育て ⊜育児	こそだて	육아 子育ては大変だ。 육아는 힘이 든다.
国会	こっかい	국회 国会議事堂を見学する。 국회 의사당을 견학하다.
小包	こづつみ	소포 小包が届く。 소포가 도착하다.
このごろ		요즈음, 최근, 요새 このごろ忙しい。 요즘 바쁘다.
好み	このみ	기호, 취향 好みが似ている。 취향이 비슷하다.
小指	こゆび	새끼손가락 小指を立てる。 새끼손가락을 세우다.
今後	こんご	향후, 앞으로 今後の予定を立てる。 향후의 예정을 세우다.
混雑	こんざつ	혼잡 電車が混雑する。 전철이 혼잡하다.
差	さ	차, 차이 意見に差がある。 의견에 차이가 있다.
最高	さいこう	최고 最高の作品を作りたい。 최고의 작품을 만들고 싶다.
祭日	さいじつ	국경일, 경축일 今日は祭日だ。 오늘은 경축일이다.
最初	さいしょ	최초, 처음 最初は緊張した。 처음에는 긴장했다.
最新	さいしん	최신 最新のニュースを見る。 최신 뉴스를 보다.
再生	さいせい	재생 音楽を再生する。 음악을 재생하다.

最低	さいてい	최저 昨日より最低気温が低い。 어제보다 최저 기온이 낮다.
採点	さいてん	채점 テストを採点する。 테스트를 채점하다.
才能	さいのう	재능 音楽の才能がある。 음악에 재능이 있다.
再利用	さいりよう	재이용 紙を再利用する。 종이를 재이용하다.
材料	ざいりょう	재료 必要な材料をそろえる。 필요한 재료를 갖추다.
坂道	さかみち	비탈길, 언덕길 急な坂道を登る。 가파른 비탈길을 오르다.
一昨々日	さきおととい	그끄저께, 3일 전 一昨々日から雨が降り続く。 그끄저께부터 비가 계속 내린다.
作業	さぎょう	작업 作業を始める。 작업을 시작하다.
作者	さくしゃ	작자, 지은이 作者の考えを理解する。 작자의 생각을 이해하다.
昨年	さくねん	작년 昨年、結婚した。 작년에 결혼했다.
昨夜	さくや	어젯밤, 간밤 昨夜は眠れなかった。 어젯밤은 잠을 못 잤다.
差出人 ●受取人 수취인	さしだしにん	발신인 封筒に差出人を書く。 봉투에 발신인을 쓰다.
座席	ざせき	좌석 座席に座る。 좌석에 앉다.
左折	させつ	좌회전 交差点で左折する。 교차로에서 좌회전하다.

作家	さっか	**작가** 彼は最高の作家だ。 그는 최고의 작가이다.
作曲	さっきょく	**작곡** 歌を作曲する。 노래를 작곡하다.
雑誌	ざっし	**잡지** 雑誌を読む。 잡지를 읽다.
殺人	さつじん	**살인** 殺人事件が起きる。 살인 사건이 일어나다.
猿	さる	**원숭이** 猿が木に登る。 원숭이가 나무에 오르다.
騒ぎ	さわぎ	**소란, 소동** 騒ぎが起きる。 소동이 일어나다.
参加	さんか	**참가** イベントに参加する。 이벤트에 참가하다.
残業	ざんぎょう	**잔업** 残業が続く。 잔업이 계속되다.
詩	し	**시** 詩を作る。 시를 짓다.
寺院	じいん	**사원** 寺院を参拝する。 사원을 참배하다.
塩	しお	**소금** 料理に塩を加える。 요리에 소금을 넣다.
司会	しかい	**사회(자), 진행(자)** 会議を司会する。 회의를 진행하다.
次回	じかい	**다음번, 다음 회** 次回の会議は金曜日です。 다음 회의는 금요일입니다.
時間割	じかんわり	**시간표** 時間割を確認する。 시간표를 확인하다.

四季	しき	**사계, 사계절** 四季の変化を楽しむ。 사계절의 변화를 즐기다.
支給	しきゅう	**지급** ボーナスを支給する。 보너스를 지급하다.
資源	しげん	**자원** 地球の資源は有限だ。 지구의 자원은 유한하다.
事件	じけん	**사건** 事件が発生する。 사건이 발생하다.
死後	しご	**사후, 죽은 후** 死後の世界を考える。 사후 세계를 생각하다.
事後 ● 事前 사전	じご	**사후, 일이 끝난 후** 事後報告をする。 사후 보고를 하다.
時刻	じこく	**시각** 時刻を合わせる。 시각을 맞추다.
時刻表	じこくひょう	**시각표, 시간표** 時刻表を確認する。 시간표를 확인하다.
指示	しじ	**지시** 部下に指示する。 부하에게 지시하다.
支社	ししゃ	**지사** 支社に転勤になる。 지사로 전근하게 되다.
自習	じしゅう	**자습** 図書館で自習する。 도서관에서 자습하다.
次女	じじょ	**차녀, 둘째 딸** 次女が生まれる。 둘째 딸이 태어나다.
事情	じじょう	**사정** 事情を説明する。 사정을 설명하다.
詩人	しじん	**시인** 彼は有名な詩人だ。 그는 유명한 시인이다.

自信	じしん	**자신, 자신감** 自信を持つ。 자신을 가지다.
自身	じしん	**자신** これは私自身の問題です。 이것은 저 자신의 문제입니다.
姿勢	しせい	**자세** 楽な姿勢で話す。 편안한 자세로 말하다.
自然	しぜん	**자연** 自然の美しさに感動する。 자연의 아름다움에 감동하다.
事前 ⊕事後 사후	じぜん	**사전, 어떤 일이 발생하기 전** 事前に連絡する。 사전에 연락하다.
時速	じそく	**시속** 最大時速で走る。 최대 시속으로 달리다.
下書き	したがき	**초안** 手紙の下書きをする。 편지의 초안을 쓰다.
失業	しつぎょう	**실업** 失業保険を申請する。 실업 보험을 신청하다.
湿気 ⊜しっき	しっけ	**습기** 湿気が多い。 습기가 많다.
実現	じつげん	**실현** 夢を実現する。 꿈을 실현하다.
実行	じっこう	**실행** 計画を実行する。 계획을 실행하다.
湿度	しつど	**습도** 湿度が高い。 습도가 높다.
実力	じつりょく	**실력** 英語の実力が伸びる。 영어 실력이 늘다.
失恋	しつれん	**실연** 失恋して落ち込む。 실연하여 낙담하다.

指定	してい	지정 場所を指定する。 장소를 지정하다.
指定席 ● 自由席 자유석	していせき	지정석 指定席に座る。 지정석에 앉다.
私鉄	してつ	사철, 민간 철도 私鉄を利用する。 민간 철도를 이용하다.
支店	してん	지점 支店に転勤になる。 지점으로 전근하게 되다.
指導	しどう	지도 部下を指導する。 부하를 지도하다.
自動販売機	じどうはんばいき	자동판매기, 자판기 自動販売機でジュースを買う。 자판기에서 주스를 사다.
品 ● 品物	しな	물건 いい品を安く売る。 좋은 물건을 싸게 팔다.
次男	じなん	차남, 둘째 아들 次男が生まれる。 둘째 아들이 태어나다.
始発駅	しはつえき	기점이 되는 역, 출발역, 시발역 始発駅から乗車する。 출발역에서 승차하다.
死亡	しぼう	사망 交通事故で死亡する。 교통사고로 사망하다.
島	しま	섬 島を旅行する。 섬을 여행하다.
自慢	じまん	자랑 自分の料理を自慢する。 자신의 요리를 자랑하다.
しみ		얼룩 しみを落とす。 얼룩을 지우다.
事務	じむ	사무 事務を行う。 사무를 보다.

N3

氏名	しめい	성명, 이름 氏名を書く。 성명을 쓰다.
締め切り	しめきり	마감 締め切りに間に合う。 마감에 맞추다.
地面	じめん	지면, 땅, 땅바닥 地面に座る。 땅바닥에 앉다.
蛇口	じゃぐち	수도꼭지 蛇口を開ける。 수도꼭지를 틀다.
車庫	しゃこ	차고 車を車庫に入れる。 차를 차고에 넣다.
社説	しゃせつ	사설 新聞の社説を読む。 신문 사설을 읽다.
車輪	しゃりん	차바퀴 車輪が回る。 차바퀴가 돌다.
自由	じゆう	자유 表現の自由を守る。 표현의 자유를 지키다.
周囲	しゅうい	주위 公園の周囲を歩く。 공원 주위를 걷다.
週刊誌	しゅうかんし	주간지 週刊誌を読む。 주간지를 읽다.
集合	しゅうごう	집합 運動場に集合する。 운동장에 집합하다.
重視	じゅうし	중시 安全を重視する。 안전을 중시하다.
就職	しゅうしょく	취직 就職活動を始める。 취직 활동을 시작하다.
自由席 ● 指定席 지정석	じゆうせき	자유석 自由席に座る。 자유석에 앉다.

集中	しゅうちゅう	**집중** 仕事に集中する。 일에 집중하다.
終点	しゅうてん	**종점** 終点に着く。 종점에 도착하다.
収入	しゅうにゅう	**수입** 収入が増える。 수입이 늘다.
周辺	しゅうへん	**주변** 駅周辺を散策する。 역 주변을 산책하다.
週末	しゅうまつ	**주말** 週末は家でゆっくりする。 주말에는 집에서 푹 쉰다.
住民	じゅうみん	**주민** 住民の意見を聞く。 주민의 의견을 듣다.
修理	しゅうり	**수리** 車を修理する。 차를 수리하다.
授業料	じゅぎょうりょう	**수업료** 授業料を支払う。 수업료를 지불하다.
祝日	しゅくじつ	**국경일, 경축일** 今日は祝日だ。 오늘은 경축일이다.
縮小	しゅくしょう	**축소** 事業を縮小する。 사업을 축소하다.
宿泊	しゅくはく	**숙박** ホテルに宿泊する。 호텔에 숙박하다.
受験	じゅけん	**수험, 입시** 大学受験に備える。 대학 입시에 대비하다.
受講	じゅこう	**수강** 講義を受講する。 강의를 수강하다.
手術	しゅじゅつ	**수술** 手術を受ける。 수술을 받다.

N3

受信	じゅしん	**수신** メールを受信する。 메일을 수신하다.
手段	しゅだん	**수단** 一番いい手段を選ぶ。 가장 좋은 수단을 선택하다.
主張	しゅちょう	**주장** 意見を主張する。 의견을 주장하다.
出勤	しゅっきん	**출근** 毎朝出勤する。 매일 아침 출근하다.
出血	しゅっけつ	**출혈, 피가 남** 怪我をして出血する。 다쳐서 피가 나다.
出現	しゅつげん	**출현** 新製品が出現する。 신제품이 출현하다.
出場	しゅつじょう	**출장, 출전** 大会に出場する。 대회에 출전하다.
出身	しゅっしん	**출신** 彼は大阪出身だ。 그는 오사카 출신이다.
出張	しゅっちょう	**출장** 出張に行く。 출장을 가다.
出版	しゅっぱん	**출판** 本を出版する。 책을 출판하다.
首都	しゅと	**수도** 東京は日本の首都だ。 도쿄는 일본의 수도이다.
取得	しゅとく	**취득** 権利を取得する。 권리를 취득하다.
主婦	しゅふ	**주부** 主婦の仕事も大変だ。 주부의 일도 힘이 든다.
寿命	じゅみょう	**수명** 平均寿命が延びる。 평균 수명이 늘어나다.

種類	しゅるい	종류 桜には様々な種類がある。 벚꽃에는 여러 종류가 있다.
受話器	じゅわき	수화기 受話器を取る。 수화기를 들다.
順番	じゅんばん	차례, 순서 順番を待つ。 차례를 기다리다.
消化	しょうか	소화 食べ物を消化する。 음식을 소화하다.
乗客	じょうきゃく	승객 乗客が降りる。 승객이 내리다.
上級	じょうきゅう	상급 上級クラスに進級する。 상급반으로 진급하다.
商業	しょうぎょう	상업 商業地区を歩く。 상업 지구를 걷다.
上下	じょうげ	상하 上下関係が厳しい。 상하 관계가 엄격하다.
条件	じょうけん	조건 条件をつける。 조건을 붙이다.
正午	しょうご	정오 正午に昼食を取る。 정오에 점심을 먹다.
上司	じょうし	상사 上司に報告する。 상사에게 보고하다.
常識	じょうしき	상식 常識がない。 상식이 없다.
乗車	じょうしゃ	승차 バスに乗車する。 버스에 승차하다.
乗車券	じょうしゃけん	승차권 乗車券を買う。 승차권을 사다.

上旬	じょうじゅん	초순, 상순 今月の上旬に旅行する。 이달 초순에 여행을 떠난다.
少女	しょうじょ	소녀 少女雑誌を読む。 소녀 잡지를 읽다.
招待	しょうたい	초대 友達を招待する。 친구를 초대하다.
冗談	じょうだん	농담 冗談を言う。 농담을 하다.
商店 ⊕ 商店街 상점가	しょうてん	상점 町の商店で買い物をする。 마을 상점에서 장을 보다.
商人	しょうにん	상인 商人に代金を支払う。 상인에게 대금을 치르다.
少年	しょうねん	소년 少年時代を思い出す。 소년 시절을 떠올리다.
商売	しょうばい	장사 商売で成功する。 장사로 성공하다.
消費	しょうひ	소비 電力を消費する。 전력을 소비하다.
商品	しょうひん	상품, 판매하는 물품 商品を購入する。 상품을 구입하다.
消防	しょうぼう	소방 消防活動を行う。 소방 활동을 하다.
情報	じょうほう	정보 情報を収集する。 정보를 수집하다.
消防署	しょうぼうしょ	소방서 消防署に通報する。 소방서에 통보하다.
証明	しょうめい	증명 本人であることを証明する。 본인임을 증명하다.

正面	しょうめん	정면 建物の正面に立つ。 건물 정면에 서다.
使用料	しようりょう	사용료 施設の使用料を払う。 시설의 사용료를 지불하다.
初級	しょきゅう	초급 初級クラスから学ぶ。 초급반부터 배우다.
職業	しょくぎょう	직업 職業を選ぶ。 직업을 선택하다.
食後	しょくご	식후 食後に歯を磨く。 식후에 이를 닦는다.
食事代	しょくじだい	식사비, 밥값 食事代を支払う。 밥값을 지불하다.
職場	しょくば	직장 職場で働く。 직장에서 일하다.
食費	しょくひ	식비 食費を節約する。 식비를 절약하다.
食品	しょくひん	식품 新鮮な食品を買う。 신선한 식품을 사다.
植物	しょくぶつ	식물 植物に水をやる。 식물에 물을 주다.
食欲	しょくよく	식욕 食欲がない。 식욕이 없다.
女子	じょし	여자 女子大学に入学する。 여자 대학에 입학하다.
初心者	しょしんしゃ	초심자, 초보자 初心者マークを付ける。 초보자 마크를 달다.
食器	しょっき	식기 食器を洗う。 식기를 씻다.

書店 ⊜本屋	しょてん	**서점** 書店で本を買う。 서점에서 책을 사다.
女優	じょゆう	**여배우** 女優になる夢を持つ。 여배우가 되는 꿈을 지니다.
書類	しょるい	**서류** 書類を作成する。 서류를 작성하다.
知らせ	しらせ	**통지, 안내, 소식** 合格の知らせが届く。 합격 통지가 도착하다.
知り合い	しりあい	**지인, 아는 사람** 彼とは古い知り合いだ。 그와는 오래전부터 아는 사이이다.
私立	しりつ	**사립** 私立大学に通う。 사립 대학에 다니다.
資料	しりょう	**자료** 資料を準備する。 자료를 준비하다.
進学	しんがく	**진학** 大学に進学する。 대학에 진학하다.
新幹線	しんかんせん	**신칸센(일본 고속 철도)** 新幹線で東京に行く。 신칸센으로 도쿄에 가다.
信号	しんごう	**신호, 신호등** 信号が青に変わる。 신호등이 파란색으로 바뀌다.
診察	しんさつ	**진찰** 診察を受ける。 진찰을 받다.
人種	じんしゅ	**인종** 世界には様々な人種がいる。 세계에는 다양한 인종이 있다.
申請	しんせい	**신청** ビザを申請する。 비자를 신청하다.
人生	じんせい	**인생** 自分の人生を生きる。 자신의 인생을 살다.

親戚	しんせき	친척
		親戚の家を訪ねる。 친척 집을 방문하다.
身長	しんちょう	신장, 키
		身長を測る。 신장을 재다.
進歩	しんぽ	진보
		技術が進歩する。 기술이 진보하다.
深夜	しんや	심야
		深夜まで仕事をする。 심야까지 일을 하다.
親友	しんゆう	친구, 벗
		親友と旅行に行く。 친구와 여행을 가다.
心理	しんり	심리
		人の心理を理解する。 사람의 심리를 이해하다.
親類	しんるい	친척, 친척뻘
		親類が集まる。 친척이 모이다.
酢	す	식초
		酢を加える。 식초를 첨가하다.
水滴	すいてき	물방울
		水滴が落ちる。 물방울이 떨어지다.
水道料金	すいどうりょうきん	수도 요금
		水道料金を払う。 수도 요금을 지불하다.
睡眠	すいみん	수면, 잠
		十分な睡眠を取る。 충분한 수면을 취하다.
数式	すうしき	수식, 수학 공식
		数式を覚える。 수식을 외우다.
末っ子	すえっこ	막내
		末っ子が生まれる。 막내가 태어나다.
好き嫌い	すききらい	좋고 싫음, 호불호, 가림
		食べ物の好き嫌いが激しい。 음식의 호불호가 심하다.

全て	すべて	전부, 모두 全てを理解する。 모든 것을 이해하다.
住まい	すまい	거처, 집 新しい住まいに引っ越す。 새 거처로 이사하다.
隅	すみ	구석, 귀퉁이 部屋の隅に置く。 방 한구석에 두다.
図面	ずめん	도면 図面を描く。 도면을 그리다.
税 ➕ 消費税 소비세	ぜい	세, 세금 税を払う。 세금을 내다.
正解	せいかい	정답 あなたの答えは正解だ。 당신의 답은 정답이다.
性格	せいかく	성격 性格が明るい。 성격이 밝다.
生活費	せいかつひ	생활비 生活費を計算する。 생활비를 계산하다.
請求書	せいきゅうしょ	청구서 請求書を発行する。 청구서를 발행하다.
税金	ぜいきん	세금 税金を減らす。 세금을 줄이다.
成功	せいこう	성공 実験に成功する。 실험에 성공하다.
税込み	ぜいこみ	세금 포함 税込み価格で表示する。 세금 포함 가격으로 표시하다.
正座	せいざ	정좌 正座をする。 정좌를 하다.
政治家	せいじか	정치가 政治家の道に進む。 정치가의 길로 나아가다.

正式	せいしき	정식
		せいしき ごうかく はっぴょう ま 正式の合格発表を待つ。 정식 합격 발표를 기다리다.

性質	せいしつ	성질
		ぶっしつ せいしつ しら 物質の性質を調べる。 물질의 성질을 조사하다.

青春	せいしゅん	청춘
		せいしゅん じ だい おも だ 青春時代を思い出す。 청춘 시절을 떠올리다.

青少年	せいしょうねん	청소년
		くに み らい せいしょうねん 国の未来は青少年にある。 나라의 미래는 청소년에게 있다.

成人 ➕成人式 성인식	せいじん	성인, 어른
		こ ども せいちょう せいじん 子供が成長して成人になる。 아이가 성장하여 성인이 되다.

成績	せいせき	성적
		せいせき あ 成績が上がる。 성적이 오르다.

清掃	せいそう	청소
		せいそう ビルを清掃する。 빌딩을 청소하다.

成長	せいちょう	성장
		こっ か けいざい せいちょう 国家経済が成長する。 국가 경제가 성장하다.

青年	せいねん	청년
		せいねん き ぎょう か かつどう 青年企業家として活動する。 청년 기업가로 활동하다.

生年月日	せいねんがっぴ	생년월일
		せいねん がっ ぴ か 生年月日を書く。 생년월일을 쓰다.

製品	せいひん	제품
		あたら せいひん かいはつ 新しい製品を開発する。 새로운 제품을 개발하다.

制服	せいふく	제복, 교복
		せいふく き 制服を着る。 제복을 입다.

正門	せいもん	정문
		せいもん はい 正門から入る。 정문으로 들어가다.

整理	せいり	정리
		し りょう せい り 資料を整理する。 자료를 정리하다.

席	せき	자리, 좌석 席に着く。 자리에 앉다.
咳	せき	기침 咳が止まらない。 기침이 멎지 않다.
責任	せきにん	책임 責任を持つ。 책임을 지다.
石油	せきゆ	석유 石油は重要な資源である。 석유는 중요한 자원이다.
接待	せったい	접대 お客を接待する。 손님을 접대하다.
節約	せつやく	절약 生活費を節約する。 생활비를 절약하다.
線	せん	선, 줄 一本の線を引く。 한 줄의 선을 긋다.
全員	ぜんいん	전원 全員で協力する。 전원이 협력하다.
選挙	せんきょ	선거 選挙運動をする。 선거 운동을 하다.
前後	ぜんご	전후, 앞뒤 前後を確認する。 전후를 확인하다.
専攻	せんこう	전공 大学で専攻を決める。 대학에서 전공을 결정하다.
洗剤	せんざい	세제 洗剤を使う。 세제를 사용하다.
先日 ◉この間	せんじつ	요전, 일전, 얼마 전 先日、友人に会った。 얼마 전에 친구를 만났다.
選手	せんしゅ	선수 代表選手として活躍する。 대표 선수로 활약하다.

全身	ぜんしん	전신, 온몸
		全身が痛い。 온몸이 아프다.

選択	せんたく	선택
		好きなものを選択する。 좋아하는 것을 선택하다.

洗濯機	せんたくき	세탁기
		洗濯機を回す。 세탁기를 돌리다.

洗濯物	せんたくもの	세탁물, 빨래
		洗濯物を干す。 빨래를 널다.

宣伝	せんでん	선전
		新商品を宣伝する。 신상품을 선전하다.

前半	ぜんはん	전반
		試合の前半が終わる。 시합의 전반이 끝나다.

扇風機	せんぷうき	선풍기
		扇風機をつける。 선풍기를 틀다.

洗面所	せんめんじょ	세면실, 세면장
		洗面所で手を洗う。 세면장에서 손을 씻다.

専門家	せんもんか	전문가
		専門家の話を聞く。 전문가의 말을 듣다.

線路	せんろ	선로
		線路の近くで遊ばないでください。 선로 근처에서 놀지 마세요.

騒音	そうおん	소음
		工事の騒音がうるさい。 공사 소음이 시끄럽다.

送金	そうきん	송금
		海外に送金する。 해외로 송금하다.

総合	そうごう	종합
		みんなの話を総合する。 모두의 이야기를 종합하다.

掃除機	そうじき	청소기
		掃除機をかける。 청소기를 돌리다.

送信	そうしん	송신
		データを送信する。 데이터를 송신하다.

想像	そうぞう	상상
		未来を想像する。 미래를 상상하다.

創造	そうぞう	창조
		新しい文化を創造する。 새로운 문화를 창조하다.

相続	そうぞく	상속, 이어 받음
		遺産を相続する。 유산을 상속하다.

早退	そうたい	조퇴
		具合が悪くて早退する。 몸 상태가 안 좋아서 조퇴하다.

送別会	そうべつかい	송별회
		送別会を開く。 송별회를 열다.

送料	そうりょう	배송료, 배송비
		送料は無料です。 배송비는 무료입니다.

速達	そくたつ	속달
		速達で送る。 속달로 보내다.

測定	そくてい	측정
		長さを測定する。 길이를 측정하다.

速度	そくど	속도
		制限速度で走る。 제한 속도로 달리다.

測量	そくりょう	측량
		土地の測量をする。 토지 측량을 하다.

底	そこ	밑, 바닥
		水の底に沈む。 물 밑으로 가라앉다.

卒業式	そつぎょうしき	졸업식
		卒業式に参加する。 졸업식에 참가하다.

袖	そで	소매
		袖が長い。 소매가 길다.

そのまま		**그대로**
		そのまま使う。 그대로 쓰다.

体育	たいいく	**체육**
		体育の時間にバスケをする。 체육 시간에 농구를 하다.

退院	たいいん	**퇴원**
		病院から退院する。 병원에서 퇴원하다.

体温	たいおん	**체온**
		体温が高い。 체온이 높다.

大会	たいかい	**대회**
		大会に出場する。 대회에 출전하다.

退学	たいがく	**퇴학**
		大学を退学する。 대학을 퇴학하다.

代金	だいきん	**대금**
		商品の代金を支払う。 상품의 대금을 지불하다.

滞在	たいざい	**체재, 체류**
		ホテルに滞在する。 호텔에 체류하다.

対策	たいさく	**대책**
		問題への対策を考える。 문제에 대한 대책을 생각하다.

体重	たいじゅう	**체중**
		体重が増える。 체중이 늘다.

退職	たいしょく	**퇴직**
		定年で退職する。 정년이 되어 퇴직하다.

態度	たいど	**태도**
		真面目な態度で仕事をする。 성실한 태도로 일을 하다.

大統領	だいとうりょう	**대통령**
		大統領選挙が行われる。 대통령 선거가 치러지다.

代表	だいひょう	**대표**
		会社を代表する。 회사를 대표하다.

逮捕	たいほ	**체포** 犯人を逮捕する。 범인을 체포하다.
題名	だいめい	**제목, 표제** 作品の題名を付ける。 작품의 제목을 붙이다.
代理	だいり	**대리** 代理で会議に出る。 대리로 회의에 나가다.
大量	たいりょう	**대량, 다량** 大量の注文が入る。 대량의 주문이 들어오다.
体力	たいりょく	**체력** 体力がつく。 체력이 붙다.
宝	たから	**보물** 子供は国の宝だ。 어린이는 나라의 보물이다.
足し算	たしざん	**덧셈** 足し算で合計を出す。 덧셈으로 합계를 내다.
ただ ●無料 무료		**① 공짜, 무료** 入場料はただだ。 입장료는 무료이다. **② 보통임, 단순함** これはただの物ではない。 이것은 보통의 물건이 아니다.
戦い	たたかい	**싸움, 전쟁** 戦いに勝つ。 싸움에 이기다.
抱っこ	だっこ	**안음, 안김** 赤ちゃんを抱っこする。 아기를 안다.
他人	たにん	**타인, 남** 他人の気持ちを考える。 타인의 기분을 생각하다.
種	たね	**씨, 씨앗** 種をまく。 씨를 뿌리다.
頼み	たのみ	**부탁, 의뢰** 頼みを断る。 부탁을 거절하다.

旅	たび	여행

<ruby>長<rt>なが</rt></ruby>い<ruby>旅<rt>たび</rt></ruby>に<ruby>出<rt>で</rt></ruby>る。 긴 여행을 떠나다.

短期	たんき	단기

<ruby>短期<rt>たんき</rt></ruby>の<ruby>旅行<rt>りょこう</rt></ruby>に<ruby>行<rt>い</rt></ruby>く。 단기 여행을 가다.

単語	たんご	단어

<ruby>英語<rt>えいご</rt></ruby>の<ruby>単語<rt>たんご</rt></ruby>を<ruby>覚<rt>おぼ</rt></ruby>える。 영어 단어를 외우다.

男子	だんし	남자

<ruby>男子<rt>だんし</rt></ruby><ruby>生徒<rt>せいと</rt></ruby>たちがサッカーをしている。

남학생들이 축구를 하고 있다.

誕生	たんじょう	탄생

➕ <ruby>誕生<rt>たんじょう</rt></ruby><ruby>日<rt>び</rt></ruby> 생일

<ruby>新<rt>あたら</rt></ruby>しいチャンピオンが<ruby>誕生<rt>たんじょう</rt></ruby>した。 새로운 챔피언이 탄생했다.

断水	だんすい	단수, 물이 끊김

<ruby>事故<rt>じこ</rt></ruby>で<ruby>断水<rt>だんすい</rt></ruby>する。 사고로 단수가 되다.

団体	だんたい	단체

<ruby>団体<rt>だんたい</rt></ruby>で<ruby>旅行<rt>りょこう</rt></ruby>する。 단체로 여행하다.

担当	たんとう	담당

<ruby>販売<rt>はんばい</rt></ruby>を<ruby>担当<rt>たんとう</rt></ruby>する。 판매를 담당하다.

暖房	だんぼう	난방

<ruby>暖房<rt>だんぼう</rt></ruby>をつける。 난방을 켜다.

地下	ちか	지하

その<ruby>店<rt>みせ</rt></ruby>は<ruby>地下<rt>ちか</rt></ruby><ruby>一階<rt>いっかい</rt></ruby>にある。 그 가게는 지하 1층에 있다.

違い	ちがい	차이

<ruby>二人<rt>ふたり</rt></ruby>の<ruby>意見<rt>いけん</rt></ruby>に<ruby>違<rt>ちが</rt></ruby>いはない。 두 사람의 의견에 차이는 없다.

地下水	ちかすい	지하수

<ruby>地下水<rt>ちかすい</rt></ruby>を<ruby>利用<rt>りよう</rt></ruby>する。 지하수를 이용하다.

近道	ちかみち	지름길

<ruby>近道<rt>ちかみち</rt></ruby>を<ruby>通<rt>とお</rt></ruby>る。 지름길로 지나가다.

地球	ちきゅう	지구
		青い地球を守る。 푸른 지구를 지키다.

知識	ちしき	지식
		知識を深める。 지식을 깊게 하다.

知人	ちじん	지인, 아는 사람
		学生時代の知人に会う。 학창 시절의 지인을 만나다.

地方	ちほう	지방
		東京から地方に引っ越す。 도쿄에서 지방으로 이사하다.

地名	ちめい	지명
		この地名は読み方が難しい。 이 지명은 읽기가 어렵다.

中央	ちゅうおう	중앙
		町の中央に公園がある。 마을 중앙에 공원이 있다.

中学	ちゅうがく	중학, 중학교
		中学時代を思い出す。 중학교 시절을 떠올리다.

中間	ちゅうかん	중간
		中間テストを受ける。 중간고사를 치르다.

中級	ちゅうきゅう	중급
		中級クラスに進む。 중급반으로 진급하다.

中古	ちゅうこ	중고
		中古の車を買う。 중고차를 사다.

注射	ちゅうしゃ	주사
		腕に注射をする。 팔에 주사를 놓다.

中旬	ちゅうじゅん	중순
		今月の中旬に旅行する。 이달 중순에 여행을 간다.

昼食	ちゅうしょく	점심 식사, 점심
		昼食を食べる。 점심을 먹다.

中心	ちゅうしん	중심
		東京は経済の中心である。 도쿄는 경제의 중심이다.

中年	ちゅうねん	중년
		中年は太りやすい。 중년은 살찌기 쉽다.

注目	ちゅうもく	주목
		注目を集める。 주목을 끌다.

注文	ちゅうもん	주문
		カレーを注文して食べる。 카레를 주문하여 먹다.

超過	ちょうか	초과
		制限時間を超過する。 제한 시간을 초과하다.

朝刊	ちょうかん	조간, 조간 신문
		朝刊を読む。 조간을 읽다.

調査	ちょうさ	조사
		アンケート調査に協力する。 설문 조사에 협력하다.

調子	ちょうし	몸 상태, 컨디션
		体の調子が悪い。 몸 상태가 안 좋다.

長所	ちょうしょ	장점
		長所を生かす。 장점을 살리다.

長女	ちょうじょ	장녀, 맏딸, 큰딸
		長女の卒業式に出席する。 큰딸의 졸업식에 참석하다.

朝食	ちょうしょく	조식, 아침 식사
		朝食を済ませる。 아침 식사를 끝내다.

調整	ちょうせい	조정
		スケジュールを調整する。 스케줄을 조정하다.

長男	ちょうなん	장남, 맏아들, 큰아들
		長男が結婚する。 장남이 결혼하다.

調味料	ちょうみりょう	조미료
		料理に調味料を入れる。 요리에 조미료를 넣다.

直後	ちょくご	직후
		ゴールの直後に倒れる。 골 직후에 쓰러지다.

直接	ちょくせつ	**직접** 直接会って話す。 직접 만나서 이야기하다.
直線	ちょくせん	**직선** 直線を引く。 직선을 긋다.
直前	ちょくぜん	**직전** 出発の直前に確認する。 출발 직전에 확인하다.
直通	ちょくつう	**직통** 直通列車に乗る。 직통 열차를 타다.
通過	つうか	**통과** トンネルを通過する。 터널을 통과하다.
通勤	つうきん	**통근** 毎日電車で通勤する。 매일 전철로 통근하다.
通行	つうこう	**통행** 道の左側を通行する。 길의 좌측을 통행하다.
通信	つうしん	**통신** 通信料金が高い。 통신 요금이 비싸다.
通知	つうち	**통지** 変更を通知する。 변경을 통지하다.
通帳	つうちょう	**통장** 銀行で通帳を作る。 은행에서 통장을 만들다.
通訳	つうやく	**통역** 英語を通訳する。 영어를 통역하다.
疲れ	つかれ	**피로** 疲れが出る。 피로가 나타나다.
月日	つきひ	**세월** 月日が経つ。 세월이 흐르다.
土	つち	**흙, 땅** 故郷の土を踏む。 고향 땅을 밟다.

続き	つづき	**연속, 계속, 후속** 小説の続きを読む。 소설의 후속편을 읽다.
包み	つつみ	**꾸러미, 보따리** 包みを開ける。 꾸러미를 열다.
出会い	であい	**만남** 人との出会いを大切にする。 사람과의 만남을 소중히 하다.
提案	ていあん	**제안** 提案を受け入れる。 제안을 받아들이다.
定員	ていいん	**정원** 乗車定員を守る。 승차 정원을 지키다.
低下	ていか	**저하** 気温が低下する。 기온이 저하되다.
定期	ていき	**정기** 定期検査を行う。 정기 검사를 실시하다.
定期券	ていきけん	**정기권** 定期券を買う。 정기권을 사다.
停車	ていしゃ	**정차** 駅に電車が停車する。 역에 전철이 정차하다.
提出	ていしゅつ	**제출** レポートを提出する。 보고서를 제출하다.
停電	ていでん	**정전** 地震で停電する。 지진으로 정전되다.
出入り ➕出入り口 출입구	でいり	**출입** この店は人の出入りが多い。 이 가게는 사람들의 출입이 많다.
出来事	できごと	**사건, 일** 楽しい出来事があった。 즐거운 일이 있었다.
手首	てくび	**손목** 手首が痛い。 손목이 아프다.

手品	てじな	요술, 마술, 속임수
		手品を見せる。 마술을 보여주다.

手伝い	てつだい	도움, 도와줌
		手伝いを頼む。 도움을 부탁하다.

鉄道	てつどう	철도
		鉄道で旅行する。 철도로 여행하다.

電球	でんきゅう	전구
		電球が切れる。 전구가 나가다.

電気料金	でんきりょうきん	전기 요금
		電気料金が上がる。 전기 요금이 오르다.

天国	てんごく	천국
		ここは子供の天国だ。 이곳은 아이들의 천국이다.

伝言	でんごん	전언, 메시지
		伝言を頼む。 전언을 부탁하다.

展示	てんじ	전시
		作品を展示する。 작품을 전시하다.

電車代	でんしゃだい	전철 요금
		電車代を払う。 전철 요금을 지불하다.

伝染	でんせん	전염
		病気に伝染する。 병에 전염되다.

電柱	でんちゅう	전신주, 전봇대
		電柱が倒れる。 전봇대가 쓰러지다.

電話代	でんわだい	전화 요금
		電話代を減らす。 전화 요금을 줄이다.

問い合わせ	といあわせ	문의
		問い合わせに対応する。 문의에 대응하다.

答案	とうあん	답안
		答案を出す。 답안을 제출하다.

統計	とうけい	**통계** 統計データを集める。 통계 데이터를 모으다.
動作	どうさ	**동작** 動作が速い。 동작이 빠르다.
当日	とうじつ	**당일** 当日雨の場合は中止します。 당일 비가 오는 경우에는 중지합니다.
登場	とうじょう	**등장** 主人公が登場する。 주인공이 등장하다.
当然	とうぜん	**당연** 彼の成功は当然だ。 그의 성공은 당연하다.
灯台	とうだい	**등대** 遠くに灯台が見える。 멀리 등대가 보인다.
到着	とうちゃく	**도착** 目的地に到着する。 목적지에 도착하다.
東南アジア	とうなんアジア	**동남아시아** 東南アジアを旅行する。 동남아시아를 여행하다.
東洋	とうよう	**동양** 東洋の文化に触れる。 동양의 문화를 접하다.
道路	どうろ	**도로** 道路が込んでいる。 도로가 붐비고 있다.
遠回り ●回り道	とおまわり	**우회, 멀리 돌아서 감** 遠回りをする。 멀리 돌아가다.
毒	どく	**독** この魚は毒がある。 이 생선은 독이 있다.
読書	どくしょ	**독서** 読書を楽しむ。 독서를 즐기다.
特色	とくしょく	**특색** 地域の特色を生かす。 지역의 특색을 살리다.

N3

独身	どくしん	독신
		独身生活を送る。 독신 생활을 보내다.

特売	とくばい	특매, 특가 판매
		夏物を特売する。 여름 용품을 특가 판매하다.

独立	どくりつ	독립
		親から独立する。 부모로부터 독립하다.

床の間	とこのま	도코노마(일본식 방의 장식 공간)
		床の間に花を飾る。 도코노마에 꽃을 장식하다.

登山	とざん	등산
		友達と登山する。 친구와 등산하다.

都市	とし	도시
		都市を作る。 도시를 만들다.

年上	としうえ	연상, (나보다) 나이가 많음
		彼は私より年上だ。 그는 나보다 연상이다.

土地	とち	토지
		土地を開発する。 토지를 개발하다.

徒歩	とほ	도보
		駅まで徒歩で行く。 역까지 도보로 가다.

友	とも	친구
		いい友を持つ。 좋은 친구를 가지다.

虎	とら	호랑이
		動物園で虎を見る。 동물원에서 호랑이를 보다.

取引	とりひき	거래
		外国の会社と取引する。 외국 회사와 거래하다.

努力	どりょく	노력
		休まず努力する。 쉬지 않고 노력하다.

泥	どろ	진흙
		靴が泥だらけだ。 신발이 진흙투성이다.

名	な	**이름** この<ruby>花<rt>はな</rt></ruby>の<ruby>名<rt>な</rt></ruby>は<ruby>何<rt>なん</rt></ruby>ですか。 이 꽃의 이름은 무엇입니까?
内科	ないか	**내과** <ruby>内科<rt>ないか</rt></ruby>で<ruby>診察<rt>しんさつ</rt></ruby>をする。 내과에서 진찰을 하다.
内緒	ないしょ	**비밀** この<ruby>話<rt>はなし</rt></ruby>は<ruby>内緒<rt>ないしょ</rt></ruby>にしてください。 이 이야기는 비밀로 해주세요.
内線	ないせん	**내선** <ruby>内線<rt>ないせん</rt></ruby><ruby>電話<rt>でんわ</rt></ruby>が<ruby>鳴<rt>な</rt></ruby>る。 내선 전화가 울리다.
内容	ないよう	**내용** <ruby>内容<rt>ないよう</rt></ruby>を<ruby>理解<rt>りかい</rt></ruby>する。 내용을 이해하다.
仲	なか	**사이, 관계** <ruby>二人<rt>ふたり</rt></ruby>の<ruby>仲<rt>なか</rt></ruby>が<ruby>悪<rt>わる</rt></ruby>い。 두 사람 사이가 나쁘다.
仲直り	なかなおり	**화해** <ruby>友達<rt>ともだち</rt></ruby>と<ruby>仲直<rt>なかなお</rt></ruby>りをする。 친구와 화해를 하다.
中指	なかゆび	**중지, 가운데 손가락** <ruby>中指<rt>なかゆび</rt></ruby>に<ruby>怪我<rt>けが</rt></ruby>をする。 가운데 손가락을 다치다.
仲良し	なかよし	**사이가 좋음, 친한 사이** <ruby>隣<rt>となり</rt></ruby>の<ruby>子<rt>こ</rt></ruby>と<ruby>仲良<rt>なかよ</rt></ruby>しになる。 옆집 아이와 친해지다.
流れ	ながれ	**흐름** <ruby>試合<rt>しあい</rt></ruby>の<ruby>流<rt>なが</rt></ruby>れが<ruby>変<rt>か</rt></ruby>わる。 경기의 흐름이 바뀌다.
納得	なっとく	**납득** <ruby>説明<rt>せつめい</rt></ruby>に<ruby>納得<rt>なっとく</rt></ruby>する。 설명에 납득하다.
斜め	ななめ	**비스듬함, 경사** <ruby>帽子<rt>ぼうし</rt></ruby>を<ruby>斜<rt>なな</rt></ruby>めにかぶる。 모자를 비스듬히 쓰다.
生	なま	**날것** <ruby>生<rt>なま</rt></ruby>の<ruby>魚<rt>さかな</rt></ruby>を<ruby>食<rt>た</rt></ruby>べる。 날생선을 먹다.
波	なみ	**물결, 파도** <ruby>今日<rt>きょう</rt></ruby>は<ruby>波<rt>なみ</rt></ruby>が<ruby>高<rt>たか</rt></ruby>い。 오늘은 파도가 높다.

並木	なみき	가로수
		道路に並木を植える。 도로에 가로수를 심다.

涙	なみだ	눈물
		涙を流す。 눈물을 흘리다.

南北	なんぼく	남북
		日本は南北に長い。 일본은 남북으로 길다.

日時	にちじ	일시, 시일
		会議の日時を決める。 회의 일시를 정하다.

日常	にちじょう	일상
		日常生活を送る。 일상생활을 보내다.

日用品	にちようひん	일용품, 생필품
		日用品を買う。 일용품을 사다.

日程	にってい	일정
		旅行の日程が変わる。 여행 일정이 바뀌다.

日本酒	にほんしゅ	일본술(특히 청주)
		日本酒を飲む。 일본술을 마시다.

荷物	にもつ	짐
		荷物を運ぶ。 짐을 나르다.

入場	にゅうじょう	입장
		会場に入場する。 모임 장소에 입장하다.

入場料	にゅうじょうりょう	입장료
		入場料を支払う。 입장료를 지불하다.

入浴	にゅうよく	입욕
		温泉に入浴する。 온천에 입욕하다.

入力	にゅうりょく	입력
		データを入力する。 데이터를 입력하다.

鶏	にわとり	닭
		庭に鶏がいる。 마당에 닭이 있다.

人気	にんき	인기 人気商品を買う。 인기 상품을 사다.

人間	にんげん	인간 人間関係に悩む。 인간관계로 고민하다.

根	ね	뿌리 草の根が深い。 풀의 뿌리가 깊다.

値上げ	ねあげ	가격 인상 料金を値上げする。 요금을 인상하다.

願い	ねがい	소원, 바람 自分の願いを言う。 자신의 소원을 말하다.

値下げ	ねさげ	가격 인하 商品を値下げする。 상품을 가격 인하하다.

ねずみ		쥐 ねずみを捕まえる。 쥐를 잡다.

値段	ねだん	가격 値段を比べる。 가격을 비교하다.

熱中	ねっちゅう	열중 ゲームに熱中する。 게임에 열중하다.

年賀状	ねんがじょう	연하장 年賀状を書く。 연하장을 쓰다.

年間	ねんかん	연간 年間計画を立てる。 연간 계획을 세우다.

年月	ねんげつ	세월 長い年月が経つ。 오랜 세월이 지나다.

年中	ねんじゅう	연중, 일년 내내 年中無休で営業する。 연중무휴로 영업하다.

年代	ねんだい	연대 建物の年代を調べる。 건물의 연대를 조사하다.

年末	ねんまつ	**연말** 年末はとても忙しい。 연말은 매우 바쁘다.
野	の	**들, 들판** 野に花が咲く。 들에 꽃이 피다.
農業	のうぎょう	**농업** 農業は大事な産業だ。 농업은 중요한 산업이다.
農村	のうそん	**농촌** 農村で暮らす。 농촌에서 살다.
農民	のうみん	**농민** 農民の仕事は大変だ。 농민의 일은 힘이 든다.
能力	のうりょく	**능력** 能力を伸ばす。 능력을 향상시키다.
残り	のこり	**나머지** 残りの仕事を片付ける。 나머지 일을 처리하다.
上り ●下り 하행	のぼり	**상행, 올라감** 上りの電車に乗る。 상행 전철을 타다.
飲み会	のみかい	**회식** 飲み会に参加する。 회식에 참가하다.
海苔	のり	**김** 海苔をご飯と一緒に食べる。 김을 밥과 함께 먹다.
乗り越し	のりこし	**목적지를 지나침** 会話に夢中になって乗り越しする。 대화에 열중해 목적지를 지나치다.
歯	は	**이, 치아** 歯を磨く。 이를 닦다.
倍	ばい	**배, 갑절, 곱절** 収入が倍になる。 수입이 배가 되다.

灰色	はいいろ	**회색, 잿빛** 今日の空は灰色だ。 오늘 하늘은 잿빛이다.
梅雨 ●つゆ	ばいう	**장마, 장마철** 梅雨前線が北上する。 장마 전선이 북상하다.
配達	はいたつ	**배달** 荷物を配達する。 짐을 배달하다.
売店	ばいてん	**매점** 売店で買い物をする。 매점에서 물건을 사다.
売買	ばいばい	**매매, 거래** 商品を売買する。 상품을 매매하다.
拍手	はくしゅ	**박수** 拍手を送る。 박수를 보내다.
博物館	はくぶつかん	**박물관** 博物館を見学する。 박물관을 견학하다.
箸	はし	**젓가락** 箸を使う。 젓가락을 사용하다.
柱	はしら	**기둥** 柱を立てる。 기둥을 세우다.
バス停	バスてい	**버스 정류장** バス停でバスを待つ。 버스 정류장에서 버스를 기다리다.
畑	はたけ	**밭** 畑に出て仕事をする。 밭에 나가 일을 하다.
働き	はたらき	**① 일, 작업** 働きに出る。 일하러 나가다. **② 작용, 기능** 脳の働きが弱くなる。 뇌의 기능이 약해지다.
働き者	はたらきもの	**일꾼, 부지런한 사람** 彼は働き者だ。 그는 부지런한 사람이다.

発見	はっけん	발견 問題を発見する。 문제를 발견하다.
発言	はつげん	발언 会議で発言する。 회의에서 발언하다.
発車	はっしゃ	발차 電車が発車する。 전철이 발차하다.
発生	はっせい	발생 事件が発生する。 사건이 발생하다.
発想	はっそう	발상 発想を変える。 발상을 바꾸다.
発達	はったつ	발달 言語能力が発達する。 언어 능력이 발달하다.
発展	はってん	발전 技術が発展する。 기술이 발전하다.
発電	はつでん	발전, 전기를 일으킴 風力で発電する。 풍력으로 발전하다.
発売	はつばい	발매 新商品を発売する。 신상품을 발매하다.
発表	はっぴょう	발표 研究結果を発表する。 연구 결과를 발표하다.
発明	はつめい	발명 新しい技術を発明する。 새로운 기술을 발명하다.
話し合い	はなしあい	대화, 의논 問題を話し合いで解決する。 문제를 대화로 해결하다.
話し中	はなしちゅう	말씀 중, 통화 중 電話は話し中だ。 전화는 통화 중이다.
花火 ➕花火大会 불꽃놀이	はなび	불꽃 花火を上げる。 불꽃을 쏘아 올리다.

鼻水	はなみず	**콧물** 鼻水が出る。 콧물이 나다.
幅	はば	**폭, 너비** 道の幅が狭い。 길의 폭이 좁다.
母親	ははおや	**어머니, 모친** 妹は母親に似ている。 여동생은 어머니를 닮았다.
歯磨き	はみがき	**① 양치질** 食事の後に歯磨きをする。 식사 후에 양치질을 하다.
● **歯磨き粉** 치약		**② 치약** 歯磨きを使う。 치약을 쓰다.
場面	ばめん	**장면** 場面が変わる。 장면이 바뀌다.
早口	はやくち	**말이 빠름** 早口で話す。 빠르게 말하다.
速さ	はやさ	**빠르기, 속도** 風の速さを測る。 바람의 속도를 재다.
早寝早起き	はやねはやおき	**일찍 자고 일찍 일어남** 早寝早起きは体にいい。 일찍 자고 일찍 일어나는 것은 몸에 좋다.
針	はり	**바늘** 針で縫う。 바늘로 꿰매다.
番	ばん	**순서, 차례** 自分の番を待つ。 자기 차례를 기다리다.
範囲	はんい	**범위** 範囲が広い。 범위가 넓다.
反省	はんせい	**반성** 自分の行動を反省する。 자신의 행동을 반성하다.
半年 ● はんねん	はんとし	**반년** 半年ほど留学したい。 반년 정도 유학하고 싶다.

半日	はんにち	반나절

半日で仕事を終える。 반나절 만에 일을 끝내다.

犯人	はんにん	범인

犯人を捕まえる。 범인을 잡다.

販売	はんばい	판매

チケットを販売する。 티켓을 판매하다.

日当たり	ひあたり	볕이 듦, 양지

日当たりがいい。 볕이 잘 들다.

被害	ひがい	피해

被害に遭う。 피해를 당하다.

日帰り	ひがえり	당일치기

日帰り旅行に行く。 당일치기 여행을 가다.

比較	ひかく	비교

二つを比較する。 두 개를 비교하다.

引き算	ひきざん	뺄셈

引き算を習う。 뺄셈을 배우다.

飛行	ひこう	비행

飛行時間を確認する。 비행 시간을 확인하다.

美術	びじゅつ	미술

➕美術館 미술관

大学を卒業して美術の先生になる。
대학을 졸업하고 미술 선생님이 되다.

美人	びじん	미인

彼女は美人だ。 그녀는 미인이다.

筆記	ひっき	필기

筆記試験を受ける。 필기 시험을 치르다.

日付	ひづけ	일자, 날짜

手紙に日付を入れる。 편지에 날짜를 넣다.

引っ越し	ひっこし	이사 新しい家に引っ越しする。 새 집으로 이사하다.
人差し指	ひとさしゆび	검지, 집게손가락 人差し指で指す。 집게손가락으로 가리키다.
人々	ひとびと	사람들 人々の意見を聞く。 사람들의 의견을 듣다.
一人息子	ひとりむすこ	외아들 一人息子を大切に育てる。 외아들을 귀하게 키우다.
一人娘	ひとりむすめ	외동딸 一人娘をかわいがる。 외동딸을 귀여워하다.
紐	ひも	끈 靴の紐を結ぶ。 구두끈을 매다.
表	ひょう	표 統計を表にまとめる。 통계를 표로 정리하다.
費用	ひよう	비용 費用を計算する。 비용을 계산하다.
秒	びょう	초(시간) 試合が終わるまであと30秒だ。 경기가 끝나기까지 앞으로 30초다.
美容	びよう	미용 野菜は美容にいい。 야채는 미용에 좋다.
表現	ひょうげん	표현 感情を表現する。 감정을 표현하다.
表紙	ひょうし	표지 雑誌の表紙を見る。 잡지의 표지를 보다.
表情	ひょうじょう	표정 表情が明るい。 표정이 밝다.
表面	ひょうめん	표면 床の表面を掃除する。 바닥 표면을 청소하다.

昼寝	ひるね	낮잠 昼寝をする。 낮잠을 자다.
広場	ひろば	광장 広場で遊ぶ。 광장에서 놀다.
瓶詰め	びんづめ	병조림 フルーツを瓶詰めにする。 과일을 병조림으로 만들다.
風景	ふうけい	풍경 美しい風景に感動する。 아름다운 풍경에 감동하다.
夫婦	ふうふ	부부, 내외 夫婦で旅行に行く。 부부끼리 여행을 가다.
部下	ぶか	부하 部下に注意する。 부하에게 주의를 주다.
復習	ふくしゅう	복습 復習をする。 복습을 하다.
複数	ふくすう	복수, 둘 이상의 수, 여럿 複数の例を出す。 복수의 예를 들다.
不合格	ふごうかく	불합격 試験に不合格になる。 시험에 불합격하다.
夫妻	ふさい	부처, 부부, 내외 山田夫妻がパーティーに参加する。 야마다 부부가 파티에 참석하다.
不足	ふそく	부족 材料が不足している。 재료가 부족하다.
ふた		뚜껑 ふたを開ける。 뚜껑을 열다.
舞台	ぶたい	무대 舞台に立つ。 무대에 서다.

普段	ふだん	**평소, 평상시** 普段の食生活が大事だ。 평소의 식생활이 중요하다.	
縁	ふち	**테두리, 가장자리** 池の縁に鳥がいる。 연못 가장자리에 새가 있다.	
普通	ふつう	**보통, 평범함** 普通の生活を送る。 보통의 생활을 하다.	N3
物価	ぶっか	**물가** 物価が上がる。 물가가 오르다.	
物理	ぶつり	**물리** 物理を学ぶ。 물리를 배우다.	
筆	ふで	**붓** 筆で字を書く。 붓으로 글씨를 쓰다.	
部品	ぶひん	**부품** 部品を交換する。 부품을 교환하다.	
部分	ぶぶん	**부분** この部分を直せばよくなる。 이 부분을 고치면 좋아진다.	
不満	ふまん	**불만** 仕事に不満がある。 일에 불만이 있다.	
踏み切り	ふみきり	**건널목** 踏み切りを渡る。 건널목을 건너다.	
振り込み	ふりこみ	**송금, 이체** コンビニで振り込みができる。 편의점에서 이체가 가능하다.	
雰囲気	ふんいき	**분위기** 職場の雰囲気が明るい。 직장 분위기가 밝다.	
文献	ぶんけん	**문헌** 文献を調べる。 문헌을 조사하다.	
文書	ぶんしょ	**문서** 文書を作成する。 문서를 작성하다.	

分数	ぶんすう	분수
		分数を計算する。 분수를 계산하다.
文房具	ぶんぼうぐ	문구, 문방구
		文房具をプレゼントする。 문구를 선물하다.
分類	ぶんるい	분류
		図書を分類する。 도서를 분류하다.
平均	へいきん	평균
		成績の平均を出す。 성적의 평균을 내다.
平行	へいこう	평행
		直線を平行に引く。 직선을 평행으로 긋다.
米国	べいこく	미국
		米国に渡る。 미국으로 건너가다.
平日	へいじつ	평일
		平日は忙しい。 평일에는 바쁘다.
平和	へいわ	평화
		平和を願う。 평화를 바라다.
変化	へんか	변화
		変化を受け入れる。 변화를 받아들이다.
変更	へんこう	변경
		予定を変更する。 예정을 변경하다.
弁護士	べんごし	변호사
		弁護士に相談する。 변호사에게 상담하다.
編集	へんしゅう	편집
		本を編集する。 책을 편집하다.
方向	ほうこう	방향
		進む方向を決める。 나아갈 방향을 결정하다.
報告	ほうこく	보고
		上司に報告する。 상사에게 보고하다.

| 宝石 | ほうせき | 보석 |
| | | ほうせき かざ
宝石で飾る。 보석으로 장식하다. |

| 法則 | ほうそく | 법칙 |
| | | し ぜん ほう そく り かい
自然の法則を理解する。 자연의 법칙을 이해하다. |

| 包丁 | ほうちょう | 부엌칼, 식칼 |
| | | ほうちょう き
包丁で切る。 식칼로 자르다. |

| 忘年会 | ぼうねんかい | 송년회 |
| | | ぼう ねん かい ひら
忘年会を開く。 송년회를 열다. |

| 方法 | ほうほう | 방법 |
| | | かい けつ ほう ほう さく
解決方法を探る。 해결 방법을 찾다. |

| 方々
●あちらこちら | ほうぼう | 여기저기, 사방, 다방면 |
| | | ほう ぼう ある まわ
方々歩き回る。 여기저기 돌아다니다. |

| 方面 | ほうめん | 방면 |
| | | とうきょうほうめん でんしゃ の
東京方面の電車に乗る。 도쿄 방면의 전철을 타다. |

| 訪問 | ほうもん | 방문 |
| | | ゆうじん いえ ほう もん
友人の家を訪問する。 친구 집을 방문하다. |

| 法律 | ほうりつ | 법률 |
| | | ほう りつ まも
法律を守る。 법률을 지키다. |

| 他 | ほか | 다른 것, 다른 곳, 다른 사람 |
| | | ほか ひと たの
他の人に頼む。 다른 사람한테 부탁하다. |

| ほこり | | 먼지 |
| | | へや
部屋がほこりだらけだ。 방이 먼지투성이이다. |

| 募集 | ぼしゅう | 모집 |
| | | しゃ いん ぼ しゅう
社員を募集する。 사원을 모집하다. |

| 坊ちゃん | ぼっちゃん | 아드님, 도련님(다른 집의 남자아이를 정중하게 나타내는 말) |
| | | ぼう げん き
坊ちゃんはお元気ですか。 아드님은 잘 지내시죠? |

| 歩道 | ほどう | 인도, 보도 |
| | | ほ どう ある
歩道を歩く。 보도를 걷다. |

歩道橋	ほどうきょう	**육교** 歩道橋を渡る。 육교를 건너다.
本店	ほんてん	**본점** 本店でセールを行う。 본점에서 세일을 실시하다.
本人	ほんにん	**본인** 本人に確認する。 본인에게 확인하다.
本部	ほんぶ	**본부** この大学は東京に本部がある。 이 대학은 도쿄에 본부가 있다.
本物	ほんもの	**진짜, 진품** 本物のブランド品を買う。 진짜 브랜드 제품을 사다.
翻訳	ほんやく	**번역** 英語に翻訳する。 영어로 번역하다.
間	ま	**① 사이(공간, 시간적 사이)** 出発までに少し間がある。 출발까지 시간이 좀 있다. **② 방** 間を借りる。 방을 빌리다.
迷子	まいご	**미아** 迷子になる。 미아가 되다.
毎度	まいど	**매번** 毎度ありがとうございます。 매번 감사합니다.
負け	まけ	**패배, 짐** 負けを受け入れる。 패배를 받아들이다.
孫	まご	**손주** 孫と出かける。 손주와 외출하다.
街	まち	**시가지, 거리** 街を散策する。 거리를 산책하다.
待ち合わせ	まちあわせ	**만날 약속** デパートで待ち合わせする。 백화점에서 만나기로 하다.

間違い	まちがい	실수, 잘못

間違いを見つける。 실수를 발견하다.

街角	まちかど	길모퉁이, 길거리

街角を曲がる。 길모퉁이를 돌다.

松	まつ	솔, 소나무

松の木が並ぶ。 소나무가 늘어서다.

窓側	まどがわ	창가, 창 쪽

窓側の席に座る。 창가 자리에 앉다.

まな板	まないた	도마

まな板の上で切る。 도마 위에서 자르다.

真似	まね	흉내, 따라함

子供は親の真似をする。 아이는 부모를 따라한다.

豆	まめ	콩

豆を煮る。 콩을 삶다.

真夜中	まよなか	한밤중

真夜中に目が覚める。 한밤중에 잠에서 깨다.

丸	まる	동그라미, 원

丸を描く。 동그라미를 그리다.

周り	まわり	주위, 주변

池の周りを歩く。 연못 주위를 걷다.

回り	まわり	

① 회전

頭の回りが早い。 두뇌 회전이 빠르다.

② 경유

東京駅回りで帰宅する。 도쿄역을 경유해서 귀가하다.

回り道	まわりみち	우회, 우회로
⊖ 遠回り		

回り道をする。 우회하다.

満員	まんいん	만원, 가득 참

電車の中は満員だ。 전철 안은 만원이다.

満足	まんぞく	**만족, 충분함** 結果に満足する。 결과에 만족하다.
満点	まんてん	**만점** テストで満点を取る。 시험에서 만점을 받다.
身	み	**몸** 身も心も疲れた。 몸도 마음도 지쳤다.
見送り	みおくり	**전송, 배웅** 駅まで見送りに行く。 역까지 배웅하러 가다.
味方	みかた	**아군, (자기) 편** 彼は私の味方だ。 그는 내 편이다.
湖	みずうみ	**호수** 湖で釣りをする。 호수에서 낚시를 하다.
水着	みずぎ	**수영복** 水着を着る。 수영복을 입다.
見出し	みだし	**표제, 표제어** 見出しを読む。 표제를 읽다.
緑	みどり	**초록, 초목** 雨で緑がきれいになる。 비가 내려 초목이 아름다워지다.
見直し	みなおし	**재검토** 計画の見直しを行う。 계획의 재검토를 실시하다.
明後日 ⊜あさって	みょうごにち	**모레** 明後日会う約束をする。 모레 만나기로 약속을 하다.
未来	みらい	**미래** 未来を想像する。 미래를 상상하다.
民間	みんかん	**민간** 民間企業に就職する。 민간 기업에 취직하다.
向かい	むかい	**맞은편, 건너편** 彼の家は私の家の向かいにある。 그의 집은 우리 집 맞은편에 있다.

迎え	むかえ	마중 駅まで迎えに来る。 역까지 마중 나오다.
向き	むき	방향, 방면 風の向きが変わる。 바람의 방향이 바뀌다.
無休	むきゅう	무휴, 쉬지 않음 年中無休で営業する。 연중무휴로 영업하다.
無視	むし	무시 交通信号を無視する。 교통 신호를 무시하다.
無地	むじ	민무늬, 무늬가 없음 無地のシャツを着る。 무늬가 없는 셔츠를 입다.
虫歯	むしば	충치 虫歯が痛い。 충치가 아프다.
無線	むせん	무선 無線で連絡を取る。 무선으로 연락을 취하다.
無駄	むだ	헛됨, 쓸데없음, 낭비 それは時間の無駄だ。 그건 시간 낭비이다.
無駄遣かい	むだづかい	낭비, 허비 無駄遣いをする。 낭비를 하다.
胸	むね	가슴 胸が痛む。 가슴이 아프다.
無料	むりょう	무료 入場料は無料だ。 입장료는 무료이다.
めい		조카딸 めいが遊びに来る。 조카딸이 놀러 오다.
名作	めいさく	명작 この小説は名作だ。 이 소설은 명작이다.
名刺	めいし	명함 名刺を交換する。 명함을 교환하다.

名人	めいじん	명인, 명수
		彼はピアノの名人だ。 그는 피아노의 명인이다.

命令	めいれい	명령
		命令を実行する。 명령을 실행하다.

迷惑	めいわく	폐, 불쾌함
		迷惑をかける。 폐를 끼치다.

目上 ➡目下 손아래	めうえ	손위, 손윗사람, 윗사람
		目上の人に敬語を使う。 손윗사람에게 경어를 쓰다.

目覚まし ➡目覚まし時計	めざまし	자명종
		目覚ましが鳴る。 자명종이 울리다.

飯	めし	밥, 식사
		そろそろ飯にしましょう。 슬슬 식사합시다.

目下 ➡目上 손위	めした	손아래, 손아랫사람, 아랫사람
		目下の人に親切に話す。 손아랫사람에게 친절하게 말하다.

めまい		현기증
		めまいがする。 현기증이 나다.

面会	めんかい	면회, 대면
		客と面会する。 손님과 대면하다.

免許	めんきょ	면허
		運転免許を取る。 운전 면허를 취득하다.

免税 ➕免税店 면세점	めんぜい	면세
		この商品は免税になる。 이 상품은 면세가 된다.

面接	めんせつ	면접
		面接を受ける。 면접을 보다.

申し込み ➖申込	もうしこみ	신청
		申し込みを受け付ける。 신청을 받다.

申込者	もうしこみしゃ	신청자
		申込者が多い。 신청자가 많다.

申込書	もうしこみしょ	**신청서** 申込書を提出する。 신청서를 제출하다.
毛布	もうふ	**모포, 담요** 毛布を掛ける。 담요를 덮다.
目的	もくてき	**목적** 目的をはっきりさせる。 목적을 분명히 하다.
目標	もくひょう	**목표** 目標を立てる。 목표를 세우다.
文字	もじ	**문자, 글자** 文字を読む。 문자를 읽다.
者	もの	**사람** 熱意のある者が集まる。 열의 있는 사람이 모이다.
物置	ものおき	**광, 곳간, 창고** 物置に荷物を置く。 창고에 짐을 놓다.
物語	ものがたり	**이야기** 感動的な物語を読む。 감동적인 이야기를 읽다.
物忘れ	ものわすれ	**건망증** 物忘れがひどい。 건망증이 심하다.
模様	もよう	**모양, 무늬** 水玉模様のネクタイをする。 물방울 무늬의 넥타이를 매다.
文句	もんく	**불평, 불만** 文句を言う。 불평을 하다.
野球	やきゅう	**야구** 野球の試合を見に行く。 야구 경기를 보러 가다.
火傷	やけど	**화상, 뎀** 手に火傷をする。 손에 화상을 입다.
家賃	やちん	**집세** 家賃を払う。 집세를 내다.

N3

薬局	やっきょく	약국 薬局で薬を買う。 약국에서 약을 사다.
やり方	やりかた	하는 방법, 수단 やり方を変える。 방법을 바꾸다.
やる気	やるき	의욕, 할 마음 やる気が出る。 의욕이 생기다.
勇気	ゆうき	용기 勇気を出す。 용기를 내다.
友情	ゆうじょう	우정 友情を大切にする。 우정을 소중히 하다.
友人	ゆうじん	친구, 벗 友人と会う。 친구와 만나다.
郵送	ゆうそう	우송 書類を郵送する。 서류를 우송하다.
郵送料	ゆうそうりょう	우송료 郵送料を支払う。 우송료를 지불하다.
夕立	ゆうだち	(여름 오후의) 소나기 夕立が降る。 소나기가 내리다.
夕日	ゆうひ	석양 夕日が沈む。 석양이 지다.
郵便	ゆうびん	우편, 우편물 郵便が届く。 우편이 도착하다.
夕焼け	ゆうやけ	저녁노을 夕焼けが美しい。 저녁노을이 아름답다.
有料	ゆうりょう	유료 有料サービスを利用する。 유료 서비스를 이용하다.
床	ゆか	바닥, 마루 床を掃除する。 바닥을 청소하다.

行き先 ⊖ いきさき	ゆきさき	**행선지, 목적지** 行き先を決める。 행선지를 정하다.
輸出	ゆしゅつ	**수출** 輸出が増える。 수출이 늘다.
輸入	ゆにゅう	**수입** 外国から輸入する。 외국에서 수입하다.
夜明け	よあけ	**새벽, 새벽녘** 夜明けを待つ。 새벽을 기다리다.
容器	ようき	**용기, 그릇** 容器に入れる。 용기에 담다.
要求	ようきゅう	**요구** 要求に応じる。 요구에 응하다.
用件	ようけん	**용건** 用件を伝える。 용건을 전하다.
幼児	ようじ	**유아** 幼児の教育を行う。 유아 교육을 실시하다.
幼稚園	ようちえん	**유치원** 幼稚園に通う。 유치원에 다니다.
用途	ようと	**용도** 電子レンジは用途が広い。 전자레인지는 용도가 넓다.
翌朝	よくあさ	**이튿날 아침, 다음 날 아침** 翌朝に出発する。 다음 날 아침에 출발하다.
翌日	よくじつ	**이튿날, 다음 날** 翌日に連絡する。 다음 날에 연락하다.
翌週	よくしゅう	**다음 주** 今度の試験の翌週から夏休みだ。 이번 시험 다음 주부터 여름 방학이다.

欲張り	よくばり	욕심쟁이
		彼は欲張りだ。 그는 욕심쟁이이다.

予算	よさん	예산
		予算を立てる。 예산을 세우다.

予想	よそう	예상
		結果を予想する。 결과를 예상하다.

夜空	よぞら	밤하늘
		夜空を見上げる。 밤하늘을 올려다보다.

四つ角	よつかど	사거리, 네거리, 십자로
		四つ角を曲がる。 사거리를 돌다.

夜中	よなか	밤중, 한밤중
		夜中に目が覚める。 밤중에 잠에서 깨다.

予報	よほう	예보
		天気予報を確認する。 일기 예보를 확인하다.

予防	よぼう	예방
		病気を予防する。 병을 예방하다.

喜び	よろこび	기쁨
		合格の喜びを伝える。 합격의 기쁨을 전하다.

理科	りか	이과
		理科の実験をする。 이과 실험을 하다.

理解	りかい	이해
		理解を深める。 이해를 깊게 하다.

離婚	りこん	이혼
		離婚を決める。 이혼을 결정하다.

理想	りそう	이상
		理想が高い。 이상이 높다.

理由	りゆう	이유
		理由を説明する。 이유를 설명하다.

留学	りゅうがく	유학 アメリカに留学する。 미국에 유학하다.
流行	りゅうこう	유행 流行に乗る。 유행을 타다.
量	りょう	양, 분량 量を量る。 양을 재다.
両替	りょうがえ	환전 円をドルに両替する。 엔을 달러로 환전하다.
両側	りょうがわ	양측, 양쪽 両側の話を聞く。 양쪽의 이야기를 듣다.
料金	りょうきん	요금 料金を払う。 요금을 내다.
履歴書	りれきしょ	이력서 履歴書を書く。 이력서를 쓰다.
留守	るす	부재, (자리를) 비움 家を留守にする。 집을 비우다.
留守番	るすばん	집 지키기, 집 보기 留守番を頼む。 집을 봐달라고 부탁하다.
例外	れいがい	예외 例外はない。 예외는 없다.
冷蔵庫	れいぞうこ	냉장고 冷蔵庫に入れる。 냉장고에 넣다.
冷凍	れいとう	냉동 魚を冷凍する。 생선을 냉동하다.
列	れつ	열, 줄 列に並ぶ。 줄을 서다.
連休	れんきゅう	연휴 連休を楽しむ。 연휴를 즐기다.

録音	ろくおん	녹음 会議を録音する。 회의를 녹음하다.
録画	ろくが	녹화 画面を録画する。 화면을 녹화하다.
路面	ろめん	노면 路面が凍る。 노면이 얼다.
輪	わ	원, 바퀴 輪になって踊る。 원을 만들어 춤을 추다.
若者	わかもの	젊은이, 젊은 사람 若者の人気を集める。 젊은이의 인기를 끌다.
別れ	わかれ	이별, 작별, 헤어짐 別れのあいさつをする。 작별 인사를 하다.
和室	わしつ	일본식 방(주로 다다미가 깔린 방) 和室に座る。 일본식 방에 앉다.
和食	わしょく	일식, 일본 음식 和食を食べる。 일식을 먹다.
話題	わだい	화제 話題になる。 화제가 되다.
渡り鳥	わたりどり	철새 渡り鳥が飛ぶ。 철새가 날다.
詫び	わび	사과, 사죄 お詫びを言う。 사과를 하다.
笑い	わらい	웃음 笑いが止まらない。 웃음이 멎지 않는다.
～割	わり	～할(10%) 〈조수사〉 ３割の人が賛成する。 30%의 사람이 찬성하다.
割合	わりあい	비율 割合を計算する。 비율을 계산하다.

割り算	わりざん	나눗셈

割り算を教える。 나눗셈을 가르치다.

割引	わりびき	할인, 에누리

割引価格で買う。 할인된 가격으로 사다.

N3

명사

各~	かく~	각~	▶ 各会社 각 회사　各大学 각 대학
全~	ぜん~	전~	▶ 全社員 전 사원　全世界 전 세계
長~	ちょう~	장~	▶ 長期間 장기간　長時間 장시간
無~	む~	무~	▶ 無意味 무의미　無関心 무관심
両~	りょう~	양~	▶ 両手 양손　両方 양쪽

~家	~か	~가(~하는 사람)	▶ 音楽家 음악가　政治家 정치가
~行	~ぎょう	~행, ~줄	▶ 一行 첫째 줄　三行 셋째 줄
~産	~さん	~산	▶ アメリカ産 미국산　国産 국산
~式	~しき	~식(방식, 형식)	▶ 自動式 자동식　日本式 일본식
~車	~しゃ	~차	▶ 新車 신차　輸入車 수입차
~建て	~だて	~층, ~층 건물	▶ 5階建て 5층, 5층 건물　2階建て 2층, 2층 건물
~店	~てん	~점	▶ 飲食店 음식점　本店 본점
~年生	~ねんせい	~학년	▶ 3年生 3학년　何年生 몇 학년
~向き	~むき	~향, ~방향	▶ 東向き 동향　南向き 남향
~行き	~ゆき	~행(목적지)	▶ アメリカ行き 미국행　東京行き 도쿄행
~料	~りょう	~료	▶ 使用料 사용료　保険料 보험료

愛する	あいする	사랑하다 子供を心から愛する。 아이를 진심으로 사랑하다.
諦める	あきらめる	단념하다 進学を諦める。 진학을 단념하다.
飽きる	あきる	질리다 勉強に飽きる。 공부에 질리다.
空ける	あける	비우다 部屋を空ける。 방을 비우다.
明ける	あける	① 아침이 되다 夜が明ける。 날이 밝다. ② 기간이 끝나다 休みが明ける。 휴가가 끝나다.
味わう	あじわう	맛보다 失恋の苦しみを味わう。 실연의 괴로움을 맛보다.
預かる	あずかる	맡다 友達の荷物を預かる。 친구의 짐을 맡다.
預ける	あずける	맡기다 銀行に金を預ける。 은행에 돈을 맡기다.
与える	あたえる	주다, 부여하다 チャンスを与える。 기회를 주다.
暖まる ⊜温まる	あたたまる	따뜻해지다, 데워지다 日が昇って、空気が暖まる。 해가 떠서 공기가 따뜻해지다.
暖める ⊜温める	あたためる	따뜻하게 하다, 데우다 ストーブで部屋を暖める。 난로로 방을 따뜻하게 하다.

227

当たる	あたる	① 맞다, 부딪히다
		ボールが顔に当たる。 공에 얼굴을 맞다.
		② 적중하다
		天気予報が当たる。 일기 예보가 적중하다.

| 扱う | あつかう | 다루다, 취급하다 |
| | | 本は大切に扱ってください。 책은 소중히 다뤄 주세요. |

| 溢れる | あふれる | 흘러 넘치다 |
| | | 大雨で川の水が溢れる。 폭우로 강물이 흘러 넘치다. |

| 余る | あまる | 남다 |
| | | 余るほど料理を出す。 남을 정도로 요리를 내놓다. |

| 編む | あむ | 짜다, 편집하다 |
| | | セーターを編む。 스웨터를 짜다. |

| 表す | あらわす | (생각, 감정을) 나타내다, 표현하다 |
| | | 感謝の気持ちを表す。 감사의 마음을 표현하다. |

| 現す | あらわす | (모습, 현상을) 나타내다, 드러내다 |
| | | 主役が舞台に姿を現した。 주인공이 무대에 모습을 드러냈다. |

| 表れる | あらわれる | (생각, 감정이) 나타나다 |
| | | 喜びが顔に表れる。 기쁨이 얼굴에 나타나다. |

| 現れる | あらわれる | (모습, 현상이) 나타나다 |
| | | 雨上がりの空に虹が現れた。 비가 갠 하늘에 무지개가 나타났다. |

| 合わせる | あわせる | 합치다, 맞추다 |
| | | ネクタイをスーツの色に合わせる。 넥타이를 양복 색에 맞추다. |

慌てる	あわてる	당황하다, 허둥대다
		地震があっても慌てないでください。
		지진이 나도 당황하지 마세요.

| 言い出す | いいだす | 말을 꺼내다 |
| | | 旅行に行きたいと言い出す。 여행을 가고 싶다고 말을 꺼내다. |

痛む	いたむ	**아프다, 통증을 느끼다** 寒くなると腰が痛む。 추워지면 허리가 아프다.
炒める	いためる	**볶다** 野菜を炒める。 채소를 볶다.
嫌がる	いやがる	**싫어하다** 薬を飲むのを嫌がる。 약을 먹는 것을 싫어하다.
植える	うえる	**심다** 木を植える。 나무를 심다.
浮かべる	うかべる	**① (물이나 공기 중에) 띄우다** 船を海に浮かべる。 배를 바다에 띄우다. **② (모습, 표정을) 나타내다, 띠다** 不満そうな表情を浮かべる。 불만스런 표정을 띠다.
受かる	うかる	**합격하다, 붙다** 試験に受かる。 시험에 합격하다.
浮く	うく	**뜨다** 氷は水に浮く。 얼음은 물에 뜬다.
受け入れる	うけいれる	**받아들이다, 수용하다** 相手の提案を受け入れる。 상대방의 제안을 받아들이다.
受け取る	うけとる	**받다, 수취하다** 手紙を受け取る。 편지를 받다.
動かす	うごかす	**움직이다** 体を動かす。 몸을 움직이다.
疑う	うたがう	**의심하다** 偽物ではないかと疑う。 가짜가 아닐까 의심하다.
映す	うつす	**① 비추다** 鏡に顔を映す。 거울에 얼굴을 비추다. **② 상영하다** 映画を映す。 영화를 상영하다.

移す	うつす	옮기다, 이동시키다 料理を皿に移す。 요리를 접시에 옮기다.
写る	うつる	(사진이) 찍히다 この写真はよく写っている。 이 사진은 잘 찍혔다.
映る	うつる	① 비치다 山が水面に映る。 산이 수면에 비치다. ② 상영되다, (화면에) 나오다 テレビがよく映らない。 텔레비전이 잘 나오지 않는다.
移る	うつる	옮기다, 이동하다 転勤で東京から大阪に移る。 전근으로 도쿄에서 오사카로 옮기다.
埋まる	うまる	묻히다, 메워지다 町が雪に埋まる。 마을이 눈에 묻히다.
産む	うむ	낳다, 출산하다 女の子を産む。 여자아이를 낳다.
埋める	うめる	묻다, 메우다 穴を埋める。 구멍을 메우다.
売り切れる	うりきれる	다 팔리다, 매진되다 その商品は売り切れた。 그 상품은 매진되었다.
売れる	うれる	팔리다, 인기가 있다 この商品はよく売れる。 이 상품은 잘 팔린다.
得る ➖うる	える	얻다, 획득하다 利益を得る。 이익을 얻다.
追い越す ➖追い抜く	おいこす	추월하다 前の車を追い越す。 앞차를 추월하다.
追い付く	おいつく	따라잡다, 따라가다 同点に追い付く。 동점으로 따라잡다.
追う	おう	쫓다, 따르다 流行を追う。 유행을 따르다.

| 終える | おえる | 끝내다 |
| | | 午前中に仕事を終える。 오전 중에 일을 끝내다. |

| 行う | おこなう | 행하다, 실시하다 |
| | | 秋の運動会を行う。 가을 운동회를 실시하다. |

| 起こる | おこる | 일어나다, 발생하다 |
| | | 事故が起こる。 사고가 일어나다. |

| おごる | | 한턱내다, 대접하다 |
| | | 後輩に昼食をおごる。 후배에게 점심을 한턱내다. |

| 教わる | おそわる | 배우다 |
| | | 山田先生に英語を教わる。 야마다 선생님에게 영어를 배우다. |

| 落ち着く | おちつく | 침착하다, 진정하다 |
| | | 落ち着いて行動する。 침착하게 행동하다. |

| 驚かす | おどろかす | 놀라게 하다 |
| | | 大声を出して友達を驚かす。 큰 소리를 내어 친구를 놀라게 하다. |

| 驚く | おどろく | 놀라다 |
| | | 大きな音に驚く。 큰 소리에 놀라다. |

| 覚える | おぼえる | 기억하다, 외우다 |
| | | 名前を覚える。 이름을 외우다. |

| お目にかかる | おめにかかる | 만나뵙다(会う의 겸손) |
| | | お目にかかれてうれしいです。 만나뵙게 되어 기쁩니다. |

| 思い込む | おもいこむ | 굳게 믿다, 그렇게 생각해 버리다 |
| | | 自分が正しいと思い込んでいる。 자신이 옳다고 믿고 있다. |

| 思いつく | おもいつく | 떠올리다, 생각해 내다, 기억해 내다 |
| | | いい考えを思いつく。 좋은 생각을 떠올리다. |

| 下りる | おりる | 내려오다, 내려가다 |
| | | 山を下りる。 산을 내려가다. |

| 折る | おる | 접다, 꺾다 |
| | | 木の枝を折る。 나뭇가지를 꺾다. |

| 折れる | おれる | 접히다, 꺾어지다, 꺾이다 |
| | | 木が折れる。 나무가 꺾이다. |

| 降ろす | おろす | 내리다 |
| | | 荷物を降ろす。 짐을 내리다. |

| 返る | かえる | 뒤집히다, (원상태로) 돌아오다 |
| | | 忘れ物が返る。 분실물이 돌아오다. |

| 替える | かえる | 바꾸다, 교체하다 |
| | | 投手を替える。 투수를 교체하다. |

| 換える | かえる | 바꾸다, 교환하다, 맞바꾸다 |
| | | 古本を金に換える。 헌책을 돈으로 바꾸다. |

| 輝く | かがやく | 빛나다 |
| | | 夜空に星が輝く。 밤하늘에 별이 빛나다. |

| かかる | | 걸리다 |
| | | この病気にかかると高い熱が出る。 이 병에 걸리면 높은 열이 난다. |

| 書き直す | かきなおす | 고쳐 쓰다, 다시 쓰다 |
| | | レポートを書き直す。 보고서를 다시 쓰다. |

| 描く | かく | (그림을) 그리다 |
| | | 絵を描く。 그림을 그리다. |

| 隠す | かくす | 숨기다 |
| | | 本心を隠す。 본심을 숨기다. |

| 隠れる | かくれる | 숨다 |
| | | ドアの後ろに隠れる。 문 뒤로 숨다. |

| 駆ける | かける | 뛰다, 달리다 |
| | | 子どもたちが駆けてきた。 아이들이 뛰어 왔다. |

| 囲む | かこむ | 둘러싸다, 에워싸다 |
| | | テーブルを囲んで食事をする。 테이블을 둘러싸고 식사를 하다. |

| 重なる | かさなる | 거듭되다, 겹치다, 쌓이다 |
| | | 寝不足による疲れが重なる。 수면 부족에 의한 피로가 쌓이다. |

重ねる	かさねる	겹치다, 포개다, 되풀이 하다
		皿を重ねる。 접시를 포개다.

稼ぐ	かせぐ	(돈을) 벌다
		仕事をしてお金を稼ぐ。 일을 해서 돈을 벌다.

数える	かぞえる	(수를) 세다
		参加者の数を数える。 참가자 수를 세다.

片づく	かたづく	정리되다, 정돈되다
		机の上が片づいた。 책상 위가 정리되었다.

悲しむ	かなしむ	슬퍼하다
		別れを悲しむ。 이별을 슬퍼하다.

枯れる	かれる	시들다
		花が枯れてしまった。 꽃이 시들어 버렸다.

乾かす	かわかす	말리다, 건조시키다
		洗濯物を乾かす。 빨래를 말리다.

渇く	かわく	(목이) 마르다, 갈증이 나다
		のどが渇く。 목이 마르다.

感じる	かんじる	느끼다
		寒さを感じる。 추위를 느끼다.

気がする	きがする	생각이 들다, 느낌이 들다
		雨が降りそうな気がする。 비가 내릴 것 같은 느낌이 든다.

聞き直す	ききなおす	다시 묻다
		会議の場所を聞き直す。 회의 장소를 다시 묻다.

効く	きく	효과가 있다, (약이) 듣다
		薬が効く。 약이 듣다.

刻む	きざむ	잘게 썰다
		キャベツを刻む。 양배추를 잘게 썰다.

気づく	きづく	깨닫다, 알아차리다
		間違いに気づく。 실수를 알아차리다.

気に入る	きにいる	마음에 들다 この服は気に入らない。 이 옷은 마음에 들지 않는다.
気にする	きにする	신경 쓰다 体重を気にする。 몸무게를 신경 쓰다.
気になる	きになる	신경이 쓰이다 試験の結果が気になる。 시험 결과가 신경이 쓰이다.
気を付ける	きをつける	조심하다, 주의하다 言葉に気を付ける。 말을 조심하다.
区切る	くぎる	구분하다, 단락을 짓다 部屋をカーテンで区切る。 방을 커튼으로 구분하다.
腐る	くさる	썩다, 상하다 魚が腐る。 생선이 썩다.
くたびれる		매우 지치다, 녹초가 되다 歩きつづけてくたびれる。 계속 걸어서 녹초가 되다.
下る	くだる	내려가다 坂を下る。 비탈길을 내려가다.
配る	くばる	나눠주다 新聞を配る。 신문을 나눠주다.
首になる	くびになる	해고되다 会社を首になる。 회사에서 해고되다.
組む	くむ	끼다, 꼬다, 짜다 足を組んで座る。 다리를 꼬고 앉다.
暮らす	くらす	살다, 생활하다 一人で暮らす。 혼자서 살다.
比べる	くらべる	비교하다 二人の背の高さを比べる。 두 사람의 키를 비교하다.
くり返す	くりかえす	반복하다 同じ質問をくり返す。 같은 질문을 반복하다.

苦しむ	くるしむ	괴로워하다 借金で苦しむ。 빚 때문에 괴로워하다.
加える	くわえる	더하다, 첨가하다, 추가하다 スープに塩を加える。 수프에 소금을 첨가하다.
加わる	くわわる	더해지다, 첨가되다, 추가되다 メンバーが新しく加わる。 멤버가 새롭게 추가되다.
消す	けす	① 지우다 黒板の字を消す。 칠판의 글씨를 지우다. ② 끄다 テレビを消す。 텔레비전을 끄다.
蹴る	ける	(발로) 차다 ボールを蹴る。 공을 차다.
断る	ことわる	거절하다 会議への出席を断る。 회의 출석을 거절하다.
好む	このむ	좋아하다, 선호하다, 즐기다 クラシックを好んで聞く。 클래식을 즐겨 듣다.
こぼす		흘리다, 엎지르다 コーヒーをこぼす。 커피를 엎지르다.
こぼれる		흘러넘치다, 엎질러지다 コップの水がこぼれる。 컵의 물이 흘러넘치다.
困る	こまる	곤란하다, 어려움을 겪다 金に困る。 돈에 어려움을 겪다.
転がす	ころがす	굴리다 ボールを転がす。 공을 굴리다.
転がる	ころがる	구르다, 굴러가다 石が転がる。 돌이 굴러가다.
殺す	ころす	죽이다 虫を殺す。 벌레를 죽이다.

転ぶ	ころぶ	구르다, 넘어지다
		階段で転ぶ。 계단에서 넘어지다.

叫ぶ	さけぶ	외치다, 소리 지르다
		大声で叫ぶ。 큰 소리로 외치다.

避ける	さける	피하다
		人目を避ける。 남의 눈을 피하다.

誘う	さそう	권유하다, 유혹하다
		食事に誘う。 식사하자고 권유하다.

サボる		게을리하다
		仕事をサボる。 일을 게을리하다.

覚ます	さます	(잠을) 깨다, 깨우다
		ベルの音で目を覚ます。 벨소리에 잠을 깨다.

冷ます	さます	식히다
		お湯を冷ます。 뜨거운 물을 식히다.

覚める	さめる	(잠이) 깨다, 제정신이 들다
		眠気が覚める。 졸음이 깨다.

冷める	さめる	식다, 차가워 지다
		ご飯が冷める。 밥이 식다.

去る	さる	떠나다
		故郷を去る。 고향을 떠나다.

仕上がる	しあがる	완성되다, 마무리되다
		作品が仕上がる。 작품이 완성되다.

仕上げる	しあげる	완성하다, 마무리하다
		レポートを仕上げる。 보고서를 마무리하다.

沈む	しずむ	가라앉다, (해, 달이) 지다
		夕日が沈む。 석양이 지다.

従う	したがう	따르다, 좇다
		命令に従う。 명령에 따르다.

支払う	しはらう	지불하다
		電気代を支払う。 전기 요금을 지불하다.

縛る	しばる	묶다, 매다
		新聞紙をひもで縛る。 신문지를 끈으로 묶다.

しぼる		(물기, 즙을) 짜다
		オレンジをしぼってジュースを作る。
		오렌지를 짜서 주스를 만들다.

しまう		① 끝내다, 마치다
		仕事をしまう。 업무를 끝내다.
		② 치우다, 정리하다
		本をしまう。 책을 치우다.

示す	しめす	① 나타내다, 내보이다
		関心を示す。 관심을 나타내다.
		② 가리키다
		駅の方向を指で示す。 역으로 가는 방향을 손가락으로 가리키다.

しゃがむ		쪼그리고 앉다, 웅크리다
		道にしゃがんで話す。 길에 쪼그리고 앉아 이야기하다.

しゃべる		말하다
		秘密をうっかりしゃべってしまう。 비밀을 무심코 말해 버리다.

知り合う	しりあう	서로 알다, 아는 사이가 되다
		木村さんとは旅行先で知り合った。
		기무라 씨와는 여행지에서 알게 되었다.

信じる	しんじる	믿다
		彼の話は本当だと信じている。
		그의 이야기는 사실이라고 믿고 있다.

吸う	すう	들이마시다, 빨아들이다
		たばこを吸う。 담배를 피우다.

過ごす	すごす	(시간을) 보내다, 살아가다, 지내다
		休日は家族と過ごす。 휴일은 가족과 보낸다.

勧める	すすめる	추천하다, 권하다 入会を勧める。 입회를 권하다.
進める	すすめる	진행시키다, 추진하다 工事を進める。 공사를 진행시키다.
済ませる	すませる	끝마치다, 끝내다, 마치다 食事を済ませる。 식사를 마치다.
捨てる	すてる	버리다 要らないものを捨てる。 필요 없는 물건을 버리다.
済む	すむ	끝나다, 완료되다 試験が済む。 시험이 끝나다.
注ぐ	そそぐ	(액체를) 붓다, 따르다 水を注ぐ。 물을 붓다.
育つ	そだつ	자라다, 성장하다 立派な青年に育つ。 훌륭한 청년으로 자라다.
育てる	そだてる	기르다, 키우다, 양육하다 子供を育てる。 아이를 기르다.
揃う	そろう	갖추어지다, 모이다 データが揃う。 데이터가 갖추어지다.
揃える	そろえる	갖추다, 모으다 非常食を揃えて置く。 비상식량을 갖추어 두다.
存じる	ぞんじる	① 알다(知る의 겸손) お名前は存じております。 이름은 알고 있습니다. ② 생각하다(思う의 겸손) こちらの方がよいと存じます。 이쪽이 좋다고 생각합니다.
倒す	たおす	넘어뜨리다, 쓰러뜨리다 木を倒す。 나무를 넘어뜨리다.
高まる	たかまる	높아지다, 고조되다 人気が高まる。 인기가 높아지다.

238

N3

高める	たかめる	높이다 きょうそうりょく たか 競争力を高める。 경쟁력을 높이다.
抱く	だく	안다, 포옹하다 あか だ 赤ちゃんを抱く。 아기를 안다.
確かめる	たしかめる	확인하다 でん わ ばんごう たし 電話番号を確かめる。 전화번호를 확인하다.
助かる	たすかる	구조되다, 도움 받다, 도움이 되다 か じ て つだ たす 家事を手伝ってくれるので助かる。 집안일을 도와주기 때문에 도움이 된다.
助ける	たすける	구하다, 구조하다, 돕다 いのち たす 命を助ける。 생명을 구하다.
戦う	たたかう	싸우다, 겨루다, 경쟁하다 きょねん ゆうしょう たたか 去年の優勝チームと戦うことになった。 작년 우승팀과 겨루게 되었다.
叩く	たたく	두드리다, 치다 たた ドアを叩く。 문을 두드리다.
畳む	たたむ	개다, 접다 ふ とん たた 布団を畳む。 이불을 개다.
立ち上がる	たちあがる	일어서다, 일어나다 い す た あ 椅子から立ち上がる。 의자에서 일어나다.
立ち止まる	たちどまる	멈춰서다 よ た ど 呼ばれて立ち止まる。 부르는 소리에 멈춰서다.
経つ	たつ	지나다, 경과하다 じ かん た 時間が経つ。 시간이 지나다.
だます		속이다 ひと 人をだます。 사람을 속이다.
たまる		쌓이다 ストレスがたまる。 스트레스가 쌓이다.

| 黙る | だまる | 침묵하다, 잠자코 있다 |
| | | 黙って人の話を聞く。 잠자코 다른 사람의 이야기를 듣다. |

| 貯める | ためる | 모으다 |
| | | お金を貯める。 돈을 모으다. |

| 近付く | ちかづく | 가까워지다, 다가오다, 접근하다 |
| | | 入学式が近付く。 입학식이 가까워지다. |

| 近付ける | ちかづける | 가까이 하다, 접근시키다 |
| | | 本に目を近付ける。 책에 눈을 가까이 하다. |

| 散らかす | ちらかす | 어지르다, 흩어 놓다, 흐트러뜨리다 |
| | | 部屋を散らかす。 방을 어지르다. |

| 散らかる | ちらかる | 어질러지다, 흩어지다 |
| | | テーブルの上が散らかっている。 탁자 위가 어질러져 있다. |

| 散る | ちる | (꽃이) 지다, 흩어지다 |
| | | 花が散る。 꽃이 지다. |

| 通じる | つうじる | 통하다 |
| ●つうずる | | 気持ちが通じる。 마음이 통하다. |

| 捕まる | つかまる | 잡히다, 붙잡히다 |
| | | 泥棒が捕まる。 도둑이 잡히다. |

| つかむ | | 잡다, 움켜 쥐다 |
| | | 腕をつかむ。 팔을 잡다. |

付き合う	つきあう	① 교제하다, 사귀다
		長年付き合う。 오랫동안 교제하다.
		② 함께 행동하다
		食事に付き合う。 함께 식사하다.

| 伝わる | つたわる | 전해지다, 전달되다 |
| | | ニュースが世界中に伝わる。 뉴스가 전 세계에 전해지다. |

| 包む | つつむ | 싸다, 포장하다 |
| | | プレゼントを包む。 선물을 포장하다. |

勤める	つとめる	근무하다 銀行に勤めている。 은행에 근무하고 있다.
つぶす		찌그러뜨리다, 부수다, 망가뜨리다 空き缶をつぶす。 빈 깡통을 찌그러뜨리다.
つぶれる		찌부러지다, 부서지다 地震で家がつぶれる。 지진으로 집이 부서지다.
積む	つむ	쌓다, 모으다 車に荷物を積む。 차에 짐을 쌓다.
詰める	つめる	(가득) 채우다, 채워 넣다 箱に服を詰める。 상자에 옷을 가득 채우다.
積もる	つもる	쌓이다 雪が積もる。 눈이 쌓이다.
強まる	つよまる	강해지다, 세지다 非難が強まる。 비난이 세지다.
強める	つよめる	강화하다, 세게 하다 暖房を強める。 난방을 세게 하다.
出会う	であう	(우연히) 만나다, 마주치다 友達にばったり出会う。 친구를 우연히 딱 마주치다.
出来上がる	できあがる	완성되다 家が出来上がる。 집이 완성되다.
出迎える	でむかえる	마중 나가다 駅まで出迎える。 역까지 마중 나가다.
問い合わせる	といあわせる	문의하다, 조회하다 電話で会議の日程を問い合わせる。 전화로 회의 일정을 문의하다.
通り過ぎる	とおりすぎる	지나가다 学校の前を通り過ぎる。 학교 앞을 지나가다.
溶かす ◉溶く	とかす	녹이다, 개다, 풀다 砂糖を水に溶かす。 설탕을 물에 녹이다.

溶く ⊜溶かす	とく	풀다, 물에 타다, 개다 小麦粉を水で溶く。 밀가루를 물에 풀다.
溶ける	とける	녹다 雪が溶ける。 눈이 녹다.
閉じる	とじる	닫다, 감다, 덮다 目を閉じて考える。 눈을 감고 생각하다.
どなる		고함치다, 호통치다, 야단치다 そんなにどならないでください。 그렇게 고함치지 마세요.
飛ばす	とばす	날리다 風船を空に飛ばす。 풍선을 하늘로 날리다.
飛び込む	とびこむ	뛰어들다, 몸을 던지다 プールに飛び込む。 수영장으로 뛰어들다.
飛び出す	とびだす	뛰쳐나오다, 뛰어나오다, 내달리다 子供が車道へ飛び出す。 아이가 차도로 뛰쳐나오다.
泊まる	とまる	묵다, 숙박하다 友達の家に泊まる。 친구 집에 묵다.
泊める	とめる	재우다, 묵게 하다, 숙박시키다 客を泊める。 손님을 묵게 하다.
取り消す	とりけす	취소하다 予約を取り消す。 예약을 취소하다.
取り出す	とりだす	꺼내다 ポケットから財布を取り出す。 주머니에서 지갑을 꺼내다.
取れる	とれる	① 얻다, 구하다, 확보되다 切符が取れる。 표를 구하다. ② 떨어지다, 빠지다 コートのボタンが取れる。 코트의 단추가 떨어지다.
流す	ながす	흘리다 涙を流す。 눈물을 흘리다.

亡くす	なくす	잃다, 사별하다 父を事故で亡くす。 아버지를 사고로 잃다.
怠ける	なまける	게으름 피우다, 게을리하다 仕事を怠ける。 일을 게을리하다.
なめる		맛보다, 핥아 먹다 砂糖をなめる。 설탕을 핥아 먹다.
悩む	なやむ	고민하다 進学で悩む。 진학 때문에 고민하다.
鳴らす	ならす	울리다 ベルを鳴らす。 벨을 울리다.
似合う	にあう	어울리다 この服は私に似合わない。 이 옷은 나에게 어울리지 않는다.
握る	にぎる	잡다, 쥐다 手を握ってあいさつをする。 손을 잡고 인사를 하다.
逃げる	にげる	도망치다, 도망가다 安全なところへ逃げる。 안전한 곳으로 도망치다.
煮る	にる	삶다, 조리다 豆を煮る。 콩을 삶다.
抜く	ぬく	빼다, 뽑다 空気を抜く。 공기를 빼다.
抜ける	ぬける	빠지다, 누락되다 髪の毛が抜ける。 머리카락이 빠지다.
濡らす	ぬらす	적시다 雨が葉を濡らす。 비가 잎을 적시다.
願う	ねがう	바라다, 희망하다 成功を心から願う。 성공을 진심으로 바라다.
眠る	ねむる	자다, 잠들다 一日７時間眠る。 하루 7시간 잔다.

残す	のこす	남기다
		金を残さず全部使う。 돈을 남김없이 전부 쓰다.

乗せる	のせる	태우다
		子供を車の後ろに乗せる。 아이를 차 뒤쪽에 태우다.

載せる	のせる	싣다, 게재하다
		新聞に記事を載せる。 신문에 기사를 싣다.

除く	のぞく	제외하다, 제거하다
		不良品を除く。 불량품을 제거하다.

伸ばす	のばす	늘리다, 길게 기르다
		髪を長く伸ばす。 머리카락을 길게 기르다.

延ばす	のばす	미루다, 연기하다, 연장하다
		会議を1時間延ばす。 회의를 1시간 미루다.

伸びる	のびる	늘다, 자라다, 성장하다
		背が10センチも伸びた。 키가 10센티나 자랐다.

延びる	のびる	미뤄지다, 연기되다, 연장되다
		締め切りが2日延びる。 마감이 이틀 연장되다.

上る	のぼる	오르다
		坂道を上る。 비탈길을 오르다.

昇る	のぼる	오르다, (해, 달이) 뜨다
		日が昇る。 해가 뜨다.

乗り遅れる	のりおくれる	(교통수단을) 놓치다
		終電に乗り遅れる。 막차를 놓치다.

乗り越す	のりこす	내릴 곳을 지나치다
		居眠りして乗り越す。 졸다가 내릴 곳을 지나치다.

載る	のる	실리다, 게재되다
		新聞に載る。 신문에 실리다.

生える	はえる	나다, 자라다
		草が生える。 풀이 나다.

量る	はかる	재다, 측정하다
計る		重さを量る。 무게를 재다.
測る		時間を計る。 시간을 재다.
		長さを測る。 길이를 재다.

| 掃く | はく | 쓸다, 비질하다 |
| | | 庭を掃く。 마당을 쓸다. |

| 外す | はずす | 떼어내다, 벗다, 제외하다 |
| | | めがねを外す。 안경을 벗다. |

| 話し合う | はなしあう | 서로 이야기하다, 의논하다 |
| | | 話し合って決める。 서로 이야기해서 결정하다. |

話しかける	はなしかける	말을 걸다
		知らない人に話しかける。
		모르는 사람에게 말을 걸다.

離す	はなす	떼어놓다, 거리를 두다
		木を3メートル離して植える。
		나무를 3m 거리를 두고 심다.

| 払い戻す | はらいもどす | 환불하다, 되돌려주다 |
| | | 税金を払い戻す。 세금을 되돌려주다. |

| 払う | はらう | 지불하다 |
| | | 代金をカードで払う。 대금을 카드로 지불하다. |

| 貼る | はる | 붙이다, 접착하다 |
| | | 封筒に切手を貼る。 봉투에 우표를 붙이다. |

| 反する | はんする | 반대되다, 어긋나다 |
| | | 予想に反する。 예상에 어긋나다. |

| 冷える | ひえる | 차가워지다, 식다 |
| | | 冷えたビールを飲む。 차가워진 맥주를 마시다. |

引き受ける	ひきうける	맡다, 인수하다, 담당하다
		難しい仕事を引き受ける。
		어려운 일을 맡다.

引き出す	ひきだす	① 꺼내다
		封筒から手紙を引き出す。 봉투에서 편지를 꺼내다.
		② 인출하다
		預金を全部引き出す。 예금을 전부 인출하다.

| 冷やす | ひやす | 차게 하다, 식히다 |
| | | 冷蔵庫でビールを冷やす。 냉장고에 넣어 맥주를 차게 하다. |

| 拾う | ひろう | 줍다 |
| | | 公園のごみを拾う。 공원의 쓰레기를 줍다. |

| 広がる | ひろがる | 넓어지다, 퍼지다, 확산되다 |
| | | コーヒーの香りが部屋中に広がる。 커피 향기가 온 방안에 퍼지다. |

| 広げる | ひろげる | 넓히다, 펼치다 |
| | | 新聞を広げて読む。 신문을 펼쳐 읽는다. |

| 深まる | ふかまる | 깊어지다 |
| | | 理解が深まる。 이해가 깊어지다. |

| 深める | ふかめる | 깊게 하다 |
| | | 交流を深める。 교류를 깊게 하다. |

| 拭く | ふく | 닦다, 훔치다 |
| | | タオルで体を拭く。 수건으로 몸을 닦다. |

| 防ぐ | ふせぐ | 막다, 방지하다 |
| | | 事故を防ぐ。 사고를 방지하다. |

| ぶつける | | 부딪치다 |
| | | 壁に頭をぶつける。 벽에 머리를 부딪치다. |

| 増やす | ふやす | 늘리다 |
| | | 人数を増やす。 인원수를 늘리다. |

| 振り込む | ふりこむ | 송금하다, 이체하다 |
| | | 代金を振り込む。 대금을 이체하다. |

| 振る | ふる | 흔들다 |
| | | 軽く手を振る。 가볍게 손을 흔들다. |

震える	ふるえる	떨리다 寒さに体が震える。 추위에 몸이 떨리다.
触れる	ふれる	① 닿다, 접하다 外国の文化に触れる。 외국 문화를 접하다. ② 손대다, 손으로 만지다 花に手を触れる。 꽃을 손으로 만지다.
減らす	へらす	줄이다 体重を３キロ減らす。 체중을 3킬로그램 줄이다.
減る	へる	줄다, 줄어들다 子供の数が減っている。 아이들 수가 줄어들고 있다.
干す	ほす	말리다 布団を干す。 이불을 말리다.
微笑む	ほほえむ	미소 짓다 優しく微笑む。 상냥하게 미소 짓다.
任せる	まかせる	맡기다 仕事を部下に任せる。 일을 부하에게 맡기다.
巻く	まく	말다, 감다 首にマフラーを巻く。 목에 머플러를 감다.
曲げる	まげる	구부리다, 굽히다 腰を曲げてあいさつする。 허리를 굽혀 인사하다.
混ざる 交ざる	まざる	섞이다 酒に水が混ざる。 술에 물이 섞이다.
混ぜる 交ぜる	まぜる	섞다, 혼합하다 紅茶にミルクを混ぜる。 홍차에 우유를 섞다.
待ち合わせる	まちあわせる	약속하여 만나기로 하다 友人と駅で待ち合わせる。 친구와 역에서 만나기로 하다.

間違う	まちがう	잘못하다, 틀리다 漢字が間違っている。 한자가 틀렸다.
まとまる		정리되다, 한데 모이다 みんなの意見がまとまる。 모두의 의견이 한데 모이다.
まとめる		정리하다, 종합하다 レポートをまとめる。 보고서를 정리하다.
学ぶ	まなぶ	배우다 大学で経済学を学ぶ。 대학에서 경제학을 배우다.
招く	まねく	부르다, 초대하다 パーティーに友達を招く。 파티에 친구를 초대하다.
守る	まもる	지키다 約束を守る。 약속을 지키다.
迷う	まよう	헤매다, 길을 잃다, 망설이다 道に迷う。 길을 헤매다.
回す	まわす	돌리다, 회전시키다 ハンドルを回す。 핸들을 돌리다.
見上げる	みあげる	올려보다, 올려다보다 空を見上げる。 하늘을 올려보다.
見送る	みおくる	① 배웅하다 空港まで先生を見送る。 공항까지 선생님을 배웅하다. ② 보류하다 計画を見送る。 계획을 보류하다.
見下ろす	みおろす	내려다보다 ビルの屋上から町を見下ろす。 빌딩 옥상에서 마을을 내려다보다.
見直す	みなおす	다시 살펴보다, 재검토하다 計画を見直す。 계획을 재검토하다.
身につける	みにつける	터득하다, 익히다 フランス語を身につける。 프랑스어를 익히다.

見舞う	みまう	문병하다, 위문하다 にゅういんちゅう ゆうじん み ま 入院中の友人を見舞う。 입원 중인 친구를 문병하다.
診る	みる	(환자를) 보다, 진찰하다 い しゃ み 医者に診てもらう。 의사에게 진찰을 받다.
迎える	むかえる	맞이하다 えき ゆうじん むか 駅で友人を迎える。 역에서 친구를 맞이하다.
向く	むく	향하다, 보다 うし む 後ろを向く。 뒤를 향하다.
蒸す	むす	찌다 む とりにく ちい き 蒸した鶏肉を小さく切る。 찐 닭고기를 작게 썰다.
結ぶ	むすぶ	묶다, 매다 くつ むす 靴のひもを結ぶ。 신발 끈을 매다.
目立つ	めだつ	눈에 띄다, 두드러지다 せ たか めだ 背が高いので目立つ。 키가 커서 눈에 띈다.
申し込む	もうしこむ	신청하다 さん か もう こ 参加を申し込む。 참가를 신청하다.
燃える	もえる	불타다 か じ いえ も 火事で家が燃える。 화재로 집이 불타다.
燃やす	もやす	태우다 お ば あつ も 落ち葉を集めて燃やす。 낙엽을 모아 태우다.
盛る	もる	담다 さら りょうり も 皿に料理を盛る。 접시에 요리를 담다.
焼く	やく	굽다, 태우다 や パンを焼く。 빵을 굽다.
役立つ	やくだつ	도움이 되다, 쓸모 있다 ほん やく だ この本はあまり役立たない。 이 책은 그다지 도움이 되지 않는다.
破る	やぶる	찢다, 깨다 て がみ やぶ 手紙を破る。 편지를 찢다.

| 破れる | やぶれる | 찢어지다, 깨지다 |
| | | カーテンが破れる。 커튼이 찢어지다. |

| 辞める | やめる | 그만두다, 사직하다 |
| | | 会社を辞める。 회사를 그만두다. |

| やり直す | やりなおす | 다시 하다 |
| | | 計算をやり直す。 계산을 다시 하다. |

| ゆでる | | 삶다 |
| | | 卵をゆでる。 계란을 삶다. |

許す	ゆるす	① 허락하다
		留学を許す。 유학을 허락하다.
		② 용서하다
		部下の失敗を許す。 부하의 실수를 용서하다.

| 酔う | よう | 취하다, 멀미하다 |
| | | 酒に酔う。 술에 취하다. |

| 横切る | よこぎる | 횡단하다, 가로지르다 |
| | | 道を横切る。 길을 횡단하다. |

| よこす | | (이쪽으로) 건네다, 넘겨주다 |
| | | 妹が私に手紙をよこした。 여동생이 나에게 편지를 건넸다. |

| 汚す | よごす | 더럽히다, 오염시키다 |
| | | 服を汚す。 옷을 더럽히다. |

| 汚れる | よごれる | 더러워지다 |
| | | 汚れた手を洗う。 더러워진 손을 씻다. |

| 酔っ払う | よっぱらう | 만취하다 |
| | | 酔っ払ってけんかをする。 만취하여 싸움을 하다. |

| 呼び出す | よびだす | 불러내다, 호출하다 |
| | | 電話で呼び出す。 전화로 불러내다. |

| 弱まる | よわまる | 약해지다 |
| | | 風が弱まる。 바람이 약해지다. |

弱める	よわめる	약화시키다
		ガスの火を弱める。 가스 불을 약하게 하다.

別れる	わかれる	헤어지다, 작별하다, 이별하다
		駅で友達と別れて家に帰る。 역에서 친구와 헤어져 집으로 돌아오다.

分かれる	わかれる	나뉘다, 분리되다, 갈라지다
		道が2つに分かれる。 길이 두 개로 갈라지다.

分ける	わける	나누다, 분류하다
		3回に分けて支払う。 3회로 나누어 지불하다.

割る	わる	쪼개다, 깨뜨리다
		ガラスを割る。 유리를 깨뜨리다.

割れる	われる	갈라지다, 깨지다
		皿が割れる。 접시가 깨지다.

い형용사

青白い	あおじろい	창백하다 青白い顔をしている。 창백한 얼굴을 하고 있다.
浅い ⊜深い 깊다	あさい	얕다 この川は浅い。 이 강은 얕다.
厚い ⊜薄い 얇다	あつい	두껍다 厚いコートを着る。 두꺼운 코트를 입다.
ありがたい		고맙다 経験者の助言はありがたい。 경험자의 조언은 고맙다.
薄暗い	うすぐらい	어둑하다, 조금 어둡다 森の中は昼でも薄暗い。 숲 속은 낮이어도 어둑하다.
うらやましい		부럽다 あなたの成功がうらやましい。 당신의 성공이 부럽다.
幼い	おさない	어리다, 유치하다 私の子供はまだ幼い。 우리 아이는 아직 어리다.
恐ろしい ⊜怖い	おそろしい	무섭다, 두렵다 恐ろしくて声も出ない。 무서워서 목소리도 나오지 않는다.
重たい	おもたい	무겁다, 묵직하다 荷物が重たい。 짐이 무겁다.
賢い ⊜利口な 영리한	かしこい	영리하다 犬は賢い動物だ。 개는 영리한 동물이다.
がまん強い	がまんづよい	인내심이 강하다 がまん強く機会を待つ。 인내심 강하게 기회를 기다리다.
かゆい		가렵다 背中がかゆい。 등이 가렵다.
かわいらしい		사랑스럽다 彼の猫はとてもかわいらしい。 그의 고양이는 매우 사랑스럽다.

きつい		① 꼭 끼다

このスカートはきつい。 이 치마는 꼭 낀다.

② 힘들다, 괴롭다

早起きはきつい。 일찍 일어나는 것은 힘들다.

臭い	くさい	(역겨운) 냄새가 나다, 구리다

臭いにおいがする。 역겨운 냄새가 난다.

くだらない		시시하다, 하찮다

くだらない本を読んでいる。 시시한 책을 읽고 있다.

悔しい	くやしい	분하다, 억울하다

試合に負けて悔しい。 시합에 져서 분하다.

苦しい	くるしい	괴롭다, 답답하다

息が苦しい。 숨이 답답하다.

詳しい ●細かい	くわしい	자세하다, 상세하다

詳しく説明する。 자세하게 설명하다.

険しい	けわしい	험하다

険しい山道を歩く。 험한 산길을 걷다.

濃い	こい	진하다

濃いお茶を飲む。 진한 차를 마시다.

恋しい	こいしい	그립다

故郷が恋しい。 고향이 그립다.

細かい	こまかい	① 작다

細かい字で書く。 작은 글씨로 쓰다.

② 자세하다, 상세하다

●詳しい

細かく説明する。 자세하게 설명하다.

塩辛い	しおからい	짜다

海の水は塩辛い。 바닷물은 짜다.

親しい	したしい	친하다, 가깝다

彼は田中さんと親しい。 그는 다나카 씨와 친하다.

しつこい		집요하다, 끈질기다 しつこく注意する。 끈질기게 주의를 주다.
ずうずうしい		뻔뻔스럽다 彼は常識のない、ずうずうしい人だ。 그는 상식이 없는, 뻔뻔스러운 사람이다.
鋭い	するどい	날카롭다 鋭い質問をする。 날카로운 질문을 하다.
頼もしい	たのもしい	믿음직하다, 듬직하다 頼もしい青年に成長する。 믿음직한 청년으로 성장하다.
だるい		나른하다 風邪で体がだるい。 감기 때문에 몸이 나른하다.
茶色い	ちゃいろい	갈색이다 茶色い帽子をかぶる。 갈색 모자를 쓰다.
とんでもない		뜻밖이다, 터무니없다, 어처구니없다 とんでもない要求をする。 터무니없는 요구를 하다.
懐かしい	なつかしい	그립다 子供の頃が懐かしい。 어릴 적이 그립다.
憎い	にくい	밉다 犯人が憎い。 범인이 밉다.
激しい	はげしい	격렬하다 激しく戦う。 격렬하게 싸우다.
深い ⊖浅い 얕다	ふかい	깊다 深く考える。 깊이 생각하다.
細長い	ほそながい	가늘고 길다, 갸름하다 細長い顔をしている。 갸름한 얼굴을 하고 있다.
貧しい	まずしい	궁핍하다, 가난하다 暮らしが貧しい。 생활이 궁핍하다.

眩しい	まぶしい	눈부시다
		太陽が眩しい。 태양이 눈부시다.

醜い	みにくい	못생기다, 보기 흉하다, 추하다
		醜い争いをする。 추한 다툼을 하다.

蒸し暑い	むしあつい	무덥다
		日本の夏は蒸し暑い。 일본의 여름은 무덥다.

面倒くさい	めんどうくさい	귀찮다, 번거롭다
		返事を書くのが面倒くさい。 답장을 쓰는 것이 귀찮다.

申し訳ない	もうしわけない	미안하다, 변명의 여지가 없다
		時間に遅れて申し訳ない。 시간에 늦어서 정말 미안하다.

もったいない ●惜しい		아깝다
		時間がもったいない。 시간이 아깝다.

やかましい		시끄럽다, 떠들썩하다
		工事の音がやかましい。 공사하는 소리가 시끄럽다.

やむを得ない ●仕方がない, しょうがない	やむをえない	어쩔 수 없다
		やむを得ない事情で欠席する。 어쩔 수 없는 사정으로 결석하다.

緩い	ゆるい	느슨하다, 완만하다
		緩いカーブを曲がる。 완만한 커브를 돌다.

若々しい	わかわかしい	젊어 보이다, 미숙하다
		あの人は若々しい。 저 사람은 젊어 보인다.

な형용사

明らかな	あきらかな	명백한 失敗の責任を明らかにする。 실패의 책임을 명백히 하다.
意地悪な	いじわるな	심술궂은 意地悪な質問をする。 심술궂은 질문을 하다.
一般的な	いっぱんてきな	일반적인 これが一般的な方法です。 이것이 일반적인 방법입니다.
おかしな		이상한, 재미있는 おかしなことを言って人を笑わせる。 재미있는 말을 해서 사람을 웃게 하다.
主な	おもな	주된, 주요한 主なメンバーを紹介する。 주요 멤버를 소개하다.
確実な	かくじつな	확실한 あのチームの優勝は確実だ。 그 팀의 우승은 확실하다.
可能な ● 不可能な 불가능한	かのうな	가능한 これは実現可能な計画ではない。 이것은 실현 가능한 계획이 아니다.
からからな		바싹 마른, 매우 건조한 のどがからからだ。 목이 매우 마르다.
がらがらな		텅텅 빈, 한산한 電車はがらがらだった。 전철은 한산했다.
かわいそうな		불쌍한, 가여운 雨に濡れた子猫がかわいそうだ。 비에 젖은 새끼 고양이가 가엾다.
感情的な	かんじょうてきな	감정적인 感情的になりやすい。 감정적으로 되기 쉽다.
完全な	かんぜんな	완전한 実験は完全に失敗した。 실험은 완전히 실패했다.

気楽な	きらくな	마음 편한, 태평한 気楽に暮らす。 마음 편하게 살다.
けちな		인색한, 쩨쩨한 彼は金にけちだ。 그는 돈에 인색하다.
下品な ⊜ 上品な 고상한	げひんな	천박한, 상스러운, 품위 없는 言葉づかいが下品だ。 말씨가 상스럽다.
効果的な	こうかてきな	효과적인 最も効果的な方法を選ぶ。 가장 효과적인 방법을 선택하다.
高価な	こうかな	비싼, 값비싼 これはとても高価なものだ。 이것은 매우 비싼 물건이다.
好調な	こうちょうな	상태가 좋은, 순조로운 新商品の売上は好調だ。 신상품의 매출은 순조롭다.
盛んな	さかんな	왕성한, 활발한 工業が盛んになる。 공업이 활발해지다.
様々な	さまざまな	여러 가지, 다양한 様々な方法がある。 다양한 방법이 있다.
幸せな	しあわせな	행복한 幸せに暮らす。 행복하게 살다.
失礼な	しつれいな	실례가 되는, 무례한 失礼なことを言う。 실례가 되는 말을 하다.
自動的な	じどうてきな	자동적인 このドアは自動的に閉まる。 이 문은 자동적으로 닫힌다.
重大な	じゅうだいな	중대한 重大な誤りに気づく。 중대한 잘못을 깨닫다.
自由な ⊜ 不自由な 부자유스러운	じゆうな	자유로운 自由な時間を持つ。 자유로운 시간을 갖다.
重要な	じゅうような	중요한 これは重要な書類である。 이것은 중요한 서류이다.

消極的な	しょうきょくてきな	소극적인
⊖ 積極的な 적극적인		消極的な回答をする。 소극적인 대답을 하다.

正直な	しょうじきな	솔직한, 정직한
		すべてを正直に話してください。 모든 것을 솔직하게 이야기해 주세요.

上品な	じょうひんな	고상한, 품위 있는
⊖ 下品な 천박한		上品な言葉を使う。 고상한 말씨를 쓰다.

新鮮な	しんせんな	신선한
		新鮮な野菜を食べる。 신선한 채소를 먹다.

素敵な	すてきな	멋있는, 멋진
		素敵な洋服を着ている。 멋진 양복을 입고 있다.

素直な	すなおな	순진한, 온순한, 순순한, 반듯한
		アドバイスを素直に聞く。 충고를 순순히 듣다.

正確な	せいかくな	정확한
		正確な意味を辞書で調べる。 정확한 의미를 사전에서 찾아보다.

清潔な	せいけつな	청결한
		子供に清潔な衣服を着せる。 아이에게 청결한 의복을 입히다.

正常な	せいじょうな	정상적인
		機械が正常に動く。 기계가 정상적으로 움직이다.

積極的な	せっきょくてきな	적극적인
⊖ 消極的な 소극적인		積極的に発言する。 적극적으로 발언하다.

そっくりな		쏙 빼닮은
		お父さんにそっくりだ。 아버지를 쏙 빼닮았다.

退屈な	たいくつな	지루한, 무료한, 따분한
		退屈であくびが出る。 지루해서 하품이 난다.

代表的な	だいひょうてきな	대표적인
		これはこの地域の代表的な食べ物だ。 이것은 이 지역의 대표적인 음식이다.

確かな	たしかな	확실한
		確かな情報はまだない。 확실한 정보는 아직 없다.

短気な	たんきな	성급한
		自分の短気な性格を治したい。 자신의 성급한 성격을 고치고 싶다.

単純な	たんじゅんな	단순한
		単純なミスで事故が起こる。 단순한 실수로 사고가 일어난다.

適当な	てきとうな	적당한
		紙を適当な大きさに切る。 종이를 적당한 크기로 자르다.

得意な ⊖苦手な 서툰	とくいな	자신 있는, 능숙한, 잘하는
		姉はピアノが得意だ。 언니(누나)는 피아노를 잘 친다.

なだらかな		완만한, 순조로운
		なだらかな坂道を登る。 완만한 비탈길을 오르다.

苦手な ⊖得意な 자신 있는	にがてな	서툰, 자신 없는
		料理が苦手だ。 요리가 서툴다.

熱心な	ねっしんな	열심인
		熱心に勉強する。 열심히 공부하다.

不安な	ふあんな	불안한
		将来が不安だ。 장래가 불안하다.

不可能な ⊖可能な 가능한	ふかのうな	불가능한
		それは不可能なことではない。 그것은 불가능한 일이 아니다.

不思議な	ふしぎな	이상한, 신기한, 불가사의한
		不思議な夢を見る。 이상한 꿈을 꾸다.

不自由な ⊖自由な 자유로운	ふじゆうな	부자유스러운, 불편한
		体の不自由な人を助ける。 몸이 불편한 사람을 돕다.

平気な	へいきな	태연한, 아무렇지 않은
		平気でうそをつく。 아무렇지 않게 거짓말을 하다.

平凡な	へいぼんな	평범한
		毎日平凡に暮らす。 매일 평범하게 지내다.

ぺこぺこな		몹시 배가 고픈 お腹がぺこぺこだ。 배가 몹시 고프다.
変な	へんな	이상한 この薬は変なにおいがする。 이 약은 이상한 냄새가 난다.
真っ赤な	まっかな	새빨간, 붉은 顔を真っ赤にして怒る。 얼굴을 붉히며 화를 내다.
真っ暗な	まっくらな	아주 캄캄한 真っ暗な道を歩く。 아주 캄캄한 길을 걷다.
真っ黒な	まっくろな	새까만, 시꺼먼 真っ黒に日焼けする。 새까맣게 햇볕에 타다.
真っ青な	まっさおな	새파란 顔が真っ青になる。 얼굴이 새파랗게 되다.
真っ白な	まっしろな	새하얀 洗濯して真っ白になる。 세탁을 하여 새하얗게 되다.
夢中な	むちゅうな	집중하는, 열중하는, 몰두하는 ゲームに夢中になる。 게임에 열중하다.
明確な	めいかくな	명확한 明確には答えられない。 명확하게는 대답할 수 없다.
明白な	めいはくな	명백한 彼が犯人であることは明白だ。 그가 범인인 것은 명백하다.
豊かな ⊜豊富な	ゆたかな	풍부한, 풍족한, 풍요로운 豊かな生活をする。 풍족한 생활을 하다.
楽な	らくな	편한, 쉬운 この仕事は楽ではない。 이 일은 쉽지 않다.
冷静な	れいせいな	냉정한, 침착한 冷静な態度で話す。 냉정한 태도로 이야기하다.

부사

相変わらず	あいかわらず	**변함없이, 여전히** 相変わらず忙しい。 변함없이 바쁘다.
あっという間に	あっというまに	**눈 깜짝할 사이에** 夏休みもあっという間に終わった。 여름휴가도 눈 깜짝할 사이에 끝났다.
あらゆる		**모든 〈연체사〉** あらゆる機会を利用する。 모든 기회를 이용하다.
案外	あんがい	**의외로, 뜻밖에, 예상외로** 心配していたが、テストは案外簡単だった。 걱정하고 있었는데 시험은 의외로 간단했다.
意外に	いがいに	**의외로, 뜻밖에, 예상외로** 意外に難しい。 의외로 어렵다.
生き生き	いきいき	**생기있게, 활기차게** 生き生きとした表情をする。 생기있는 표정을 짓다.
いきなり		**갑자기** いきなり怒り出す。 갑자기 화를 내기 시작하다.
一生懸命	いっしょうけんめい	**열심히** 一生懸命働く。 열심히 일하다.
いつの間にか	いつのまにか	**어느샌가, 어느 틈엔가** 雨はいつの間にか止んでいた。 비는 어느샌가 그쳐 있었다.
一般に	いっぱんに	**일반적으로** 一般に女性のほうが長生きする。 일반적으로 여성 쪽이 장수한다.
今にも	いまにも	**당장에라도, 지금이라도, 금방이라도** 今にも雨が降り出しそうだ。 당장에라도 비가 내릴 것 같다.
いらいら		**안절부절못하는 모습, 초조해함** 渋滞で車が進まず、いらいらした。 정체로 차가 앞으로 나아가지 않아 초조했다.

N3

うっかり		무심코, 깜빡
⊜思わず, つい		うっかりしゃべってしまう。 무심코 말해 버리다.
うろうろ		어슬렁어슬렁
		怪しい男がうろうろしている。 수상한 남자가 어슬렁대고 있다.
大いに	おおいに	대단히, 크게, 매우
		大いに喜ぶ。 크게 기뻐하다.
お先に	おさきに	먼저
		お先に失礼します。 먼저 실례하겠습니다.
主に	おもに	주로
		講演会の参加者は主に学生だった。
		강연회의 참가자는 주로 학생이었다.
思わず	おもわず	무심코, 엉겁결에, 저도 모르게
⊜うっかり, つい		思わず笑ってしまった。 무심코 웃어버렸다.
およそ		대략, 대충
⊜おおよそ, ほぼ		駅からおよそ20分かかる。 역에서 대략 20분 걸린다.
がっかり		실망하는 모양
		受験に失敗してがっかりする。 수험에 실패하여 실망하다.
必ず	かならず	반드시, 틀림없이, 꼭
		宿題は必ずやりなさい。 숙제는 반드시 하세요.
必ずしも	かならずしも	반드시, 꼭(~ない가 뒤따름)
		よい本が必ずしも売れるとは限らない。
		좋은 책이 반드시 잘 팔린다고는 할 수 없다.
きちんと		제대로, 말끔하게
		部屋をきちんと片付けなさい。 방을 말끔하게 치워라.
ぎっしり		가득, 빽빽이
		箱に本をぎっしり詰める。 상자에 책을 가득 채우다.
ぎりぎり		빠듯하게, 아슬아슬
		ぎりぎり終電に間に合う。 빠듯하게 막차 시간에 도착하다.

ぐっすり		푹(깊이 잠든 모습) ぐっすり眠る。 푹 자다.
結局	けっきょく	결국 努力したが、結局失敗した。 노력했지만 결국 실패했다.
こっそり ⊜ そっと		몰래, 살짝 こっそりと室内に入る。 몰래 실내에 들어가다.
ごろごろ		① 데굴데굴 岩がごろごろ転がっている。 바위가 데굴데굴 구르고 있다. ② 빈둥빈둥 一日中家でごろごろしている。 하루종일 집에서 빈둥거리고 있다.
ざあざあ		주룩주룩, 콸콸 雨がざあざあ降っている。 비가 주룩주룩 내리고 있다.
さっき		조금 전, 아까 さっきから雨が降っている。 조금 전부터 비가 내리고 있다.
さっさと		빨리, 서둘러 さっさと家へ帰る。 서둘러 집으로 돌아가다.
早速 ⊜ すぐに	さっそく	즉시, 당장 早速返事を出した。 즉시 답장을 보냈다.
ざっと		대충, 대략 ざっと説明する。 대략 설명하다.
しいんと		조용하게, 고요하게 教室はしいんとなった。 교실은 조용해졌다.
次第に	しだいに	점차, 차츰 次第に寒くなる。 차츰 추워지다.
しっかり		단단히, 확실히 靴のひもをしっかりと結ぶ。 신발 끈을 단단히 매다.
じっと		잠자코, 가만히, 물끄러미 じっと動かないでいる。 가만히 움직이지 않고 있다.

N3

実は	じつは	실은, 사실은 実はお願いがあります。 실은 부탁이 있습니다.
しばらく		잠시, 당분간, 얼마 동안 しばらく友達に会っていない。 얼마 동안 친구를 만나지 않았다.
しみじみ		절실히, 절절히 親のありがたさをしみじみと感じる。 부모의 고마움을 절실히 느낀다.
少々 ⊜ ちょっと	しょうしょう	조금, 잠깐, 잠시 少々お待ちください。 잠시 기다려주세요.
徐々に	じょじょに	서서히, 조금씩, 천천히 徐々にスピードを上げる。 서서히 속도를 올리다.
ずいぶん		몹시, 아주, 대단히 体の調子がずいぶんよくなった。 몸 상태가 아주 좋아졌다.
ずきずき		욱신욱신, 지끈지끈(쑤시고 아픈 모습) 歯が痛くて、ずきずきする。 이가 아파서 욱신욱신 쑤신다.
少なくとも ⊜ せめて	すくなくとも	적어도 費用は少なくとも100万円はかかる。 비용은 적어도 100만 엔은 든다.
少しも ⊜ ちっとも, 全然, まったく	すこしも	조금도, 전혀 少しも寒くない。 조금도 춥지 않다.
すでに		이미, 벌써 会議はすでに終わっていた。 회의는 벌써 끝나 있었다.
絶対	ぜったい	절대 絶対許さない。 절대 용서하지 않겠다.
ぜひ		꼭 ぜひ参加してください。 꼭 참가해 주세요.
相当 ⊜ かなり	そうとう	상당히 彼は相当勉強したようだ。 그는 상당히 공부한 것 같다.

264

続々 ぞくぞく	잇달아, 속속
	注文が続々来る。 주문이 잇달아 들어오다.

そっと ●こっそり	살짝, 몰래, 조용히, 가만히
	そっと涙をふく。 몰래 눈물을 닦다.

それぞれ	각각, 각자, 각기
	それぞれ値段が違う。 각각 가격이 다르다.

そろそろ	슬슬
	そろそろ出かけよう。 슬슬 나가자.

大して たいして	그다지, 별로
	大して難しくない。 그다지 어렵지 않다.

互いに たがいに	서로
	互いに助け合う。 서로 돕다.

多少 たしょう	다소, 조금
	多少遅れるかもしれない。 다소 늦을지도 모른다.

たっぷり	듬뿍, 잔뜩, 넉넉하게
	パンにジャムをたっぷり塗る。 빵에 잼을 듬뿍 바르다.

たまたま	우연히, 때마침
	たまたま駅で昔の友達に会った。 우연히 역에서 옛 친구를 만났다.

単に たんに	단지, 다만
	単に君だけの問題ではない。 단지 너만의 문제는 아니다.

ちかちか	① 반짝반짝(약하게 반짝거림)
	部屋の明かりがちかちかする。 방의 불빛이 반짝인다.
	② 따끔따끔(빛의 자극으로 눈이 따가움)
	車のライトで目がちかちかする。 자동차의 라이트 때문에 눈이 따끔따끔하다.

ちゃんと	단정하게, 훌륭히
	ちゃんとした服装をする。 단정한 복장을 하다.

つい		그만, 무심코
⊖ うっかり, 思わず		ついしゃべってしまう。 무심코 말해 버리다.

ついに		마침내, 끝내
⊖ とうとう, いよいよ, ようやく		ついに完成した。 마침내 완성했다.

次々と	つぎつぎと	차례차례로, 잇달아
		次々と作品を発表する。 차례차례로 작품을 발표하다.

常に	つねに	언제나, 늘, 항상
⊖ いつも		常に努力する。 항상 노력하다.

できれば		할 수 있으면, 가능하면
		できれば午前中に来てほしい。
		가능하면 오전 중에 왔으면 좋겠다.

同時に	どうじに	동시에
		同時に出発する。 동시에 출발하다.

どきどき		(공포, 흥분, 기대로) 두근두근함
		胸がどきどきする。 가슴이 두근두근하다.

突然	とつぜん	돌연, 갑자기
		赤ちゃんが突然泣き出した。 아기가 갑자기 울기 시작했다.

ながなが		매우 긴, 장황한
		ながながとしゃべる。 장황하게 말하다.

なるべく		가능한 한
⊖ できるだけ		なるべく出席してください。 가능한 한 출석해 주세요.

にこにこ		싱글벙글
		にこにこ笑う。 싱글벙글 웃다.

のろのろ		느릿느릿
		のろのろと歩く。 느릿느릿 걷다.

のんびり		한가롭게, 여유롭게
		のんびりと暮らす。 여유롭게 지내다.

はきはき		시원시원, 또박또박
		質問にはきはきと答える。 질문에 또박또박 대답하다.

ばったり		딱, 우연히
		バス停でばったり先生に会った。
		버스 정류장에서 우연히 선생님을 만났다.

早めに	はやめに	빨리, 일찌감치
		早めに家を出る。 일찌감치 집을 나서다.

ぴかぴか		반짝반짝, 번쩍번쩍
		靴をぴかぴかに磨く。 구두를 반짝반짝하게 닦다.

ぴったり		딱, 꼭(빈틈없이 들어맞거나 잘 어울리는 모습)
		窓をぴったりと閉める。 창을 꼭 닫다.

ふらふら		휘청휘청, 비틀비틀
		熱でふらふらする。 열이 있어서 비틀비틀하다.

ぶらぶら		① 어슬렁어슬렁
		近所をぶらぶらと散歩する。 근처를 어슬렁어슬렁 산책하다.
		② 빈둥빈둥, 빈들빈들
		家でぶらぶらする。 집에서 빈둥거리다.

別に	べつに	별로, 딱히(~ない가 뒤따름)
		そうなっても別に困らない。 그렇게 되어도 딱히 곤란하지 않다.

別々に	べつべつに	따로따로
		別々に包む。 따로따로 포장하다.

ぺらぺら		① 술술, 유창한
		彼女は英語がぺらぺらだ。 그녀는 영어가 유창하다.
		② 나불거리는, 나불나불
		人の秘密をぺらぺら話す。 다른 사람의 비밀을 나불나불 이야기하다.

ほっと		안심하는 모양
		その知らせを聞いてほっとした。 그 소식을 듣고 안심했다.

まごまご		우물쭈물, 갈팡질팡
		出口が分からずまごまごする。 출구를 몰라 우물쭈물하고 있다.

まさか		설마
		まさか失敗するとは思わなかった。
		설마 실패하리라고는 생각하지 않았다.

全く	まったく	① 완전히
⇔ すっかり		全く同じだ。 완전히 같다.
		② 전혀
⇔ 全然, ちっとも, 少しも		全く酒を飲まない。 술을 전혀 마시지 않는다.

最も	もっとも	가장, 제일
		この山が最も高い。 이 산이 가장 높다.

約	やく	약, 대략
		食事代は約1万円だった。 식사비는 약 1만 엔이었다.

ようやく		간신히, 마침내
⇔ とうとう, ついに, いよいよ		ようやく完成した。 마침내 완성했다.

わざと		일부러
		わざと壊す。 일부러 고장 내다.

アイスクリーム	아이스크림
	アイスクリームは甘くておいしい。 아이스크림은 달고 맛있다.

アウト	아웃, 실패, 실격
	今回の試験は完全にアウトだ。 이번 시험은 완전히 실패이다.

アクセス	액세스, 접근(성)
	ここは都心にアクセスしやすい。 여기는 도심 접근성이 좋다.

アドバイス	조언, 충고
	友人としてアドバイスをする。 친구로서 충고를 하다.

アドレス	주소
	メールアドレスを変更する。 메일 주소를 변경하다.

アナウンス	안내, 안내방송, 공표
	電車の到着時刻をアナウンスする。 전철의 도착 시각을 안내하다.

アマチュア	아마추어
	アマチュア写真家として活動する。 아마추어 사진가로서 활동하다.

アルバム	앨범
	アルバムに写真を入れる。 앨범에 사진을 넣다.

アルミホイル	알루미늄 포일
	アルミホイルを敷いて魚を焼く。 알루미늄 포일을 깔고 생선을 굽다.

アレルギー	알레르기, 거부 반응
	アレルギーを起こす。 알레르기를 일으키다.

アンケート	앙케트, 설문 조사
	アンケートをとる。 설문 조사를 하다.

アンテナ	안테나
	室内アンテナを設置する。 실내 안테나를 설치하다.

イコール	같음, 등호
	この二つはイコールではない。 이 두 가지는 같지 않다.

イメージ	이미지 会社のイメージがよくなる。 회사의 이미지가 좋아지다.
インク	잉크 赤インクで書く。 빨간 잉크로 쓰다.
インスタント	인스턴트(식품), 즉석식품 インスタント食品をよく食べる。 인스턴트식품을 자주 먹는다.
インターネット	인터넷 インターネットで調べる。 인터넷으로 조사하다.
インタビュー	인터뷰 市長にインタビューする。 시장님을 인터뷰하다.
ウイルス	바이러스 ほとんどの風邪はウイルスが原因である。 대부분의 감기는 바이러스가 원인이다.
エネルギー	에너지 エネルギーを大切に使う。 에너지를 소중히 사용하다.
エンジン	엔진 車のエンジンがかからない。 차의 엔진의 시동이 걸리지 않는다.
オーバー	초과, 넘음 発表時間をオーバーしてしまった。 발표 시간을 초과해 버렸다.
オフィス	사무실, 회사, 관공서 東京はオフィスが多い。 도쿄에는 회사가 많다.
オペラ	오페라 オペラ歌手になりたい。 오페라 가수가 되고 싶다.
カード	카드 カードにメッセージを書く。 카드에 메시지를 쓰다.
カーナビ	자동차 내비게이션 カーナビで道を探す。 자동차 내비게이션으로 길을 찾다.

カーブ	커브
	急カーブを曲がる。 급커브를 돌다.

カーペット	카펫, 양탄자
	部屋にカーペットを敷く。 방에 카펫을 깔다.

カタログ	카탈로그
	車のカタログをもらってきた。 자동차의 카탈로그를 받아 왔다.

N3

カバー	① 커버, 덮개
	本にカバーをかける。 책에 커버를 씌우다.
	② 보충, 보완
	欠点をカバーする。 결점을 보완하다.

カラー	컬러, 색, 색깔
	花にはたくさんのカラーがある。 꽃에는 다양한 색깔이 있다.

カロリー	칼로리
	カロリーを取りすぎる。 칼로리를 과도하게 섭취하다.

カンニング	부정행위
	テストでカンニングをする。 시험에서 부정행위를 하다.

キャンセル	취소
	予約をキャンセルする。 예약을 취소하다.

キャンパス	캠퍼스, 대학 교정
	この大学のキャンパスは広い。 이 대학의 캠퍼스는 넓다.

キャンプ	캠프, 캠핑
	夏休みに山でキャンプする。 여름 방학에 산에서 캠핑하다.

クイズ	퀴즈
	クイズを出す。 퀴즈를 내다.

クーラー	냉방기, 냉각기
	クーラーで冷えすぎた。 냉방기 때문에 너무 차가워졌다.

グラウンド	그라운드, 운동장
	グラウンドに集まってください。 운동장으로 모여주세요.

クラスメート	동급생
	クラスメートと仲よくなる。 동급생과 사이가 좋아지다.
クリーニング	세탁, 드라이클리닝
	シャツをクリーニングに出す。 셔츠를 세탁하도록 맡기다.
クリック	클릭
	マウスをクリックする。 마우스를 클릭하다.
グループ	그룹, 모둠
	三つのグループに分けて調査する。 세 그룹으로 나누어 조사하다.
ゲーム	게임
	毎日ゲームばかりしている。 매일 게임만 하고 있다.
コンビニ	편의점
	コンビニでお弁当を買う。 편의점에서 도시락을 사다.
サービス	서비스
	あの店はサービスがいい。 저 가게는 서비스가 좋다.
サイズ	사이즈, 크기
	ズボンのサイズが合わない。 바지 사이즈가 맞지 않는다.
サラリーマン	샐러리맨, 회사원
	兄はサラリーマンです。 형(오빠)은 회사원입니다.
ショップ	상점, 가게
	フラワーショップでアルバイトをする。 꽃가게에서 아르바이트를 하다.
スカーフ	스카프
	スカーフを首に巻く。 스카프를 목에 감다.
スクール	학교, 학원
	英会話スクールに通っている。 영어 회화 학원에 다니고 있다.
スケート	스케이트
	冬はよくスケートに行く。 겨울에는 자주 스케이트를 타러 간다.
スケジュール	스케줄, 일정
	旅行のスケジュールを立てる。 여행 스케줄을 세우다.

| スタイル | **스타일, 몸매, 모양, 양식** |
| | 彼女はスタイルがいい。 그녀는 스타일이 좋다. |

| ストーリー | **스토리, 이야기, 줄거리** |
| | 小説のストーリーを話す。 소설의 줄거리를 이야기하다. |

| ストップ | **정지, 멈춤** |
| | 台風で電車がストップする。 태풍으로 전철이 멈추다. |

| ストレス | **스트레스** |
| | ストレスがたまる。 스트레스가 쌓이다. |

| セール | **세일, 할인 판매** |
| | 冬のセールでコートを買った。 겨울 세일로 코트를 샀다. |

セット	**① 세트, 한 벌**
	コーヒーセットをプレゼントする。 커피 세트를 선물하다.
	② 설정, 맞춤
	目覚まし時計を6時にセットした。 자명종을 6시로 설정했다.

センター	**센터**
	サービスセンターでカメラを修理してもらう。
	서비스 센터에서 카메라를 수리 받다.

| ソース | **소스, 양념** |
| | ソースをかけて食べる。 소스를 뿌려서 먹다. |

| ソファー | **소파** |
| | ソファーに座ってテレビを見る。 소파에 앉아 텔레비전을 보다. |

| ダイエット | **다이어트** |
| | ダイエットして体重を落とす。 다이어트를 해서 체중을 줄이다. |

| ダイヤモンド | **다이아몬드** |
| | ダイヤモンドの指輪をプレゼントする。 다이아몬드 반지를 선물하다. |

| ダイヤル | **다이얼** |
| | ダイヤルを回す。 다이얼을 돌리다. |

タオル	**타월, 수건**
	タオルで拭く。 수건으로 닦다.

ダム	**댐**
	ダムの工事を進める。 댐 공사를 추진하다.

チップ	**팁**
	店員にチップをやる。 점원에게 팁을 주다.

チャレンジ	**도전**
	今年は外国語にチャレンジしてみたい。 올해는 외국어에 도전해 보고 싶다.

テイクアウト ⊜持ち帰り	**가져감, 포장**
	店の料理をテイクアウトする。 가게의 요리를 포장하다.

データ	**데이터, 자료**
	データを集める。 데이터를 수집하다.

テーマ	**테마, 주제**
	論文のテーマを決める。 논문의 테마를 정하다.

デザート	**디저트, 후식**
	デザートにアイスクリームを出す。 디저트로 아이스크림을 내다.

デザイン	**디자인**
	彼女は既製服のデザインをしている。 그녀는 기성복의 디자인을 하고 있다.

デジカメ ⊜デジタルカメラ	**디지털카메라**
	デジカメで写真を撮る。 디지털카메라로 사진을 찍다.

トップ	**톱, 정상, 1등, 머리기사**
	トップで合格する。 1등으로 합격하다.

ドライブ	**드라이브**
	ドライブに行く。 드라이브하러 가다.

ドライヤー	**헤어드라이어, 드라이기, 건조기**
	ドライヤーで髪を乾かす。 드라이기로 머리카락을 말리다.

トレーニング	**트레이닝, 훈련**
	トレーニングを受ける。 트레이닝을 받다.

トンネル	터널
	列車がトンネルに入る。 열차가 터널로 들어가다.

ネックレス	목걸이
	真珠のネックレスをする。 진주 목걸이를 하다.

ネット	① 네트, 그물
	テニスコートにネットを張る。 테니스 코트에 네트를 치다.
	② 인터넷
	ネット上にデータを保存する。 인터넷상에 데이터를 보존하다.

ノック	노크
	ノックをして部屋に入る。 노크를 하고 방에 들어가다.

パーセント	퍼센트, %
	5パーセント増加する。 5% 증가하다.

ハート	하트, 심장, 마음
	ハートの形をしたチョコレートを作る。 하트 모양을 한 초콜릿을 만들다.

ハイキング	하이킹
	近くの山をハイキングする。 가까운 산을 하이킹하다.

バイク	오토바이
	店の前にバイクを止める。 가게 앞에 오토바이를 세우다.

バイト ●アルバイト	아르바이트
	バイトをして学校を出る。 아르바이트를 해서 학교를 졸업하다.

バケツ	양동이
	バケツに水を入れる。 양동이에 물을 넣다.

パス ●合格 합격	패스, 통과, 합격
	試験にパスする。 시험을 통과하다.

パスポート	패스포트, 여권
	パスポートを落としてしまった。 여권을 잃어 버렸다.

バック	후진
	車がバックする。 차가 후진하다.

ハンドバッグ	핸드백
	彼女は赤いハンドバッグを持っている。 그녀는 빨간 핸드백을 들고 있다.

パンフレット	팸플릿, 안내책자
	旅行のパンフレットを集める。 여행 안내책자를 모으다.

ビタミン	비타민
	みかんはビタミンCが多い。 귤은 비타민 C가 많다.

ビデオ	비디오
	授業でビデオを使う。 수업에서 비디오를 사용하다.

ビニール	비닐
	大量のビニール袋を使用する。 대량의 비닐 봉투를 사용하다.

ヒント	힌트, 암시, 귀띔
	ヒントを与える。 힌트를 주다.

ファイル	파일, 서류철
	ファイルを引き出しにしまう。 파일을 서랍에 보관하다.

ファストフード	패스트푸드
	ファストフードも安くはない。 패스트푸드도 싸지는 않다.

ファスナー	지퍼
	ジャンパーのファスナーをかける。 점퍼의 지퍼를 채우다.

ファックス	팩스
	外国にファックスを送る。 외국에 팩스를 보내다.

ブラウス	블라우스
	白いブラウスを着る。 흰 블라우스를 입다.

ブラシ	브러시, 솔
	ブラシで靴を磨く。 솔로 구두를 닦다.

プラス	플러스, 추가, 이득
	料金に税金をプラスする。 요금에 세금을 추가하다.

ブレーキ	브레이크, 제동
	急ブレーキをかける。 급브레이크를 걸다.

ベスト	최고, 최선

このやり方がベストだ。 이 방법이 최선이다.

ベルト	벨트, 허리띠

ズボンのベルトを緩める。 바지의 벨트를 느슨하게 하다.

ボーナス	보너스

夏のボーナスで海外旅行を予定している。

여름 보너스로 해외여행을 갈 예정이다.

ホームページ	홈페이지

会社のホームページを作る。 회사의 홈페이지를 만들다.

ポスター	포스터

壁にポスターを貼る。 벽에 포스터를 붙이다.

マイナス	마이너스, 빼기, 손실, 영하

気温がマイナスになる。 기온이 영하가 되다.

マナー	매너, 예의

電車の中では、マナーを守りましょう。

전철 안에서는 매너를 지킵시다.

マフラー	머플러

マフラーをして出かける。 머플러를 하고 외출하다.

マラソン	마라톤

マラソン大会に参加する。 마라톤 대회에 참가하다.

マンション	맨션, (맨션)아파트

都心のマンションを買う。 도심에 있는 아파트를 사다.

ミス	미스, 실수, 실책, 오류

計算をミスする。 계산을 실수하다.

ミルク	우유

赤ちゃんにミルクをやる。 아기에게 우유를 주다.

メール	메일

毎日メールをチェックしている。 매일 메일을 확인하고 있다.

メニュー	메뉴
	メニューを見て注文する。 메뉴를 보고 주문하다.

メンバー	멤버
	メンバーが全員集まる。 멤버가 모두 모이다.

ユーモア	유머, 익살
	彼はユーモアが通じない人だ。 그는 유머가 통하지 않는 사람이다.

ヨーロッパ	유럽
	ヨーロッパへ旅行に出かける。 유럽으로 여행을 떠나다.

ライオン	사자
	ライオンはネコの仲間である。 사자는 고양이의 동류이다.

ライト	라이트, 등, 조명
	ライトをつける。 조명을 켜다.

ランチ	점심, 점심 식사
	ランチメニューを注文する。 점심 메뉴를 주문하다.

ランニング	달리기
	毎朝ランニングをする。 매일 아침 달리기를 하다.

リサイクル	리사이클링, 재활용
	ペットボトルをリサイクルする。 페트병을 재활용하다.

リットル	리터
	1リットルのミルクを買う。 1리터짜리 우유를 사다.

リボン	리본
	プレゼントにリボンをかける。 선물에 리본을 두르다.

レインコート	레인코트, 우의, 비옷
	雨の日はレインコートを着て出かける。 비가 오는 날은 비옷을 입고 외출한다.

レシピ	조리법
	レシピを見て料理を作る。 조리법을 보고 요리를 만들다.

レンズ	렌즈
	カメラのレンズを替える。 카메라의 렌즈를 바꾸다.

ロビー	로비

ロビーで待ち合わせする。 로비에서 기다리다.

ロボット	로봇

ロボットが自動車を生産する。 로봇이 자동차를 생산하다.

JLPT 보카

N3

문자·어휘
모의고사

問題1 ＿＿＿＿のことばの読み方として最もよいものを、1・2・3・4から一つ
えらびなさい。

1 梅雨時は湿気が多い。

　　1 しつき　　　　　2 しつけ　　　　　3 しっけ　　　　　4 せつけ

2 明日、講堂で進学説明会を行います。

　　1 あつかいます　　　　　　　　　　2 いいます
　　3 おこないます　　　　　　　　　　4 かよいます

3 学校の裏に公園があります。

　　1 うしろ　　　　　2 うら　　　　　3 おもて　　　　　4 さか

4 相手に自分の名刺を渡す。

　　1 めいし　　　　　2 めいしょ　　　　　3 なまえ　　　　　4 なふだ

5 会社の給料に不満がある。

　　1 ふあん　　　　　2 ふまん　　　　　3 ふへい　　　　　4 ふひょう

6 店の前でチラシを配っている。

　　1 くばって　　　　　2 うばって　　　　　3 だまって　　　　　4 にぎって

7 一人ずつ順番に発表してください。

　　1 はちひょう　　　　　2 はちびょう　　　　　3 はつひょう　　　　　4 はっぴょう

8 この家の一階に大家さんが住んでいる。

　　1 おおいえ　　　　　2 だいか　　　　　3 おおや　　　　　4 だいや

問題2 _____のことばを漢字で書くとき、最もよいものを1・2・3・4から一つえらびなさい。

9　駅の<u>かいさつ</u>のところで待ち合わせをした。

　　1 改札　　　　　2 改礼　　　　　3 開札　　　　　4 開礼

10　物価（ぶっか）が上がって、生活が<u>くるしい</u>。

　　1 貧しい　　　　2 寂しい　　　　3 苦しい　　　　4 険しい

11　事故を防（ふせ）ぐ<u>たいさく</u>を考える。

　　1 代責　　　　　2 対策　　　　　3 低責　　　　　4 方策

12　この道は、桜の<u>なみき</u>が美しい。

　　1 並木　　　　　2 並枝　　　　　3 波木　　　　　4 波枝

13　図書館で借りた本が<u>やぶれて</u>しまった

　　1 壊れて　　　　2 切れて　　　　3 破れて　　　　4 割れて

14　就職（しゅうしょく）の<u>めんせつ</u>を受ける。

　　1 間接　　　　　2 間談　　　　　3 面談　　　　　4 面接

　　（　　　）に入れるのに最もよいものを1・2・3・4から一つえらび
　　　　なさい。

15　階段で（　　　）、足に怪我(けが)をした

　　　1 かぞえて　　　　2 ながれて　　　　3 ころんで　　　　4 やすんで

16　チームの（　　　）が怪我(けが)で入院した。

　　　1 ダイエット　　　2 チャレンジ　　　3 メンバー　　　　4 ストレス

17　授業中に眠くて何度も（　　　）が出た。

　　　1 あくび　　　　　2 くしゃみ　　　　3 せき　　　　　　4 しゃっくり

18　血液(けつえき)（　　　）の前には食事をしないでください。

　　　1 審査(しんさ)　　　　2 検査(けんさ)　　　　3 調子(ちょうし)　　　　4 検索(けんさく)

19　家を買うためにお金を（　　　）いる。

　　　1 あげて　　　　　2 ためて　　　　　3 くわえて　　　　4 のせて

20　ガラス食器(しょっき)は割れると危険ですから、気を（　　　）ください。

　　　1 して　　　　　　2 なって　　　　　3 ついて　　　　　4 つけて

21　一生懸命(いっしょうけんめい)がんばったのに、負けてしまって（　　　）。

　　　1 くわしい　　　　2 けわしい　　　　3 くやしい　　　　4 しつこい

22　ホテルのフロントに荷物(にもつ)を（　　　）、町を見物(けんぶつ)した。

　　　1 あずけて　　　　2 あらわして　　　　3 さけて　　　　　4 まねいて

23　朝から会議を続けているが、なかなか（　　　）が出ない。

　　　1 結局(けっきょく)　　　　2 結論(けつろん)　　　　3 完成(かんせい)　　　　4 完了(かんりょう)

24 今朝、旅行に出かける両親を空港まで （　　　）に行った。

　　　1 見送り　　　　　　2 見舞い　　　　　3 出会い　　　　　4 出迎え
　　　 みおく　　　　　　　　みま　　　　　　　　であ　　　　　　　　でむか

25 進学するか就職するか、（　　　）いるんです。
　　　　　　しゅうしょく

　　　1 といて　　　　　　2 ならべて　　　　3 おとずれて　　　4 まよって

問題4　_____に意味が最も近いものを、1・2・3・4から一つえらびなさい。

26　ここは東京より多少暑い。

　　1 少しも　　　　　2 ちょっと　　　　3 非常に　　　　　4 たくさん

27　人気のある商品なのでなかなか値段(ねだん)が安くならない。

　　1 品物(しなもの)　　　　2 物体(ぶったい)　　　　3 売場(うりば)　　　　4 物価(ぶっか)

28　電話をして、会議の参加者(さんかしゃ)を確認してください。

　　1 たしかめて　　　　2 さがして　　　　3 せめて　　　　　4 みつけて

29　寝坊(ねぼう)をして、いつもの電車に乗り遅れた。

　　1 乗ることができた　　　　　　　2 間に合わなかった

　　3 逃げてしまった　　　　　　　　4 間違えた

30　このスーツ、あなたにぴったりですね。

　　1 ちょっと大きいです　　　　　　2 よく似合います

　　3 よく似ています　　　　　　　　4 小さすぎます

問題5 　つぎのことばの使い方として最もよいものを、1・2・3・4から一つ
えらびなさい。

[31] 交流
1 この道は平日に比べ、休日の交流が多い。
2 近年外国との文化交流が盛んになっている。
3 父は彼との交流をやめるように忠告した。
4 道路と道路が交流する交差点では事故が起きやすい。

[32] アドバイス
1 パソコンを買うために、パン屋でアドバイスしている。
2 困ったとき、上田さんがいろいろとアドバイスしてくれた。
3 電車の音がうるさくてホームのアドバイスが聞こえない。
4 カレンダーを見ながら、旅行のアドバイスを立てた。

[33] 修理
1 作文の間違ったところを、先輩に修理してもらった。
2 プリンタがこわれたので、修理に出した。
3 費用の問題で、計画を修理しなければならない。
4 大学院へ進学するには大学を修理しなければならない。

[34] あきらめる
1 毎日食べているので、コンビニ弁当にはもうあきらめた。
2 貯金がたまったら、車を買おうとあきらめている。
3 商品は気に入ったが、値段が高かったので買うのをあきらめた。
4 久しぶりに友だちの家を訪ねたが、道が分からなくてあきらめた。

35 はきはき

1 冬の夜空_{よぞら}に星がはきはきと輝_{かがや}いている。

2 初めて降りた駅で出口が分からずはきはきとした。

3 石田_{いしだ}君は先生の質問にはきはきと答えた。

4 台風が近づいて、雨がはきはきと降っている。

정답

1 ③	2 ③	3 ②	4 ①	5 ②	6 ①	7 ④	8 ③	9 ①	10 ③
11 ②	12 ①	13 ③	14 ④	15 ③	16 ③	17 ①	18 ②	19 ②	20 ④
21 ③	22 ①	23 ②	24 ①	25 ④	26 ②	27 ①	28 ①	29 ②	30 ②
31 ②	32 ②	33 ②	34 ③	35 ③					

해석

| 문제1 |

1 梅雨時（つゆどき）は湿気（しっけ）が多（おお）い。

장마철은 습기가 많다.

2 明日（あした）、講堂（こうどう）で進学説明会（しんがくせつめいかい）を行（おこ）います（おこないます）。

내일 강당에서 진학설명회를 실시합니다.

3 学校（がっこう）の裏（うら）に公園（こうえん）があります。

학교 뒤에 공원이 있습니다.

4 相手（あいて）に自分（じぶん）の名刺（めいし）を渡（わた）す。

상대방에게 자신의 명함을 건네다.

5 会社（かいしゃ）の給料（きゅうりょう）に不満（ふまん）がある。

회사 월급에 불만이 있다.

6 店（みせ）の前（まえ）でチラシを配（くば）って（くばって）いる。

가게 앞에서 전단지를 나눠주고 있다.

7 一人（ひとり）ずつ順番（じゅんばん）に発表（はっぴょう）してください。

한 명씩 차례대로 발표해 주세요.

8 この家（いえ）の一階（いっかい）に大家（おおや）さんが住（す）んでいる。

이 집 1층에 집주인이 살고 있다.

| 문제2 |

9 駅（えき）のかいさつ（改札）のところで待（ま）ち合（あ）わせをした。

역의 개찰구 쪽에서 만나기로 했다.

10 物価（ぶっか）が上（あ）がって、生活（せいかつ）がくるしい（苦しい）。

물가가 올라 생활이 괴롭다.

11 事故（じこ）を防（ふせ）ぐたいさく（対策）を考（かんが）える。

사고를 방지할 대책을 생각하다.

12 この道は、桜のなみき(並木)が美しい。

이 길은 벚꽃 가로수가 아름답다.

13 図書館で借りた本がやぶれて(破れて)しまった。

도서관에서 빌린 책이 찢어져 버렸다.

14 就職のめんせつ(面接)を受ける。

취업 면접을 보다.

| 문제3 |

15 階段でころんで、足に怪我をした。

계단에서 넘어져 다리를 다쳤다.

16 チームのメンバーが怪我で入院した。

팀 멤버가 부상으로 입원했다.

17 授業中に眠くて何度もあくびが出た。

수업 중에 졸려서 자꾸 하품이 나왔다.

18 血液検査の前には食事をしないでください。

혈액 검사 전에는 식사를 하지 마십시오.

19 家を買うためにお金をためている。

집을 사기 위해 돈을 모으고 있다.

20 ガラス食器は割れると危険ですから、気をつけてください。

유리 식기는 깨지면 위험하니 조심하세요.

21 一生懸命がんばったのに、負けてしまってくやしい。

열심히 노력했는데 져버려서 억울하다.

22 ホテルのフロントに荷物をあずけて、町を見物した。

호텔 프런트에 짐을 맡기고 마을을 구경했다.

23 朝から会議を続けているが、なかなか結論が出ない。

아침부터 회의를 계속하고 있지만 좀처럼 결론이 나지 않는다.

24 今朝、旅行に出かける両親を空港まで見送りに行った。

오늘 아침 여행을 떠나는 부모님을 공항까지 배웅하러 갔다.

25 進学するか就職するか、まよっているんです。

진학을 할지 취직을 할지 망설이고 있습니다.

| 문제4 |

26 ここは東京より多少(＝ちょっと)暑い。

여기는 도쿄보다 다소 덥다.

27 人気のある商品(＝品物)なのでなかなか値段が安くならない。

인기가 많은 상품이라 좀처럼 가격이 싸지지 않는다.

28 電話をして、会議の参加者を確認して(＝たしかめて)ください。

전화해서 회의 참가자를 확인해 주세요.

29 寝坊をして、いつもの電車に乗り遅れた(＝間に合わなかった)。

늦잠을 자서 늘 타던 전철을 놓쳤다.

30 このスーツ、あなたにぴったりです(＝よく似合います)ね。

이 양복, 당신에게 딱이네요.

| 문제5 |

31 近年外国との文化交流が盛んになっている。

최근 외국과의 문화 교류가 활발해지고 있다.

32 困ったとき、上田さんがいろいろとアドバイスしてくれた。

곤란했을 때 우에다 씨가 여러가지로 조언해 주었다.

33 プリンタがこわれたので、修理に出した。

프린터가 고장나서 수리를 맡겼다.

34 商品は気に入ったが、値段が高かったので買うのをあきらめた。

상품은 마음에 들었지만 가격이 비싸서 사는 것을 포기했다.

35 石田君は先生の質問にはきはきと答えた。

이시다 군은 선생님의 질문에 또박또박 대답했다.

JLPT 보카

N2

합격 단어

명사	동사	い형용사
나형용사	부사	기타
가타카나		

愛情	あいじょう	**애정** 愛情を注ぐ。 애정을 쏟다.
青空	あおぞら	**푸른 하늘** 青空が広がる。 푸른 하늘이 펼쳐지다.
赤字	あかじ	**적자** 経営が赤字になる。 경영이 적자가 나다.
明かり	あかり	**빛, 불빛, 불** 明かりをつける。 불을 켜다.
握手	あくしゅ	**악수** 握手を交わす。 악수를 나누다.
悪循環	あくじゅんかん	**악순환** 悪循環を繰り返す。 악순환을 되풀이하다.
悪条件	あくじょうけん	**악조건** 悪条件を乗り越える。 악조건을 극복하다.
悪天候	あくてんこう	**악천후** 悪天候で出発が遅れる。 악천후로 출발이 늦어지다.
悪魔	あくま	**악마** 悪魔のような行動をする。 악마와 같은 행동을 하다.
明け方	あけがた	**새벽, 새벽녘** 明け方に地震が起きる。 새벽에 지진이 일어나다.
辺り	あたり	**근처** 公園の辺りを散歩する。 공원 근처를 산책하다.
圧縮	あっしゅく	**압축** データを圧縮する。 데이터를 압축하다.
圧勝	あっしょう	**압승** 試合で圧勝する。 시합에서 압승하다.

宛名	あてな	수신인명, 받는 사람
		封筒に宛名を書く。 봉투에 수신인명을 쓰다.

跡	あと	흔적
		犯人の跡を追う。 범인의 흔적을 쫓다.

過ち	あやまち	잘못, 실패, 과오
		過ちを犯す。 잘못을 저지르다.

誤り	あやまり	오류, 잘못, 실수
		計算に誤りがある。 계산에 오류가 있다.

嵐	あらし	폭풍
		嵐が吹く。 폭풍이 불다.

粗筋	あらすじ	개요
		計画の粗筋を述べる。 계획의 개요를 말하다.

有り	あり	있음
		問題有りと考える。 문제가 있다고 생각하다.

案	あん	안, 생각
		新しい案を提案する。 새로운 안을 제안하다.

安定	あんてい	안정
		安定した暮らしを送る。 안정된 생활을 보내다.

言い訳	いいわけ	변명, 핑계
		言い訳ばかりする。 핑계만 대다.

委員	いいん	위원
		委員を選出する。 위원을 선출하다.

勢い	いきおい	기세
		すごい勢いで動き出す。 대단한 기세로 움직이기 시작하다.

息抜き	いきぬき	휴식, 잠시 숨을 돌림
		仕事も息抜きが必要だ。 일도 휴식이 필요하다.

居酒屋	いざかや	선술집
		居酒屋で一杯飲む。 선술집에서 한잔 마시다.

遺産	いさん	유산 遺産を相続する。 유산을 상속하다.
維持	いじ	유지 現状を維持する。 현재 상태를 유지하다.
意識	いしき	의식 参加意識を高める。 참가 의식을 높이다.
異色	いしょく	이색, 매우 특이함 異色の経歴を持つ。 이색적인 경력을 지니다.
衣食住	いしょくじゅう	의식주 衣食住の心配がない。 의식주에 대한 걱정이 없다.
泉	いずみ	샘, 샘물 泉が湧く。 샘이 솟아나다.
いたずら		장난 子供がいたずらをする。 아이가 장난을 치다.
至るところ	いたるところ	도처, 가는 곳마다 至るところに花が咲く。 도처에 꽃이 피다.
一家	いっか	일가, 가족 전체 一家で旅行に出かける。 가족 전체가 여행을 떠나다.
一種	いっしゅ	일종 この酒はウイスキーの一種だ。 이 술은 위스키의 일종이다.
一瞬	いっしゅん	일순간 一瞬で状況が変わる。 일순간에 상황이 바뀌다.
一睡	いっすい	한잠, 짧은 잠 一睡もしていない。 한잠도 못 자다.
一石二鳥	いっせきにちょう	일석이조 一石二鳥の効果がある。 일석이조의 효과가 있다.
一致	いっち	일치 意見が一致する。 의견이 일치하다.

一定	いってい	일정 一定の基準を満たす。 일정한 기준을 충족하다.
一転	いってん	일전, 완전히 달라짐 状況が一転する。 상황이 완전히 달라지다.
一方	いっぽう	한편, 한쪽 一方の話ばかり聞く。 한쪽 이야기만 듣는다.
移転	いてん	이전 会社が郊外に移転する。 회사가 교외로 이전하다.
井戸	いど	우물 井戸を掘る。 우물을 파다.
稲	いね	벼 稲が実る。 벼가 여물다.
違反	いはん	위반 交通違反をする。 교통 위반을 하다.
衣服	いふく	의복 衣服を着る。 의복을 입다.
遺物	いぶつ	유물 古代遺物を発見する。 고대 유물을 발견하다.
今頃	いまごろ	지금쯤 今頃は着いているはずだ。 지금쯤이면 도착했을 것이다.
意欲	いよく	의욕 働く意欲がない。 일할 의욕이 없다.
以来	いらい	이래, 이후 卒業して以来会っていない。 졸업한 이래로 만나지 못했다.
印刷	いんさつ	인쇄 試験問題を印刷する。 시험 문제를 인쇄하다.
引退	いんたい	은퇴 現役から引退する。 현역에서 은퇴하다.

N2

引用	いんよう	인용 文章を引用する。 문장을 인용하다.
引力	いんりょく	인력 太陽と地球の間に引力が働く。 태양과 지구 사이에 인력이 작용하다.
植木	うえき	정원수 庭に植木を植える。 뜰에 정원수를 심다.
打ち合わせ	うちあわせ	협의 担当者と打ち合わせをする。 담당자와 협의를 하다.
宇宙	うちゅう	우주 宇宙を研究する。 우주를 연구하다.
海沿い	うみぞい	해안, 해변, 바닷가 海沿いの道を走る。 바닷가 길을 달리다.
海辺	うみべ	해변, 해안, 바닷가 海辺で遊ぶ。 바닷가에서 놀다.
有無	うむ	유무 問題の有無を確認する。 문제의 유무를 확인하다.
裏口	うらぐち	뒷문 裏口から家に入る。 뒷문으로 집에 들어가다.
恨み	うらみ	원한 恨みを抱く。 원한을 품다.
売れ行き	うれゆき	팔림새 商品の売れ行きが好調だ。 상품의 팔림새가 좋다.
運行	うんこう	운행 バスを運行する。 버스를 운행하다.
運賃	うんちん	운임 運賃を支払う。 운임을 지불하다.
衛生	えいせい	위생 衛生に気をつける。 위생에 주의하다.

衛星	えいせい	위성 通信衛星を打ち上げる。 통신 위성을 쏘아 올리다.
液体	えきたい	액체 水は液体だ。 물은 액체이다.
餌	えさ	먹이 鳥に餌をやる。 새에게 먹이를 주다.
会釈	えしゃく	인사, 가벼운 인사 軽く会釈する。 가볍게 인사하다.
得手 🔁不得手 못하는 것	えて	장기, 특기, 잘하는 것 だれにも得手不得手がある。 누구에게나 잘하고 못하는 것이 있다.
絵の具	えのぐ	물감, 그림물감 絵の具で絵を描く。 물감으로 그림을 그리다.
絵本	えほん	그림책 子供に絵本を読み聞かせる。 아이에게 그림책을 읽어 주다.
演技	えんぎ	연기 役者の演技に感動する。 배우의 연기에 감동하다.
園芸	えんげい	원예 園芸を趣味にしている。 원예를 취미로 하고 있다.
演習	えんしゅう	연습, 훈련 実戦に備えて演習する。 실전에 대비하여 연습하다.
援助	えんじょ	원조, 도와줌 資金を援助する。 자금을 원조하다.
演説	えんぜつ	연설 候補者が演説する。 후보자가 연설하다.
円高	えんだか	엔고, 엔화 강세 円高が進む。 엔화 강세가 진행되다.
延長	えんちょう	연장, 길어짐, 이어짐 契約を延長する。 계약을 연장하다.

煙突	えんとつ	굴뚝 煙突から煙が上がる。 굴뚝에서 연기가 오르다.
円安	えんやす	엔하락, 엔화 약세 円安で物価が上がる。 엔화 약세로 물가가 오르다.
王女	おうじょ	왕녀, 공주 王女がパーティーに出席する。 공주가 파티에 참석하다.
応接	おうせつ	응접 客の応接をする。 손님을 응접하다.
応対	おうたい	응대, 상대 丁寧に応対する。 공손히 응대하다.
欧米	おうべい	구미, 유럽과 미국 欧米を旅行する。 유럽과 미국을 여행하다.
往来	おうらい	왕래 人の往来が多い。 사람의 왕래가 많다.
大型	おおがた	대형 大型トラックが通る。 대형 트럭이 지나가다.
大声	おおごえ	큰 목소리, 큰 소리 大声で叫ぶ。 큰 소리로 외치다.
大昔	おおむかし	아주 먼 옛날 大昔のことを覚えている。 아주 먼 옛날 일을 기억하고 있다.
多め	おおめ	조금 많은 듯함, 넉넉함 多めの砂糖を入れる。 넉넉하게 설탕을 넣다.
丘	おか	언덕 海の見える丘に登る。 바다가 보이는 언덕에 오르다.
おかず		반찬 おかずがおいしくない。 반찬이 맛이 없다.
悪寒	おかん	오한 悪寒がする。 오한이 나다.

沖	おき	바다, 먼바다 沖に船が見える。 먼바다에 배가 보인다.
お気に入り	おきにいり	마음에 듦 お気に入りのシャツを買う。 마음에 드는 셔츠를 사다.
お辞儀	おじぎ	인사, 절 礼儀正しくお辞儀をする。 예의 바르게 인사를 하다.
おしゃべり		수다, 잡담 電話でおしゃべりする。 전화로 수다를 떨다.
汚染	おせん	오염 川が汚染される。 강이 오염되다.
恐れ	おそれ	두려움, 우려 彼は恐れを知らない。 그는 두려움을 모른다.
鬼	おに	도깨비, 귀신 鬼と戦うアニメが人気だ。 귀신과 싸우는 애니메이션이 인기가 있다.
お昼	おひる	점심, 점심 식사 一緒にお昼を食べませんか。 같이 점심 먹지 않을래요?
お前	おまえ	너 お前は何を言っているんだ。 너는 무슨 소리를 하고 있는 거야.
おまけ		덤, 경품 おまけをつける。 덤을 주다.
泳ぎ	およぎ	헤엄, 수영 海で泳ぎを楽しむ。 바다에서 수영을 즐기다.
温帯	おんたい	온대 日本は温帯に属する。 일본은 온대에 속한다.
御中	おんちゅう	귀중(단체 뒤에 붙이는 말) 会社宛の郵便物に「御中」と書く。 회사 앞으로 보내는 우편물에 '귀중'이라고 쓰다.

音程	おんてい	음정 正しい音程で歌う。 바른 음정으로 노래하다.
蚊	か	모기 蚊に刺される。 모기에게 물리다.
害	がい	해, 손해 農作物に害を及ぼす。 농작물에 해를 끼치다.
開会	かいかい	개회 会議が開会する。 회의가 개회하다.
会見	かいけん	회견 記者会見が行われる。 기자 회견이 열리다.
外見	がいけん	외관, 겉모습 外見だけで判断しない。 겉모습만으로 판단하지 않는다.
介護	かいご	간호, 간병 介護サービスを利用する。 간호 서비스를 이용하다.
外交	がいこう	외교 外国と外交関係を結ぶ。 외국과 외교 관계를 맺다.
開催	かいさい	개최 イベントを開催する。 이벤트를 개최하다.
解散	かいさん	해산 国会が解散する。 국회가 해산하다.
開始	かいし	개시 試合を開始する。 시합을 개시하다.
解釈	かいしゃく	해석 この表現は解釈が難しい。 이 표현은 해석이 어렵다.
解消	かいしょう	해소 誤解を解消する。 오해를 해소하다.
海上	かいじょう	해상 海上は波が高い。 해상은 파도가 높다.

回数券	かいすうけん	회수권
		回数券を買う。 회수권을 사다.

改正	かいせい	개정
		法律を改正する。 법률을 개정하다.

快晴	かいせい	쾌청
		今日は快晴だ。 오늘은 쾌청하다.

開設	かいせつ	개설
		支店を開設する。 지점을 개설하다.

改善	かいぜん	개선
		状況が改善する。 상황이 개선되다.

改造	かいぞう	개조
		倉庫を工場に改造する。 창고를 공장으로 개조하다.

快速	かいそく	쾌속
		快速電車に乗る。 쾌속 전철을 타다.

開通	かいつう	개통
		新しい道路が開通する。 새 도로가 개통되다.

回転	かいてん	회전
		車輪が回転する。 차바퀴가 회전하다.

解答	かいとう	해답, 정답
		正しい解答をする。 바른 해답을 하다.

回答	かいとう	회답, 대답
		アンケートに回答する。 설문 조사에 회답하다.

飼い主	かいぬし	동물을 기르는 사람, 보호자
		マナーの悪い飼い主がいる。 매너가 나쁜 보호자가 있다.

回復	かいふく	회복
		徐々に体調が回復する。 서서히 몸 상태가 회복되다.

解放	かいほう	해방
		ストレスから解放される。 스트레스에서 해방되다.

海面	かいめん	해면, 해수면
		月の明かりで海面が輝く。 달빛에 해수면이 반짝이다.

解約	かいやく	해약
		保険を解約する。 보험을 해약하다.

海洋	かいよう	해양
		海洋の環境を守る。 해양 환경을 지키다.

概要	がいよう	개요
		計画の概要を説明する。 계획의 개요를 설명하다.

概論	がいろん	개론
		経済学の概論を学ぶ。 경제학 개론을 배우다.

家屋	かおく	가옥
		古い家屋が建ち並ぶ。 낡은 가옥이 늘어서다.

顔つき	かおつき	얼굴 생김새, 용모
		優しい顔つきをする。 상냥한 얼굴을 하다.

かかりつけ		담당의, 주치의
		かかりつけの医者に診てもらう。 담당 의사에게 진찰을 받다.

垣根	かきね	울타리
		垣根で庭を囲む。 울타리로 마당을 에워싸다.

限り	かぎり	한계, 한도, 끝, 한정됨
		限りある資源を大切にする。 한정된 자원을 소중히 하다.

各自	かくじ	각자
		費用は各自で負担する。 비용은 각자 부담하다.

学者	がくしゃ	학자
		有名な学者が集まる。 유명한 학자가 모이다.

拡充	かくじゅう	확충
		施設を拡充する。 시설을 확충하다.

学術	がくじゅつ	학술
		学術用語は難しい。 학술 용어는 어렵다.

核心	かくしん	핵심 問題の核心を明らかにする。 문제의 핵심을 명확하게 하다.
各人	かくじん	각자, 각각 各人の意見を尊重する。 각자의 의견을 존중하다.
拡張	かくちょう	확장 事業を拡張する。 사업을 확장하다.
角度	かくど	각도 角度を測る。 각도를 재다.
学年	がくねん	학년 学年が上がる。 학년이 올라가다.
確保	かくほ	확보 指定席を確保する。 지정석을 확보하다.
確率	かくりつ	확률 成功する確率は低い。 성공할 확률은 낮다.
影	かげ	그림자 影が差す。 그림자가 드리우다.
かけら		파편, 단편, 조각 ガラスのかけらで怪我をする。 유리 파편에 다치다.
加減	かげん	가감, 조절 お湯の温度を加減する。 온수의 온도를 조절하다.
籠	かご	바구니 籠を持って買い物に行く。 바구니를 들고 장을 보러 가다.
下降	かこう	하강 飛行機が下降する。 비행기가 하강하다.
加工	かこう	가공 素材を加工する。 소재를 가공하다.
火山	かざん	화산 火山が噴火する。 화산이 분화하다.

N2

家事	かじ	가사, 집안일 家事を手伝う。 집안일을 돕다.
過失	かしつ	과실, 실수 過失を認める。 과실을 인정하다.
果実	かじつ	과실, 과일, 열매 果実でジャムを作る。 과일로 잼을 만들다.
貸家	かしや	셋집 貸家を探す。 셋집을 구하다.
課税	かぜい	과세 所得に課税する。 소득에 과세하다.
化石	かせき	화석 化石を発見する。 화석을 발견하다.
加速	かそく	가속 車を加速する。 차를 가속하다.
塊	かたまり	덩어리, 뭉치 道に雪の塊がある。 길에 눈 뭉치가 있다.
学会	がっかい	학회 学会で発表する。 학회에서 발표하다.
学級	がっきゅう	학급 各学年を３学級に分ける。 각 학년을 세 학급으로 나누다.
括弧	かっこ	괄호 括弧を付ける。 괄호를 붙이다.
各国	かっこく	각국 各国の代表が出席する。 각국의 대표가 참석하다.
活字	かつじ	활자 活字が小さい。 활자가 작다.
活躍	かつやく	활약 試合で活躍する。 시합에서 활약하다.

活用	かつよう	**활용** じんざい かつよう 人材を活用する。 인재를 활용하다.
活力	かつりょく	**활력** かつりょく わ 活力が湧く。 활력이 솟다.
課程	かてい	**과정(코스)** しゅうし かてい しゅうりょう 修士課程を修了する。 석사 과정을 수료하다.
過程	かてい	**과정(진행 과정)** せいちょう かてい きろく 成長の過程を記録する。 성장 과정을 기록하다.
仮名	かな	**가나(일본의 문자)** に ほん ご かん じ か な ま か 日本語は漢字と仮名を混ぜて書く。 일본어는 한자와 가나를 섞어서 쓴다.
鐘	かね	**종** かね なり ひび 鐘が鳴り響く。 종이 울려 퍼지다.
加熱	かねつ	**가열** しょくざい か ねつ 食材を加熱する。 식재료를 가열하다.
過半数	かはんすう	**과반수** か はんすう さんせい え 過半数の賛成を得る。 과반수의 찬성을 얻다.
かび		**곰팡이** は かびが生える。 곰팡이가 피다.
株 ●株式 かぶしき	かぶ	**주식** かぶ あ 株が上がる。 주식이 오르다.
釜	かま	**솥** かま はん た 釜でご飯を炊く。 솥으로 밥을 짓다.
髪型	かみがた	**머리 모양** かみ がた か 髪型を変える。 머리 모양을 바꾸다.
紙くず	かみくず	**휴지** かみ ひろ 紙くずを拾う。 휴지를 줍다.

神様	かみさま	신
		神様に祈る。 신에게 빌다.

剃刀	かみそり	면도칼
		剃刀でひげを剃る。 면도칼로 수염을 깎다.

雷	かみなり	천둥, 벼락
		雷が鳴る。 천둥이 치다.

髪の毛 ⊜髪	かみのけ	머리카락
		髪の毛を切る。 머리카락을 자르다.

貨物	かもつ	화물
		トラックで貨物を運ぶ。 트럭으로 화물을 운반하다.

殻	から	껍질, 껍데기, 외피
		卵の殻を割る。 달걀 껍질을 깨다.

柄	がら	① 무늬
		このシャツは柄が派手だ。 이 셔츠는 무늬가 화려하다.
		② 몸집
		彼は柄が大きい。 그는 몸집이 크다.
		③ 성격
		彼は柄が悪い。 그는 성격이 나쁘다.

空梅雨	からつゆ	마른장마, 장마철에 비가 오지 않음
		今年は空梅雨だった。 올해는 마른장마였다.

川岸	かわぎし	냇가, 강가, 강기슭
		川岸を散歩する。 강가를 산책하다.

革靴	かわぐつ	가죽 구두
		革靴を磨く。 가죽 구두를 닦다.

為替	かわせ	환율
		為替レートが変動する。 환율이 변동하다.

瓦	かわら	기와
		地震で瓦が落ちる。 지진으로 기와가 떨어지다.

癌	がん	**암** 癌と診断される。 암으로 진단 받다.
換気	かんき	**환기** 窓を開けて換気する。 창문을 열어 환기하다.
観客	かんきゃく	**관객** 観客が拍手する。 관객이 박수치다.
関係	かんけい	**관계** 事件に関係する。 사건에 관계되다.
歓迎	かんげい	**환영** 新入生を歓迎する。 신입생을 환영하다.
関係者	かんけいしゃ	**관계자** 関係者の話を聞く。 관계자의 이야기를 듣다.
感激	かんげき	**감격** 感激して泣いてしまう。 감격하여 울어 버리다.
監視	かんし	**감시** 国境を監視する。 국경을 감시하다.
元日	がんじつ	**설날, 새해 첫날** 元日に初詣に行く。 새해 첫날에 첫 참배하러 가다.
鑑賞	かんしょう	**감상** 美術品を鑑賞する。 미술품을 감상하다.
勘定	かんじょう	**계산, 지불** 勘定を済ませる。 계산을 마치다.
観測	かんそく	**관측** 星を観測する。 별을 관측하다.
寒帯	かんたい	**한대, 추운 지역** 寒帯は一年中寒い。 한대는 일년 내내 춥다.
勘違い	かんちがい	**착각, 오해** 勘違いをする。 착각을 하다.

官庁	かんちょう	관청
		官庁から許可を受ける。 관청으로부터 허가를 받다.
缶詰	かんづめ	통조림
		缶詰を開ける。 통조림을 따다.
乾電池	かんでんち	건전지
		乾電池を交換する。 건전지를 교환하다.
館内	かんない	관내
		図書館の館内は禁煙です。 도서관의 관내는 금연입니다.
観念	かんねん	관념
		時間の観念がない。 시간 관념이 없다.
看板	かんばん	간판
		看板を設置する。 간판을 설치하다.
看病	かんびょう	간병
		病人を看病する。 환자를 간병하다.
願望	がんぼう	소망, 소원
		願望が叶う。 소원이 이루어지다.
勧誘	かんゆう	권유
		勧誘を受ける。 권유를 받다.
管理	かんり	관리
		ビルを管理する。 빌딩을 관리하다.
完了	かんりょう	완료
		作業が完了する。 작업이 완료되다.
関連	かんれん	관련
		二つの事件は関連がある。 두 사건은 관련이 있다.
気圧	きあつ	기압
		気圧が下がる。 기압이 내려가다.
議員	ぎいん	의원
		議員に選ばれる。 의원으로 선출되다.

記憶	きおく	기억
		まったく記憶にない。 전혀 기억에 없다.

議会	ぎかい	의회
		議会で審議する。 의회에서 심의하다.

着替え	きがえ	옷을 갈아입음
		子供が一人で着替えをする。 아이가 혼자서 옷을 갈아입다.

企画	きかく	기획
		企画を立てる。 기획을 세우다.

機関	きかん	기관
		大雪で交通機関に影響が出る。
		폭설로 교통 기관에 영향이 나타나다.

危機	きき	위기
		経営危機に直面する。 경영 위기에 직면하다.

企業	きぎょう	기업
		就職したい企業を調べる。 취직하고 싶은 기업을 조사하다.

飢饉	ききん	기근, 모자람
		飢饉に苦しむ。 기근에 시달리다.

器具	きぐ	기구
		料理用の器具をそろえる。 요리용 기구를 갖추다.

機嫌	きげん	기분, 심기
		機嫌がいい。 기분이 좋다.

気候	きこう	기후, 날씨
		気候が穏やかだ。 기후가 온화하다.

記号	きごう	기호
		記号をつける。 기호를 붙이다.

岸	きし	물가, 기슭, 벼랑
		川の岸に立つ。 강기슭에 서다.

生地	きじ	① 본성 生地が出る。 본성이 나오다. ② 옷감, 원단 好きな生地を選ぶ。 좋아하는 옷감을 고르다. ③ 반죽 パンの生地を焼く。 빵 반죽을 굽다.
技師	ぎし	기사, 엔지니어 技師として働く。 엔지니어로 일하다.
儀式	ぎしき	의식, 행사 儀式に参加する。 의식에 참가하다.
貴社	きしゃ	귀사(상대방 회사의 높임) 貴社の発展を祈ります。 귀사의 발전을 기원합니다.
基準	きじゅん	기준 評価の基準を示す。 평가의 기준을 제시하다.
起床	きしょう	기상, 잠자리에서 일어남 起床時間は7時だ。 기상 시간은 7시이다.
奇数	きすう	기수, 홀수 奇数のページに見出しをつける。 홀수 페이지에 표제를 달다.
帰省	きせい	귀성, 고향으로 돌아감 連休に帰省する。 연휴에 귀성하다.
基礎	きそ	기초, 토대 基礎を学ぶ。 기초를 배우다.
基地	きち	기지 基地を建設する。 기지를 건설하다.
議長	ぎちょう	의장 議長を務める。 의장을 맡다.
きっかけ		계기 話のきっかけを作る。 이야기의 계기를 만들다.

喫茶	きっさ	차를 마심	
		景色を眺めながら喫茶する。 경치를 바라보며 차를 마시다.	
起動	きどう	기동, 시동, 부팅	
		パソコンを起動する。 컴퓨터를 부팅하다.	
機能	きのう	기능	
		新しい機能を追加する。 새로운 기능을 추가하다.	
寄付	きふ	기부	
		図書館に本を寄付する。 도서관에 책을 기부하다.	
規模	きぼ	규모	
		規模を拡大する。 규모를 확대하다.	
気味	きみ	기미, 기운, 낌새	
		朝から風邪の気味がある。 아침부터 감기 기운이 있다.	
義務	ぎむ	의무	
		義務を果たす。 의무를 다하다.	
客席	きゃくせき	객석	
		客席は満員だ。 객석은 만원이다.	
休講	きゅうこう	휴강	
		明日の講義は休講だ。 내일 강의는 휴강이다.	
求婚	きゅうこん	구혼, 청혼	
		求婚を受け入れる。 청혼을 받아들이다.	
吸収	きゅうしゅう	흡수	
		知識を吸収する。 지식을 흡수하다.	
救助	きゅうじょ	구조	
		人命を救助する。 인명을 구조하다.	
求人	きゅうじん	구인	
		求人広告を出す。 구인 광고를 내다.	
休息	きゅうそく	휴식	
		休息を取る。 휴식을 취하다.	

N2

教員	きょういん	교원, 교사, 교수 大学の教員になる。 대학 교수가 되다.
境界	きょうかい	경계 境界を接する。 경계를 접하다.
競技	きょうぎ	경기 競技に参加する。 경기에 참가하다.
行儀	ぎょうぎ	예의, 버릇, 몸가짐, 예의범절 行儀が悪い。 버릇이 없다.
供給	きょうきゅう	공급 供給を増やす。 공급을 늘리다.
恐縮	きょうしゅく	황송함, 죄송함 恐縮ですが、電話を貸して下さい。 죄송합니다만, 전화를 빌려 주십시오.
協調	きょうちょう	협조 互いに協調する。 서로 협조하다.
共同	きょうどう	공동 共同研究を行う。 공동 연구를 실시하다.
恐怖	きょうふ	공포 恐怖を感じる。 공포를 느끼다.
共有	きょうゆう	공유 新しい情報を共有する。 새로운 정보를 공유하다.
共用	きょうよう	공용 共用スペースを利用する。 공용 공간을 이용하다.
教養	きょうよう	교양 教養を深める。 교양을 심화시키다.
行列	ぎょうれつ	행렬, 줄 行列ができる。 행렬이 생기다.

漁業	ぎょぎょう	어업
		日本は漁業が盛んだ。 일본은 어업이 활발하다.

曲線	きょくせん	곡선
		なだらかな曲線を描く。 완만한 곡선을 그리다.

拒否	きょひ	거부
		要求を拒否する。 요구를 거부하다.

霧	きり	안개
		霧が濃い。 안개가 짙다.

規律	きりつ	규율
		規律を守る。 규율을 지키다.

議論	ぎろん	의논, 논의
		計画について議論する。 계획에 대하여 논의하다.

金額	きんがく	금액
		金額を確認する。 금액을 확인하다.

金庫	きんこ	금고
		金庫に保管する。 금고에 보관하다.

金銭	きんせん	금전, 화폐, 돈
		金銭のやり取りをする。 금전 거래를 하다.

金属	きんぞく	금속
		金属を加工する。 금속을 가공하다.

近代 ⊕ 近代化 근대화	きんだい	근대
		近代の建築物を保存する。 근대 건축물을 보존하다.

筋肉	きんにく	근육
		筋肉を動かす。 근육을 움직이다.

金融	きんゆう	금융
		金融機関に相談する。 금융 기관에 상담하다.

偶数	ぐうすう	우수, 짝수
		2は偶数である。 2는 짝수이다.

空想	くうそう	공상
		ごじゅうねん ご　み らい　くうそう 50年後の未来を空想する。 50년 후의 미래를 공상하다.

空中 ⊜空 하늘	くうちゅう	공중, 하늘
		くうちゅう　と 空中を飛ぶ。 공중을 날다.

くじ		제비
		ひ くじを引く。 제비를 뽑다.

苦情	くじょう	불평, 불만, 고충
		く じょう　い 苦情を言う。 불만을 말하다.

苦心	くしん	고심
		く しん　つく 苦心して作る。 고심하여 만들다.

くず		쓰레기
		す くずかごに捨てる。 쓰레기통에 버리다.

管	くだ	관, 대롱, 파이프
		くだ　つ 管が詰まる。 관이 막히다.

愚痴	ぐち	푸념, 넋두리
		ぐ ち 愚痴をこぼす。 푸념을 늘어놓다.

唇	くちびる	입술
		くちびる　くちべに　ぬ 唇に口紅を塗る。 입술에 립스틱을 바르다.

口笛	くちぶえ	휘파람
		くちぶえ　ふ 口笛を吹く。 휘파람을 불다.

苦痛	くつう	고통
		く つう　た 苦痛に耐える。 고통을 견디다.

苦難	くなん	고난
		く なん　の　こ 苦難を乗り越える。 고난을 극복하다.

工夫	くふう	궁리, 연구
		く ふう あれこれ工夫する。 이것저것 궁리하다.

区分	くぶん	구분
		と ち　く ぶん 土地を区分する。 토지를 구분하다.

組合	くみあい	조합, 노동조합 組合に加入する。 조합에 가입하다.
組み合わせ	くみあわせ	편성, 조합 組み合わせを変える。 조합을 바꾸다.
暮れ	くれ	해질 무렵, 끝 무렵, 연말 今年の暮れは忙しい。 올 연말은 바쁘다.
黒字	くろじ	흑자 売り上げが伸びて黒字になる。 매상이 늘어나 흑자가 되다.
軍隊	ぐんたい	군대 軍隊に入る。 군대에 들어가다.
敬意	けいい	경의 敬意を払う。 경의를 표하다.
契機	けいき	계기 失敗が成功の契機となる。 실패가 성공의 계기가 되다.
敬語	けいご	경어 敬語を使って話す。 경어를 써서 말하다.
傾向	けいこう	경향 大げさに言う傾向がある。 과장하여 말하는 경향이 있다.
蛍光灯	けいこうとう	형광등 蛍光灯を取り替える。 형광등을 교체하다.
警告	けいこく	경고 警告を無視する。 경고를 무시하다.
掲示	けいじ	게시 日程を掲示する。 일정을 게시하다.
形式	けいしき	형식 ファイルの形式を変更する。 파일 형식을 변경하다.
軽傷	けいしょう	경상, 가벼운 부상 軽傷を負う。 경상을 입다.

継続	けいぞく	계속 とうろん けいぞく 討論を継続する。 토론을 계속하다.
経度 い ど ●緯度 위도, 지구의 가로 좌표	けいど	경도, 지구의 세로 좌표 い ど けい ど しら 緯度と経度を調べる。 위도와 경도를 조사하다.
系統	けいとう	계통 じ む けいとう しごと 事務系統の仕事をする。 사무 계통의 일을 하다.
芸能人	げいのうじん	연예인 げいのうじん あこが 芸能人に憧れる。 연예인을 동경하다.
競馬	けいば	경마 けい ば み い 競馬を見に行く。 경마를 보러 가다.
警備	けいび	경비 けい び きょう か 警備を強化する。 경비를 강화하다.
契約	けいやく	계약 けいやく か 契約を交わす。 계약을 맺다.
外科	げか	외과 げ か しゅじゅつ う 外科手術を受ける。 외과 수술을 받다.
激化	げきか	격화 たいりつ げき か 対立が激化する。 대립이 격화하다.
激減 げきぞう ●激増 격증, 급증	げきげん	격감 う あ げきげん 売り上げが激減する。 매출이 격감하다.
激増 げきげん ●激減 격감	げきぞう	격증, 급증 こうつう じ こ げき ぞう 交通事故が激増する。 교통사고가 급증하다.
下車	げしゃ	하차, 차에서 내림 つぎ えき げ しゃ 次の駅で下車する。 다음 역에서 하차하다.
下旬	げじゅん	하순 こんげつ げ じゅん ひ こ 今月下旬に引っ越す。 이달 하순에 이사하다.
下水	げすい	하수, 하수도 げ すい しょ り 下水を処理する。 하수를 처리하다.

桁	けた	**자릿수, 자리** 二桁の成長を見せる。 두 자릿수의 성장을 보여주다.
血圧	けつあつ	**혈압** 血圧を測る。 혈압을 재다.
血液型	けつえきがた	**혈액형** 血液型を調べる。 혈액형을 조사하다.
結果	けっか	**결과** 試験の結果を発表する。 시험 결과를 발표하다.
欠陥	けっかん	**결함** 製品の欠陥を認める。 제품의 결함을 인정하다.
月給	げっきゅう	**월급** 月給が上がる。 월급이 오르다.
血行	けっこう	**혈행, 혈액 순환** 血行がよくなる。 혈액 순환이 좋아지다.
結末	けつまつ	**결말** 悲しい結末を迎える。 슬픈 결말을 맞이하다.
月末	げつまつ	**월말** 月末に家賃を支払う。 월말에 집세를 지불하다.
気配	けはい	**기색, 기척, 기미** 人の気配がする。 인기척이 나다.
県	けん	**현(일본의 행정 구역)** 県の人口が減る。 현의 인구가 줄다.
見解	けんかい	**견해** 見解を述べる。 견해를 말하다.
限界	げんかい	**한계** 限界に達する。 한계에 이르다.
研究所	けんきゅうじょ	**연구소** 研究所に勤める。 연구소에 근무하다.

N2

原稿	げんこう	원고 げんこう か 原稿を書く。 원고를 쓰다.
原産	げんさん	원산 しょくぶつ ねったいげんさん この植物は熱帯原産である。 이 식물은 열대 원산이다.
原始	げんし	원시 げんし せいかつ たいけん 原始の生活を体験する。 원시생활을 체험하다.
研修	けんしゅう	연수 けんしゅう さんか 研修に参加する。 연수에 참가하다.
現象	げんしょう	현상 ふ しぎ げんしょう お 不思議な現象が起きる。 이상한 현상이 일어나다.
現状	げんじょう	현 상황 けいざい げんじょう ぶんせき 経済の現状を分析する。 경제의 현 상황을 분석하다.
原子力	げんしりょく	원자력 げん し りょく はつでん 原子力で発電する。 원자력으로 발전하다.
謙遜	けんそん	겸손 けんそん い かた 謙遜した言い方をする。 겸손하게 말하다.
建築	けんちく	건축 じゅうたく けんちく 住宅を建築する。 주택을 건축하다.
限定	げんてい	한정 き かんげんてい はんばい 期間限定で販売する。 기간 한정으로 판매하다.
検討	けんとう	검토 けんとう かさ 検討を重ねる。 검토를 거듭하다.
見当	けんとう	짐작, 예상 けんとう 見当がつかない。 짐작이 가지 않는다.
現場	げんば	현장 じ こ げん ば しら 事故現場を調べる。 사고 현장을 조사하다.
憲法	けんぽう	헌법 けんぽう まも 憲法を守る。 헌법을 지키다.

原油	げんゆ	원유
		原油価格が下がる。 원유 가격이 떨어지다.

権利	けんり	권리
		権利を主張する。 권리를 주장하다.

原理	げんり	원리
		原理を理解する。 원리를 이해하다.

権力	けんりょく	권력
		権力を握る。 권력을 쥐다.

講演 ⊕ 講演会 강연회	こうえん	강연
		社会問題について講演する。 사회 문제에 대해서 강연하다.

硬貨	こうか	동전, 주화
		硬貨で支払う。 동전으로 지불하다.

後悔	こうかい	후회
		自分の行動を後悔する。 자신의 행동을 후회하다.

後期	こうき	후기
		後期の試験に備える。 후기 시험에 대비하다.

好奇心	こうきしん	호기심
		好奇心が旺盛だ。 호기심이 왕성하다.

公共	こうきょう	공공
		公共の場所で騒ぐ。 공공장소에서 소란을 피우다.

航空	こうくう	항공
		航空写真を見る。 항공 사진을 보다.

光景	こうけい	광경
		不思議な光景を見る。 신기한 광경을 보다.

工芸 ⊕ 工芸品 공예품	こうげい	공예
		伝統的な工芸を守る。 전통적인 공예를 지키다.

後継者	こうけいしゃ	후계자
		後継者を指名する。 후계자를 지명하다.

攻撃	こうげき	공격 攻撃を受ける。 공격을 받다.
交差	こうさ	교차 道が交差する。 길이 교차하다.
耕作	こうさく	경작 畑を耕作する。 밭을 경작하다.
講師	こうし	강사 講師を務める。 강사를 맡다.
公式	こうしき	공식 公式に訪問する。 공식적으로 방문하다.
口実	こうじつ	구실 うまい口実を作る。 그럴듯한 구실을 만들다.
後者	こうしゃ	후자, 뒤의 것, 뒤를 잇는 자 後者の意見に賛成だ。 후자의 의견에 찬성이다.
公衆	こうしゅう	공중, 대중 公衆の前で演説する。 대중 앞에서 연설하다.
交渉	こうしょう	교섭 交渉がうまくいく。 교섭이 잘 되다.
向上	こうじょう	향상 品質が向上する。 품질이 향상되다.
更新	こうしん	갱신 データを更新する。 데이터를 갱신하다.
香水	こうすい	향수 香水をつける。 향수를 뿌리다.
厚生	こうせい	후생, 복지 厚生施設を利用する。 복지 시설을 이용하다.
功績	こうせき	공적, 공훈, 공로 功績を立てる。 공적을 세우다.

光線	こうせん	광선 太陽光線を浴びる。 태양 광선을 쬐다.
高層	こうそう	고층 高層ビルが建つ。 고층 빌딩이 건설되다.
構造	こうぞう	구조 構造を分析する。 구조를 분석하다.
高速	こうそく	고속 高速道路を走る。 고속 도로를 달리다.
交代 ⊜ 交替	こうたい	교체, 교대 交代で仕事をする。 교대로 일을 하다.
耕地	こうち	경지, 경작지, 농경지 耕地面積が広い。 경지 면적이 넓다.
肯定	こうてい	긍정 肯定も否定もしない。 긍정도 부정도 하지 않는다.
高度	こうど	고도 飛行機が高度を上げる。 비행기가 고도를 올리다.
強盗	ごうとう	강도 強盗に遭う。 강도를 당하다.
公表	こうひょう	공표 結果を公表する。 결과를 공표하다.
鉱物	こうぶつ	광물 鉱物資源を開発する。 광물 자원을 개발하다.
候補	こうほ	후보 候補を選ぶ。 후보를 뽑다.
公務	こうむ	공무 公務で出張する。 공무로 출장을 가다.
項目	こうもく	항목 項目を分けて記入する。 항목을 나누어 기입하다.

合理化	ごうりか	**합리화** 事業の合理化を図る。 사업의 합리화를 꾀하다.
考慮	こうりょ	**고려** 様々な可能性を考慮する。 여러 가지 가능성을 고려하다.
高齢化	こうれいか	**고령화** 高齢化が進む。 고령화가 진행되다.
氷枕	こおりまくら	**얼음주머니** 氷枕で頭を冷やす。 얼음주머니로 머리를 식히다.
誤解	ごかい	**오해** 誤解を招く。 오해를 불러일으키다.
国王	こくおう	**국왕, 임금** 新しい国王が誕生する。 새 국왕이 탄생하다.
国籍	こくせき	**국적** 国籍を聞かれる。 국적을 질문 받다.
克服	こくふく	**극복** 困難を克服する。 어려움을 극복하다.
穀物	こくもつ	**곡물** 穀物を輸入する。 곡물을 수입하다.
小言	こごと	**잔소리, 불평** 小言を言う。 잔소리를 하다.
心当たり	こころあたり	**짐작, 짚이는 데** 心当たりがある。 짚이는 데가 있다.
誇示	こじ	**과시** 自分の成功を誇示する。 자신의 성공을 과시하다.
固体	こたい	**고체** 氷は固体である。 얼음은 고체이다.
国家	こっか	**국가** 国家の未来を考える。 국가의 미래를 생각하다.

国旗	こっき	국기 国旗を掲げる。 국기를 게양하다.
国境	こっきょう	국경 国境を越える。 국경을 넘다.
骨折	こっせつ	골절, 뼈가 부러짐 足を骨折する。 다리가 부러지다.
古典	こてん	고전 古典を読む。 고전을 읽다.
言葉づかい	ことばづかい	말씨, 말투 言葉づかいに気をつける。 말투에 주의하다.
粉	こな	가루 料理にチーズの粉をかける。 요리에 치즈 가루를 뿌리다.
小麦	こむぎ	밀 小麦を粉にする。 밀을 가루로 빻다.
小屋	こや	오두막 海辺の小屋で一日を過ごす。 바닷가 오두막에서 하루를 보내다.
娯楽	ごらく	오락 ここには何の娯楽施設もない。 이곳에는 아무런 오락 시설도 없다.
ご覧	ごらん	보심(존경어) こちらをご覧ください。 이쪽을 보십시오.
混合	こんごう	혼합 原料を混合する。 원료를 혼합하다.
献立	こんだて	식단, 메뉴, 준비 夕食の献立を決める。 저녁 식단을 정하다.
困難	こんなん	곤란 困難に立ち向かう。 곤란에 맞서다.
婚約	こんやく	약혼 婚約を発表する。 약혼을 발표하다.

N2

混乱	こんらん	혼란
		混乱が生じる。 혼란이 생기다.

差異	さい	차이
		差異を比較する。 차이를 비교하다.

財産	ざいさん	재산
		財産を相続する。 재산을 상속하다.

最終	さいしゅう	최종
		最終発表を行う。 최종 발표를 실시하다.

在籍	ざいせき	재적
		たくさんの留学生が在籍する。 많은 유학생이 재적하다.

催促	さいそく	재촉
		図書の返却を督促する。 도서의 반납을 독촉하다.

最大	さいだい	최대
		最大の努力をする。 최대의 노력을 하다.

最中	さいちゅう	한창인 때
		試合の最中に雨が降り出す。 경기가 한창인 때에 비가 내리기 시작하다.

災難	さいなん	재난
		災難に備える。 재난에 대비하다.

栽培	さいばい	재배
		野菜を栽培する。 채소를 재배하다.

裁判	さいばん	재판
		裁判で争う。 재판에서 다투다.

材木	ざいもく	재목, 목재
		材木を切り出す。 재목을 베어내다.

境	さかい	경계, 갈림길, 기로
		三つの県が境を接している。 세 현이 경계를 맞대고 있다.

逆様 ⊜逆さ	さかさま	거꾸로 됨, 반대임
		壁の絵が逆様だ。 벽의 그림이 거꾸로 되어 있다.

326

酒場	さかば	술집, 선술집

酒場で一杯飲む。 술집에서 한잔 마시다.

先々	さきざき	장래, 먼 미래

先々の計画を立てる。 장래의 계획을 세우다.

先程	さきほど	아까, 조금 전

先程は失礼いたしました。 아까는 실례했습니다.

索引	さくいん	색인, 인덱스

索引をつける。 색인을 붙이다.

削除	さくじょ	삭제

ファイルを削除する。 파일을 삭제하다.

作成	さくせい	작성

資料を作成する。 자료를 작성하다.

作物	さくもつ	작물, 농작물

作物を育てる。 작물을 기르다.

指図	さしず	지시

指図に従う。 지시에 따르다.

差し支え	さしつかえ	지장, 문제

差し支えなければ教えてください。 괜찮으시다면 가르쳐 주세요.

刺身	さしみ	생선회

刺身を食べる。 생선회를 먹다.

撮影	さつえい	촬영

記念撮影をする。 기념 촬영을 하다.

雑音	ざつおん	잡음, 소음

雑音が入る。 잡음이 들어가다.

雑談	ざつだん	잡담

雑談を楽しむ。 잡담을 즐기다.

作動	さどう	작동

機械が作動する。 기계가 작동하다.

茶道	さどう	다도 茶道を学ぶ。 다도를 배우다.
砂漠	さばく	사막 砂漠を横断する。 사막을 횡단하다.
錆	さび	(금속) 녹 錆がつく。 녹이 슬다.
差別	さべつ	차별 差別をなくす。 차별을 없애다.
作法	さほう	예의범절, 규범 作法を学ぶ。 예의범절을 배우다.
左右	さゆう	좌우 左右を見回す。 좌우를 둘러보다.
参考	さんこう	참고 資料を参考にする。 자료를 참고하다.
参照	さんしょう	참조 マニュアルを参照する。 매뉴얼을 참조하다.
残高	ざんだか	잔고 預金の残高が少ない。 예금의 잔고가 적다.
産地	さんち	산지 食品の産地を確認する。 식품의 산지를 확인하다.
賛否	さんぴ	찬반, 찬성과 반대 賛否が分かれる。 찬성과 반대가 나뉘다.
幸せ	しあわせ	행복 幸せを感じる。 행복을 느끼다.
鹿	しか	사슴 鹿が草を食べる。 사슴이 풀을 먹는다.
敷地	しきち	(건축) 부지, 터 敷地に家を建てる。 건축 부지에 집을 짓다.

時給	じきゅう	시급
		時給が上がる。 시급이 오르다.

刺激	しげき	자극
		刺激を与える。 자극을 주다.

思考	しこう	사고, 생각
		思考が鈍る。 사고가 무뎌지다.

持参	じさん	지참, 지니고 옴
		お弁当を持参する。 도시락을 지참하다.

支持	しじ	지지
		支持を表明する。 지지를 표명하다.

事実	じじつ	사실
		事実を知る。 사실을 알다.

磁石	じしゃく	자석
		鉄に磁石を近づける。 쇠에 자석을 가까이 대다.

支出	ししゅつ	지출
		支出を抑える。 지출을 억제하다.

思想	しそう	사상
		思想を広める。 사상을 넓히다.

子孫	しそん	자손
		子孫に伝える。 자손에게 전하다.

辞退	じたい	사퇴
		出場を辞退する。 출전을 사퇴하다.

自体	じたい	자체
		考え方自体に問題がある。 사고방식 자체에 문제가 있다.

自宅	じたく	자택
		自宅で仕事をする。 자택에서 일을 하다.

市長	しちょう	시장
		議会に市長が出席する。 의회에 시장이 출석하다.

視聴者	しちょうしゃ	시청자 視聴者の意見を聞く。 시청자의 의견을 듣다.
質	しつ	질, 품질 サービスの質を高める。 서비스의 질을 높이다.
実感	じっかん	실감 人間の弱さを実感する。 인간의 나약함을 실감하다.
実験	じっけん	실험 実験を行う。 실험을 행하다.
実際	じっさい	실제 実際に体験する。 실제로 체험하다.
実施	じっし	실시 計画を実施する。 계획을 실시하다.
実習	じっしゅう	실습 実習に参加する。 실습에 참가하다.
実績	じっせき	실적 実績を積む。 실적을 쌓다.
実践	じっせん	실천 理論と実践は違う。 이론과 실천은 다르다.
執筆	しっぴつ	집필 小説を執筆する。 소설을 집필하다.
実物	じつぶつ	실물 実物を見る。 실물을 보다.
尻尾	しっぽ	꼬리 尻尾を振る。 꼬리를 흔들다.
失望	しつぼう	실망 結果に失望する。 결과에 실망하다.
実務	じつむ	실무 実務経験を積む。 실무 경험을 쌓다.

実例	じつれい	실례
		実例を挙げる。 실례를 들다.

指摘	してき	지적
		ミスを指摘する。 실수를 지적하다.

児童	じどう	아동
		児童の安全を守る。 아동의 안전을 지키다.

品切れ	しなぎれ	품절
		商品が品切れになる。 상품이 품절되다.

支配	しはい	지배
		感情に支配される。 감정에 지배되다.

芝居	しばい	연극
		芝居を見に行く。 연극을 보러 가다.

芝生	しばふ	잔디, 잔디밭
		芝生に座る。 잔디밭에 앉다.

地盤	じばん	지반
		地盤が固い。 지반이 단단하다.

紙幣	しへい	지폐
		紙幣を数える。 지폐를 세다.

資本	しほん	자본
		資本を投入する。 자본을 투입하다.

地元	じもと	그 지역, 고장, 연고지
		地元の意見を尊重する。 그 지역의 의견을 존중하다.

視野	しや	시야
		視野を広げる。 시야를 넓히다.

社員	しゃいん	사원
		社員研修を受ける。 사원 연수를 받다.

弱点	じゃくてん	약점
		自分の弱点を見つける。 자신의 약점을 발견하다.

車掌	しゃしょう	차장, 승무원 車掌に特急料金を払う。 차장에게 특급 요금을 지불하다.
借金	しゃっきん	빚, 차입금 借金を返済する。 빚을 갚다.
しゃっくり		딸꾹질 しゃっくりが出る。 딸꾹질이 나다.
邪魔	じゃま	방해, 훼방 仕事の邪魔をする。 일을 방해하다.
じゃんけん		가위바위보 じゃんけんで決める。 가위바위보로 정하다.
銃	じゅう	총 銃を持って警備する。 총을 들고 경비하다.
集会	しゅうかい	집회 集会を開く。 집회를 열다.
収穫	しゅうかく	수확 りんごを収穫する。 사과를 수확하다.
住居	じゅうきょ	주거, 거처 住居を移す。 거처를 옮기다.
宗教	しゅうきょう	종교 宗教を信じる。 종교를 믿다.
集金	しゅうきん	수금, 돈을 걷음 会費を集金する。 회비를 걷다.
修士	しゅうし	석사 修士論文を発表する。 석사 논문을 발표하다.
終日	しゅうじつ	종일 ここは終日禁煙だ。 여기는 종일 금연이다.
修正	しゅうせい	수정 修正を加える。 수정을 가하다.

渋滞	じゅうたい	정체, 일이나 교통 흐름이 더딤 こうつう じゅうたい 交通が渋滞する。 교통이 정체되다.
集団	しゅうだん	집단 しゅうだん こうどう 集団で行動する。 집단으로 행동하다.
終電	しゅうでん	막차, 마지막 전철 しゅうでん の 終電に乗る。 막차를 타다.
重点	じゅうてん	중점, 포인트 じゅうてん お 重点を置く。 중점을 두다.
充電	じゅうでん	충전 じゅうでん バッテリーを充電する。 배터리를 충전하다.
就任	しゅうにん	취임 しゃちょう しゅうにん 社長に就任する。 사장에 취임하다.
収納	しゅうのう	수납 ふゆもの いるい しゅうのう 冬物の衣類を収納する。 겨울 의류를 수납하다.
充満	じゅうまん	충만, 가득 참 けむり じゅうまん 煙が充満する。 연기가 가득 차다.
重役	じゅうやく	중역, (회사의) 임원 じゅうやくかいぎ しゅっせき 重役会議に出席する。 중역 회의에 참석하다.
終了	しゅうりょう	종료 さぎょう しゅうりょう 作業を終了する。 작업을 종료하다.
重量	じゅうりょう	중량, 무게 じゅうりょう はか 重量を量る。 중량을 재다.
重力	じゅうりょく	중력 じゅうりょく した お 重力によって下に落ちる。 중력에 의해 아래로 떨어지다.
主義	しゅぎ	주의, 신념, 방침 じぶん しゅぎ まも 自分の主義を守る。 자신의 신념을 지키다.
受講	じゅこう	수강 こうぎ じゅこう 講義を受講する。 강의를 수강하다.

N2

取材	しゅざい	취재 取材を受ける。 취재를 받다.
首相	しゅしょう	수상, 총리 首相の支持率が上がる。 총리의 지지율이 오르다.
主人公	しゅじんこう	주인공 主人公として活躍する。 주인공으로 활약하다.
主成分	しゅせいぶん	주성분 薬の主成分を調べる。 약의 주성분을 조사하다.
出世	しゅっせ	출세 早く出世したい。 빨리 출세하고 싶다.
主役	しゅやく	주역, 주인공 主役を演じる。 주인공을 연기하다.
瞬間	しゅんかん	순간 瞬間の表情を写真に残す。 순간의 표정을 사진으로 남기다.
順序	じゅんじょ	순서 順序よく乗車する。 순서대로 승차하다.
使用	しよう	사용 このカードは使用できない。 이 카드는 사용할 수 없다.
消火	しょうか	소화, 소방 消火活動をする。 소방 활동을 하다.
障害	しょうがい	장해, 방해, 장애 システム障害を解決する。 시스템 장애를 해결하다.
奨学金	しょうがくきん	장학금 奨学金をもらう。 장학금을 받다.
蒸気 🔁水蒸気 수증기	じょうき	증기, 김 蒸気が立ち上がる。 증기가 피어오르다.
定規	じょうぎ	자, 기준 定規で長さを測る。 자로 길이를 재다.

状況	じょうきょう	상황
		状況を把握する。 상황을 파악하다.

賞金	しょうきん	상금
		賞金を受け取る。 상금을 받다.

情景	じょうけい	정경, 광경
		美しい情景が目に浮かぶ。 아름다운 정경이 눈에 선하다.

少子化	しょうしか	저출생
		少子化が進む。 저출생이 진행되다.

商社	しょうしゃ	상사, 무역상사
		商社に勤める。 상사에 근무하다.

症状	しょうじょう	증상, 증세
		症状が出る。 증상이 나타나다.

上昇	じょうしょう	상승
		気温が上昇する。 기온이 상승하다.

小数	しょうすう	소수(1보다 작은 수)
➕ 小数点 소수점		分数を小数に直す。 분수를 소수로 고치다.

少数	しょうすう	소수(적은 숫자)
		少数意見を聞く。 소수 의견을 듣다.

情勢	じょうせい	정세
		情勢を分析する。 정세를 분석하다.

状態	じょうたい	상태
		状態を確認する。 상태를 확인하다.

上達	じょうたつ	능숙해짐, 실력이 늚
		水泳が上達する。 수영이 늘다.

承知	しょうち	이해, 알고 있음
		その話なら承知している。 그 이야기라면 알고 있다.

象徴	しょうちょう	상징
		ハトは平和の象徴だ。 비둘기는 평화의 상징이다.

焦点	しょうてん	초점 焦点を合わせる。 초점을 맞추다.
消毒	しょうどく	소독 食器を消毒する。 식기를 소독하다.
衝突	しょうとつ	충돌 意見が衝突する。 의견이 충돌하다.
承認	しょうにん	승인 理事会の承認を得る。 이사회의 승인을 얻다.
少人数	しょうにんずう	소인원, 적은 인원수 少人数で話し合う。 적은 인원수로 의논하다.
勝敗	しょうはい	승패 勝敗を決める。 승패를 가리다.
蒸発	じょうはつ	증발 水が蒸発する。 물이 증발하다.
賞品	しょうひん	상품, 부상으로 받는 물품 賞品が当たる。 상품이 당첨되다.
勝負	しょうぶ	승부 真剣に勝負する。 진지하게 승부하다.
正味	しょうみ	알맹이, 내용물 正味の重さを量る。 내용물의 무게를 재다.
賞味期限	しょうみきげん	유통 기한 賞味期限が切れる。 유통 기한이 지나다.
消耗	しょうもう	소모 体力を消耗する。 체력을 소모하다.
省略	しょうりゃく	생략 説明を省略する。 설명을 생략하다.
女王	じょおう	여왕 女王が統治する。 여왕이 통치하다.

初期	しょき	초기 しょ き せってい 初期設定をする。 초기 설정을 하다.
食塩	しょくえん	식염, 식용 소금 しょくえん あじ つ 食塩で味を付ける。 식염으로 간을 맞추다.
食卓	しょくたく	식탁 しょくたく かこ しょく じ 食卓を囲んで食事をする。 식탁에 둘러앉아 식사를 하다.
職人	しょくにん	장인, 숙련 기술자 す し しょくにん め ざ 寿司職人を目指す。 초밥 장인을 목표로 하다.
職場	しょくば	직장 しょく ば む 職場に向かう。 직장으로 향하다.
食物	しょくもつ	음식, 음식물 けんこうてき しょくもつ た 健康的な食物を食べる。 건강한 음식을 먹다.
書籍 ほん しょもつ ⊜本, 書物	しょせき	서적 しょせき よ 書籍を読む。 서적을 읽다.
初対面	しょたいめん	첫 대면, 첫 만남, 초면 しょたいめん あいさつ 初対面の挨拶をする。 초면에 인사를 하다.
初歩	しょほ	초보, 첫걸음 しょ ほ まな 初歩から学ぶ。 첫걸음부터 배우다.
署名	しょめい	서명 しょるい しょめい 書類に署名する。 서류에 서명하다.
書物 ほん しょせき ⊜本, 書籍	しょもつ	서적, 책 しょもつ よ 書物を読む。 책을 읽다.
所有	しょゆう	소유 と ち しょゆう 土地を所有する。 토지를 소유하다.
処理	しょり	처리 しょ り データを処理する。 데이터를 처리하다.
白髪	しらが	흰머리, 백발 しら が め だ 白髪が目立つ。 흰머리가 눈에 띄다.

N2

印	しるし	**표시, 상징** 印をつける。 표시를 하다.
城	しろ	**성, 성곽** お城を訪ねる。 성을 방문하다.
素人	しろうと	**초보자, 풋내기** この料理は素人でもできる。 이 요리는 초보자도 할 수 있다.
しわ		**주름** ズボンのしわを伸ばす。 바지의 주름을 펴다.
神経	しんけい	**신경** 神経を使う。 신경을 쓰다.
人件費	じんけんひ	**인건비** 人件費を削減する。 인건비를 삭감하다.
信仰	しんこう	**신앙** 信仰が厚い。 신앙이 두텁다.
進行	しんこう	**진행** 計画を進行させる。 계획을 진행시키다.
申告	しんこく	**신고** 所得を申告する。 소득을 신고하다.
人事	じんじ	**인사** 職員の人事異動を行う。 직원의 인사 이동을 실시하다.
進出	しんしゅつ	**진출** 海外に進出する。 해외로 진출하다.
心身	しんしん	**심신, 몸과 마음** 心身ともに健康だ。 심신이 모두 건강하다.
新人	しんじん	**신인, 신입** 新人を指導する。 신인을 지도하다.
心臓	しんぞう	**심장** 運動で心臓を強くする。 운동으로 심장을 강하게 하다.

新卒	しんそつ	**신규 졸업자** 新卒を採用する。 신규 졸업자를 채용하다.
身体	しんたい	**신체** 身体検査を受ける。 신체 검사를 받다.
診断	しんだん	**진단** 高血圧と診断する。 고혈압으로 진단하다.
侵入	しんにゅう	**침입** 人の家に侵入する。 남의 집에 침입하다.
審判	しんぱん	**심판** 試合の審判を務める。 시합의 심판을 맡다.
人物	じんぶつ	**인물** 登場人物を紹介する。 등장인물을 소개하다.
人命	じんめい	**인명, 사람의 생명** 人命を救助する。 인명을 구조하다.
信用	しんよう	**신용** 相手の言葉を信用する。 상대방의 말을 신용하다.
信頼	しんらい	**신뢰** 彼は信頼できる人だ。 그는 신뢰할 수 있는 사람이다.
森林	しんりん	**삼림** 森林を保護する。 삼림을 보호하다.
人類	じんるい	**인류** 人類の歴史を学ぶ。 인류의 역사를 배우다.
図	ず	**그림** 図を描く。 그림을 그리다.
吸い殻	すいがら	**담배꽁초, 꽁초** タバコの吸い殻を捨てる。 담배꽁초를 버리다.
水産物	すいさんぶつ	**수산물** 水産物を食べる。 수산물을 먹다.

N2

水準	すいじゅん	수준 水準を上げる。 수준을 올리다.
水蒸気 ⊟ 蒸気 증기	すいじょうき	수증기, 김 水蒸気が発生する。 수증기가 발생하다.
推薦	すいせん	추천 参考書を推薦する。 참고서를 추천하다.
垂直	すいちょく	수직 垂直に立てる。 수직으로 세우다.
推定	すいてい	추정, 추측 所得を推定する。 소득을 추정하다.
水筒	すいとう	물통, 수통 遠足に水筒を持って行く。 소풍에 물통을 가지고 가다.
水分	すいぶん	수분, 물기 水分を補う。 수분을 보충하다.
水平	すいへい	수평 水平を保つ。 수평을 유지하다.
水平線	すいへいせん	수평선 水平線が見える。 수평선이 보인다.
水面	すいめん	수면 水面が光る。 수면이 빛나다.
数字	すうじ	숫자 具体的な数字を示す。 구체적인 숫자를 나타내다.
末	すえ	끝, 말 今月の末に引っ越す。 이달 말에 이사한다.
姿	すがた	모습, 자태 姿を現す。 모습을 드러내다.
図鑑	ずかん	도감 植物図鑑を出版する。 식물도감을 출판하다.

隙間	すきま	틈새, 틈
		窓の隙間から風が入ってくる。 창문 틈으로 바람이 들어오다.
図形	ずけい	도형
		図形を描く。 도형을 그리다.
筋	すじ	① 근육
		筋を痛める。 근육을 다치다.
		② 줄거리
		映画の筋を話す。 영화의 줄거리를 이야기하다.
頭痛	ずつう	두통
		頭痛がする。 두통이 나다.
頭脳	ずのう	두뇌
		頭脳を使う。 두뇌를 쓰다.
図表	ずひょう	도표
		図表を作成する。 도표를 작성하다.
炭	すみ	숯
		炭に火をつける。 숯에 불을 붙이다.
寸法	すんぽう	치수, 길이, 척도
		寸法を測る。 치수를 재다.
声援	せいえん	성원
		声援を送る。 성원을 보내다.
世紀	せいき	세기, 100년
		彼は20世紀を代表する画家だ。 그는 20세기를 대표하는 화가이다.
請求	せいきゅう	청구
		商品の代金を請求する。 상품의 대금을 청구하다.
制限	せいげん	제한
		速度制限を守る。 속도 제한을 지키다.
製作	せいさく	제작
		映画を製作する。 영화를 제작하다.

N2

精算	せいさん	정산 運賃を精算する。 운임을 정산하다.
精神	せいしん	정신 精神を集中する。 정신을 집중하다.
整数	せいすう	정수(자연수와 0, 음수) 計算した結果を整数で表す。 계산한 결과를 정수로 나타내다.
製造	せいぞう	제조 自動車の部品を製造する。 자동차 부품을 제조하다.
生存	せいぞん	생존 生存の可能性は低い。 생존 가능성은 낮다.
制度	せいど	제도 新しい制度を作る。 새로운 제도를 만들다.
性能	せいのう	성능 性能を比較する。 성능을 비교하다.
整備	せいび	정비 道路を整備する。 도로를 정비하다.
政府	せいふ	정부 政府が対策を立てる。 정부가 대책을 세우다.
生物	せいぶつ	생물 高校で生物を学ぶ。 고등학교에서 생물을 배우다.
成分	せいぶん	성분 成分を分析する。 성분을 분석하다.
性別	せいべつ	성별 性別に関係なく採用する。 성별에 관계없이 채용하다.
正方形	せいほうけい	정방형, 정사각형 正方形に切る。 정사각형으로 자르다.
生命	せいめい	생명 生命を大切にする。 생명을 소중히 하다.

成立	せいりつ	성립 法案が成立する。 법안이 성립되다.
西暦	せいれき	서기, 서력 卒業年度を西暦で書く。 졸업 연도를 서기로 쓰다.
石炭	せきたん	석탄 石炭を掘る。 석탄을 캐다.
世間	せけん	세상, 세간 世間を騒がせる。 세상을 떠들썩하게 하다.
世代	せだい	세대 世代を超える。 세대를 초월하다.
接近	せっきん	접근 台風が接近する。 태풍이 접근하다.
設計	せっけい	설계 ビルを設計する。 빌딩을 설계하다.
絶好調	ぜっこうちょう	절정, 최상의 상태 売り上げは絶好調だ。 매출은 최상의 상태이다.
接続	せつぞく	접속 ネットワークに接続する。 네트워크에 접속하다.
説得	せっとく	설득 相手を説得する。 상대방을 설득하다.
設備	せつび	설비 設備を整える。 설비를 갖추다.
背骨	せぼね	등뼈, 척추 背骨を伸ばす。 척추를 펴다.
台詞	せりふ	대사 台詞を覚える。 대사를 외우다.
栓	せん	마개, 병뚜껑, (수도) 꼭지 ビールの栓を開ける。 맥주의 병뚜껑을 열다.

343

前期	ぜんき	**전기** 前期の試験が終わる。 전기 시험이 끝나다.
戦後	せんご	**전후, 전쟁 후** 戦後の混乱が収まる。 전후의 혼란이 수습되다.
前後	ぜんご	**전후, 앞뒤** 前後関係をはっきりさせる。 전후 관계를 분명히 하다.
前者	ぜんしゃ	**전자, 앞의 것** 前者の方がいい。 전자가 낫다.
前進	ぜんしん	**전진** 問題解決に一歩前進する。 문제 해결에 일보 전진하다.
先祖 ⊜ 祖先	せんぞ	**선조, 조상** 先祖を敬う。 조상을 공경하다.
先端	せんたん	**첨단** 先端技術を開発する。 첨단 기술을 개발하다.
選定	せんてい	**선정** 候補者を選定する。 후보자를 선정하다.
先頭	せんとう	**선두** 先頭に立つ。 선두에 서다.
専念	せんねん	**전념** 研究に専念する。 연구에 전념하다.
全力	ぜんりょく	**전력** 全力を尽くす。 전력을 다하다.
象	ぞう	**코끼리** 象を会社のマークにする。 코끼리를 회사 마크로 삼다.
相違	そうい	**상이, 차이, 다름** 意見の相違がある。 의견의 차이가 있다.
増加	ぞうか	**증가** 人口が増加する。 인구가 증가하다.

総額	そうがく	총액
		総額を計算する。 총액을 계산하다.

早期	そうき	조기
		病気は早期発見が大切だ。 병은 조기 발견이 중요하다.

増減	ぞうげん	증감
		売り上げの増減が激しい。 매출의 증감이 심하다.

倉庫	そうこ	창고
		倉庫に保管する。 창고에 보관하다.

相互	そうご	상호
		相互理解を深める。 상호 이해를 깊게 하다.

捜査	そうさ	수사
		事件の捜査を開始する。 사건 수사를 개시하다.

操作	そうさ	조작
		機械を操作する。 기계를 조작하다.

創作	そうさく	창작
		作品の創作活動をする。 작품의 창작 활동을 하다.

葬式	そうしき	장례식
		葬式を行う。 장례식을 치르다.

造船 ➕ 造船業 조선업	ぞうせん	조선, 배를 만듦
		船を造船する。 배를 만들다.

増大	ぞうだい	증대
		予算が増大する。 예산이 증대하다.

装置	そうち	장치
		安全装置を取り付ける。 안전장치를 설치하다.

想定	そうてい	상정, 가정, 전제
		最悪の事態を想定する。 최악의 사태를 상정하다.

続出	ぞくしゅつ	속출
		被害者が続出する。 피해자가 속출하다.

速力	そくりょく	속력 速力を出す。 속력을 내다.
素材	そざい	소재, 원재료 素材を生かした料理を作る。 원재료를 살린 요리를 만들다.
組織	そしき	조직 組織を改革する。 조직을 개혁하다.
素質	そしつ	소질 音楽の素質がある。 음악에 소질이 있다.
祖先 ⊜先祖	そせん	선조, 조상 祖先の文化遺産を守る。 조상의 문화유산을 지키다.
育ち	そだち	성장, 성장 환경 育ちがいい。 성장 환경이 좋다.
その後	そのご	그 후 その後の経過を報告する。 그 후의 경과를 보고하다.
そのほか		그 외, 기타 そのほかにも注意点がある。 그 외에도 주의할 점이 있다.
そのもの		그 자체 彼の態度は、真剣そのものだった。 그의 태도는 진지함 그 자체였다.
そろばん		주판, 계산, 셈 そろばんを使って計算する。 주판을 써서 계산하다.
損 ⊜得 득, 이득	そん	손해, 손실 投資で損をする。 투자에서 손해를 보다.
損害 ⊜損, 損失	そんがい	손해, 손실 損害を受ける。 손해를 보다.
尊敬	そんけい	존경 親を心から尊敬する。 부모를 진심으로 존경하다.

存在	そんざい	존재 じぶんの存在を示す。 자신의 존재를 나타내다.
損失 ● 利益 이익, 이득	そんしつ	손실 会社に損失を与える。 회사에 손실을 주다.
尊重	そんちょう	존중 相手の意見を尊重する。 상대방의 의견을 존중하다.
損得	そんとく	손익, 손실과 이득 損得を考えない。 손익을 생각하지 않는다.
第一印象	だいいちいんしょう	첫인상 第一印象が大切だ。 첫인상이 중요하다.
体格	たいかく	체격 体格がいい。 체격이 좋다.
大学院	だいがくいん	대학원 大学院に進学する。 대학원에 진학하다.
体感	たいかん	체감 速度を体感する。 속도를 체감하다.
大気	たいき	대기 今日は大気が不安定だ。 오늘은 대기가 불안정하다.
大工	だいく	목수, 목공 父は大工の仕事をしている。 아버지는 목수 일을 하고 있다.
体系	たいけい	체계 教育の体系を見直す。 교육 체계를 재검토하다.
太鼓	たいこ	북 太鼓を叩く。 북을 치다.
対象	たいしょう	대상, 상대 高校生を対象に調査する。 고교생을 대상으로 조사하다.
対照	たいしょう	대조, 대비 訳文と原文を対照する。 번역문과 원문을 대조하다.

| 大小 | だいしょう | 대소, 크고 작음 |
| | | 大小様々な食器を生産する。 크고 작은 다양한 식기를 생산하다. |

| 大臣 | だいじん | 대신, 장관 |
| | | 外務大臣に就任する。 외무장관으로 취임하다. |

| 体制 | たいせい | 체제 |
| | | 新しい経営体制を発表する。 새로운 경영 체제를 발표하다. |

| 体積 | たいせき | 체적, 부피 |
| | | 物体の体積を量る。 물체의 부피를 재다. |

| 大戦 | たいせん | 대전, 큰 전쟁 |
| | | 世界大戦の背景を調べる。 세계 대전의 배경을 조사하다. |

| 対戦 | たいせん | 대전, 대항전 |
| | | 対戦相手と握手する。 대전 상대와 악수하다. |

| 体操 | たいそう | 체조 |
| | | ラジオ体操をする。 라디오 체조를 하다. |

| 大半 | たいはん | 태반, 과반, 대부분 |
| | | 大半の人が賛成する。 과반의 사람들이 찬성하다. |

| 対比 | たいひ | 대비, 비교, 대조 |
| | | 日米の文化を対比する。 일본과 미국의 문화를 비교하다. |

| 大部分 | だいぶぶん | 대부분, 거의 |
| | | 仕事の大部分が終わる。 일의 대부분이 끝나다. |

| 大木 | たいぼく | 거목, 커다란 나무 |
| | | 大木が倒れる。 커다란 나무가 쓰러지다. |

代名詞	だいめいし	대명사
		富士山は日本の代名詞と言える。
		후지산은 일본의 대명사라고 할 수 있다.

| 体毛 | たいもう | 체모, 몸의 털 |
| | | 体毛が濃い。 체모가 짙다. |

太陽	たいよう	**태양** 太陽が昇る。 태양이 떠오르다.
大陸	たいりく	**대륙** 大陸を横断する。 대륙을 횡단하다.
対立	たいりつ	**대립** 意見が対立する。 의견이 대립하다.
田植え	たうえ	**모내기** 田植えの時期となる。 모내기 시기가 되다.
楕円	だえん	**타원** 楕円を描く。 타원을 그리다.
滝	たき	**폭포** 滝の水が落ちる。 폭포수가 떨어지다.
立場	たちば	**입장** 相手の立場を考える。 상대방의 입장을 생각하다.
脱線	だっせん	**탈선** 電車が脱線する。 전철이 탈선하다.
谷	たに	**계곡, 골짜기** 谷の間に川が流れる。 골짜기 사이로 강이 흐르다.
束 ➕花束 꽃다발	たば	**다발, 묶음** 領収書を束にする。 영수증을 묶음으로 만들다.
田畑	たはた	**전답, 논밭** 田畑を耕す。 논밭을 일구다.
頼り	たより	**의지** 彼は頼りになる人だ。 그는 의지가 되는 사람이다.
便り	たより	**소식, 편지** 便りが届く。 소식이 도착하다.
単位	たんい	**단위, 학점** 単位を取る。 학점을 따다.

段階	だんかい	**단계**
		<ruby>段<rt>だん</rt></ruby><ruby>階<rt>かい</rt></ruby>を<ruby>踏<rt>ふ</rt></ruby>む。 단계를 밟다.

短所	たんしょ	**단점**
		<ruby>自<rt>じ</rt></ruby><ruby>分<rt>ぶん</rt></ruby>の<ruby>短<rt>たん</rt></ruby><ruby>所<rt>しょ</rt></ruby>を<ruby>知<rt>し</rt></ruby>る。 자신의 단점을 알다.

男女	だんじょ	**남녀**
		<ruby>男<rt>だん</rt></ruby><ruby>女<rt>じょ</rt></ruby>を<ruby>問<rt>と</rt></ruby>わず<ruby>採<rt>さい</rt></ruby><ruby>用<rt>よう</rt></ruby>する。 남녀를 불문하고 채용하다.

淡水	たんすい	**담수, 민물**
		この<ruby>魚<rt>さかな</rt></ruby>は<ruby>淡<rt>たん</rt></ruby><ruby>水<rt>すい</rt></ruby>に<ruby>住<rt>す</rt></ruby>む。 이 물고기는 민물에 산다.

団地	だんち	**단지**
		<ruby>郊<rt>こう</rt></ruby><ruby>外<rt>がい</rt></ruby>の<ruby>団<rt>だん</rt></ruby><ruby>地<rt>ち</rt></ruby>に<ruby>住<rt>す</rt></ruby>む。 교외의 단지에 살다.

断定	だんてい	**단정**
		<ruby>断<rt>だん</rt></ruby><ruby>定<rt>てい</rt></ruby>を<ruby>避<rt>さ</rt></ruby>ける。 단정을 피하다.

担任	たんにん	**담임**
		<ruby>担<rt>たん</rt></ruby><ruby>任<rt>にん</rt></ruby>の<ruby>先<rt>せん</rt></ruby><ruby>生<rt>せい</rt></ruby>が<ruby>変<rt>か</rt></ruby>わる。 담임 선생님이 바뀌다.

短編	たんぺん	**단편**
		<ruby>短<rt>たん</rt></ruby><ruby>編<rt>ぺん</rt></ruby><ruby>小<rt>しょう</rt></ruby><ruby>説<rt>せつ</rt></ruby>を<ruby>読<rt>よ</rt></ruby>む。 단편 소설을 읽다.

田んぼ	たんぼ	**논**
		<ruby>田<rt>た</rt></ruby>んぼで<ruby>働<rt>はたら</rt></ruby>く。 논에서 일하다.

地位	ちい	**지위**
		<ruby>代<rt>だい</rt></ruby><ruby>表<rt>ひょう</rt></ruby>の<ruby>地<rt>ち</rt></ruby><ruby>位<rt>い</rt></ruby>を<ruby>得<rt>え</rt></ruby>る。 대표의 지위를 얻다.

地域	ちいき	**지역**
		<ruby>地<rt>ち</rt></ruby><ruby>域<rt>いき</rt></ruby>を<ruby>活<rt>かっ</rt></ruby><ruby>性<rt>せい</rt></ruby><ruby>化<rt>か</rt></ruby>する。 지역을 활성화하다.

知恵	ちえ	**지혜**
		<ruby>知<rt>ち</rt></ruby><ruby>恵<rt>え</rt></ruby>を<ruby>絞<rt>しぼ</rt></ruby>る。 지혜를 짜내다.

近頃	ちかごろ	**최근, 요즘**
		<ruby>近<rt>ちか</rt></ruby><ruby>頃<rt>ごろ</rt></ruby><ruby>忙<rt>いそ</rt></ruby>しい。 요즘 바쁘다.

地区	ちく	**지구, 지역**
		<ruby>地<rt>ち</rt></ruby><ruby>区<rt>く</rt></ruby>の<ruby>代<rt>だい</rt></ruby><ruby>表<rt>ひょう</rt></ruby>を<ruby>選<rt>えら</rt></ruby>ぶ。 지구의 대표를 뽑다.

知事	ちじ	지사(행정 직위) 知事に就任する。 지사로 취임하다.
知識	ちしき	지식 知識を深める。 지식을 깊게 하다.
地帯	ちたい	지대 工業地帯には工場が多い。 공업 지대에는 공장이 많다.
地点	ちてん	지점 目標地点までの距離を測る。 목표 지점까지의 거리를 재다.
知能	ちのう	지능 知能が高い。 지능이 높다.
地平線	ちへいせん	지평선 地平線が見える。 지평선이 보인다.
中継	ちゅうけい	중계 事故現場から中継する。 사고 현장에서 중계하다.
抽選	ちゅうせん	추첨 抽選で当たる。 추첨으로 당첨되다.
中断	ちゅうだん	중단 試合を中断する。 시합을 중단하다.
中立	ちゅうりつ	중립 中立の立場を取る。 중립 입장을 취하다.
長官	ちょうかん	장관(행정 직위) 長官に任命される。 장관에 임명되다.
長期	ちょうき	장기 長期の休みを取る。 장기 휴가를 얻다.
彫刻	ちょうこく	조각 彫刻作品を見に行く。 조각 작품을 보러 가다.
長時間	ちょうじかん	장시간 長時間の会議が続く。 장시간의 회의가 계속되다.

頂上	ちょうじょう	정상, 꼭대기
		山の頂上に立つ。 산꼭대기에 서다.
調節	ちょうせつ	조절
		温度を調節する。 온도를 조절하다.
頂点	ちょうてん	정점, 정상, 꼭대기
		人気が頂点に達する。 인기가 정점에 달하다.
長方形	ちょうほうけい	장방형, 직사각형
		長方形の面積を計算する。 직사각형의 면적을 계산하다.
調理	ちょうり	조리
		肉を調理する。 고기를 조리하다.
著者	ちょしゃ	저자
		ベストセラーの著者になる。 베스트셀러의 저자가 되다.
著書	ちょしょ	저서
		著書を出版する。 저서를 출판하다.
貯蔵	ちょぞう	저장
		食料を貯蔵する。 식료품을 저장하다.
直角	ちょっかく	직각
		直角に曲がる。 직각으로 구부러지다.
直径	ちょっけい	직경, 지름
		木の直径を測る。 나무의 지름을 재다.
治療	ちりょう	치료
		治療を受ける。 치료를 받다.
追加	ついか	추가
		項目を追加する。 항목을 추가하다.
通貨	つうか	통화, 통용화
		通貨の安定を図る。 통화의 안정을 도모하다.
通学	つうがく	통학
		電車で通学する。 전철로 통학하다.

通達	つうたつ	통첩, 통지(행정 용어) 文部科学省から通達を受ける。 문부과학성으로부터 통첩을 받다.
通用	つうよう	통용 そんな言い訳は通用しない。 그런 변명은 통하지 않는다.
通路	つうろ	통로 通路に物を置かないでください。 통로에 물건을 두지 마세요.
使い捨て	つかいすて	일회용, 쓰고 버림 使い捨て用品の使用を禁止する。 일회용품 사용을 금지하다.
突き当たり	つきあたり	막다른 곳 突き当たりを左に曲がる。 막다른 곳에서 왼쪽으로 돌다.
唾	つば	침, 타액 唾を吐く。 침을 뱉다.
粒	つぶ	알갱이, 낱알 粒が大きい。 알갱이가 크다.
罪	つみ	죄 罪を認める。 죄를 인정하다.
積み重ね	つみかさね	축적, 쌓아 올림 努力の積み重ねが実を結ぶ。 노력이 쌓여 결실을 맺다.
つや		윤, 윤기, 광택 つやが出る。 윤이 나다.
強火 ● 弱火 약불	つよび	센불 強火で炒める。 센불에서 볶다.
強み	つよみ	강점 強みを生かす。 강점을 살리다.
釣り	つり	낚시 海で釣りをする。 바다에서 낚시를 하다.
連れ	つれ	일행, 동반 お連れ様でしょうか。 일행이신가요?

定価	ていか	정가
		定価で販売する。 정가로 판매하다.

定休日	ていきゅうび	정기 휴일
		明日は定休日だ。 내일은 정기 휴일이다.

提供	ていきょう	제공
		サービスを提供する。 서비스를 제공하다.

抵抗	ていこう	저항
		不当な指示に抵抗する。 부당한 지시에 저항하다.

停止	ていし	정지
		エンジンが停止する。 엔진이 정지하다.

訂正	ていせい	정정
		発言を訂正する。 발언을 정정하다.

程度	ていど	정도, 수준, 가량
		ある程度のミスは許容する。 어느 정도의 실수는 허용한다.

定年	ていねん	정년
		定年を迎える。 정년을 맞이하다.

停留所	ていりゅうじょ	정류소, 정류장
		次の停留所でバスを降りる。 다음 정류장에서 버스를 내린다.

手入れ	ていれ	손질, 단속
		庭の手入れをする。 정원을 손질하다.

手書き	てがき	자필, 손으로 씀
		手書きの年賀状を作る。 손으로 쓴 연하장을 만들다.

敵	てき	적
		敵を倒す。 적을 쓰러뜨리다.

適用	てきよう	적용
		ルールを適用する。 규칙을 적용하다.

弟子	でし	제자
		職人の弟子になる。 장인의 제자가 되다.

手帳	てちょう	수첩

手帳に書き込む。 수첩에 써넣다.

鉄	てつ	철

鉄を加工する。 철을 가공하다.

哲学	てつがく	철학

大学で哲学を勉強する。 대학에서 철학을 공부하다.

鉄橋	てっきょう	철교

鉄橋を渡る。 철교를 건너다.

手作り	てづくり	손수 만듦, 수제

母の手作りの料理を食べる。 어머니가 손수 만든 요리를 먹다.

手続き	てつづき	수속

手続きを済ませる。 수속을 마치다.

鉄砲	てっぽう	총

鉄砲を発射する。 총을 발사하다.

徹夜	てつや	철야, 밤 새움

徹夜で看病する。 철야로 간병하다.

手間	てま	수고, 시간, 노력, 손

この仕事は手間がかかる。 이 일은 손이 많이 간다.

出迎え	でむかえ	마중

空港に出迎えに行く。 공항에 마중하러 가다.

添加	てんか	첨가
➊添加物 첨가물		

食品に香料を添加する。 식품에 향료를 첨가하다.

展開	てんかい	전개

事態が予想外の展開になる。 사태가 예상과는 다르게 전개되다.

伝記	でんき	전기

偉い人の伝記を読む。 훌륭한 사람의 전기를 읽다.

転勤	てんきん	전근

大阪に転勤する。 오사카로 전근하다.

点検	てんけん	**점검** 人員を点検する。 인원을 점검하다.
天候	てんこう	**기후, 날씨** 天候が悪化する。 날씨가 나빠지다.
電子	でんし	**전자** 電子機器を使う。 전자 기기를 사용하다.
天井	てんじょう	**천정, 천장** 天井が高い。 천장이 높다.
天職	てんしょく	**천직** 天職を見つける。 천직을 발견하다.
点数	てんすう	**점수** 点数を稼ぐ。 점수를 벌다.
電卓	でんたく	**전자계산기** 電卓で計算する。 전자계산기로 계산하다.
電池	でんち	**전지** 電池を交換する。 전지를 교환하다.
店長	てんちょう	**점장** 店長に相談する。 점장에게 상담하다.
伝統	でんとう	**전통** 伝統を守る。 전통을 지키다.
店内	てんない	**점내, 가게 안** 店内が混雑する。 가게 안이 혼잡하다.
天然	てんねん	**천연** 天然素材を使う。 천연 소재를 사용하다.
電波	でんぱ	**전파** 電波が届く。 전파가 닿다.
添付	てんぷ	**첨부** 書類を添付する。 서류를 첨부하다.

電流	でんりゅう	전류
		電流が流れる。 전류가 흐르다.

電力	でんりょく	전력
		電力を供給する。 전력을 공급하다.

統一	とういつ	통일
		意見を統一する。 의견을 통일하다.

同格	どうかく	동격, 같은 자격
		彼は社長と同格の地位にある。 그는 사장과 동격의 지위에 있다.

峠	とうげ	고개, 고비
		峠を越える。 고개를 넘다.

東西	とうざい	동서, 동쪽과 서쪽
		川が東西に流れる。 강이 동서로 흐르다.

当時	とうじ	당시
		結婚当時を思い出す。 결혼 당시를 떠올리다.

同時	どうじ	동시
		二人同時にゴールインする。 두 사람이 동시에 골인하다.

投書	とうしょ	투서, 투고
		新聞社に投書する。 신문사에 투고하다.

同情	どうじょう	동정
		被害者に同情する。 피해자를 동정하다.

道徳	どうとく	도덕
		公衆道徳を守る。 공중도덕을 지키다.

盗難	とうなん	도난
		盗難に遭う。 도난을 당하다.

導入	どうにゅう	도입
		新しい制度を導入する。 새로운 제도를 도입하다.

当番	とうばん	당번
		当番を務める。 당번을 맡다.

投票	とうひょう	**투표**
⊕投票率 투표율		し ちょうせんきょ　とうひょう 市長選挙で投票する。 시장 선거에서 투표하다.

逃亡	とうぼう	**도망**
		はんにん　とうぼう 犯人が逃亡する。 범인이 도망치다.

動揺	どうよう	**동요**
		じ こ　　　　　どうよう 事故にあって動揺する。 사고를 당하여 동요하다.

童謡	どうよう	**동요**
		どうよう　うた 童謡を歌う。 동요를 부르다.

同僚	どうりょう	**동료**
		どうりょう　きょうりょく 同僚と協力する。 동료와 협력하다.

登録	とうろく	**등록**
		かいいん　　　　　とうろく 会員として登録する。 회원으로 등록하다.

討論	とうろん	**토론**
		きょういくもんだい　　　　　　とうろん 教育問題について討論する。 교육 문제에 대해 토론하다.

童話	どうわ	**동화**
		どう わ　よ 童話を読む。 동화를 읽다.

特性	とくせい	**특성**
		とくせい　り かい 特性を理解する。 특성을 이해하다.

特徴	とくちょう	**특징**
		とくちょう　せつめい 特徴を説明する。 특징을 설명하다.

特長	とくちょう	**특장, 특별한 장점**
		せいひん　とくちょう　せつめい 製品の特長を説明する。 제품의 특장을 설명하다.

特定	とくてい	**특정**
		じ こ　げんいん　とくてい 事故の原因を特定する。 사고의 원인을 특정하다.

独特	どくとく	**독특함**
		みせ　　　　どくとく　ふん い き この店には独特の雰囲気がある。 이 가게에는 독특한 분위기가 있다.

図書 ⊜本 책	としょ	**도서** 図書を返却する。 도서를 반납하다.
都心	としん	**도심** 本社は都心にある。 본사는 도심에 있다.
戸棚	とだな	**찬장** 戸棚を開ける。 찬장을 열다.
丼	どんぶり	**① 사발** 丼にご飯を盛る。 사발에 밥을 담다. **② 덮밥** お昼はマグロ丼を食べた。 점심은 참치덮밥을 먹었다.
長生き	ながいき	**장수** 100歳まで長生きする。 100세까지 장수하다.
仲直り	なかなおり	**화해** 友達と仲直りする。 친구와 화해하다.
長年	ながねん	**오랜 세월, 다년** 長年の経験を持つ。 오랜 경험을 가지다.
半ば	なかば	**절반, 중간, 중반** 今年も半ばを過ぎた。 올해도 절반을 지났다.
仲間	なかま	**동료** 仲間と協力する。 동료와 협력하다.
中身	なかみ	**속, 내용물, 알맹이** 箱の中身を確認する。 상자의 내용물을 확인하다.
眺め	ながめ	**전망, 조망, 경치** この部屋は眺めがいい。 이 방은 전망이 좋다.
無し	なし	**없음** その話は無しにしよう。 그 이야기는 없던 걸로 하자.
謎	なぞ	**수수께끼** 謎を解く。 수수께끼를 풀다.

N2

納豆	なっとう	낫토(콩을 발효시킨 음식) 納豆に卵を入れる。 낫토에 달걀을 넣다.
鍋	なべ	냄비 鍋料理を作る。 냄비 요리를 만들다.
縄	なわ	새끼줄, 밧줄 縄で縛る。 밧줄로 묶다.
南極	なんきょく	남극 南極探検に行く。 남극 탐험을 가다.
南米	なんべい	남미 南米を旅行する。 남미를 여행하다.
肉類	にくるい	육류 肉類を好んで食べる。 육류를 즐겨 먹다.
虹	にじ	무지개 空に虹がかかる。 하늘에 무지개가 걸리다.
日課	にっか	일과 散歩を日課とする。 산책을 일과로 삼다.
日光 ➕ 日光浴 일광욕	にっこう	일광, 햇빛 夏は日光が強い。 여름에는 햇빛이 강하다.
日中 ➖ 昼 낮	にっちゅう	낮, 대낮 日中は暑い。 낮에는 덥다.
入荷	にゅうか	입하, 들어옴 新商品が入荷する。 신상품이 입하되다.
布	ぬの	천, 헝겊 布でカーテンを作る。 천으로 커튼을 만들다.
ねじ		나사, 태엽 ねじを締める。 나사를 죄다.
熱帯	ねったい	열대 熱帯雨林を探検する。 열대 우림을 탐험하다.

| 値引き | ねびき | 가격 인하, 값을 깎아줌, 할인 |
| | | 価格を値引きする。 가격을 깎다. |

| 寝巻き | ねまき | 잠옷 |
| | | 寝巻きに着替える。 잠옷으로 갈아입다. |

| 眠り | ねむり | 잠, 수면 |
| | | 眠りにつく。 잠이 들다. |

| 狙い | ねらい | 표적, 목적 |
| | | 計画の狙いを説明する。 계획의 목적을 설명하다. |

| 年代 | ねんだい | 연대, 시대 |
| | | 建物の年代を調べる。 건물의 연대를 조사하다. |

| 年度 | ねんど | 연도 |
| | | 新しい年度が始まる。 새로운 연도가 시작되다. |

| 年齢 | ねんれい | 연령, 나이 |
| ⊜年 나이 | | 年齢を重ねる。 나이를 먹다. |

| 農家 | のうか | 농가 |
| | | 農家を営む。 농가를 경영하다. |

| 農産物 | のうさんぶつ | 농산물 |
| | | 農産物を収穫する。 농산물을 수확하다. |

| 納税 | のうぜい | 납세 |
| | | 期限内に納税する。 기한 내에 납세하다. |

| 濃度 | のうど | 농도 |
| | | 濃度を調整する。 농도를 조정하다. |

| 納付 | のうふ | 납부 |
| | | 授業料を納付する。 수업료를 납부하다. |

| 農薬 | のうやく | 농약 |
| | | 農薬を使う。 농약을 사용하다. |

| 能率 | のうりつ | 능률 |
| | | 作業の能率を上げる。 작업의 능률을 올리다. |

軒	のき	처마 軒_{のき}から水_{みず}が落_おちる。 처마에서 물이 떨어지다.
望み	のぞみ	바람, 소망, 희망 長年_{ながねん}の望_{のぞ}みがかなう。 오랜 바람이 이루어지다.
後	のち	후, 다음, 나중 それは後_{のち}に説明_{せつめい}します。 그것은 나중에 설명하겠습니다.
糊	のり	풀 糊_{のり}を付_つける。 풀을 칠하다.
場	ば	곳, 장소, 자리 その場_ばで決_きめる。 그 자리에서 정하다.
廃止	はいし	폐지 路線_{ろせん}を廃止_{はいし}する。 노선을 폐지하다.
排出	はいしゅつ	배출 ごみを排出_{はいしゅつ}する。 쓰레기를 배출하다.
配分	はいぶん	배분 予算_{よさん}を配分_{はいぶん}する。 예산을 배분하다.
俳優	はいゆう	배우 映画_{えいが}俳優_{はいゆう}になる。 영화배우가 되다.
墓	はか	무덤, 묘 祖先_{そせん}の墓_{はか}にお参_{まい}りする。 조상의 묘를 참배하다.
馬鹿	ばか	바보 人_{ひと}を馬鹿_{ばか}にする。 사람을 바보 취급하다.
博士 ⊜はくし	はかせ	박사 博士_{はかせ}号_{ごう}を取得_{しゅとく}する。 박사 학위를 취득하다.
墓参り	はかまいり	성묘 墓参_{はかまい}りに行_いく。 성묘하러 가다.
秤	はかり	저울 体重_{たいじゅう}を秤_{はかり}で量_{はか}る。 체중을 저울로 재다.

吐気	はきけ	**구역질, 메스꺼움** 朝から吐気がする。 아침부터 구역질이 난다.
爆発	ばくはつ	**폭발** ガスが爆発する。 가스가 폭발하다.
歯車	はぐるま	**톱니바퀴** 歯車が回転する。 톱니바퀴가 회전하다.
鋏	はさみ	**가위** 鋏で紙を切る。 가위로 종이를 자르다.
破産	はさん	**파산** 事業に失敗して破産する。 사업에 실패하여 파산하다.
端	はし	**끝, 가장자리** 紙の端を折る。 종이 끝을 접다.
恥	はじ	**창피, 부끄러움** 恥をかく。 창피를 당하다.
梯子	はしご	**사다리** 梯子を上る。 사다리를 오르다.
初め	はじめ	**처음, 시작** 初めからやり直す。 처음부터 다시 시작하다.
旗	はた	**기, 깃발** 旗を振る。 깃발을 흔들다.
肌	はだ	**피부** 肌が荒れる。 피부가 거칠어지다.
裸	はだか	**알몸, 맨몸** 裸になる。 알몸이 되다.
肌着	はだぎ	**속옷, 내의** 肌着を着る。 속옷을 입다.
働き手	はたらきて	**일손, 일꾼, 노동력** 働き手が不足する。 일손이 부족하다.

鉢	はち	**주발, 대접** 料理を鉢に盛る。 대접에 요리를 담다.
発揮	はっき	**발휘** 力を発揮する。 힘을 발휘하다.
発掘	はっくつ	**발굴** 遺跡を発掘する。 유적을 발굴하다.
発行	はっこう	**발행** 新聞を発行する。 신문을 발행하다.
発射	はっしゃ	**발사** ロケットを発射する。 로켓을 발사하다.
花嫁	はなよめ	**신부, 새색시** 花嫁を祝福する。 신부를 축복하다.
ばね		**용수철, 탄력** ばねが伸びる。 용수철이 늘어나다.
破片	はへん	**파편** ガラスの破片を片付ける。 유리 파편을 치우다.
早起き	はやおき	**일찍 일어남** 早起きの習慣をつける。 일찍 일어나는 습관을 들이다.
腹	はら	**배, 복부** 腹が減る。 배가 고프다.
針金	はりがね	**철사** 針金を曲げる。 철사를 구부리다.
春先	はるさき	**초봄, 이른 봄** 春先の風は冷たい。 초봄의 바람은 차갑다.
反映	はんえい	**반영** 住民の意見を反映する。 주민의 의견을 반영하다.
半径	はんけい	**반경, 반지름** 円の半径を求める。 원의 반지름을 구하다.

判子	はんこ	도장, 인감
		判子を押す。 도장을 찍다.

反抗	はんこう	반항
		親に反抗する。 부모에게 반항하다.

犯罪	はんざい	범죄
		犯罪を防ぐ。 범죄를 방지하다.

万歳	ばんざい	만세
		手を挙げて万歳をする。 손을 들어 만세를 부르다.

判事	はんじ	판사
		判事が判決を下す。 판사가 판결을 내리다.

半数	はんすう	반수
		半数以上が賛成する。 반수 이상이 찬성하다.

半袖	はんそで	반소매
		半袖のシャツを着る。 반소매 셔츠를 입다.

判断	はんだん	판단
		状況を判断する。 상황을 판단하다.

反応	はんのう	반응
		相手の反応を見る。 상대방의 반응을 보다.

反面	はんめん	반면
		この花は暑さに強い反面、寒さに弱い。
		이 꽃은 더위에 강한 반면 추위에 약하다.

反論	はんろん	반론
		相手の主張に反論する。 상대방의 주장에 반론하다.

日陰	ひかげ	그늘, 응달, 음지
		日陰で休む。 그늘에서 쉬다.

引き分け	ひきわけ	무승부
		試合が引き分けに終わる。 경기가 무승부로 끝나다.

悲劇	ひげき	비극 悲劇が起きる。 비극이 일어나다.
膝	ひざ	무릎 膝を曲げる。 무릎을 굽히다.
日差し	ひざし	햇살, 햇볕 日差しが強い。 햇살이 따갑다.
肘	ひじ	팔꿈치 肘をつく。 팔꿈치를 괴다.
非常	ひじょう	비상 非常事態に備える。 비상사태에 대비하다.
額	ひたい	이마 額が広い。 이마가 넓다.
筆者	ひっしゃ	필자 筆者の意見に賛成する。 필자의 의견에 찬성하다.
必需品	ひつじゅひん	필수품 必需品を揃える。 필수품을 갖추다.
否定	ひてい	부정 うわさを否定する。 소문을 부정하다.
人柄	ひとがら	인품, 성품 人柄がいい。 인품이 좋다.
一言	ひとこと	한마디 一言付け加える。 한마디 덧붙이다.
人込み	ひとごみ	인파 人込みを避ける。 인파를 피하다.
人通り	ひとどおり	(사람의) 왕래, 통행 人通りが多い。 사람의 왕래가 많다.
一眠り	ひとねむり	한숨 잠, 잠깐 잠 ソファーで一眠りする。 소파에서 한숨 자다.

366

瞳	ひとみ	눈동자 瞳が輝く。 눈동자가 빛나다.
一人暮らし	ひとりぐらし	혼자서 삶, 독신 생활 一人暮らしを始める。 혼자서 살기 시작하다.
独り言	ひとりごと	혼잣말 独り言を言う。 혼잣말을 하다.
非難	ひなん	비난 態度を非難する。 태도를 비난하다.
皮肉	ひにく	비아냥거림, 비꼼 皮肉を言う。 비아냥거리다.
日にち	ひにち	날짜 日にちを決める。 날짜를 정하다.
日の出	ひので	일출, 해돋이 日の出を眺める。 일출을 바라보다.
批判	ひはん	비판 批判を受ける。 비판을 받다.
日々	ひび	나날, 매일 日々成長する。 나날이 성장하다.
批評	ひひょう	비평 作品を批評する。 작품을 비평하다.
皮膚	ひふ	피부 皮膚が弱い。 피부가 약하다.
秘密	ひみつ	비밀 秘密を守る。 비밀을 지키다.
評価	ひょうか	평가 高い評価を受ける。 높은 평가를 받다.
標識	ひょうしき	표지, 표식 交通標識を確認する。 교통 표지를 확인하다.

標準	ひょうじゅん	표준 標準を決める。 표준을 정하다.
評判	ひょうばん	평판 評判がいい。 평판이 좋다.
標本	ひょうほん	표본, 본보기 標本を集める。 표본을 모으다.
評論	ひょうろん	평론 評論を書く。 평론을 쓰다.
比例	ひれい	비례 価格は需要に比例する。 가격은 수요에 비례한다.
疲労	ひろう	피로 疲労が溜まる。 피로가 쌓이다.
瓶	びん	병 ジャムを瓶に詰める。 잼을 병에 담다.
貧困	ひんこん	빈곤 貧困に苦しむ。 빈곤에 시달리다.
部員	ぶいん	부원, 멤버 部員を募集する。 부원을 모집하다.
風船	ふうせん	풍선 風船を飛ばす。 풍선을 날리다.
笛	ふえ	피리 笛を吹く。 피리를 불다.
不可	ふか	불가, 옳지 않음 辞書の使用は不可とする。 사전의 사용은 불가하다.
部活	ぶかつ	동아리 활동, 클럽 활동 部活に参加する。 동아리 활동에 참가하다.
武器	ぶき	무기 武器を持つ。 무기를 지니다.

普及	ふきゅう	보급
		スマホが普及する。 스마트폰이 보급되다.

付近	ふきん	부근
		この付近には学校が多い。 이 부근에는 학교가 많다.

福祉	ふくし	복지
		福祉を充実させる。 복지를 충실히 하다.

複写	ふくしゃ	복사
		図書館の資料は複写することができる。
		도서관의 자료는 복사할 수 있다.

服従	ふくじゅう	복종
		命令に服従する。 명령에 복종하다.

服装	ふくそう	복장, 옷차림
		服装を整える。 복장을 갖추다.

袋	ふくろ	봉지, 자루
		袋に入れる。 봉지에 넣다.

符号	ふごう	부호, 기호
		符号を付ける。 부호를 붙이다.

無沙汰	ぶさた	무소식, 격조
		ご無沙汰しております。 그간 격조했습니다.

節	ふし	마디, 관절
		指の節が痛い。 손가락 마디가 아프다.

武士	ぶし	무사
		武士の生活を研究する。 무사의 생활을 연구하다.

部署	ぶしょ	부서
		担当部署に連絡する。 담당 부서에 연락하다.

不祥事	ふしょうじ	불상사
		不祥事が発覚する。 불상사가 발각되다.

不正	ふせい	부정 不正を正す。 부정을 바로잡다.
付属 ➕付属品 부속품	ふぞく	부속 その病院は大学に付属している。 그 병원은 대학에 부속되어 있다.
札	ふだ	표, 팻말 札をつける。 팻말을 붙이다.
双子	ふたご	쌍둥이 双子が生まれる。 쌍둥이가 태어나다.
負担	ふたん	부담 費用を負担する。 비용을 부담하다.
不注意	ふちゅうい	부주의 不注意で失敗する。 부주의로 실패하다.
物質	ぶっしつ	물질 有害物質を処理する。 유해 물질을 처리하다.
沸騰	ふっとう	비등, 끓어오름 お湯が沸騰する。 물이 끓다.
船便	ふなびん	배편 船便で届く。 배편으로 도착하다.
吹雪	ふぶき	눈보라 吹雪が激しくなる。 눈보라가 심해지다.
不平	ふへい	불평, 불만 不平を言う。 불평을 하다.
父母	ふぼ	부모 父母に感謝する。 부모님께 감사하다.
麓	ふもと	기슭, 산기슭 山の麓に公園がある。 산기슭에 공원이 있다.
不利益	ふりえき	불이익 不利益を被る。 불이익을 당하다.

ふるさと ⊜ 故郷, 郷里		**고향** ふるさとを思い出す。 고향을 생각하다.
噴火	ふんか	**분화** 火山が噴火する。 화산이 분화하다.
分解	ぶんかい	**분해** 機械を分解する。 기계를 분해하다.
噴水	ふんすい	**분수** 噴水が出る。 분수가 나오다.
分析	ぶんせき	**분석** データを分析する。 데이터를 분석하다.
分担	ぶんたん	**분담** 仕事を分担する。 일을 분담하다.
分布	ぶんぷ	**분포** 支店が全国に分布する。 지점이 전국에 분포하다.
文脈	ぶんみゃく	**문맥** 文脈を理解する。 문맥을 이해하다.
文明	ぶんめい	**문명** 古代文明を研究する。 고대 문명을 연구하다.
分野	ぶんや	**분야** 専門分野で活躍する。 전문 분야에서 활약하다.
分量	ぶんりょう	**분량** レシピの分量を守る。 레시피의 분량을 지키다.
塀	へい	**담, 담장, 울타리** 塀を立てる。 담장을 세우다.
閉会	へいかい	**폐회** 会議が閉会する。 회의가 폐회되다.
兵隊	へいたい	**군대, 병사** 兵隊が行進する。 군대가 행진하다.

N2

平野	へいや	평야, 들 広大な平野が広がる。 광대한 평야가 펼쳐지다.
へそ		배꼽 へそを出して寝る。 배꼽을 내놓고 자다.
別	べつ	다름, 차이, 구별 別の方法を試す。 다른 방법을 시도하다.
別人	べつじん	딴사람 酒を飲むと別人になる。 술을 마시면 딴사람이 된다.
別荘	べっそう	별장 別荘で休暇を過ごす。 별장에서 휴가를 보내다.
返却	へんきゃく	반환, 반납 借りた本を返却する。 빌린 책을 반납하다.
返品	へんぴん	반품 商品を返品する。 상품을 반품하다.
棒	ぼう	막대, 막대기, 몽둥이 棒で殴る。 몽둥이로 때리다.
貿易	ぼうえき	무역 貿易を拡大する。 무역을 확대하다.
望遠鏡	ぼうえんきょう	망원경 望遠鏡で星を観察する。 망원경으로 별을 관찰하다.
方角	ほうがく	방향, 방위 方角を確かめる。 방향을 확인하다.
ほうき		빗자루 ほうきで掃除する。 빗자루로 청소하다.
方言	ほうげん	방언, 사투리 方言で話す。 사투리로 말하다.
冒険	ぼうけん	모험 冒険に出る。 모험을 떠나다.

暴言	ぼうげん	**폭언**
		暴言を吐く。 폭언을 하다.

暴行	ぼうこう	**폭행**
		暴行を加える。 폭행을 가하다.

防災	ぼうさい	**방재**
		防災訓練を行う。 방재 훈련을 하다.

防止	ぼうし	**방지**
		事故の防止に努める。 사고 방지에 힘쓰다.

放出	ほうしゅつ	**방출, 분출**
		熱を放出する。 열을 방출하다.

方針	ほうしん	**방침**
		基本方針を決める。 기본 방침을 정하다.

包装	ほうそう	**포장**
		商品を包装する。 상품을 포장하다.

包帯	ほうたい	**붕대**
		包帯を巻く。 붕대를 감다.

報道	ほうどう	**보도**
		真実を報道する。 진실을 보도하다.

防犯	ぼうはん	**방범**
		防犯カメラを設置する。 방범 카메라를 설치하다.

暴力	ぼうりょく	**폭력**
		暴力で金を奪う。 폭력으로 돈을 빼앗다.

頬	ほお/ほほ	**볼, 뺨**
		涙で頬をぬらす。 눈물로 뺨을 적시다.

牧場	ぼくじょう	**목장**
		牧場を経営する。 목장을 경영하다.

牧畜	ぼくちく	**목축**
		牧畜をする。 목축을 하다.

北米	ほくべい	북미 北米大陸を旅行する。 북미 대륙을 여행하다.
保健 ⊕保健室 보건실	ほけん	보건 生徒に保健を指導する。 학생에게 보건을 지도하다.
保証	ほしょう	보증 品質を保証する。 품질을 보증하다.
補足	ほそく	보충 補足説明をする。 보충 설명을 하다.
保存	ほぞん	보존 データを保存する。 데이터를 보존하다.
北極	ほっきょく	북극 北極を探検する。 북극을 탐험하다.
炎	ほのお	불꽃, 불길 炎が燃え上がる。 불길이 타오르다.
ぼろ		넝마, 누더기 ズボンがぼろになる。 바지가 누더기가 되다.
本日	ほんじつ	오늘 本日は休業日です。 오늘은 휴무일입니다.
本社	ほんしゃ	본사 本社で会議を開く。 본사에서 회의를 열다.
本書	ほんしょ	본서, 이 책 本書を参考にしてください。 본서를 참고해 주세요.
盆地	ぼんち	분지 盆地の夏は暑い。 분지의 여름은 덥다.
本来	ほんらい	본래 本来の目的を考える。 본래의 목적을 생각하다.
本論	ほんろん	본론 話が本論に入る。 이야기가 본론으로 들어가다.

毎回	まいかい	**매회, 매번** 毎回同じ失敗をする。 매번 똑같은 실수를 하다.
間際	まぎわ	**직전** 締め切り間際まで修正する。 마감 직전까지 수정하다.
枕	まくら	**베개** 枕をして寝る。 베개를 베고 자다.
摩擦	まさつ	**마찰** 摩擦が生じる。 마찰이 생기다.
待合室	まちあいしつ	**대합실, 대기실** 待合室で順番を待つ。 대기실에서 차례를 기다리다.
町中	まちなか	**시내, 번화가** 町中を散策する。 시내를 산책하다.
真っ先	まっさき	**맨 앞, 맨 먼저, 맨 처음** 真っ先に手を挙げる。 맨 먼저 손을 들다.
真夏	まなつ	**한여름** 真夏の暑さに耐える。 한여름의 더위를 견디다.
まぶた		**눈꺼풀** まぶたが重くなる。 눈꺼풀이 무거워지다.
真冬	まふゆ	**한겨울** 真冬の寒さが続く。 한겨울 추위가 계속되다.
万引き	まんびき	**물건 훔치기, 절도** 万引きは犯罪だ。 절도는 범죄이다.
実	み	**열매, 결실, 성과** 努力が実を結ぶ。 노력이 결실을 맺다.
見かけ	みかけ	**외관, 겉보기** 見かけは悪いが味はいい。 겉보기는 나쁘지만 맛은 좋다.
見方	みかた	**견해, 생각** 新しい見方をする。 새로운 견해를 나타내다.

三日月	みかづき	초승달 夜空に三日月が浮かぶ。 밤하늘에 초승달이 뜨다.
味噌	みそ	된장 味噌で味をつける。 된장으로 맛을 내다.
味噌汁	みそしる	된장국 味噌汁に野菜を入れる。 된장국에 야채를 넣다.
密閉	みっぺい	밀폐 容器を密閉する。 용기를 밀폐하다.
身分 ➕身分証明書 신분증	みぶん	지위, 신분 身分を隠す。 신분을 숨기다.
見本	みほん	견본, 견품 見本を見せる。 견본을 보여주다.
未満	みまん	미만 ４歳未満は無料で入場できる。 4세 미만은 무료로 입장할 수 있다.
身元	みもと	신원 身元を確認する。 신원을 확인하다.
都	みやこ	도시, 수도 京都は昔の都である。 교토는 옛 수도이다.
名字	みょうじ	성, 성씨 日本人の名字は複雑だ。 일본인의 성은 복잡하다.
魅力	みりょく	매력 店の雰囲気に魅力を感じる。 가게 분위기에 매력을 느끼다.
民謡	みんよう	민요 民謡を歌う。 민요를 부르다.
無限	むげん	무한 あなたには無限の可能性がある。 당신에게는 무한한 가능성이 있다.

矛盾	むじゅん	**모순** 矛盾した行動をとる。 모순된 행동을 취하다.
無数	むすう	**무수** 無数の星が輝く。 무수한 별이 빛나다.
紫色	むらさきいろ	**보라색, 보랏빛** 紫色の花が咲く。 보라색 꽃이 피다.
群れ	むれ	**무리, 떼** 鳥の群れが飛ぶ。 새 떼가 날다.
芽	め	**싹, 움** 芽が生える。 싹이 트다.
名所	めいしょ	**명소** 観光名所を訪れる。 관광 명소를 방문하다.
迷信	めいしん	**미신** 迷信を信じる。 미신을 믿다.
名物	めいぶつ	**명물** 名物料理を味わう。 명물 요리를 맛보다.
迷路	めいろ	**미로** 迷路を通り抜ける。 미로를 빠져나가다.
目印	めじるし	**표시, 목표물** 目印をつける。 표시를 하다.
面	めん	**① 얼굴** 面と向かって話す。 얼굴을 마주 보고 이야기하다. **② 부분, 측면** 資金の面では困らない。 자금 면에서는 곤란하지 않다.
免疫 ➕免疫力 면역력	めんえき	**면역, 익숙함** 免疫を高める生活をする。 면역을 높이는 생활을 하다.
面積	めんせき	**면적** 土地の面積を測る。 토지의 면적을 재다.

N2

木材	もくざい	목재 けんちく もくざい つか 建築に木材を使う。 건축에 목재를 쓰다.
目次	もくじ	목차 ほん もくじ み 本の目次を見る。 책의 목차를 보다.
木製	もくせい	목제 もくせい かぐ せいぞう 木製の家具を製造する。 목제 가구를 제조하다.
木造	もくぞう	목조 もくぞう かおく た なら 木造の家屋が立ち並ぶ。 목조 가옥이 늘어서다.
餅	もち	떡 もち た 餅を食べる。 떡을 먹다.
持ち主	もちぬし	소유자, 주인 くるま も ぬし か 車の持ち主が変わる。 차 주인이 바뀌다.
元	もと	원래 もと ばしょ もど 元の場所に戻す。 원래 자리로 돌려놓다.
物音	ものおと	소리 もの おと おどろ 物音に驚く。 소리에 놀라다.
物事	ものごと	사물, 사안 もの ごと しんちょう かんが 物事を慎重に考える。 사안을 신중하게 생각하다.
物差し	ものさし	기준, 척도 じぶん ものさ たにん はか 自分の物差しで他人を測る。 자신의 기준으로 남을 판단하다.
模範	もはん	모범 もはん こうどう 模範となる行動をとる。 모범이 되는 행동을 취하다.
紅葉 ⊜こうよう	もみじ	단풍 あき こうよう うつく 秋の紅葉が美しい。 가을 단풍이 아름답다.
催し	もよおし	모임, 행사, 이벤트, 기획 ちいき もよお さんか 地域の催しに参加する。 지역 행사에 참가하다.
最寄り	もより	가장 가까운 곳 もよ えき お 最寄りの駅で降りる。 가까운 역에서 내리다.

問答	もんどう	문답
		問答を繰り返す。 문답을 되풀이하다.

やかん		주전자
		やかんでお湯を沸かす。 주전자로 물을 끓이다.

焼き物	やきもの	① 도자기
		陶器の焼き物を買う。 도자기를 사다.
		② 구이 요리
		魚の焼き物を食べる。 생선구이를 먹다.

役者	やくしゃ	배우
		役者が演技する。 배우가 연기하다.

役所	やくしょ	관공서, 관청
		役所で手続きをする。 관공서에서 수속을 하다.

役人	やくにん	관리, 공무원
		役人が書類をチェックする。 공무원이 서류를 확인하다.

薬品	やくひん	약품
		救急薬品を備える。 구급약품을 갖추다.

役目 ●役割	やくめ	역할, 임무
		自分の役目を果たす。 제 역할을 완수하다.

役割 ●役目	やくわり	역할, 임무
		重要な役割を担う。 중요한 역할을 담당하다.

矢印	やじるし	화살표
		矢印の方向に進む。 화살표 방향으로 나아가다.

野生	やせい	야생
		野生動物を保護する。 야생 동물을 보호하다.

宿	やど	숙소
		駅の近くに宿を決める。 역 근처에 숙소를 정하다.

家主 ●大家 집주인	やぬし	집주인, 가장
		家主と契約を結ぶ。 집주인과 계약을 맺다.

屋根	やね	지붕 屋根に登る。 지붕에 오르다.
山火事	やまかじ	산불 山火事が発生する。 산불이 나다.
山小屋	やまごや	산장 山小屋で一夜を過ごす。 산장에서 하룻밤을 보내다.
唯一	ゆいいつ	유일 唯一の希望が消える。 유일한 희망이 사라지다.
遺言	ゆいごん	유언 父の遺言を守る。 아버지의 유언을 지키다.
遊園地	ゆうえんち	유원지, 놀이공원 遊園地で遊ぶ。 놀이공원에서 놀다.
夕刊	ゆうかん	석간, 석간 신문 夕刊を読む。 석간을 읽다.
優勝	ゆうしょう	우승 大会で優勝する。 대회에서 우승하다.
浴衣	ゆかた	유카타, 면 홑옷 浴衣を着る。 유카타를 입다.
行き止まり ≡いきどまり	ゆきどまり	막다른 곳, 막다른 길 住宅街は行き止まりが多い。 주택가는 막다른 길이 많다.
行方	ゆくえ	행방, 행선지 彼の行方が分からない。 그의 행방을 알 수 없다.
湯気	ゆげ	김 湯気が立つ。 김이 나다.
輸血	ゆけつ	수혈 輸血を受ける。 수혈을 받다.
輸送	ゆそう	수송 貨物を輸送する。 화물을 수송하다.

油断	ゆだん	방심, 부주의
		油断は禁物だ。 방심은 금물이다.

湯飲み	ゆのみ	찻잔
		湯飲みでお茶を飲む。 찻잔으로 차를 마시다.

溶岩	ようがん	용암
		火山から溶岩が流れる。 화산에서 용암이 흐르다.

用語	ようご	용어
		専門用語を使う。 전문 용어를 사용하다.

容姿	ようし	용모와 자태, 얼굴과 몸매
		容姿を気にする。 용모를 신경 쓰다.

用紙	ようし	용지
		申込用紙に記入する。 신청 용지에 기입하다.

用心	ようじん	조심, 주의
		火の用心を呼びかける。 불조심을 호소하다.

様子	ようす	모습, 상태
		雲の様子を見る。 구름의 상태를 보다.

容積	ようせき	용적, 용량, 부피
		器の容積を量る。 그릇의 용량을 재다.

要素	ようそ	요소
		必要な要素がそろう。 필요한 요소가 갖추어지다.

要点	ようてん	요점
		話の要点をまとめる。 이야기의 요점을 정리하다.

養分	ようぶん	양분
		十分な養分を取る。 충분한 양분을 섭취하다.

羊毛	ようもう	양모, 양털
		羊毛でセーターを編む。 양털로 스웨터를 짜다.

要領	ようりょう	요령
		要領よく仕事を進める。 요령 있게 일을 진행하다.

予感	よかん	예감
		嫌な予感がする。 불안한 예감이 든다.

予期	よき	예기, 미리 기대함
		予期しなかった結果に驚く。 예기치 않았던 결과에 놀라다.

欲	よく	욕심
		欲が深い。 욕심이 많다.

予告	よこく	예고
		映画の予告を見る。 영화의 예고를 보다.

横道	よこみち	옆길, 샛길
		横道にそれる。 옆길로 빠지다.

予選	よせん	예선
		予選を通過する。 예선을 통과하다.

予測	よそく	예측
		結果を予測する。 결과를 예측하다.

酔っ払い	よっぱらい	술꾼, 술주정뱅이, 취객
		酔っ払いが暴れる。 취객이 난동을 부리다.

与党	よとう	여당
		国会で与党と野党が対立する。 국회에서 여당과 야당이 대립하다.

世の中	よのなか	세상
		世の中は不公平だ。 세상은 불공평하다.

予備	よび	예비
		予備の鍵を持つ。 예비 열쇠를 지니다.

予備校	よびこう	입시 학원
		進学のため予備校に通う。 진학을 위해 입시 학원에 다니다.

余分	よぶん	여분, 나머지
		少しは余分がある。 조금은 여분이 있다.

嫁	よめ	며느리, 신부
		嫁に行く。 시집가다.

余裕	よゆう	여유
		時間的余裕がある。 시간적 여유가 있다.

弱火 ⊖ 強火 센불	よわび	약불, 약한 불
		弱火で焼く。 약한 불에서 굽다.

弱み	よわみ	약점
		相手の弱みを握る。 상대의 약점을 잡다.

来日	らいにち	일본 방문, 방일
		外国人が来日する。 외국인이 일본을 방문하다.

落選	らくせん	낙선
		選挙で落選する。 선거에서 낙선하다.

落第	らくだい	낙제, 낙방, 유급
		試験に落第する。 시험에 낙제하다.

欄	らん	란, 칸
		お知らせの欄をご覧ください。 공지란을 보십시오.

利益	りえき	이익, 이득
		利益を追求する。 이익을 추구하다.

利害	りがい	이해, 득실
		利害関係が一致する。 이해관계가 일치하다.

陸地	りくち	육지
		船が陸地に近づく。 배가 육지에 접근하다.

理事会	りじかい	이사회
		理事会で方針を決める。 이사회에서 방침을 정하다.

流域	りゅういき	유역
		川の流域が広い。 강 유역이 넓다.

漁師	りょうし	어부
		漁師が網を引く。 어부가 그물을 당기다.

領事 ⊕ 領事館 영사관	りょうじ	영사, 외국에서 자국민을 보호하는 공무원
		領事と意見交換を行う。 영사와 의견을 교환하다.

領収書	りょうしゅうしょ	영수증

領収書を発行する。 영수증을 발행하다.

臨時	りんじ	임시

臨時の会議を開く。 임시 회의를 열다.

礼儀	れいぎ	예의

礼儀正しく振る舞う。 예의 바르게 행동하다.

零点	れいてん	영점, 빵점, 어는 점

テストで零点を取る。 테스트에서 영점을 받다.

列島	れっとう	열도

日本列島には火山が多い。 일본 열도에는 화산이 많다.

連合	れんごう	연합

多数の企業が連合する。 다수의 기업이 연합하다.

連想	れんそう	연상, 떠올림

夏というと海を連想する。 여름하면 바다를 연상하다.

連続	れんぞく	연속

連続ドラマを見る。 연속극을 보다.

ろうそく		초, 양초

ろうそくに火をつける。 초에 불을 붙이다.

労働	ろうどう	노동

労働条件を改善する。 노동 조건을 개선하다.

露出	ろしゅつ	노출

上半身を露出する。 상반신을 노출하다.

路線	ろせん	노선

バスの路線を新設する。 버스 노선을 신설하다.

論争	ろんそう	논쟁

激しい論争を交わす。 격렬한 논쟁을 주고받다.

論文	ろんぶん	논문

論文を発表する。 논문을 발표하다.

我が家 ⊖ わがいえ	わがや	우리 집 我が家が一番心地よい。 우리 집이 가장 마음 편하다.
脇	わき	① 겨드랑이, 옆구리 脇に体温計をはさむ。 겨드랑이에 체온계를 끼다. ② 옆, 곁 道路の脇に車を止める。 도로 옆에 차를 세우다.
綿	わた	솜, 목화 布団に綿を入れる。 이불에 솜을 넣다.
和服	わふく	일본식 옷, 일본 전통 의상 和服を着る。 일본 전통 의상을 입다.
割り勘	わりかん	각자 부담, 각출 割り勘で支払う。 각출하여 지불하다.
割高	わりだか	품질이나 양에 비해 비쌈 この店の料理は割高だ。 이 가게의 요리는 비교적 비싸다.
割安	わりやす	품질이나 양에 비해 쌈 まとめて買うと割安になる。 한꺼번에 사면 비교적 저렴해진다.
悪口 ⊖ わるぐち	わるくち	욕, 험담 人の悪口を言う。 남의 험담을 하다.
我々	われわれ	우리 我々は最後まで戦う。 우리는 끝까지 싸울 것이다.
湾	わん	만, 항만 湾に船が入ってくる。 항만으로 배가 들어오다.

명사

접두어

悪～	あく～	악～ ▶ 悪影響 악영향 悪条件 악조건
異～	い～	이(다름)～ ▶ 異文化 이문화 異分野 이분야, 다른 분야
薄～	うす～	얇은～, 연한～, 조금～ ▶ 薄味 싱거운 맛 薄紙 얇은 종이 薄汚い 조금 지저분하다 薄暗い 조금 어둡다
仮～	かり～	임시～ ▶ 仮採用 임시 채용 仮証明書 임시 증명서
貴～	き～	귀(상대를 높이는 말)～ ▶ 貴社 귀사 貴団体 귀 단체
旧～	きゅう～	구(옛날)～ ▶ 旧制度 구제도 旧都心 구도심
現～	げん～	현～ ▶ 現政府 현 정부 現段階 현 단계
高～	こう～	고～ ▶ 高気圧 고기압 高収入 고수입 高性能 고성능
再～	さい～	재～ ▶ 再提出 재제출 再放送 재방송
最～	さい～	최～, 가장～ ▶ 最上級 최상급 最新型 최신형 最接近 최접근 最有力 가장 유력함
主～	しゅ～	주～, 주된～ ▶ 主原料 주원료 主目的 주목적
準～	じゅん～	준(비길 만한, 다음 차례의)～ ▶ 準決勝 준결승 準優勝 준우승
諸～	しょ～	여러～, 많은～ ▶ 諸外国 외국 여러 나라 諸問題 여러 문제
初～	しょ～	첫～ ▶ 初対面 첫 대면 初年度 첫 해
新～	しん～	신～ ▶ 新学期 신학기 新記録 신기록
前～	ぜん～	전～ ▶ 前議長 전 의장 前社長 전 사장
総～	そう～	총～ ▶ 総売上 총매출 総選挙 총선거 総まとめ 총정리
低～	てい～	저～ ▶ 低価格 저가격 低所得 저소득
同～	どう～	동～ ▶ 同意見 같은 의견 同年齢 동 연령, 같은 나이
初～	はつ～	첫～ ▶ 初恋 첫사랑 初雪 첫눈

半～	はん～	반(절반, 중간)～	▶ 半永久 반영구 半透明 반투명
反～	はん～	반(반대의)～	▶ 反社会的 반사회적 反主流 반주류
非～	ひ～	비～	▶ 非公式 비공식 非売品 비매품
一～	ひと～	약간의～, 조금의～	▶ 一苦労 약간의 고생 一休み 짧은 휴식
不～	ふ～	불～	▶ 不公平 불공평 不必要 불필요
副～	ふく～	부(부차적인, 버금가는)～	▶ 副作用 부작용 副社長 부사장
真～	ま～	완전히～, 정확히～	▶ 真新しい 완전히 새롭다 真夜中 한밤중
未～	み～	미～	▶ 未完成 미완성 未経験 미경험
無～	む～	무～	▶ 無意味 무의미 無責任 무책임 無料 무료
名～	めい～	명～	▶ 名作品 명작 名選手 명선수 名文句 명문장
来～	らい～	내(다음의, 이쪽으로 옴)～	▶ 来シーズン 다음 시즌 来店 내점

접미어

～明け	～あけ	～직후	▶ 梅雨明け 장마 직후 連休明け 연휴 직후
～宛て	～あて	～앞(수신인 주소)	▶ 会社宛て 회사 앞 自宅宛て 자택 앞 私宛て 내 앞
～案	～あん	～안(계획, 생각)	▶ 企画案 기획안 予算案 예산안
～一色	～いっしょく	～일색	▶ 賛成一色 찬성 일색 祭りムード一色 축제 분위기 일색
～おき	～おき	～간격, ～걸러	▶ 3メートルおき 3미터 간격 二日おき 이틀 걸러
～下	～か	～하(어떤 상태나 영향 아래)	▶ 管理下 관리하 支配下 지배하
～界	～かい	～계(분야)	▶ 医学界 의학계 映画界 영화계 経済界 경제계
～街	～がい	～가(거리)	▶ 住宅街 주택가 商店街 상점가
～箇所	～かしょ	～개소, ～군데	▶ 一箇所, 二箇所 한 군데, 두 군데

387

~感	~かん	~감 ▶ 現実感 현실감　スピード感 속도감
~観	~かん	~관(견해, 관점) ▶ 結婚観 결혼관　人生観 인생관
~気味	~ぎみ	~기미, ~기운, ~기색, ~낌새 ▶ 風邪気味 감기 기운　疲れ気味 피곤한 기색
~際	~ぎわ	① ~근처, ~가, ~곁 ▶ 壁際 벽 근처　窓際 창가 ② ~할 때 ▶ 帰り際 돌아가려는 때　別れ際 헤어질 때
~切れ	~ぎれ	~가 다한 상태, 소진된 상태 ▶ 期限切れ 기한 만료　在庫切れ 재고 소진
~権	~けん	~권 ▶ 決定権 결정권　投票権 투표권
~号	~ごう	~호(순서), ~호(교통수단 이름) ▶ 3号 3호　ひかり号 히카리호
~頃	~ごろ	~알맞은 때 ▶ 食べ頃 먹기 좋을 때, 제철　見頃 보기 좋을 때
~式	~しき	~식(방식) ▶ 電動式 전동식　日本式 일본식
~集	~しゅう	~집 ▶ 作品集 작품집　写真集 사진집
~順	~じゅん	~순 ▶ アルファベット順 알파벳순　先着順 선착순　ひらがな順 히라가나순
~賞	~しょう	~상 ▶ アカデミー賞 아카데미상　文学賞 문학상
~場	~じょう	~장 ▶ 競技場 경기장　スキー場 스키장
~状	~じょう	~장(문서), ~상(상태) ▶ 招待状 초대장　クリーム状 크림 상태
~色	~しょく	~색(정서, 분위기) ▶ 国際色 국제색　地方色 지방색
~心	~しん	~심 ▶ 自尊心 자존심　対抗心 대항심
~性	~せい	~성(성질, 경향) ▶ 安全性 안전성　危険性 위험성
~制	~せい	~제(제도, 규칙) ▶ 予約制 예약제　料金制 요금제
~全般	~ぜんぱん	~전반(~의 모든 것) ▶ 音楽全般 음악 전반　生活全般 생활 전반
~沿い	~ぞい	~을 따라, ~와 나란한 ▶ 川沿い 강가　線路沿い 선로 주변

~対~	~たい~	~대~ (득점, 비율) ▶ 2対1の得点 2대 1의 득점 3対2の割合 3대 2의 비율
~だらけ		~투성이 ▶ 泥だらけ 진흙투성이　間違いだらけ 실수투성이
~足らず	~たらず	~미만, ~남짓 ▶ 1キロ足らず 1킬로 남짓　10分足らず 10분 미만
~団	~だん	~단(단체) ▶ 応援団 응원단　訪問団 방문단
~賃	~ちん	~요금, ~비용 ▶ 電車賃 전철 요금　家賃 방세
~付き	~つき	~제공, ~첨부 ▶ 飲み物付き 음료 제공　保証書付き 보증서 첨부
~漬け	~づけ	~에만 열중함, ~에만 의존함 ▶ 薬漬け 약에만 의존함 勉強漬け 공부에만 열중함
~づらい		~하기 어렵다, ~하기 힘들다 ▶ 言いづらい 말하기 어렵다 頼みづらい 부탁하기 어렵다
~連れ	~づれ	~동반 ▶ 親子連れ 부모 자식 동반　子供連れ 자녀 동반
~発	~はつ	~발(출발) ▶ 9時発 9시 출발　東京発 동경발
~離れ	~ばなれ	~에서 동떨어짐 ▶ 現実離れ 현실에서 동떨어짐　政治離れ 정치에 무관심함
~風	~ふう	~풍, ~분위기 ▶ ビジネスマン風 비즈니스맨풍　和風 일본풍
~別	~べつ	~별 ▶ 学年別 학년별　地域別 지역별
~向け	~むけ	~대상, ~용 ▶ 子供向け 아동용　初心者向け 초보자용
~率	~りつ	~율/률 ▶ 就職率 취업률　成功率 성공률　投票率 투표율
~流	~りゅう	~류(특유의 방식, 특성) ▶ 自己流 자기방식　日本流 일본식
~力	~りょく	~력, ~하는 힘 ▶ 財力 재력　集中力 집중력　視力 시력
~類	~るい	~류(종류) ▶ 家具類 가구류　食器類 식기류

동사

相次ぐ	あいつぐ	잇따르다, 연달다 事故が相次いで起こる。 사고가 연달아 발생하다.
扇ぐ	あおぐ	부채질하다 うちわで扇ぐ。 부채로 부채질하다.
あきれる		어처구니없다, 어이없다 あきれてものも言えない。 어처구니가 없어서 말도 안 나온다.
揚げる	あげる	(기름에) 튀기다 天ぷらを揚げる。 튀김을 튀기다.
憧れる	あこがれる	동경하다 都会生活に憧れる。 도시 생활을 동경하다.
焦る	あせる	초조해하다, (마음) 졸이다 焦って失敗する。 초조해서 실수하다.
当てはまる	あてはまる	들어맞다, 적합하다 条件に当てはまる。 조건에 들어맞다.
当てる	あてる	① 마주 대다, 맞추다 ボールにバットを当てる。 공에 배트를 맞추다. ② 적중시키다, 맞히다 答えを当てる。 답을 맞히다.
暴れる	あばれる	날뛰다, 난동을 부리다 酒に酔って暴れる。 술에 취해 난동을 부리다.
あぶる		(불에 살짝) 굽다 海苔をあぶる。 김을 굽다.
甘やかす	あまやかす	응석을 받아주다, 버릇없이 기르다 子を甘やかすとよくない。 아이를 버릇없이 기르면 좋지 않다.
誤る	あやまる	잘못하다, 실수하다 機械の操作を誤る。 기계 조작을 실수하다.

390

争う	あらそう	싸우다, 다투다 隣の国と領土問題で争う。 이웃 나라와 영토 문제로 싸우다.
改める	あらためる	고치다, 개정하다 悪い点を改める。 나쁜 점을 고치다.
荒れる	あれる	거칠어지다 海が荒れる。 바다가 거칠어지다.
言い付ける	いいつける	① 지시하다 予約を取るように言い付ける。 예약을 하도록 지시하다. ② 고자질하다 母親に弟のいたずらを言い付ける。 어머니에게 남동생의 장난을 고자질하다.
生かす 活かす	いかす	살리다, 활용하다 経験を生かす。 경험을 살리다.
いじる		만지작거리다 彼女は前髪をいじる癖がある。 그녀는 앞머리를 만지작거리는 버릇이 있다.
抱く	いだく	(생각, 의문 등을) 품다 調査の結果に疑問を抱く。 조사 결과에 의문을 품다.
傷む	いたむ	상하다, 부패하다 夏は食べ物が傷みやすい。 여름에는 음식이 상하기 쉽다.
至る	いたる	(어떠한 장소, 시간, 상태에) 도달하다, 이르다 会議は深夜に至るまで続いた。 회의는 심야에 이를 때까지 계속되었다.
威張る	いばる	뽐내다, 으스대다, 잘난 체 하다 部下に威張る。 부하에게 잘난 체 하다.
祝う	いわう	축하하다 入学を祝う。 입학을 축하하다.
飢える	うえる	굶주리다 親の愛情に飢える。 부모의 애정에 굶주리다.

浮かぶ	うかぶ	뜨다, 떠오르다 雲が浮かぶ。 구름이 뜨다.
受け入れる	うけいれる	받아들이다 相手の提案を受け入れる。 상대방의 제안을 받아들이다.
承る	うけたまわる	받다, 듣다(受ける, 聞く의 겸손) ご意見を承る。 의견을 듣다.
失う	うしなう	잃다 自信を失う。 자신감을 잃다.
薄める	うすめる	묽게 하다, 엷게 하다, 희석하다 ウイスキーを水で薄める。 위스키를 물로 희석하다.
打ち明ける	うちあける	털어놓다 悩みを打ち明ける。 고민을 털어놓다.
打ち消す	うちけす	부정하다 世間のうわさを打ち消す。 세간의 소문을 부정하다.
撃つ	うつ	쏘다, 발사하다, 사격하다 鉄砲を撃つ。 총을 쏘다.
訴える	うったえる	호소하다, 소송하다 世論に訴える。 여론에 호소하다.
うつむく		고개 숙이다 うつむいて何か考えている。 고개 숙여 무엇인가 생각하고 있다.
うなずく		수긍하다, 고개를 끄덕이다 うなずきながら話を聞く。 고개를 끄덕이며 이야기를 듣다.
奪う	うばう	빼앗다 自由を奪う。 자유를 빼앗다.
生み出す	うみだす	만들어 내다, 창출해 내다 利益を生み出す。 이익을 창출해 내다.
敬う	うやまう	공경하다, 존경하다 老人を敬う。 노인을 공경하다.

裏返す	うらがえす	**뒤집다** トランプを裏返して見る。 트럼프 카드를 뒤집어서 보다.
裏切る	うらぎる	**배반하다, 배신하다** 友人を裏切る。 친구를 배신하다.
占う	うらなう	**점치다** 運命を占う。 운명을 점치다.
恨む	うらむ	**원망하다** 冷たい態度を恨む。 냉담한 태도를 원망하다.
うらやむ		**부러워하다** 合格した友人をうらやむ。 합격한 친구를 부러워하다.
描く	えがく	**그리다, 묘사하다** 人間の心理を描いた小説。 인간의 심리를 그린 소설.
演じる	えんじる	**연기하다** 平凡なサラリーマンの役を演じる。 평범한 샐러리맨 역을 연기하다.
追いかける	おいかける	**뒤쫓다** 流行を追いかける。 유행을 뒤쫓다.
追い抜く	おいぬく	**추월하다** ゴール間際で追い抜く。 결승선 직전에서 추월하다.
応じる	おうじる	**응하다, 대응하다** 相談に応じる。 상담에 응하다.
覆う	おおう	**덮다, 뒤덮다** 庭が雑草に覆われている。 정원이 잡초에 덮여 있다.
侵す	おかす	**침범하다, 침해하다** 国境を侵す。 국경을 침범하다.
拝む	おがむ	**빌다, 경배하다, 숭배하다** 神を拝む。 신을 숭배하다.

N2

補う	おぎなう	보충하다, 보완하다
		努力で欠点を補う。 노력으로 결점을 보완하다.

贈る	おくる	주다, 선물하다
		誕生日に花束を贈る。 생일에 꽃다발을 선물하다.

納める	おさめる	납부하다
		授業料を納める。 수업료를 납부하다.

収める	おさめる	수확하다, 거두다
		よい成績を収める。 좋은 성적을 거두다.

治める	おさめる	통치하다, 다스리다
		国を治める。 나라를 다스리다.

押し通す	おしとおす	밀고 나가다, 관철시키다
		自分の意見を押し通す。 자신의 의견을 관철시키다.

惜しむ	おしむ	아끼다, 아쉬워하다
		別れを惜しむ。 이별을 아쉬워하다.

恐れる	おそれる	두려워하다
		失敗を恐れる。 실패를 두려워하다.

落ち込む	おちこむ	낙담하다
		恋人に振られて落ち込んでいる。 애인에게 차여 낙담하고 있다.

脅かす	おどかす	① 위협하다, 협박하다
		人を脅かして金を奪う。 사람을 위협해서 돈을 빼앗다.
		② 놀래키다
		急に声を上げて脅かす。 갑자기 소리를 질러 놀래키다.

訪れる	おとずれる	찾아오다, 방문하다
		春が訪れる。 봄이 찾아오다.

劣る	おとる	뒤떨어지다
		性能が劣る。 성능이 뒤떨어지다.

衰える	おとろえる	쇠약해지다
		年を取ると体力が衰える。 나이를 먹으면 체력이 쇠약해진다.

脅かす	おびやかす	위협하다, 위태롭게 하다
		インフレが家計を脅かす。 인플레이션이 가계를 위협하다.

おぼれる		물에 빠지다, 익사하다
		おぼれている子を助ける。 물에 빠진 아이를 구조하다.

お目にかける	おめにかける	보여 드리다
		作品をお目にかける。 작품을 보여 드리다.

思い切る	おもいきる	① 단념하다, 포기하다
		大学進学を思い切る。 대학 진학을 단념하다.
		② 결심하다, 결단하다, 각오하다
		思い切って計画を実行する。 결심하고 계획을 실행하다.

思える	おもえる	생각되다, 느껴지다
		彼が謝罪するとは思えない。 그가 사죄하리라고는 생각되지 않는다.

買い占める	かいしめる	매점하다, 독점적으로 사들이다
		投資目的で商品を買い占める。 투자 목적으로 상품을 사들이다.

抱える	かかえる	안다, 감싸다
		頭を抱えて考え込む。 머리를 감싸고 골똘히 생각하다.

欠かす	かかす	빠뜨리다, 거르다
		父は朝の運動を欠かさない。 아버지는 아침 운동을 거르지 않는다.

かかわる		관계되다
		農業にかかわる仕事がしたい。 농업과 관계되는 일을 하고 싶다.

かき混ぜる	かきまぜる	뒤섞다, 휘젓다
		コーヒーに砂糖を入れてかき混ぜる。 커피에 설탕을 넣고 휘젓다.

限る	かぎる	국한하다, 한정하다
		特売品は50個に限られている。 특가품은 50개로 한정되어 있다.

掻く	かく	① 긁다
		かゆいところを掻く。 가려운 곳을 긁다.
		② 땀을 흘리다(보통 히라가나로 표기)
		汗をかく。 땀을 흘리다.

嗅ぐ	かぐ	냄새 맡다
		においを嗅ぐ。 냄새를 맡다.

欠ける	かける	빠지다, 탈락하다, 부족하다
		常識に欠ける。 상식이 부족하다.

貸し出す	かしだす	대출하다
		図書を貸し出す。 도서를 대출하다.

かじる		갉아 먹다, 베어 먹다
		りんごをかじって食べる。 사과를 베어 먹다.

固まる	かたまる	굳어지다, 단단해지다
		砂糖が固まる。 설탕이 굳어지다.

傾く	かたむく	기울다
		地震で家が傾く。 지진으로 집이 기울다.

固める	かためる	굳히다
		画家になる決意を固める。 화가가 될 결심을 굳히다.

偏る	かたよる	치우치다, 쏠리다
		栄養が偏る。 영양이 치우치다.

語る	かたる	말하다
		自分の考えを人に語る。 자신의 생각을 다른 사람에게 말하다.

担ぐ	かつぐ	메다, 짊어지다
		肩に荷物を担ぐ。 어깨에 짐을 짊어지다.

叶う	かなう	이루어지다
		願いがかなう。 소원이 이루어지다.

兼ねる	かねる	겸하다
		趣味と実益を兼ねる。 취미와 실익을 겸하다.

かばう		감싸다, 편들다
		部下をかばう。 부하를 감싸다.

かぶせる		씌우다
		帽子をかぶせる。 모자를 씌우다.

構う	かまう	신경 쓰다, 상관하다, 상대하다, 돌보다 人の話に構っている暇がない。 남의 얘기에 신경 쓸 틈이 없다.
からかう		조롱하다, 놀리다 弟をからかう。 남동생을 놀리다.
絡まる	からまる	엉키다, 휘감기다 釣り糸が絡まってしまう。 낚싯줄이 엉켜 버리다.
刈る	かる	베다 草を刈る。 풀을 베다.
かわいがる		귀여워하다 犬をかわいがる。 개를 귀여워하다.
考え込む	かんがえこむ	골똘히 생각하다 真剣な顔で何か考え込んでいる。 진지한 얼굴로 무엇인가 골똘히 생각하고 있다.
着替える	きがえる	갈아입다 普段着に着替える。 평상복으로 갈아입다.
聞き返す	ききかえす	되묻다, 다시 묻다, 다시 듣다 分からない点を聞き返した。 이해가 안 되는 점을 되물었다.
着せる	きせる	입히다 赤ちゃんに服を着せる。 아기에게 옷을 입히다.
競う	きそう	겨루다, 경쟁하다, 경합하다 市長選は2氏が激しく競っている。 시장 선거는 두 사람이 치열하게 경합하고 있다.
嫌う	きらう	싫어하다 勉強を嫌う。 공부를 싫어하다.
切れる	きれる	끊어지다 糸が切れる。 실이 끊어지다.
禁じる	きんじる	금지하다 喫煙を禁じる。 흡연을 금지하다.

食う	くう	먹다 飯を食う。 밥을 먹다.
崩す	くずす	무너뜨리다, 허물다 古い塀を崩す。 낡은 담을 허물다.
崩れる	くずれる	무너지다 大雨で山が崩れる。 큰비로 산이 무너지다.
砕く	くだく	부수다, 깨뜨리다 氷を小さく砕く。 얼음을 잘게 부수다.
くっつく		달라붙다, 들러붙다 子供が親にくっついて離れない。 아이가 부모에게 달라붙어 떨어지지 않는다.
くっつける		붙이다 紙と紙をのりでくっつける。 종이와 종이를 풀로 붙이다.
配る	くばる	나누다, 분배하다 チラシを配る。 광고지를 나눠주다.
組み立てる	くみたてる	조립하다 部品を組み立てる。 부품을 조립하다.
悔やむ	くやむ	후회하다 失敗を悔やむ。 실패를 후회하다.
狂う	くるう	① 미치다 狂ったように泣く。 미친 듯이 울다. ② 어긋나다, 잘못되다 計画が狂う。 계획이 어긋나다.
苦しめる	くるしめる	괴롭히다 不眠症に苦しめられて体を壊す。 불면증에 시달려 건강을 해치다.
くるむ		감싸다, 휘감아 싸다 赤ちゃんをバスタオルでくるむ。 아기를 목욕 수건으로 감싸다.

くわえる		입에 물다 口にくわえる。 입에 물다.
削る	けずる	깎다, 삭감하다 鉛筆を削る。 연필을 깎다.
超える	こえる	넘다, 지나다, 초과하다 損害は 1 億円を超える。 손해는 1억 엔을 넘는다.
凍る	こおる	얼다 池の水が凍る。 연못의 물이 얼다.
漕ぐ	こぐ	발을 구르다, 밟다 自転車のペダルを漕ぐ。 자전거의 페달을 밟다.
焦げる	こげる	타다, 눌러붙다 この餅は少し焦げている。 이 떡은 조금 탔다.
凍える	こごえる	추위로 몸의 감각이 없어지다, 곱다 寒さで手が凍える。 추위로 손이 곱다.
腰掛ける	こしかける	걸터앉다 ベンチに腰掛ける。 벤치에 걸터앉다.
こする		비비다 眠い目をこする。 졸린 눈을 비비다.
異なる	ことなる	다르다, 같지 않다 報告が事実と異なる。 보고가 사실과 다르다.
込める	こめる	담다 愛情を込めて手紙を書く。 애정을 담아 편지를 쓰다.
堪える	こらえる	참다, 견디다 涙を堪えながら話す。 눈물을 참으며 이야기하다.
さかのぼる		거슬러 오르다 ボートで川をさかのぼる。 보트로 강을 거슬러 오르다.
逆らう	さからう	거역하다, 거스르다 時代の流れに逆らう。 시대의 흐름을 거스르다.

N2

探る	さぐる	**찾다, 살피다** 相手の本心を探る。 상대의 본심을 살피다.
支える	ささえる	**떠받치다, 유지하다, 지원하다** 長男が生計を支えている。 장남이 생계를 유지하고 있다.
ささやく		**속삭이다** 相手の耳にささやく。 상대의 귀에 속삭이다.
差し支える	さしつかえる	**지장을 주다** 工事の騒音が授業に差し支える。 공사 소음이 수업에 지장을 준다.
差し引く	さしひく	**빼다, 공제하다, 차감하다** 月給から税金を差し引く。 월급에서 세금을 공제하다.
指す	さす	**가리키다** ほしい品物を指で指す。 갖고 싶은 물건을 손가락으로 가리키다.
定める	さだめる	**정하다** 合格者の基準を定める。 합격자의 기준을 정하다.
錆びる	さびる	**녹슬다** 包丁が錆びて切れない。 부엌칼이 녹슬어 썰리지 않는다.
妨げる	さまたげる	**방해하다** 眠りを妨げる。 잠을 방해하다.
敷く	しく	**깔다, 펴다** 布団を敷く。 이불을 깔다.
茂る	しげる	**우거지다, 무성하다** 草が茂る。 풀이 무성하다.
しびれる		**저리다, 마비되다** 足がしびれて立てない。 다리가 저려서 일어날 수 없다.
しぼむ		**시들다, 위축되다** 花がしぼむ。 꽃이 시들다.
絞る	しぼる	**좁히다, 줄이다** 要点を絞って発表する。 요점을 줄여서 발표하다.

染みる	しみる	① 번지다, 스며들다, 배다 味が染みる。 맛이 배다. ② 절실히 느끼다, 사무치다 親切が身に染みる。 친절이 가슴에 사무치다.
締め切る	しめきる	마감하다 願書は今度の金曜日で締め切る。 원서는 이번 금요일에 마감한다.
湿る	しめる	습기 차다, 축축하다 洗濯物がまだ湿っている。 빨래가 아직 축축하다.
占める	しめる	차지하다, 점유하다 全体生産量の3割を占める。 전체 생산량의 30%를 차지하다.
しゃぶる		빨다, 핥다 飴をしゃぶる。 사탕을 빨다.
生じる	しょうじる	생기다, 발생하다 火災によって損害が生じる。 화재에 의해 손해가 발생하다.
透き通る	すきとおる	투명하다, 비쳐 보이다, 맑다 川の底まで透き通っている。 강 바닥까지 비쳐 보이다.
救う	すくう	구하다, 살리다 人命を救う。 인명을 구하다.
優れる	すぐれる	뛰어나다, 우수하다 彼は語学に優れている。 그는 어학에 뛰어나다.
済ます	すます	끝내다, 마치다 食事を済ましてから出かける。 식사를 마치고 나서 외출하다.
ずらす		(겹치지 않게 조금) 이동시키다, 비켜 놓다 テーブルの皿を横へずらす。 테이블에 있는 접시를 옆으로 조금 옮기다.
すれ違う	すれちがう	스쳐 지나다, 엇갈리다 列車と列車がすれ違う。 열차와 열차가 스쳐 지나다.

背負う	せおう	짊어지다 荷物を背負って歩く。 짐을 짊어지고 걷다.
接する	せっする	접하다, 응대하다 人に優しく接する。 타인에게 상냥하게 응대하다.
迫る	せまる	① (시간, 공간이) 다가오다 締め切りが迫る。 마감이 다가오다. ② 강요하다, 재촉하다 返答を迫る。 대답을 재촉하다.
攻める	せめる	공격하다 敵を攻める。 적을 공격하다.
責める	せめる	꾸짖다, 나무라다 部下の失敗を責める。 부하의 실수를 꾸짖다.
属する	ぞくする	속하다 日本は漢字文化圏に属する。 일본은 한자문화권에 속한다.
備える	そなえる	대비하다, 갖추다 地震に備える。 지진에 대비하다.
剃る	そる	깎다, 밀다 ひげを剃る。 수염을 깎다.
逸れる	それる	빗나가다, 벗어나다, 빠지다 話が横道に逸れる。 이야기가 옆길로 빠지다.
対する	たいする	대하다, 상대하다 にこやかに客に対する。 상냥하게 손님을 대하다.
耕す	たがやす	경작하다, 일구다, 갈다 畑を耕して種をまく。 밭을 경작하여 씨를 뿌리다.
炊く	たく	밥을 짓다 ご飯を炊く。 밥을 짓다.
蓄える	たくわえる	저축하다, 비축하다, 쌓다, 기르다 食糧を蓄える。 식량을 비축하다.

尋ねる	たずねる	묻다, 질문하다 駅へ行く道を尋ねる。 역으로 가는 길을 묻다.
達する	たっする	달하다, 도달하다 目的地に達する。 목적지에 도달하다.
例える	たとえる	비유하다, 빗대다 人生を旅に例える。 인생을 여행에 비유하다.
束ねる	たばねる	묶다 古新聞を束ねる。 헌 신문을 묶다.
ダブる		겹치다, 중복되다 字がダブって見える。 글자가 겹쳐 보인다.
試す	ためす	시험하다 自分の力を試す。 자신의 힘을 시험하다.
保つ	たもつ	유지하다 若さを保つ。 젊음을 유지하다.
頼る	たよる	의지하다 親に頼りすぎて自立できない。 부모에게 너무 의지하여 자립할 수 없다.
誓う	ちかう	맹세하다, 서약하다 二人は永遠の愛を誓った。 두 사람은 영원한 사랑을 맹세했다.
近寄る	ちかよる	접근하다, 다가가다 近寄ってよく見る。 다가가서 잘 살펴보다.
契る	ちぎる	굳게 약속하다, 결혼을 약속하다 友人と契ったことを果たす。 친구와 굳게 약속한 것을 이루어내다.
千切る	ちぎる	잘게 찢다, 잡아 뜯다 パンを千切って食べる。 빵을 뜯어 먹다.
縮む	ちぢむ	줄어들다, 쭈글쭈글해지다, 곱슬거리다 ズボンが縮む。 바지가 줄어들다.

N2

| 縮める | ちぢめる | 줄이다, 축소시키다, 단축시키다 |
| | | 得点差を1点に縮める。 득점차를 1점으로 줄이다. |

| 縮れる | ちぢれる | 주름지다, 곱슬거리다, 오그라들다 |
| | | 髪の毛が縮れる。 머리카락이 곱슬거리다. |

| 散らす | ちらす | 흐트러뜨리다, 흩뿌리다 |
| | | 風が花びらを散らす。 바람이 꽃잎을 흐트러뜨리다. |

| ついている | | 운이 좋다 |
| | | 今日はとてもついていた。 오늘은 매우 운이 좋았다. |

| 通じる | つうじる | 통하다 |
| | | 気持ちが通じる。 마음이 통하다. |

| 突き当たる | つきあたる | 부딪치다, 마주치다, 충돌하다 |
| | | 難問に突き当たる。 어려운 문제에 부딪치다. |

| 尽きる | つきる | 다하다, 떨어지다, 바닥나다 |
| | | 体力が尽きる。 체력이 떨어지다. |

| 就く | つく | 지위에 오르다, 취임하다, 취업하다 |
| | | 重役のポストに就く。 중역의 자리에 취임하다. |

| 次ぐ | つぐ | 뒤따르다, 잇따르다 |
| | | 地震に次いで津波が起こる。 지진에 잇따라 해일이 일어나다. |

| 作り出す | つくりだす | 만들어 내다 |
| | | 製品を作り出す。 제품을 만들어 내다. |

| 造る | つくる | (집이나 배 등을) 만들다 |
| | | 船を造る。 배를 만들다. |

突っ込む	つっこむ	① 돌진하다
		ゴールに突っ込む。 골을 향해 돌진하다.
		② 마구 집어넣다, 처넣다
		本をかばんに突っ込む。 책을 가방에 마구 집어넣다.

| 努める | つとめる | 노력하다, 힘쓰다 |
| | | 安全運転に努める。 안전 운전에 힘쓰다. |

務める	つとめる	(임무, 역할을) 맡다
		主役を務める。 주역을 맡다.

つながる		연결되다, 이어지다
		電話がつながる。 전화가 연결되다.

つなげる		연결하다, 잇다
		紐をつなげて長くする。 끈을 연결하여 길게 만들다.

つねる		꼬집다
		ほおをつねってみる。 볼을 꼬집어 보다.

つまずく		발이 걸려 넘어지다, 좌절하다
		石につまずいて転ぶ。 돌에 걸려 넘어지다.

詰まる	つまる	가득 차다, 막히다
		本棚には本が詰まっている。 책장에는 책이 가득 차 있다.

釣り合う	つりあう	어울리다, 균형 잡히다
		収入と支出が釣り合う。 수입과 지출이 균형 잡히다.

吊る	つる	매달다, 매다
		ちょうちんを吊る。 초롱을 매달다.

吊るす	つるす	매달다, 걸다
		洋服をハンガーに吊るす。 양복을 옷걸이에 걸다.

適する	てきする	적합하다, 알맞다
		体力に適した運動をする。 체력에 적합한 운동을 하다.

出くわす	でくわす	우연히 만나다, 마주치다, 맞닥뜨리다
		駅で昔の友達と出くわした。 역에서 옛 친구와 우연히 만났다.

照らす	てらす	비추다
		ライトで舞台を照らす。 조명으로 무대를 비추다.

照る	てる	밝게 비치다, (날씨가) 개다
		日が照っている。 해가 밝게 비치고 있다.

問いかける	といかける	물어보다, 질문을 던지다, 제기하다
		社会に環境問題を問いかける。 사회에 환경문제를 제기하다.

N2

通す	とおす	통과시키다, 꿰다, 꿰뚫다

針に糸を通す。 바늘에 실을 꿰다.

通りかかる	とおりかかる	우연히 지나가다

通りかかった人に助けられる。

우연히 지나가던 사람에게 도움을 받다.

尖る	とがる	뾰족하다, 날카롭다, 날이 서다

針の先は鋭く尖っている。 바늘 끝은 날카롭게 뾰족하다.

解く	とく	풀다

難しい問題を解く。 어려운 문제를 풀다.

どく		물러나다, 비키다

ちょっとどいてください。 조금 비켜 주세요.

溶け込む	とけこむ	① 용해되다, 섞이다

塩分が溶け込む。 염분이 용해되다.

② 동화되다, 녹아들다

新しい職場に溶け込む。 새로운 직장에 동화되다.

解ける	とける	풀리다, 풀어지다, 해제되다

なぞが解ける。 수수께끼가 풀리다.

どける		치우다, 다른 곳으로 옮기다

その荷物をどけてください。 그 짐을 치워 주세요.

整う	ととのう	갖추어지다, 정돈되다

準備が整う。 준비가 갖추어지다.

整える	ととのえる	갖추다, 정돈하다

服装を整える。 복장을 갖추다.

とどまる		머물다

当分東京にとどまるつもりだ。 당분간 도쿄에 머물 생각이다.

飛び散る	とびちる	사방에 흩날리다, 튀다

料理中に小麦粉が飛び散ってしまった。

요리 도중에 밀가루가 사방에 튀었다.

飛びつく	とびつく	달려들다, 덤벼들다 もうけ話にすぐ飛びつく。 돈벌이 이야기에 바로 달려들다.
伴う	ともなう	따르다, 동반하다 この仕事には危険が伴う。 이 일에는 위험이 따른다.
とらえる		잡다, 파악하다 チャンスをとらえる。 기회를 잡다.
取り上げる	とりあげる	채택하다, 거론하다 部下の案を取り上げる。 부하의 의견을 채택하다.
取り入れる	とりいれる	① 도입하다, 수용하다 外国の文化を取り入れる。 외국의 문화를 도입하다. ② 거두어들이다, 수확하다 洗濯物を取り入れる。 빨래를 거두어들이다.
とりかかる		착수하다, 시작하다 すぐに仕事にとりかかります。 바로 일에 착수하겠습니다.
取り組む	とりくむ	몰두하다 真剣に研究に取り組む。 진지하게 연구에 몰두하다.
長引く	ながびく	오래 걸리다, 길어지다 会議が長引く。 회의가 길어지다.
眺める	ながめる	바라보다, 응시하다 窓から夜景を眺める。 창으로 야경을 바라보다.
なでる		쓰다듬다 頭をなでる。 머리를 쓰다듬다.
慰める	なぐさめる	위로하다 落ち込んでいる友人を慰める。 낙담하고 있는 친구를 위로하다.
殴る	なぐる	때리다 相手を殴る。 상대를 때리다.

成る	なる	**구성되다, 이루어지다** この国は多民族から成る。 이 나라는 다민족으로 구성된다.
煮える	にえる	**익다, 삶아지다, 끓다** 豆が煮える。 콩이 익다.
におう		**냄새가 나다** ガスがにおう。 가스 냄새가 나다.
逃がす	にがす	① **놓아주다** 小鳥をかごから逃がす。 작은 새를 새장에서 놓아주다. ② **놓치다** 犯人を逃がす。 범인을 놓치다.
握り締める	にぎりしめる	**움켜쥐다, 꽉 쥐다** 母親の手を握り締める。 어머니의 손을 꽉 쥐다.
憎む	にくむ	**미워하다, 싫어하다** 人を憎む。 사람을 미워하다.
濁る	にごる	**탁해지다** 川の水が濁る。 강물이 탁해지다.
縫う	ぬう	**꿰매다, 바느질하다** 布を縫って服を作る。 옷감을 바느질하여 옷을 만들다.
ねじる		**비틀다, 틀다, 돌리다** 水道の栓をねじる。 수도꼭지를 비틀다.
熱する	ねっする	**뜨겁게 하다, 가열하다** 鉄を熱する。 철을 가열하다.
狙う	ねらう	**노리다, 목표로 하다** 優勝を狙う。 우승을 노리다.
逃す	のがす	**놓치다** チャンスを逃す。 기회를 놓치다.
望む	のぞむ	**바라다, 희망하다** 子の幸せを望む。 아이의 행복을 바라다.

述べる	のべる	말하다, 서술하다
		意見を述べる。 의견을 말하다.

昇る	のぼる	오르다, (해, 달이) 뜨다
		日が昇る。 해가 뜨다.

乗り過ごす	のりすごす	내릴 곳을 지나치다
		うっかりして一駅乗り過ごす。 깜빡해서 한 정거장을 지나치다.

乗り継ぐ	のりつぐ	갈아타다, 환승하다
		バスから電車に乗り継ぐ。 버스에서 전철로 갈아타다.

剥がす	はがす	(부착된 것을) 벗기다, 떼어내다
		ポスターを剥がす。 포스터를 떼어내다.

吐く	はく	구토하다, 뱉다
		酒に酔って吐く。 술에 취해 토하다.

はげる		벗겨지다
		壁のペンキがはげる。 벽의 페인트가 벗겨지다.

挟まる	はさまる	끼다, 끼이다
		電車のドアにかばんが挟まる。 전철 문에 가방이 끼이다.

挟む	はさむ	끼다, 끼우다
		パンにハムを挟む。 빵에 햄을 끼우다.

弾む	はずむ	① 튀다
		このボールはよく弾む。 이 공은 잘 튄다.
		② 들뜨다, 활기를 띠다
		会話が弾む。 대화가 활기를 띠다.

外れる	はずれる	빠지다, 떨어지다, 빗나가다, 제외되다
		ボタンが外れる。 단추가 떨어지다.

果たす	はたす	다하다, 완수하다, 해내다
		任務を果たす。 임무를 완수하다.

罰する	ばっする	벌하다, 처벌하다
		法律によって罰する。 법률에 따라 처벌하다.

話し込む	はなしこむ	이야기에 열중하다
		時を忘れて話し込む。 시간 가는 줄도 모르고 이야기에 열중하다.
放す	はなす	풀어놓다, 놓아주다
		牛を牧場に放す。 소를 목장에 풀어놓다.
離れる	はなれる	떨어지다, 벗어나다
		親と離れて生活する。 부모와 떨어져 생활하다.
跳ねる	はねる	뛰어오르다, 튀다
		ボールが跳ねる。 공이 튀다.
省く	はぶく	생략하다, 없애다, 줄이다
➖ 略す 생략하다		詳しい説明を省く。 자세한 설명을 생략하다.
はめる		끼다, 끼워 넣다
		手袋をはめる。 장갑을 끼다.
流行る	はやる	유행하다
		インフルエンザが流行っている。 독감이 유행하고 있다.
払い込む	はらいこむ	불입하다, 납입하다
		税金を払い込む。 세금을 납입하다.
腹を立てる	はらをたてる	화를 내다
		子供のいたずらに腹を立てる。 아이의 장난에 화를 내다.
張り切る	はりきる	의욕이 넘치다
		仕事に張り切る。 일에 의욕이 넘치다.
張る	はる	① 넓게 펼쳐지다, 뻗어 나가다
		根が張る。 뿌리가 뻗어 나가다.
		② 넓게 펼치다
		テントを張る。 텐트를 펼치다.
腫れる	はれる	붓다, 부어오르다
		顔が腫れている。 얼굴이 부어 있다.
引き返す	ひきかえす	(원래 장소로) 되돌아가다, 되돌리다
		途中で引き返す。 도중에 방향을 되돌리다.

引き止める	ひきとめる	만류하다, 제지하다, 말리다 辞任を引き止める。 사임을 만류하다.
引っかかる	ひっかかる	걸리다, 찜찜하다 彼の言葉が妙に引っかかる。 그의 말이 묘하게 찜찜하다.
ひっくり返す	ひっくりかえす	뒤집다, 뒤엎다 決定をひっくり返す。 결정을 뒤집다.
ひっくり返る	ひっくりかえる	뒤집히다, 엎어지다 ボートがひっくり返る。 보트가 뒤집히다.
引っ込む	ひっこむ	틀어박히다 自分の部屋に引っ込む。 자기 방에 틀어박히다.
引っ張る	ひっぱる	이끌다, 당기다 ロープを引っ張る。 로프를 당기다.
ひねる		돌리다, 비틀다 スイッチをひねる。 스위치를 돌리다.
響く	ひびく	(소리가) 울리다, 울려 퍼지다 鐘の音が響く。 종소리가 울리다.
広める	ひろめる	넓히다 知識を広める。 지식을 넓히다.
含む	ふくむ	포함하다, 함유하다, 머금다 料金にはサービス料が含まれる。 요금에는 서비스료가 포함된다.
含める	ふくめる	포함하다, 포함시키다 手数料を含めて請求する。 수수료를 포함하여 청구하다.
膨らます	ふくらます	부풀리다, 부풀게 하다 風船を膨らます。 풍선을 부풀리다.
膨らむ	ふくらむ	부풀다, 부풀어 오르다, 팽창하다 予算が膨らむ。 예산이 부풀다.
更ける	ふける	(계절, 밤이) 깊어지다 夜が更ける。 밤이 깊어지다.

塞がる	ふさがる	**막히다, 차다, 닫히다** 工事のトラックで道が塞がっている。 공사 트럭으로 길이 막혀 있다.
塞ぐ	ふさぐ	**막다, 닫다** 入口を塞ぐ。 입구를 막다.
ふざける		**장난치다** 子供たちがふざけてうるさい。 아이들이 장난을 쳐서 시끄럽다.
ぶら下がる	ぶらさがる	**늘어지다, 매달리다** 天井から電灯がぶら下がっている。 천정에 전등이 매달려 있다.
ぶら下げる	ぶらさげる	**늘어뜨리다, 매달다, (손에) 들다** 紙袋をぶら下げて歩く。 종이봉투를 들고 걷다.
振り向く	ふりむく	**뒤돌아보다** 後ろを振り向く。 뒤를 돌아보다.
振る舞う	ふるまう	**① 행동하다** 明るく振る舞う。 밝게 행동하다. **② 대접하다** 客に料理を振る舞う。 손님에게 요리를 대접하다.
触れ合う	ふれあう	**서로 맞닿다, 가까이 하다** 自然と触れ合う時間を作る。 자연과 가까이 하는 시간을 만들다.
へこむ		**(움푹) 들어가다, 패이다** 車体が大きくへこんだ。 차체가 크게 움푹 패였다.
隔たる	へだたる	**거리가 떨어지다, 멀어지다** 家は学校から遠く隔たっている。 집은 학교에서 멀리 떨어져 있다.
隔てる	へだてる	**거리를 두다, 사이에 두다** 道を隔てて向かい合う。 길을 사이에 두고 서로 마주보다.
吠える	ほえる	**짖다, 으르렁거리다** 犬が吠える。 개가 짖다.

放る	ほうる	던지다, 내던지다, 내팽개치다
		ボールを空高く放る。 공을 하늘 높이 던지다.

掘る	ほる	파다, 파내다, 캐다
		庭を掘って木を植える。 정원을 파서 나무를 심다.

まく		뿌리다, 살포하다
		庭に水をまく。 뜰에 물을 뿌리다.

混じる	まじる	섞이다
		酒に水が混じる。 술에 물이 섞이다.

増す	ます	늘어나다, 많아지다
		人口が増す。 인구가 늘어나다.

祭る	まつる	제사 지내다, 섬기다
		先祖を祭る。 조상의 제사를 지내다.

真似る	まねる	흉내내다, 모방하다
		話し方を真似る。 말투를 흉내내다.

見かける	みかける	눈에 띄다, (언뜻) 보다
		あの人はよく駅で見かける。 그 사람은 역에서 자주 눈에 띈다.

乱れる	みだれる	흐트러지다, 혼란스러워지다
		風で髪が乱れる。 바람으로 머리카락이 흐트러지다.

導く	みちびく	이끌다, 인도하다
		客を応接間に導く。 손님을 응접실로 인도하다.

満ちる	みちる	가득 차다
		確信に満ちる。 확신에 가득 차다.

見つめる	みつめる	응시하다, 주시하다, 직시하다
		現実を見つめる。 현실을 직시하다.

認める	みとめる	인정하다
		負けを認める。 패배를 인정하다.

見慣れる	みなれる	보아서 익숙하다, 낯익다
		見慣れない人が立っている。 낯선 사람이 서 있다.

見逃す	みのがす	① 간과하다, 놓치다 わずかな失敗も見逃さない。 사소한 실수도 놓치지 않는다. ② 눈감아 주다, 봐주다 駐車違反を見逃す。 주차 위반을 눈감아 주다.
実る	みのる	열매 맺다, 결실을 맺다, 성과를 거두다 長年の苦労が実る。 오랜 고생이 결실을 맺다.
向かう	むかう	향하다 目標に向かって進む。 목표를 향해 나아가다.
むかつく		① 메스껍다, 울렁거리다 船酔いで胸がむかつく。 뱃멀미로 속이 울렁거린다. ② 화가 치밀다 顔を見るだけでむかつく。 얼굴을 보는 것만으로도 화가 난다.
剥く	むく	벗기다, 까다 りんごの皮を剥く。 사과 껍질을 벗기다.
向ける	むける	향하다, (방향으로) 돌리다 顔を向ける。 얼굴을 향하다.
命じる	めいじる	명하다, 명령하다 転勤を命じる。 전근을 명하다.
恵まれる	めぐまれる	혜택을 받다, 풍족하다 資源に恵まれる。 자원이 풍족하다.
めくる		넘기다 カレンダーをめくる。 달력을 넘기다.
めぐる		① 돌다 季節がめぐって春を迎える。 계절이 돌아서 봄을 맞이하다. ② 둘러싸다, 관련하다 遺産をめぐって兄弟が争っている。 유산을 둘러싸고 형제가 다투고 있다.
目指す	めざす	목표로 하다, 노리다 金メダルを目指す。 금메달을 목표로 하다.

面する	めんする	향하다, 마주하다 大通りに面してビルが建ち並んでいる。 대로를 향해 빌딩이 늘어서 있다.
儲かる	もうかる	벌이가 되다, 돈을 벌다, 득을 보다 株で儲かる。 주식으로 돈을 벌다.
儲ける	もうける	돈을 벌다, 이익을 얻다 莫大な金を儲ける。 막대한 돈을 벌다.
潜る	もぐる	잠수하다, 숨어들다 海に潜る。 바다에 잠수하다.
もたれる		기대다, 의지하다 壁にもたれる。 벽에 기대다.
持ち上げる	もちあげる	들어 올리다, 치켜세우다 荷物を持ち上げる。 짐을 들어 올리다.
用いる	もちいる	쓰다, 사용하다, 이용하다 新しい方法を用いる。 새로운 방법을 이용하다.
基づく	もとづく	기초를 두다, 근거하다 規則に基づいて処理する。 규칙에 근거해 처리하다.
求める	もとめる	요구하다, 구하다, 바라다 謝罪を求める。 사죄를 요구하다.
揉む	もむ	비비다, 주무르다 肩を揉む。 어깨를 주무르다.
盛り上がる	もりあがる	분위기가 고조되다 世論が盛り上がる。 여론이 고조되다.
盛り上げる	もりあげる	분위기를 고조시키다 雰囲気を盛り上げる。 분위기를 고조시키다.
漏れる	もれる	새다, 누설되다 ガスが漏れる。 가스가 새다.

N2

養う	やしなう	양육하다, 부양하다, 기르다 妻子を養う。 처자식을 부양하다.
休まる	やすまる	편안해지다, 피로가 풀리다 気が休まる。 마음이 편안해지다.
やっつける		해치우다, 혼내주다 たまった仕事をやっつける。 쌓인 일을 해치우다.
やって来る	やってくる	찾아오다, 다가오다 彼がやって来た。 그가 찾아왔다.
雇う	やとう	고용하다 人を雇う。 사람을 고용하다.
敗れる	やぶれる	지다, 패배하다 試合に敗れる。 시합에 지다.
譲る	ゆずる	양보하다 お年寄りに席を譲る。 노인에게 자리를 양보하다.
止す	よす	그만두다, 멈추다, 중지하다 騒ぐのは止しなさい。 떠드는 일은 그만하렴.
寄せる	よせる	다가오다, 가까이 대다, 가까이 붙이다 机を隅に寄せる。 책상을 구석에 붙이다.
呼びかける	よびかける	호소하다 住民に協力を呼びかける。 주민에게 협력을 호소하다.
呼び止める	よびとめる	불러 세우다 見知らぬ人に呼び止められる。 낯선 사람이 불러 세우다.
略す ◉省く 생략하다	りゃくす	줄이다, 생략하다 詳しい説明は略す。 자세한 설명은 생략하겠다.
割り込む	わりこむ	끼어들다 列に割り込む。 줄에 끼어들다.

い형용사

温かい	あたたかい	**따뜻하다** 温かいご飯。 따뜻한 밥.
厚かましい ◎ずうずうしい	あつかましい	**뻔뻔스럽다** 厚かましい人。 뻔뻔스러운 사람.
危うい ◎危ない	あやうい	**위험하다, 위태롭다** 生命が危うい。 생명이 위태롭다.
怪しい	あやしい	**수상하다** 怪しい男を発見する。 수상한 남자를 발견하다.
荒い	あらい	**거칠다, 거세다** 波が荒い。 파도가 거칠다.
淡い	あわい	**엷다, 흐리다, 희미하다** 淡いピンクの花が咲いている。 연분홍색 꽃이 피어 있다.
慌ただしい	あわただしい	**분주하다, 어수선하다** 慌ただしい一日を送る。 분주한 하루를 보내다.
勇ましい	いさましい	**용맹스럽다, 씩씩하다** 勇ましく行進する。 씩씩하게 행진하다.
著しい	いちじるしい	**뚜렷하다, 두드러지다, 현저하다** 技術が著しく進歩する。 기술이 현저하게 진보하다.
偉い	えらい	**① 훌륭하다** 偉い人になりたい。 훌륭한 사람이 되고 싶다. **② 지위가 높다** 部長は課長より偉い。 부장은 과장보다 지위가 높다.
惜しい ◎もったいない	おしい	**아깝다** 時間が惜しい。 시간이 아깝다.
思いがけない	おもいがけない	**뜻밖이다, 의외이다** 思いがけない人が訪ねてきた。 뜻밖의 사람이 찾아왔다.

N2

輝かしい	かがやかしい	빛나다, 눈이 부시다
		輝かしい業績を残す。 빛나는 업적을 남기다.

規則正しい	きそくただしい	규칙적이다
		規則正しく並べる。 규칙적으로 늘어놓다.

清い	きよい	맑다
		川の清い流れを見る。 강의 맑은 흐름을 보다.

くどい		장황하다
		話がくどくなる。 이야기가 장황해지다.

煙い	けむい	눈이 따갑다, 맵다
		たばこの煙が煙い。 담배 연기로 눈이 따갑다.

心強い	こころづよい	든든하다
		君がいてくれれば心強い。 네가 있어 준다면 든든하다.

快い	こころよい	기분 좋다, 상쾌하다, 흔쾌하다
		仕事を快く引き受ける。 일을 흔쾌히 받아들이다.

騒がしい	さわがしい	소란스럽다, 시끄럽다, 어수선하다
⊜騒々しい 떠들썩하다		教室が騒がしい。 교실이 소란스럽다.

仕方がない	しかたがない	어쩔 수 없다, 방법이 없다
⊜しょうがない, やむを得ない		そうするしか仕方がない。 그렇게 하는 수밖에 방법이 없다.

湿っぽい	しめっぽい	눅눅하다, 축축하다
		雨が降り続いて家の中が湿っぽい。 비가 계속 내려서 집안이 눅눅하다.

しょうがない		어쩔 수 없다, 다른 방법이 없다
⊜仕方がない, やむを得ない		遅れてもしょうがない。 늦어도 어쩔 수 없다.

しょっぱい		짜다
		みそ汁がしょっぱい。 된장국이 짜다.

白々しい	しらじらしい	속이 빤히 보이다, 천연덕스럽다
		白々しいうそをつく。 속이 빤한 거짓말을 하다.

酸っぱい	すっぱい	시다, 시큼하다
		酸っぱい味がする。 시큼한 맛이 나다.

ずるい		약삭빠르다, 치사하다, 간사하다
		ずるい事をする。 약삭빠르게 행동하다.

騒々しい ⊜ 騒がしい 소란스럽다	そうぞうしい	떠들썩하다, 시끄럽다, 어수선하다
		教室が騒々しい。 교실이 시끄럽다.

そそっかしい		경솔하다, 덜렁거리다
		そそっかしくて忘れ物が多い。 덜렁거려서 물건을 자주 잃어버린다.

たくましい		늠름하다, 강인하다, 건장하다
		たくましい精神力。 강인한 정신력.

たまらない		견딜 수 없다, 참을 수 없다
		こんなに暑くてはたまらない。 이렇게 더워서는 견딜 수가 없다.

だらしない		야무지지 못하다, 단정하지 못하다
		服装がだらしない。 복장이 단정하지 못하다.

力強い	ちからづよい	힘차다, 든든하다
		彼の演説は力強い。 그의 연설은 힘차다.

つらい		괴롭다, 힘들다
		練習がつらい。 연습이 힘들다.

乏しい	とぼしい	부족하다, 모자라다, 가난하다
		経験に乏しい。 경험이 부족하다.

憎らしい	にくらしい	얄밉다
		言い方が憎らしい。 말투가 얄밉다.

鈍い	にぶい	무디다, 둔하다, 느리다
		動作が鈍い。 동작이 둔하다.

のろい		느리다, 둔하다
		仕事がのろい。 일이 느리다.

馬鹿らしい	ばからしい	어리석다, 어처구니가 없다
		馬鹿らしくて話にならない。 어처구니가 없어서 얘기할 가치도 없다.

N2

甚だしい	はなはだしい	심하다, 지나치다
		非常識も甚だしい。 몰상식하기도 지나치다.

等しい	ひとしい	같다, 동일하다
		二つの線の長さは等しい。 두 개의 선의 길이는 동일하다.

相応しい	ふさわしい	적당하다, 어울리다
		それは紳士に相応しくない行為だ。
		그것은 신사에게 어울리지 않는 행위이다.

真っ白い	まっしろい	새하얗다
		洗濯して真っ白くなる。 세탁을 해서 새하얗게 되다.

みっともない		보기 흉하다, 꼴불견이다
⊜見苦しい, しょうがない		みっともない姿は見せたくない。
		보기 흉한 모습은 보여 주고 싶지 않다.

めでたい		경사스럽다, 기쁘다, 축하할 만하다
		めでたく希望の学校に合格した。
		기쁘게도 희망하는 학교에 합격했다.

ものすごい		굉장하다, 무섭다
		足がものすごく痛い。 다리가 굉장히 아프다.

物足りない	ものたりない	어딘가 부족하다, 조금 불만스럽다
		食事の量が少なくて物足りない。
		식사의 양이 적어서 조금 불만스럽다.

用心深い	ようじんぶかい	조심성이 많다, 조심스럽다
		用心深く行動する。 조심스럽게 행동하다.

あいまいな		애매한, 분명하지 않은 説明にあいまいな点がある。 설명에 애매한 점이 있다.
鮮やかな	あざやかな	선명한, 뚜렷한 鮮やかな色のドレスを着る。 선명한 색상의 드레스를 입다.
圧倒的な	あっとうてきな	압도적인 賛成が圧倒的に多い。 찬성이 압도적으로 많다.
新たな	あらたな	새로운 新たな問題が発生する。 새로운 문제가 발생하다.
哀れな	あわれな	불쌍한, 가련한 彼は哀れな人生を送った。 그는 불쌍한 인생을 살았다.
安易な	あんいな	안이한 人生を安易に考える。 인생을 안이하게 생각하다.
いい加減な	いいかげんな	① 적당한, 알맞은 冗談もいい加減にしなさい。 농담도 적당히 하세요. ② 무책임한 彼はいい加減な人だ。 그는 무책임한 사람이다.
偉大な	いだいな	위대한 偉大な業績を残す。 위대한 업적을 남기다.
一方的な	いっぽうてきな	일방적인 一方的に非難する。 일방적으로 비난하다.
永久な	えいきゅうな	영구한, 영원한 永久に平和を守る。 영구히 평화를 지키다.
大柄な ⊜ 小柄な 몸집이 작은	おおがらな	몸집이 큰 大柄な男の人が現れた。 몸집이 큰 남자가 나타났다.
大げさな	おおげさな	과장된, 요란스러운 彼の話はいつも大げさだ。 그의 이야기는 언제나 과장되어 있다.

大幅な	おおはばな	대폭적인 大幅に値上がりする。 대폭적으로 가격이 오르다.
臆病な	おくびょうな	겁이 많은 弟は臆病な性質だ。 남동생은 겁이 많은 성격이다.
穏やかな	おだやかな	온화한 穏やかな天気が続く。 온화한 날씨가 이어지다.
温厚な	おんこうな	온후한, 온화하고 덕이 많은 彼は優しくて温厚な人だ。 그는 상냥하고 온후한 사람이다.
温暖な	おんだんな	온난한 この草は温暖な地方で育つ。 이 풀은 온난한 지방에서 자란다.
快適な	かいてきな	쾌적한 快適な生活を送る。 쾌적한 생활을 보내다.
過剰な	かじょうな	과잉된, 지나친 過剰な投資を避ける。 과잉 투자를 피하다.
かすかな		희미한, 어렴풋한 虫の音がかすかに聞こえる。 벌레 소리가 희미하게 들린다.
過大な	かだいな	과대한, 지나친 過大な要求をする。 지나친 요구를 하다.
勝手な ●わがままな	かってな	제멋대로인 勝手なことを言うな。 제멋대로 지껄이지 마!
活発な	かっぱつな	활발한 活発な議論が行われる。 활발한 논의가 이루어지다.
簡潔な	かんけつな	간결한 要点を簡潔に述べる。 요점을 간결하게 말하다.
頑固な	がんこな	완고한 頑固な人の説得は難しい。 완고한 사람을 설득하는 것은 어렵다.
頑丈な	がんじょうな	튼튼한 この建物は頑丈にできている。 이 건물은 튼튼하게 만들어져 있다.

肝心な	かんじんな	중요한 何よりも基本が肝心だ。 무엇보다도 기본이 중요하다.
気軽な	きがるな	가벼운, 부담 없는 気軽に引き受ける。 부담 없이 맡다.
貴重な	きちょうな	귀중한 貴重な情報を得る。 귀중한 정보를 얻다.
気の毒な	きのどくな	가엾은, 딱한 彼女が病気だとは、気の毒だ。 그녀가 병이라니 딱하다.
基本的な	きほんてきな	기본적인 基本的な権利を守る。 기본적인 권리를 지키다.
奇妙な	きみょうな	기묘한 奇妙な事件が起こる。 기묘한 사건이 일어나다.
客観的な	きゃっかんてきな	객관적인 客観的な意見を述べる。 객관적인 의견을 말하다.
急激な	きゅうげきな	급격한 人口が急激に増加する。 인구가 급격하게 증가하다.
器用な	きような	손재주가 있는, 솜씨 좋은, 요령이 좋은 彼は手先が器用だ。 그는 손재주가 뛰어나다.
強力な	きょうりょくな	강력한 改革を強力に進める。 개혁을 강력하게 진행하다.
極端な	きょくたんな	극단적인 極端なダイエットは体に悪い。 극단적인 다이어트는 몸에 해롭다.
巨大な	きょだいな	거대한 巨大なビルが建ち並んでいる。 거대한 빌딩이 늘어서 있다.
具体的な	ぐたいてきな	구체적인 具体的に指示する。 구체적으로 지시하다.
劇的な	げきてきな	극적인 手術後、劇的に回復した。 수술 후 극적으로 회복했다.

N2

結構な	けっこうな	괜찮은, 좋은, 훌륭한
		今日は結構な天気だ。 오늘은 날씨가 좋다.

謙虚な	けんきょな	겸허한
		謙虚に反省する。 겸허히 반성하다.

厳重な	げんじゅうな	엄중한
		厳重に注意する。 엄중하게 주의를 주다.

懸命な	けんめいな	열심인, 필사적인
		懸命に努力する。 열심히 노력하다.

強引な	ごういんな	억지스러운, 무리한
		強引に決めてしまう。 무리하게 결정해 버리다.

| 豪華な
🔴贅沢な 사치스러운	ごうかな	호화스러운, 호화로운
		豪華な食事をする。 호화로운 식사를 하다.

公平な	こうへいな	공평한
		公平に分ける。 공평하게 나누다.

合理的な	ごうりてきな	합리적인
		低いコストで合理的に生産する。
낮은 비용으로 합리적으로 생산하다.

| 小柄な
🔴大柄な 몸집이 큰	こがらな	몸집이 작은
		小柄な人向けの服を作る。 몸집이 작은 사람에게 맞는 옷을 만들다.

幸いな	さいわいな	다행스러운
		幸いに被害は少なかった。 다행히 피해는 적었다.

爽やかな	さわやかな	상쾌한, 산뜻한
		爽やかな空気を吸う。 상쾌한 공기를 들이마시다.

| 質素な
🔴贅沢な 사치스러운	しっそな	검소한
		質素に暮らす。 검소하게 생활하다.

実用的な	じつようてきな	실용적인
		実用的なプレゼントを選ぶ。 실용적인 선물을 고르다.

地味な	じみな	수수한, 소박한
⊖ 派手<ruby>は<rt></rt></ruby>な 화려한		地味な服装をする。 수수한 복장을 하다.
柔軟な	じゅうなんな	유연한
		柔軟な態度で臨む。 유연한 태도로 임하다.
主要な	しゅような	주요한, 중요한
		主要な点を強調する。 중요한 점을 강조하다.
純粋な	じゅんすいな	순수한
		純粋な気持ちで忠告する。 순수한 마음으로 충고하다.
順調な	じゅんちょうな	순조로운
		作業が順調に進む。 작업이 순조롭게 진행되다.
上等な	じょうとうな	뛰어난, 훌륭한
		ここまでできれば上等だ。 여기까지 되었으면 훌륭하다.
神経質な	しんけいしつな	신경질적인
		神経質になり過ぎる。 너무 신경질적이 되다.
真剣な	しんけんな	진지한
		真剣な表情で話を聞く。 진지한 표정으로 이야기를 듣다.
深刻な	しんこくな	심각한
		深刻な顔で相談する。 심각한 얼굴로 상담하다.
慎重な	しんちょうな	신중한
		慎重に検討する。 신중하게 검토하다.
贅沢な	ぜいたくな	사치스러운
⊖ 質素<ruby>しっそ<rt></rt></ruby>な 검소한		贅沢な生活をする。 사치스러운 생활을 하다.
全般的な	ぜんぱんてきな	전반적인
		企業の全般的な情報を集める。 기업의 전반적인 정보를 모으다.
鮮明な	せんめいな	선명한, 분명한
		自分の主張を鮮明にする。 자신의 주장을 분명히 하다.
善良な	ぜんりょうな	선량한
		善良な市民の生活を守る。 선량한 시민의 생활을 지키다.

N2

率直な	そっちょくな	솔직한

率直な考えを聞かせてほしい。 솔직한 생각을 들려줬으면 한다.

素朴な	そぼくな	소박한, 단순한

素朴な疑問を抱く。 소박한 의문을 품다.

粗末な	そまつな	① 변변치 못한

粗末な服を着ている。 변변치 못한 옷을 입고 있다.

② 함부로 하는

食べ物を粗末にするな。 음식을 함부로 하지 말아라.

平らな	たいらな	평평한

地面を平らにする。 지면을 평평하게 하다.

多彩な	たさいな	다채로운

小説家や画家として多彩な活動を行う。

소설가와 화가로서 다채로운 활동을 펼치다.

多大な	ただいな	커다란, 막대한, 방대한

多大な影響を受ける。 커다란 영향을 받다.

妥当な	だとうな	타당한

妥当な結論が出た。 타당한 결론이 나왔다.

抽象的な	ちゅうしょうてきな	추상적인

この文章は抽象的で分かりにくい。

이 문장은 추상적이어서 이해하기 힘들다.

強気な	つよきな	강경한, 배짱있는

● 弱気な 연약한, 나약한

強気な発言をする。 강경한 발언을 하다.

手軽な	てがるな	손쉬운, 간편한, 간단한

パソコンで年賀状を手軽に作る。

컴퓨터로 연하장을 손쉽게 만들다.

的確な	てきかくな	정확한

状況を的確に判断する。 상황을 정확하게 판단하다.

適切な	てきせつな	적절한

適切な指示をする。 적절한 지시를 하다.

適度な	てきどな	**적당한** 適度な運動をする。 적당한 운동을 하다.
でたらめな		**터무니없는, 엉터리 같은** でたらめなことを言う。 터무니없는 말을 하다.
徹底的な	てっていてきな	**철저한** 徹底的に調べる。 철저히 조사하다.
典型的な	てんけいてきな	**전형적인** 典型的な例を挙げて説明する。 전형적인 예를 들어 설명하다.
同一な	どういつな	**동일한** 両者を同一に扱う。 양쪽을 동일하게 취급하다.
透明な	とうめいな	**투명한** 湖は透明で底まで見える。 호수는 투명해서 바닥까지 보인다.
得意な ● 苦手な 서툰	とくいな	**자신 있는, 능숙한, 잘하는** 姉はピアノが得意だ。 언니(누나)는 피아노를 잘 친다.
特殊な	とくしゅな	**특수한** この工事には特殊な技術が必要だ。 이 공사에는 특수한 기술이 필요하다.
和やかな	なごやかな	**부드러운, 온화한** 和やかな雰囲気で話し合う。 부드러운 분위기로 이야기를 나누다.
生意気な	なまいきな	**건방진, 주제 넘은** 生意気な口を利く。 건방진 말을 하다.
苦手な	にがてな	**서투른, 잘하지 못하는** 数学は苦手だ。 수학은 잘하지 못한다.
呑気な	のんきな	**태평한, 느긋한** 呑気に暮らす。 태평하게 살다.
莫大な	ばくだいな	**막대한** 被害は莫大だ。 피해는 막대하다.

N2

派手な	はでな	화려한
⊜地味な 수수한		服に派手なリボンをつける。 옷에 화려한 리본을 달다.

卑怯な	ひきょうな	비겁한
		高橋さんは、そんな卑怯なやり方はしませんよ。
		다카하시 씨는 그런 비겁한 방법은 하지 않아요.

非常識な	ひじょうしきな	몰상식한
		非常識な行動をする。 몰상식한 행동을 하다.

必死な	ひっしな	필사적인, 열심인
		合格のために必死に勉強する。 합격을 위해 필사적으로 공부하다.

微妙な	びみょうな	미묘한
		色が微妙に違う。 색이 미묘하게 다르다.

平等な	びょうどうな	평등한
		利益を平等に分配する。 이익을 평등하게 분배하다.

敏感な	びんかんな	민감한
		敏感に反応する。 민감하게 반응하다.

無愛想な	ぶあいそうな	무뚝뚝한, 상냥하지 못한
		無愛想な態度をとる。 무뚝뚝한 태도를 취하다.

不運な	ふうんな	불운한, 불행한
		不運な運命に見舞われる。 불운한 운명에 처하다.

ぶかぶかな		헐렁헐렁한
⊜だぶだぶ		ズボンがぶかぶかだ。 바지가 헐렁헐렁하다.

不規則な	ふきそくな	불규칙한
		勤務時間が不規則になる。 근무 시간이 불규칙해지다.

不潔な	ふけつな	불결한, 더러운
		不潔な服を着ている。 불결한 옷을 입고 있다.

不幸な	ふこうな	불행한
		不幸な人生を送る。 불행한 인생을 보내다.

不公平な	ふこうへいな	**불공평한** 不公平な扱いを受ける。 불공평한 취급을 받다.
不思議な	ふしぎな	**신기한, 이상한** 空を飛ぶという不思議な夢を見た。 하늘을 나는 신기한 꿈을 꾸었다.
無事な	ぶじな	**무사한, 아무 탈 없는** 手術が無事に終わる。 수술이 무사히 끝나다.
不自由な	ふじゆうな	**부자유스러운, 불편한** 体の不自由な人を助ける。 몸이 불편한 사람을 돕다.
物騒な	ぶっそうな	**뒤숭숭한, 어수선한** 物騒な世の中になる。 뒤숭숭한 세상이 되다.
不得意な ● 得意な 잘하는, 자신 있는	ふとくいな	**서툰, 자신 없는** 不得意な学科は美術だ。 자신 없는 과목은 미술이다.
不慣れな	ふなれな	**익숙하지 않은, 낯설은, 서투른** 洋食の食べ方には不慣れだ。 양식 먹는 법에는 익숙하지 않다.
不愉快な ● 愉快な 유쾌한	ふゆかいな	**불쾌한** 不愉快な思いをする。 불쾌한 기분이 들다.
不利な ● 有利な 유리한	ふりな	**불리한** 不利な立場に立つ。 불리한 입장에 서다.
豊富な ● 豊かな	ほうふな	**풍부한** 天然資源が豊富だ。 천연자원이 풍부하다.
稀な	まれな	**보기 드문, 희귀한** この地方では、雪は稀だ。 이 지방에서는 눈은 보기 드물다.
見事な	みごとな	**훌륭한, 멋진** 予想が見事に的中した。 예상이 멋지게 적중했다.
惨めな	みじめな	**비참한, 참혹한** 試合に負けて惨めな思いをする。 시합에 져서 비참한 기분이 들다.

N2

密接な	みっせつな	밀접한
		両国は密接な関係にある。 양국은 밀접한 관계에 있다.

妙な	みょうな	묘한
		このスープは妙な味がする。 이 스프는 묘한 맛이 난다.

無口な	むくちな	과묵한
		彼は無口で感情を表に出さない。
		그는 과묵해서 감정을 겉으로 드러내지 않는다.

無責任な	むせきにんな	무책임한
		無責任な発言をする。 무책임한 발언을 하다.

めちゃくちゃな		엉망진창인, 형편없는
		部屋がめちゃくちゃになっている。 방이 엉망이 되어 있다.

面倒な	めんどうな	번거로운, 귀찮은
		出かけるのは面倒だ。 외출하는 것은 귀찮다.

優秀な	ゆうしゅうな	우수한
		優秀な成績で大学を卒業する。 우수한 성적으로 대학을 졸업하다.

有効な	ゆうこうな	유효한, 유용한
		休暇を有効に使う。 휴가를 유용하게 쓰다.

有能な	ゆうのうな	유능한
		有能な人材を育成する。 유능한 인재를 육성하다.

有利な ⊖ 不利な 불리한	ゆうりな	유리한
		有利な立場を確保する。 유리한 입장을 확보하다.

優良な	ゆうりょうな	우수한, 뛰어난
		優良な成績を収める。 우수한 성적을 거두다.

愉快な ⊖ 不愉快な 불쾌한	ゆかいな	유쾌한
		仲間と愉快に酒を飲む。 동료와 유쾌하게 술을 마시다.

容易な	よういな	용이한, 쉬운
		この問題を解くのは容易ではない。 이 문제를 푸는 것은 쉽지 않다.

430

陽気な	ようきな	**쾌활한**
		その店には陽気な音楽が流れていた。
		그 가게에는 쾌활한 음악이 흐르고 있었다.

| 幼稚な | ようちな | **유치한, 수준이 낮거나 미숙한** |
| ⊜ 幼い 어리다, 유치하다 | | 幼稚なことを言う。 유치한 말을 하다. |

余計な	よけいな	**쓸데없는, 불필요한, 부질없는**
		余計なことをべらべらしゃべる。
		쓸데없는 얘기를 조잘조잘 지껄이다.

| 弱気な | よわきな | **연약한, 나약한** |
| ⊜ 強気な 강경한 | | 弱気な態度を取る。 나약한 태도를 취하다. |

| 楽観的な | らっかんてきな | **낙관적인** |
| | | 事態を楽観的に考える。 사태를 낙관적으로 생각하다. |

| 乱暴な | らんぼうな | **난폭한** |
| | | ドアを乱暴に閉める。 문을 난폭하게 닫다. |

| 利口な | りこうな | **영리한, 머리가 좋은** |
| ⊜ 賢い 영리하다 | | 犬は利口な動物だ。 개는 영리한 동물이다. |

わがままな		**제멋대로인**
⊜ 勝手な		あの人はわがままな性格で困る。
		그 사람은 제멋대로인 성격이라서 곤란하다.

| わずかな | | **근소한, 매우 적은** |
| | | わずかな給料で生活する。 매우 적은 급료로 생활하다. |

| 相次いで | あいついで | **연달아** |
| | | 事件が相次いで起こる。 사건이 연달아 일어나다. |

あいにく		**공교롭게도**
		店に行ったが、あいにく休みだった。
		가게에 갔는데 공교롭게도 휴일이었다.

| あくまで | | **끝까지, 철저하게** |
| | | あくまで戦う。 끝까지 싸우겠다. |

明くる	あくる	**다음, 오는 〈연체사〉**
		明くる日 다음 날
		明くる朝 다음 날 아침
		明くる4月5日に出発する。 오는 4월 5일에 출발한다.

| あまりにも | | **너무, 너무나도** |
| | | 値段があまりにも高い。 가격이 너무 비싸다. |

| 予め | あらかじめ | **미리** |
| | | 資料を予め準備しておく。 자료를 미리 준비해 두다. |

| 改めて ⊜もう一度 | あらためて | **재차, 다시** |
| | | 改めて最初からやり直す。 다시 처음부터 새로 하다. |

| 案の定 ⊜はたして 역시 | あんのじょう | **아니나 다를까, 예상했던 대로** |
| | | 結果は案の定だった。 결과는 예상했던 대로였다. |

| あんまり ⊜あまり | | **별로, 그다지** |
| | | 運動はあんまり得意ではない。 운동은 그다지 잘하지 못한다. |

| いくぶん ⊜少し | | **약간, 다소** |
| | | いくぶん涼しくなった。 약간 시원해졌다. |

| いずれ | | **머지않아, 곧** |
| | | いずれまたうかがいます。 곧 다시 찾아뵙겠습니다. |

| 依然 ⊕依然として 여전히 | いぜん | **여전히** |
| | | 問題は依然未解決のままだ。 문제는 여전히 미해결인 상태이다. |

432

一応	いちおう	일단

一応、準備はできた。 일단 준비는 되었다.

一段と	いちだんと	한층, 더욱

一段と腕があがる。 한층 실력이 향상되다.

一気に	いっきに	단숨에, 단번에

一気に階段を駆け上がる。 단숨에 계단을 뛰어오르다.

一斉に	いっせいに	일제히, 한꺼번에, 동시에

一斉に出発する。 일제히 출발하다.

一層	いっそう	한층 더, 더욱, 한결

雨が一層激しくなった。 비가 더욱 거세졌다.

いったん		일단, 한번

いったんした約束は必ず守る。 일단 한 약속은 반드시 지킨다.

いよいよ		드디어
⊜ とうとう, ついに, ようやく		

いよいよ春になった。 드디어 봄이 되었다.

言わば	いわば	말하자면, 비유하건대, 이를테면

富士山は言わば日本のシンボルだ。

후지산은 말하자면 일본의 상징이다.

いわゆる		이른바, 흔히 말하는, 소위

彼女はいわゆる天才だ。 그녀는 소위 천재이다.

うかうか		부주의하게, 멍하게

もうすぐ受験だから、うかうかしていられない。

이제 곧 수험이니까 멍하니 있을 수 없다.

うとうと		꾸벅꾸벅

うとうとと居眠りをする。 꾸벅꾸벅 앉아서 졸다.

うんと		아주, 몹시
⊜ 非常に		

前よりうんと体重が減った。 전보다 몹시 체중이 줄었다.

遠慮なく	えんりょなく	사양 말고, 거리낌 없이

遠慮なく意見を言う。 거리낌 없이 의견을 말하다.

おおよそ		대강, 대충
⊜ ほぼ, およそ		おおよそ見当がつく。 대강 짐작이 간다.
おそらく		아마, 필시, 분명
		午後にはおそらく晴れるだろう。 오후에는 아마 맑아질 것이다.
各々	おのおの	각각, 각자
		各々意見を述べる。 각자 의견을 말하다.
思い切って	おもいきって	과감하게
		思い切ってやってみよう。 과감하게 해 보자.
思い切り	おもいきり	마음껏, 힘껏
		思い切り遊ぶ。 마음껏 놀다.
かえって		오히려, 도리어
		タクシーに乗ったら電車よりかえって時間がかかった。
		택시를 탔더니 전철보다 오히려 시간이 걸렸다.
かさかさ		꺼칠꺼칠(건조한 모습)
		冬になると肌がかさかさしてしまう。
		겨울이 되면 피부가 꺼칠꺼칠해진다.
かつて		① 일찍이, 예전에
		かつて大阪に住んでいた。 예전에 오사카에 살았었다.
		② 이제껏(~ない가 뒤따름)
		かつてない大成功を収める。 이제껏 없었던 대성공을 거두다.
きっぱり		단호히, 딱 잘라
		きっぱりと断る。 단호하게 거절하다.
ぐずぐず		우물쭈물, 꾸물거림, 어물쩍
		ぐずぐずしている時間はない。 우물쭈물하고 있을 시간은 없다.
くたくた		기진맥진, 몹시 피로한, 녹초가 된
		疲れてくたくたになる。 지쳐서 녹초가 되다.
ぐったり		축(지쳐서 늘어진 모습, 녹초가 된 상태)
		暑さでぐったりしてしまう。 더위로 축 늘어져 버리다.

くれぐれも		부디, 아무쪼록
		くれぐれもお体にお気をつけ下さい。 부디 몸조심하세요.

現に	げんに	실제로
⊜実際に		現に見た人がいる。 실제로 본 사람이 있다.

ごく		매우, 극히
		ごく一部の人が反対している。
		극히 일부 사람들이 반대하고 있다.

こそこそ		몰래, 살짝
⊜こっそり		こそこそと人の悪口を言う。 몰래 남의 험담을 하다.

ごちゃごちゃ		뒤죽박죽, 어수선함
		机の上がごちゃごちゃしている。 책상 위가 어수선하다.

こつこつ		꾸준히
		こつこつと勉強をする。 꾸준히 공부하다.

再三	さいさん	재삼, 여러 번, 자주
⊜しばしば, たびたび		再三注意する。 여러 번 주의를 주다.

再度	さいど	재차, 다시
		再度確認をお願いします。 다시 확인 부탁드립니다.

さすが		과연, 역시
		鈴木さんはさすがセンスがいいですね。
		스즈키 씨는 역시 센스가 좋네요.

さっぱり		① 산뜻함, 말끔함, 상쾌함, 후련함
		試験が終わってさっぱりした。 시험이 끝나 후련하다.
		② 전혀, 조금도
		さっぱり分からない。 전혀 모르겠다.

さらに		더욱 더, 한층 더
		さらに風が強くなる。 한층 더 바람이 강해지다.

じかに		직접, 바로
		じかに話す。 직접 이야기하다.

じきに		곧
⊜すぐに, まもなく		じきに参ります。 곧 가겠습니다.

至急	しきゅう	시급히, 서둘러
		至急来てほしい。 서둘러 왔으면 한다.

始終	しじゅう	언제나, 늘, 시종
		彼は始終遊んでばかりいる。 그는 언제나 놀고만 있다.

じたばた		바둥바둥, 발버둥 치는 모습
		今になってじたばたしてもしかたない。
		이제 와서 발버둥 쳐도 소용없다.

実に	じつに	실로, 정말
⊜本当に, 誠に		この料理は実にうまい。 이 요리는 정말 맛있다.

しばしば		자주, 빈번히
⊜たびたび		しばしば訪れる。 자주 방문하다.

順々に	じゅんじゅんに	차례차례, 순서대로
		仕事を順々に片づける。 일을 차례차례 정리하다.

知らず知らず	しらずしらず	자기도 모르게, 무심코
		知らず知らずのうちに眠ってしまった。
		자기도 모르는 사이에 잠들어 버렸다.

じろじろ		빤히, 뚫어지게
		じろじろ人の顔を見る。 빤히 사람의 얼굴을 보다.

すっきり		산뜻함, 상쾌함, 깔끔함
		気分がすっきりする。 기분이 상쾌해지다.

すっと		① 상쾌함, 후련함
		胸がすっとする。 가슴이 후련하다.
		② 재빨리
		すっと姿を消す。 재빨리 자취를 감추다.

ずらり		즐비하게, 죽
		写真をずらりと並べる。 사진을 죽 늘어놓다.

精一杯	せいいっぱい	힘껏, 최대한
		精一杯努力する。 힘껏 노력하다.
せいぜい		고작, 기껏해야
		集まっても、せいぜい10人ぐらいだ。
		모여봤자 고작 10명 정도이다.
せっかく		모처럼
		せっかくの休みだから、どこにも出かけたくない。
		모처럼의 휴일이니 아무 데도 가고 싶지 않다.
せっせと		부지런히, 열심히
		せっせと働く。 열심히 일하다.
ぜひとも ● ぜひ		꼭
		ぜひともご出席ください。 꼭 출석해 주십시오.
せめて ● 少なくとも		적어도
		せめて一週間ぐらいの休暇がほしい。
		적어도 일주일 정도의 휴가가 있었으면 좋겠다.
即座に	そくざに	즉석에서, 당장, 바로
		即座に答える。 즉석에서 대답하다.
そっくり ● 全部		전부, 남김없이
		お金をそっくり渡す。 돈을 전부 건네주다.
そのうち		곧, 머지않아
		そのうちまた来ます。 머지않아 또 오겠습니다.
ぞろぞろ		줄줄, 줄이어(많은 것이 계속 이어지는 모습)
		学校から生徒たちがぞろぞろ出てくる。
		학교에서 학생들이 줄이어 나오다.
絶えず	たえず	끊임없이, 항상
		絶えず努力する。 끊임없이 노력하다.
ただ		그저, 단지
		ただ無事を祈る。 그저 무사하기를 빌다.

| 直ちに | ただちに | **즉시, 당장, 곧장** |
| | | 直ちに集合せよ。 즉시 집합하라. |

| たちまち | | **금세** |
| | | たちまち売り切れる。 금세 품절되다. |

| たっぷり | | **듬뿍, 잔뜩, 넉넉하게** |
| | | パンにジャムをたっぷり塗る。 빵에 잼을 듬뿍 바르다. |

たとえ		**비록**
		たとえ失敗しても、後悔はしない。
		비록 실패해도 후회는 하지 않겠다.

| たびたび | | **여러 번, 자주** |
| ⊖ しばしば | | 彼はたびたびここに来る。 그는 자주 여기에 온다. |

| だぶだぶ | | **헐렁헐렁** |
| ⊖ ぶかぶかな | | だぶだぶのズボン。 헐렁헐렁한 바지. |

| 近々 | ちかぢか | **가까운 시일 내에** |
| | | 近々うかがいます。 가까운 시일 내에 찾아뵙겠습니다. |

| ちなみに | | **덧붙여서 말하자면, 이와 관련하여, 참고로** |
| | | ちなみに、会費は5千円です。 참고로 회비는 5천 엔입니다. |

| 着々と | ちゃくちゃくと | **척척, 순조롭게** |
| | | 工事が着々と進む。 공사가 순조롭게 진행되다. |

| ついでに | | **하는 김에** |
| | | ついでに牛乳も買ってきて。 하는 김에 우유도 사다 줘. |

つまり		**즉**
⊖ すなわち		たくさん売れるのは、つまり品がいいからだ。
		많이 팔리는 것은, 즉 물건이 좋기 때문이다.

どうしても		**① 아무리 해도, 도무지**
		どうしても分からない。 도무지 모르겠다.
		② 반드시, 꼭
⊖ ぜひとも		どうしても見たい。 꼭 보고 싶다.

438

どうせ		어차피, 결국
		どうせやるなら、楽_{たの}しくやろう。 어차피 하는 거라면 즐겁게 하자.

当然	とうぜん	당연히
		彼_{かれ}なら当然_{とうぜん}そうするでしょう。 그라면 당연히 그렇게 하겠지요.

当分	とうぶん	당분간
		当分_{とうぶん}休_{やす}みます。 당분간 쉬겠습니다.

ところどころ		군데군데, 여기저기
⊜あちこち		ところどころ間違_{まちが}っている。 군데군데 틀려 있다.

途端に	とたんに	~하자마자
		立_たち上_あがった途端_{とたん}に倒_{たお}れた。 일어나자마자 쓰러졌다.

とっくに		벌써, 진작에
⊜ずっと前_{まえ}に		森_{もり}さんならとっくに帰_{かえ}りました。 모리 씨라면 진작에 돌아갔습니다.

どっと		한꺼번에, 일제히, 우르르
		ドアが開_{ひら}き、客_{きゃく}がどっと入_{はい}って来_きた.
		문이 열리고 손님이 한꺼번에 들어 왔다.

とにかく		어쨌든
		とにかくやってみよう。 어쨌든 해 보자.

ともかく		어쨌든
		留守_{るす}かもしれないが、ともかく行_いってみよう。
		부재중일지도 모르지만 어쨌든 가 보자.

共に	ともに	모두, 함께
		友人_{ゆうじん}と共_{とも}に旅行_{りょこう}に行_いく。 친구와 함께 여행을 가다.

とりあえず		우선, 일단
		とりあえず必要_{ひつよう}な物_{もの}はそろった。 우선 필요한 물건은 갖추어졌다.

なお		① 여전히, 아직
⊜やはり		今_{いま}もなお健在_{けんざい}だ。 지금도 여전히 건재하다.
		② 더욱, 한층
⊜もっと, いっそう		冷_ひやして飲_のめばなおうまい。 차게 해서 마시면 더욱 맛있다.

なぜなら		왜냐하면
		何とも言えない。なぜならまだ協議中だから。
		뭐라고도 할 수 없다. 왜냐하면 아직 협의 중이니까.

何しろ	なにしろ	어쨌든, 아무튼
⊜ とにかく, ともかく		心配するよりも何しろ一度やってみることだ。
		걱정하기 보다도 어쨌든 한 번 해 봐야 한다.

何分	なにぶん	① 부디
⊜ どうぞ, なにとぞ		何分よろしくお願いします。 부디 잘 부탁드립니다.
		② 아무래도, 아무튼, 어쨌든
⊜ 何しろ		何分若いので失敗も多い。 아무래도 젊기 때문에 실패도 많다.

何か	なんか	어쩐지, 어딘지 모르게
		何か気持ち悪い。 어딘지 모르게 기분 나쁘다.

何て	なんて	이 얼마나
⊜ 何という		何てすばらしい絵なんだ。 이 얼마나 훌륭한 그림인가!

何で	なんで	왜, 어째서
⊜ どうして, なぜ		何で泣いているの？ 왜 울고 있는 거야?

何とか	なんとか	어떻게든
		そこを何とかお願いします。 그걸 어떻게든 부탁드립니다.

何となく	なんとなく	어쩐지, 왠지
⊜ なんだか		何となく気になる。 왠지 신경이 쓰인다.

何とも	なんとも	① 정말로, 매우
		何とも驚いた。 정말로 놀랐다.
		② 뭐라고도, 아무렇지도
		何とも言えない。 뭐라고도 할 수 없다.

何らか	なんらか	무언가, 얼마간, 어느 정도
⊜ いくらか		何らかの参考にはなるだろう。 어느 정도 참고는 될 것이다.

にっこり		생긋, 방긋
⊜ にこり		にっこり笑う。 생긋 웃다.

二度と	にどと	두 번 다시
		二度と会いたくない。 두 번 다시 만나고 싶지 않다.

残らず	のこらず	남김없이, 전부, 모두
⊜ 全部, すべて		残らず売れる。 전부 팔리다.

後ほど	のちほど	나중에, 잠시 후에
		後ほど詳しく説明します。 나중에 자세하게 설명하겠습니다.

はたして		① 과연, 도대체
⊜ いったい		はたして結果はどうなるか。 과연 결과는 어떻게 될까?
		② 역시, 생각했던 대로
⊜ 思ったとおり, 案の定		はたして彼は来なかった。 역시 그는 오지 않았다.

はらはら		조마조마
		はらはらしながら結果を待つ。 조마조마하면서 결과를 기다리다.

比較的	ひかくてき	비교적
⊜ 割と		10歳にしては比較的大きい。 10살치고는 비교적 크다.

ひそひそ		소곤소곤
		ひそひそと話す。 소곤소곤 이야기하다.

びっしょり		흠뻑
		びっしょりと汗をかく。 흠뻑 땀을 흘리다.

一通り	ひととおり	대충, 대략
⊜ ざっと		一通り読む。 대충 읽다.

独りでに	ひとりでに	저절로, 자연히
⊜ 自然に		独りでにドアが開いた。 저절로 문이 열렸다.

一人一人	ひとりひとり	한 사람 한 사람, 각자
		これは一人一人の責任である。 이것은 각자의 책임이다.

再び	ふたたび	다시, 재차
		再び挑戦する。 다시 도전하다.

ふと		문득
		ふと思い出す。 문득 생각이 떠오르다.

ぶるぶる		덜덜, 부들부들 寒くてぶるぶると震える。 추워서 부들부들 떨다.
ふわふわ		푹신푹신, 둥실둥실, 팔랑팔랑 雲がふわふわと漂う。 구름이 둥실둥실 떠다니다.
ふんわり ⊜ ふわり		푹신푹신 ふんわりとした布団は気持ちがいい。 푹신푹신한 이불은 기분이 좋다.
ほぼ ⊜ 大体		거의 成功はほぼ間違いない。 성공은 거의 틀림없다.
ぼんやり		① 희미하게 山がぼんやりと見える。 산이 희미하게 보인다. ② 멍하니 寝不足で頭がぼんやりしている。 수면 부족으로 머리가 멍하다.
まあまあ ⊜ まずまず		그럭저럭, 그저 그럼 成績はまあまあだ。 성적은 그저 그렇다.
まさに ⊜ 本当に, ちょうど		확실하게, 정말로 まさにその通りだ。 정말로 그렇다.
ますます ⊜ いよいよ		더욱 더 風がますます強くなる。 바람이 더욱 더 강해지다.
間もなく ⊜ すぐに, じきに	まもなく	머지않아, 곧 間もなく電車がまいります。 곧 전철이 들어옵니다.
まるで		마치 まるで夢のようだ。 마치 꿈 같다.
万一 ⊜ もし, もしも	まんいち	만일, 만약 万一行けなくなったら電話します。 만일 갈 수 없게 되면 전화하겠습니다.
自ら ⊜ 自分で	みずから	스스로 自ら過ちを認める。 스스로 잘못을 인정하다.

むしろ		오히려
		休日は出かけるよりむしろ家で寝ていたい。
		휴일은 나가는 것보다 오히려 집에서 자고 싶다.

めっきり		뚜렷이, 현저히, 부쩍
		めっきり秋らしくなった。 부쩍 가을다워졌다.

めったに		좀처럼
		病院にはめったに行かない。 병원에는 좀처럼 가지 않는다.

N2

もしかして		혹시, 어쩌면
⊜ もしかしたら		もしかして彼は来ないかもしれない。
		어쩌면 그는 안 올지도 모른다.

もしも		만약
⊜ もし, 万一		もしも負けたらどうしよう。 만약 지면 어떻게 하지?

もともと		원래, 처음부터
		もともとやる気はなかった。 처음부터 할 마음은 없었다.

やがて		이윽고, 머지않아
		やがて到着するでしょう。 머지않아 도착하겠지요.

やや		약간, 조금, 다소
⊜ 少し		昨日よりやや寒い。 어제보다 약간 춥다.

悠々	ゆうゆう	유유히, 여유롭게
		悠々と間に合う。 여유롭게 시간에 맞추다.

要するに	ようするに	요컨대, 즉
⊜ つまり		要するに努力不足だったのだ。 요컨대 노력 부족이었던 것이다.

わくわく		두근두근
⊜ どきどき		胸がわくわくする。 가슴이 두근두근하다.

割と	わりと	비교적
⊜ 比較的		値段が割と安い。 가격이 비교적 싸다.

ある		어느 〈연체사〉

それはある日のことだった。 그것은 어느 날의 일이었다.

単なる たんなる 단순한 〈연체사〉

単なるうわさにすぎない。 단순한 소문에 지나지 않는다.

ちょっとした
= わずかな
① 약간의, 작은

ちょっとしたお土産がある。 작은 선물이 있다.

= かなりの
② 상당한 〈연체사〉

ちょっとしたブームを呼ぶ。 상당한 붐을 일으키다.

ほんの 그저, 매우 적은 〈연체사〉

ほんの少ししかない。 아주 조금 밖에 없다.

我が わが 우리~ 〈연체사〉

我が校が試合に勝った。 우리 학교가 시합에서 이겼다.

あるいは
= または, もしくは
혹은, 또는 〈접속사〉

塩あるいはしょうゆを入れてください。 소금 혹은 간장을 넣어 주세요.

さて 그런데, 그건 그렇고 〈접속사〉

さて発表に入りますが。 그건 그렇고 발표에 들어가겠습니다만.

しかも 게다가, 더구나 〈접속사〉

この店は安くて、しかも味がよい。 이 가게는 싸고, 게다가 맛이 좋다.

従って したがって 따라서 〈접속사〉

雨が降っている。従って遠足は中止する。

비가 내리고 있다. 따라서 소풍은 중지한다.

すなわち
= つまり
즉, 곧, 다시 말하면 〈접속사〉

日本の首都すなわち東京。 일본의 수도 즉 도쿄.

そこで
= それで
그래서 〈접속사〉

疲れてきた。そこで少し休むことにした。

피곤해졌다. 그래서 잠시 쉬기로 했다.

その上　　　　　　そのうえ
● それに加えて, さらに

게다가, 더구나 〈접속사〉

風が強い。その上雨が降りだした。

바람이 강하다. 게다가 비가 내리기 시작했다.

そのため

그 때문에 〈접속사〉

雪が降った。そのため、道が込んでいる。

눈이 내렸다. 그 때문에 길이 붐비고 있다.

それでも
● それにもかかわらず

그래도 〈접속사〉

みんなに反対された。それでも私はやる。

모두가 반대했다. 그래도 나는 하겠다.

それどころか

오히려, 반대로 〈접속사〉

勉強しても成績が上がらない。それどころか下がっている。

공부해도 성적이 오르지 않는다. 오히려 떨어지고 있다.

それとも

그렇지 않으면, 아니면, 또는 〈접속사〉

明日にする、それとも明後日の方がいい？

내일로 할래, 아니면 모레가 좋아?

それなのに

그런데도, 그럼에도 〈접속사〉

彼は来ると約束した。それなのに来なかった。

그는 온다고 약속했다. 그런데도 오지 않았다.

それにしても

그렇다 치더라도, 그렇다고 해도 〈접속사〉

それにしても電話ぐらいはできるはずだ。

그렇다 치더라도 전화 정도는 할 수 있을 것이다.

ただし
● しかし

다만, 그러나, 하지만 〈접속사〉

明日運動会を行う。ただし雨の場合は中止する。

내일 운동회를 실시한다. 다만 비가 올 경우에는 중지한다.

ところが
● それなのに

그렇지만, 그런데 〈접속사〉

早めに家を出た。ところが道が込んで遅れてしまった。

일찌감치 집을 나섰다. 그렇지만 길이 막혀서 늦어 버렸다.

ところで
● さて

그런데, 그건 그렇고 〈접속사〉

ところでお仕事の方はどうですか。 그런데, 하시는 일은 어떻습니까?

のみ
● だけ, ばかり

뿐, 만 〈조사〉

後は結果を待つのみだ。 남은 것은 결과를 기다릴 뿐이다.

アクセント
악센트, 어조
言葉のアクセントを調べる。 말의 악센트를 조사하다.

アピール
어필, 호소
商品の良さを消費者にアピールしたい。
상품의 장점을 소비자에게 호소하고 싶다.

アレンジ
정리, 조절, 변형
好みに合わせて味付けをアレンジする。 취향에 맞추어 양념을 조절하다.

インテリア
인테리어, 실내 장식
部屋のインテリアを変える。 방의 인테리어를 바꾸다.

インパクト
충격, 강렬한 인상
インパクトのあるデザインを作る。 강렬한 인상의 디자인을 만들다.

ウイスキー
위스키
水割りのウイスキーを飲む。 물을 넣어 묽게 한 위스키를 마시다.

ウール
울, 모직
ウールコートを買う。 모직 코트를 사다.

エチケット
에티켓
エチケットを守る。 에티켓을 지키다.

オーケストラ
오케스트라, 관현악단
オーケストラの演奏を聞く。 오케스트라의 연주를 듣다.

オートメーション
오토메이션, 자동 조종 장치, 자동화 방식
工場のオートメーションを進める。 공장의 자동화를 추진하다.

オリンピック
올림픽
オリンピックで金メダルをとる。 올림픽에서 금메달을 따다.

カー
자동차
カーセンターで車を直してもらった。 자동차 정비소에서 차를 고쳤다.

ガイド
가이드, 안내, 안내원
観光客に観光スポットをガイドする。 관광객에게 관광지를 안내하다.

キャプテン	주장, 선장, 통솔자	
	チームのキャプテンになる。	팀의 주장이 되다.
クラシック	클래식, 고전	
	クラシック音楽を楽しむ。	클래식 음악을 즐기다.
クラブ	클럽	
	テニスクラブに入る。	테니스 클럽에 들어가다.
グランド	대규모의, 대형의, 훌륭한	
	グランドセールを行う。	대규모 할인 판매를 실시하다.
クリア	해결, 통과	
	問題をクリアする。	문제를 해결하다.
クリーム	크림	
	生クリームのケーキを作る。	생크림 케이크를 만들다.
クリスマス	크리스마스, 성탄절	
	今年もクリスマスがやって来た。	올해도 크리스마스가 찾아왔다.
ゲスト	게스트, 손님, 특별 출연자	
	ゲストとして出演する。	특별 출연하다.
コース	코스, 길, 과정, 절차	
	登山コースから外れる。	등산 코스에서 벗어나다.
コーチ	코치, 지도, 지도자	
	野球をコーチする。	야구를 지도하다.
コール	호출, 전화	
	何度コールしても応答がない。	몇 번을 호출해도 응답이 없다.
コック	요리사	
	彼はホテルでコックをしている。	그는 호텔에서 요리사를 하고 있다.
コミュニケーション	커뮤니케이션, 의사소통	
	コミュニケーションが足りない。	커뮤니케이션이 부족하다.
コレクション	컬렉션, 수집	
	時計のコレクションを始める。	시계 수집을 시작하다.

コンクール	콩쿠르, 경연대회
	コンクールに参加する。 콩쿠르에 참가하다.

コンクリート	콘크리트
	コンクリートで固める。 콘크리트로 굳히다.

サークル	서클, 동호회
	サークルに入る。 동호회에 들어가다.

サイレン	사이렌
	救急車がサイレンを鳴らす。 구급차가 사이렌을 울리다.

シーズン	시즌, 계절, 철
	海水浴のシーズンが近づいてきた。 해수욕 시즌이 다가왔다.

ジーンズ	청바지
	ジーンズをはく。 청바지를 입다.

ジャーナリスト	저널리스트, 언론인
	将来はジャーナリストになりたい。 장래에는 저널리스트가 되고 싶다.

シャッター	셔터, 덧문
	店のシャッターを降ろす。 가게의 셔터를 내리다.

ジョギング	조깅
	毎朝ジョギングをする。 매일 아침 조깅을 한다.

ショック	쇼크, 충격
	強いショックを受ける。 강한 충격을 받다.

シリーズ	시리즈, 연작
	好きな作家のシリーズの本を買う。 좋아하는 작가의 책을 시리즈로 사다.

スープ	수프
	スープを飲む。 수프를 먹다.

スキー	스키
	冬はスキーによく行く。 겨울에는 스키를 타러 자주 간다.

スタート	시작, 출발
	午前10時にスタートする。 오전 10시에 시작한다.

ステージ	무대
	ステージに立つ。 무대에 서다.

スペース	공간, 장소, 우주
	テーブルを置くスペースがない。 탁자를 놓을 공간이 없다.

スポンサー	스폰서, 광고주, 후원자
	広告のスポンサーになる。 광고의 후원자가 되다.

スムーズ	원활함, 순조로움
	交渉がスムーズに進む。 협상이 원활하게 진행되다.

ゼミ	세미나, 연구회, 토론회
	ゼミで発表する。 세미나에서 발표하다.

セメント	시멘트
	セメントで家を建てる。 시멘트로 집을 짓다.

ターゲット	표적, 대상
	中高年をターゲットに商品を開発する。 중장년층을 대상으로 상품을 개발하다.

タイミング	타이밍, 시기
	タイミングが悪い。 타이밍이 나쁘다.

タイヤ	타이어
	タイヤに空気を入れる。 타이어에 공기를 넣다.

ダイヤ	① 다이아몬드
	ダイヤの指輪。 다이아몬드 반지.
	② 다이어그램, 도표, 열차 운행표
	ダイヤどおりに電車が来る。 운행표대로 전철이 오다.

ダメージ	손상, 손해, 손실, 타격
	大きなダメージを受ける。 큰 손실을 입다.

チーズ	치즈
	牛乳からチーズを作る。 우유로 치즈를 만들다.

チーム	팀
	チームのためにがんばる。 팀을 위해 노력하다.

チェンジ	교체, 교환 部品をチェンジする。 부품을 교체하다.
テクニック	테크닉, 기술, 능력, 기법 この作業には高度なテクニックが必要だ。 이 작업에는 고도의 기술이 필요하다.
テント	텐트 テントを張る。 텐트를 치다.
テンポ	템포, 빠르기, 박자, 속도 速いテンポで歩く。 빠른 속도로 걷다.
トランプ	트럼프, 트럼프 카드 トランプで占う。 트럼프로 점을 치다.
ナイロン	나일론 ナイロンは火に弱い。 나일론은 불에 약하다.
ナンバー	넘버, 숫자, 번호 ナンバーをつける。 번호를 붙이다.
ニーズ	필요, 요구, 수요 お客様のニーズに対応する。 고객의 요구에 대응하다.
ハード	힘든, 고된 この仕事はとてもハードだ。 이 일은 매우 고되다.
バイオリン	바이올린 バイオリンを弾く。 바이올린을 연주하다.
パイプ	파이프, 관 寒さで水道のパイプが凍ってしまう。 추위로 수도관이 얼어 버리다.
パイロット	파일럿, 조종사 飛行機のパイロットになる。 비행기의 조종사가 되다.
パターン	패턴, 유형 問題のパターンを分析する。 문제의 패턴을 분석하다.

| バッグ | 백, 가방 |

バッグ
백, 가방
手にバッグを提げる。 손에 가방을 들다.

バランス
밸런스, 균형
栄養のバランスをとる。 영양의 균형을 맞추다.

パンク
펑크, 파열, 구멍
タイヤがパンクする。 타이어가 구멍 나다.

パンツ
팬티, 바지
ショートパンツをはく。 짧은 바지를 입다.

ハンドル
핸들, 손잡이, 운전대
ハンドルを右に切る。 핸들을 오른쪽으로 꺾다.

ピストル
권총
ピストルを撃つ。 권총을 쏘다.

ピンポン
핑퐁, 탁구
友達とピンポンをする。 친구와 탁구를 치다.

ブーム
붐, 유행
ブームを呼ぶ。 유행을 불러일으키다.

フライパン
프라이팬
肉をフライパンに入れて炒める。 고기를 프라이팬에 넣고 볶다.

プラスチック
플라스틱
プラスチックの椅子は軽い。 플라스틱 의자는 가볍다.

プラットホーム
플랫폼
プラットホームに人があふれる。 플랫폼에 사람이 넘친다.

プラン
계획
旅行のプランを立てる。 여행 계획을 세우다.

フリー
●自由
① 자유로움
フリーな立場で発言する。 자유로운 입장에서 발언하다.

●無料
② 공짜, 무료
ここでの飲み物はフリーです。 이곳에서의 음료는 무료입니다.

フルーツ	과일
	食後^{しょくご}にフルーツを食^たべる。 식후에 과일을 먹다.

プレッシャー	압력, 압박
	上司^{じょうし}にプレッシャーをかけられる。 상사에게 압박을 받다.

プロ ● プロフェッショナル	프로, 전문가, 전문적
	アマチュアからプロになる。 아마추어에서 프로가 되다.

ブローチ	브로치
	ブローチを胸^{むね}につける。 브로치를 가슴에 달다.

プログラム	프로그램
	効果的^{こうかてき}な教育^{きょういく}プログラムを立^たてる。 효과적인 교육 프로그램을 만들다.

ベテラン	베테랑, 숙련자, 전문가
	山口^{やまぐち}さんは経歴^{けいれき}20年^{にじゅうねん}のベテランだ。 야마구치 씨는 경력 20년의 베테랑이다.

ヘリコプター	헬리콥터, 헬기
	ヘリコプターで運^{はこ}ぶ。 헬리콥터로 옮기다.

ペンキ	페인트
	ペンキを塗^ぬる。 페인트를 바르다.

ベンチ	벤치
	公園^{こうえん}のベンチに座^{すわ}る。 공원의 벤치에 앉다.

ホームステイ	홈스테이
	海外^{かいがい}でホームステイする。 해외에서 홈스테이하다.

マーケット	시장
	マーケットを広^{ひろ}げる。 시장을 확대하다.

マイク	마이크
	マイクを通^{つう}じて話^{はな}す。 마이크를 통해서 이야기하다.

マイペース	자기에게 맞는 속도와 방법
	マイペースで仕事^{しごと}をする。 자기의 속도로 일을 하다.

マスター	마스터, 숙달함, 습득함
	フランス語^ごをマスターする。 프랑스어를 마스터하다.

ミシン	미싱, 재봉틀

ミシンで服を作る。 재봉틀로 옷을 만들다.

メイン	중심, 중요함
⊖ メーン	

こちらは肉がメインの料理です。 이쪽은 고기가 중심인 요리입니다.

メモ	메모

要点をメモする。 요점을 메모하다.

メリット	장점, 이점, 가치

何のメリットもない。 아무런 이점도 없다.

モーター	모터, 전동기

モーターを止める。 모터를 정지시키다.

モダン	현대적
⊖ モダーン	

モダンな建物を建てる。 현대적인 건물을 짓다.

モデル	모델, 본보기, 모범

写真のモデルになる。 사진 모델이 되다.

モノレール	모노레일

新しいモノレールが開通する。 새로운 모노레일이 개통되다.

ヨット	요트

ヨットに乗る。 요트를 타다.

ライター	라이터, 점화기

ライターで火をつける。 라이터로 불을 붙이다.

ラケット	라켓

ラケットが折れてしまう。 라켓이 부러져 버리다.

ラッシュアワー	러시아워

朝夕のラッシュアワーは道が大変込む。

아침저녁의 러시아워는 길이 매우 혼잡하다.

リーダー	리더, 지도자, 통솔자

チームのリーダーになる。 팀의 리더가 되다.

リズム	리듬
	音楽のリズムに合わせて踊る。 음악의 리듬에 맞추어 춤추다.

リハーサル	리허설, 예행연습
	演劇のリハーサルをする。 연극 리허설을 하다.

リラックス	긴장을 풂, 편안히 쉼
	音楽を聴きながらリラックスしたい。 음악을 들으며 편안히 쉬고 싶다.

レクリエーション	레크리에이션, 오락
	ストレス解消のために、レクリエーションも必要だ。
	스트레스 해소를 위해서 레크리에이션도 필요하다.

レジャー	레저, 여가
	レジャー活動が盛んに行われる。 레저 활동이 활발히 이루어지다.

レポーター	리포터, 기자, 보고자
	レポーターを務める。 리포터를 맡다.

レンタル	대여, 빌림
	自転車をレンタルして観光地を巡る。 자전거를 빌려서 관광지를 돌다.

ロケット	로켓
	ロケットを発射する。 로켓을 발사하다.

ロッカー	로커, 자물쇠가 있는 수납장
	荷物を入れてロッカーに鍵をかける。 짐을 넣고 로커에 열쇠를 채우다.

ワイン	와인, 포도주
	ぶどうからワインを生産する。 포도로 와인을 생산하다.

JLPT 보카

N2

문자·어휘
모의고사

問題1 _____の言葉の読み方として最もよいものを、1・2・3・4から
一つ選びなさい。

1 新しく社員を雇うことにした。

1 ねがう 　　　　 2 やとう 　　　　 3 すくう 　　　　 4 いわう

2 彼の怪我は順調に回復している。

1 しゅんちょ 　　 2 じゅんちょ 　　 3 しゅんちょう 　 4 じゅんちょう

3 部長は、朝から機嫌が悪そうだ。

1 かいげん 　　　 2 がいけん 　　　 3 きげん 　　　　 4 ぎけん

4 相手の提案を快く受け入れる。

1 いさぎよく 　　 2 こころよく 　　 3 いちじるしく 　 4 まぎらわしく

5 彼女はパーティーに姿を現した。

1 あたり 　　　　 2 かたち 　　　　 3 すがた 　　　　 4 みやげ

問題2 ＿＿＿の言葉を漢字で書くとき、最もよいものを１・２・３・４から一つ
選びなさい。

6 日が暮れて、あたりは真っ暗になった。

1 巡り 2 囲り 3 周り 4 辺り

7 物の値段は、じゅようと供給(きょうきゅう)の関係で決まる。

1 需用 2 需要 3 雫用 4 雫要

8 コンピュータのかんりは、とても大変だ。

1 官理 2 営理 3 管理 4 菅理

9 海の汚染(おせん)はしんこくな問題である。

1 深択 2 探択 3 深刻 4 探刻

10 寝不足(ねぶそく)が続いて、体の調子をくずしてしまった。

1 壊して 2 崩して 3 流して 4 治して

　　　（　　　）に入れるのに最もよいものを、1・2・3・4から一つ選び
　　　　なさい。

11　　改札口の（　　　）正面に観光案内所がある。
　　　　1 直　　　　　　　2 真　　　　　　　3 近　　　　　　　4 本

12　　海（　　　）の道を通って家に帰った。
　　　　1 付　　　　　　　2 建　　　　　　　3 沿い　　　　　　4 向け

13　　あの建物はまだ（　　　）完成である。
　　　　1 未　　　　　　　2 非　　　　　　　3 低　　　　　　　4 無

問題4　（　　　）に入れるのに最もよいものを、1・2・3・4から一つ選びなさい。

14 この料理を作るには（　　　）も時間もかかる。

　　1 手段　　　　　　　2 手続き　　　　　　3 手間　　　　　　4 手入れ

15 論理の矛盾を鋭く（　　　）されてあせった。

　　1 指摘　　　　　　　2 辞退　　　　　　　3 支配　　　　　　4 協力

16 このりんごは、（　　　）はよくないけれど、味がいい。

　　1 見方　　　　　　　2 見かけ　　　　　　3 見出し　　　　　4 見直し

17 友人から借金を頼まれたが、（　　　）断った。

　　1 きっぱり　　　　　2 がっかり　　　　　3 ゆっくり　　　　4 ぴったり

18 収入と支出の（　　　）を考えて買い物をする。

　　1 アドバイス　　　　2 バランス　　　　　3 マーケット　　　4 チーム

19 大雨で川が溢れて、（　　　）被害を受けた。

　　1 適切な　　　　　　2 強気な　　　　　　3 莫大な　　　　　4 幸いな

20 ここは世界的な観光地なので、外国人に（　　　）機会が多い。

　　1 達する　　　　　　2 関する　　　　　　3 適する　　　　　4 接する

問題5 ＿＿＿＿の言葉に意味が最も近いものを、1・2・3・4から一つ選び
なさい。

21 専門用語を用いて説明する。

1 おぎなって　　　2 ふさいで　　　3 つかって　　　4 まねて

22 この地方に雪が降るのはまれなことだ。

1 よくある　　　2 全然ない　　　3 ほとんどない　　4 時々ある

23 スーツを買うとき、店員に寸法を測ってもらった。

1 インテリア　　2 サイズ　　　3 スペース　　　4 オーダー

24 今度の試合では、おそらく島田選手が勝つだろう。

1 もし　　　　　2 たぶん　　　3 けっして　　　4 あいにく

25 そんな派手は服装はみっともないよ。

1 あつかましい　2 みぐるしい　　3 なつかしい　　4 かわいらしい

問題6　　次の言葉の使い方として最もよいものを、1・2・3・4から一つ選び
　　　　なさい。

26 展開
　1 美術館へ彫刻の展開を見にいった。
　2 レストランの向かいに花屋が展開した。
　3 土日には学校の運動場が市民に展開される。
　4 このドラマはストーリーの展開が単純だ。

N2

27 甘やかす
　1 コーヒーに砂糖をたっぷり入れて甘やかした。
　2 彼女は小さいころから甘やかされて育ったらしい。
　3 子猫が甘やかされた声で母猫を呼んでいる。
　4 社長は社員たちの努力を大いに甘やかした。

28 支配
　1 両国の文化支配のため、イベントが開かれている。
　2 大きな工事をするときは、周辺住民への支配が大変だ。
　3 昔から人間は自然を支配しようとしてきた。
　4 山田教授は、学生を支配するとともに、研究にも力を入れている。

29 限定
　1 最近残業続きで、もうそろそろ体力の限定だ。
　2 石油や石炭のような天然資源には限定がある。
　3 A社から期間限定のビールが来週発売される。
　4 レポート提出の限定は来週の金曜日とします。

30 ふりむく

1 優勝をふりむいて、きびしい訓練をする。

2 丘の上からふりむいた景色はまるで映画の一場面のようだった。

3 後ろをふりむいたら、そこに友だちが立っていた。

4 田中さんは営業の仕事にふりむいていると思う。

정답

1 ②	2 ④	3 ③	4 ②	5 ③	6 ④	7 ②	8 ③	9 ③	10 ②
11 ②	12 ③	13 ①	14 ③	15 ①	16 ②	17 ①	18 ②	19 ③	20 ④
21 ③	22 ③	23 ②	24 ②	25 ②	26 ④	27 ②	28 ③	29 ③	30 ③

해석

| 문제1 |

1 新しく社員を雇う(やとう)ことにした。

새로 사원을 고용하기로 했다.

2 彼の怪我は順調(じゅんちょう)に回復している。

그의 부상은 순조롭게 회복되고 있다.

3 部長は、朝から機嫌(きげん)が悪そうだ。

부장님은 아침부터 기분이 안 좋은 것 같다.

4 相手の提案を快く(こころよく)受け入れる。

상대방의 제안을 흔쾌히 받아들이다.

5 彼女はパーティーに姿(すがた)を現した。

그녀는 파티에 모습을 나타냈다.

| 문제2 |

6 日が暮れて、あたり(辺り)は真っ暗になった。

해가 저물어 주변은 캄캄해졌다.

7 物の値段は、じゅよう(需要)と供給の関係で決まる。

물건의 가격은 수요와 공급의 관계로 결정된다.

8 コンピュータのかんり(管理)は、とても大変だ。

컴퓨터 관리는 매우 힘들다.

9 海の汚染はしんこく(深刻)な問題である。

바다의 오염은 심각한 문제이다.

10 寝不足が続いて、体の調子をくずして(崩して)しまった。

수면 부족이 계속되어 몸 상태가 나빠졌다.

| 문제3 |

11 改札口の真正面に観光案内所がある。

개찰구 바로 정면에 관광 안내소가 있다.

12 海沿いの道を通って家に帰った。

해변가 길을 지나 집으로 돌아왔다.

13 あの建物はまだ未完成である。

저 건물은 아직 미완성이다.

| 문제4 |

14 この料理を作るには手間も時間もかかる。

이 요리를 만드는 데에는 수고도 시간도 든다.

15 論理の矛盾を鋭く指摘されてあせった。

논리의 모순을 날카롭게 지적 받아 초조했다.

16 このりんごは、見かけはよくないけれど、味がいい。

이 사과는 겉보기는 나쁘지만 맛이 좋다.

17 友人から借金を頼まれたが、きっぱり断った。

친구로부터 돈을 빌려달라는 부탁을 받았지만 단호하게 거절했다.

18 収入と支出のバランスを考えて買い物をする。

수입과 지출의 균형을 생각하여 쇼핑을 하다.

19 大雨で川が溢れて、莫大な被害を受けた。

폭우로 강이 넘쳐서 막대한 피해를 입었다.

20 ここは世界的な観光地なので、外国人に接する機会が多い。

이 곳은 세계적인 관광지라서 외국인을 접할 기회가 많다.

| 문제5 |

21 専門用語を用いて(＝つかって)説明する。

전문 용어를 사용하여 설명하다.

22 この地方に雪が降るのはまれな(＝ほとんどない)ことだ。

이 지방에 눈이 내리는 것은 드문 일이다.

23 スーツを買うとき、店員に寸法(＝サイズ)を測ってもらった。

양복을 살 때 점원에게 치수를 재달라고 했다.

[24] 今度の試合では、おそらく(＝たぶん)島田選手が勝つだろう。

이번 시합에서는 **아마** 시마다 선수가 이길 것이다.

[25] そんな派手は服装はみっともない(＝みぐるしい)よ。

그런 화려한 복장은 **꼴불견이야**.

| 문제6 |

[26] このドラマはストーリーの展開が単純だ。

이 드라마는 스토리 **전개**가 단순하다.

[27] 彼女は小さいころから甘やかされて育ったらしい。

그녀는 어렸을 때부터 **응석받이로** 자란 것 같다.

[28] 昔から人間は自然を支配しようとしてきた。

예로부터 인간은 자연을 **지배**하려고 해 왔다.

[29] Ａ社から期間限定のビールが来週発売される。

A사에서 기간 **한정** 맥주가 다음 주에 발매된다.

[30] 後ろをふりむいたら、そこに友だちが立っていた。

뒤를 **돌아보니** 거기에 친구가 서 있었다.

JLPT 보카

N1

합격 단어

명사	동사	い형용사
な형용사	부사	가타카나

명사

愛顧	あいこ	**애고, 사랑하여 돌보아 줌** ご愛顧に感謝いたします。 사랑에 감사 드립니다.
愛好	あいこう	**애호, 좋아해서 즐김** クラシック音楽を愛好する。 클래식 음악을 애호하다.
愛想 ⊜ あいそ	あいそう	**붙임성, 상냥함** 店員の愛想が良い。 점원이 상냥하다.
間柄	あいだがら	**관계, 사귐, 사이** 私と彼は親しい間柄だ。 나와 그는 친한 사이이다.
愛着	あいちゃく	**애착** この時計に愛着がある。 이 시계에 애착이 있다.
あお向け	あおむけ	**얼굴이 위를 향하게 함, 바로 누움** 赤ちゃんをあお向けに寝かせる。 아기를 바로 눕혀서 재우다.
証	あかし	**증거** 今回の受賞は努力の証である。 이번 수상은 노력의 증거이다.
悪臭	あくしゅう	**악취** ゴミから悪臭がする。 쓰레기에서 악취가 나다.
朝飯前	あさめしまえ	**식은 죽 먹기, 매우 쉬운 일** この仕事は朝飯前だ。 이 일은 식은 죽 먹기이다.
足手まとい	あしでまとい	**부담, 발목을 잡음** チームの足手まといにならないように頑張りたい。 팀의 발목을 잡지 않도록 노력하고 싶다.
足止め	あしどめ	**못 가게 말림, 붙잡음** 大雪で車が足止めになる。 폭설로 차가 못 움직이게 되다.
斡旋	あっせん	**알선** 就職を斡旋する。 취직을 알선하다.
圧倒	あっとう	**압도** 景色に圧倒される。 경치에 압도되다.

圧迫	あっぱく	**압박, 짓누름**
		学費が家計を圧迫する。 학비가 가계를 압박하다.
圧力	あつりょく	**압력**
		上司から圧力をかけられる。 상사로부터 압력을 받다.
後片付け	あとかたづけ	**뒷정리**
		パーティーの後片付けをする。 파티의 뒷정리를 하다.
跡地	あとち	**터**
		工場の跡地が公園になる。 공장 터가 공원이 되다.
跡継	あとつぎ	**후계자**
		息子が跡継になる。 아들이 후계자가 되다.
後回し	あとまわし	**뒤로 미룸, 보류**
		宿題を後回しにする。 숙제를 뒤로 미루다.
油絵	あぶらえ	**유화**
		油絵を描く。 유화를 그리다.
天下り	あまくだり	**낙하산 인사**
		天下りが問題になる。 낙하산 인사가 문제가 되다.
ありきたり		**아주 흔함, 뻔함**
		ありきたりの話でつまらない。 뻔한 이야기라 재미없다.
ありのまま		**있는 그대로임**
		事実をありのままに伝える。 사실을 있는 그대로 전하다.
暗算	あんざん	**암산**
		彼は暗算が得意だ。 그는 암산을 잘한다.
暗示	あんじ	**암시**
		暗示を与える。 암시를 주다.
安静	あんせい	**안정**
		入院中は安静にして下さい。 입원 중에는 안정을 취하세요.
安堵	あんど	**안도, 안심**
		無事で安堵する。 무사해서 안도하다.

N1

言い分	いいぶん	주장하고 싶은 말, 변명 相手の言い分を聞く。 상대방의 변명을 듣다.
遺憾	いかん	유감 決定を遺憾に思う。 결정을 유감스럽게 생각하다.
異議	いぎ	이의, 다른 의견 彼は異議を唱えた。 그는 이의를 제기했다.
生き甲斐	いきがい	삶의 보람 仕事に生き甲斐を感じる。 일에 삶의 보람을 느끼다.
意気込み	いきごみ	의욕, 패기 言葉から意気込みが伝わってくる。 말에서 의욕이 전해져 온다.
憤り	いきどおり	분노, 분개 今回の事件に憤りを感じる。 이번 사건에 분노를 느낀다.
偉業	いぎょう	위업 偉業を成し遂げる。 위업을 이루다.
意気地	いくじ	의욕, 의지 彼は意気地がない。 그는 의지가 없다.
憩い	いこい	휴식 この公園は市民の憩いの場である。 이 공원은 시민들의 휴식처이다.
意向	いこう	의향, 의도 相手の意向を尊重する。 상대방의 의향을 존중하다.
居心地	いごこち	(어떤 장소나 지위에 있을 때의) 느낌, 기분 この部屋は居心地がいい。 이 방은 아늑한 느낌이 든다.
意地	いじ	고집, 오기 つまらないことに意地を張る。 쓸데없는 일에 고집을 부리다.
衣装	いしょう	의상 花嫁衣装を着る。 신부 의상을 입다.

遺跡	いせき	유적	

古代遺跡を発掘する。 고대 유적을 발굴하다.

依存 ● いそん	いぞん	의존

資源を外国に依存する。 자원을 외국에 의존하다.

委託	いたく	위탁

業務を委託する。 업무를 위탁하다.

頂	いただき	꼭대기, 정상

山の頂に立つ。 산꼭대기에 서다.

一丸	いちがん	한 덩어리, 하나

全員一丸となる。 모두 하나로 뭉치다.

一任	いちにん	일임

仕事を一任する。 일을 일임하다.

一律	いちりつ	일률, 동일함

一律の割合で給与を増やす。 일률적인 비율로 급여를 늘리다.

一括	いっかつ	일괄

支払いを一括で行う。 일괄 지불하다.

一環	いっかん	일환, 전체 중 일부

都市計画の一環として公園を作る。

도시 계획의 일환으로 공원을 만들다.

一刻	いっこく	일각, 짧은 시간, 순간, 한시

この問題は一刻を争う。 이 문제는 일각을 다툰다.

逸材	いつざい	일재, 인재, 재능

彼は10年に一人の逸材だ。 그는 10년에 한 명 나오는 인재이다.

一掃	いっそう	일소, 한꺼번에 제거함

疑惑を一掃する。 의혹을 일소하다.

逸脱	いつだつ	일탈, 벗어남

本来の目的から逸脱する。 본래의 목적에서 벗어나다.

偽り	いつわり	거짓, 허위
➖ うそ		彼の話には多少の偽りがある。 그의 말에는 다소 거짓이 있다.

意図	いと	의도
		作家の意図が分からない。 작가의 의도를 알 수 없다.

異動	いどう	이동
➕ 人事異動 인사이동		営業部に異動になった。 영업부로 이동하게 되었다.

糸口	いとぐち	실마리, 단서
		解決の糸口が見つかる。 해결의 실마리가 발견되다.

いびき		코골이
		いびきをかく。 코를 골다.

癒やし	いやし	치유
		音楽を聴いて癒やしを求める。 음악을 들으며 치유를 추구하다.

いやみ		불쾌한 말, 비아냥거림
		彼はよくいやみを言う。 그는 자주 비아냥거린다.

依頼	いらい	의뢰
		仕事の依頼を受ける。 일의 의뢰를 받다.

威力	いりょく	위력
		情報が威力を発揮する。 정보가 위력을 발휘하다.

異例	いれい	이례, 전례가 없음
		異例の措置をとる。 이례적인 조치를 취하다.

色合い	いろあい	색조, 색채, 빛깔
		ドレスの色合いが美しい。 드레스의 색조가 아름답다.

違和感	いわかん	위화감
		彼の態度に違和感を覚える。 그의 태도에 위화감을 느끼다.

印鑑	いんかん	도장, 인감(도장)
➖ はんこ		書類に印鑑を押す。 서류에 도장을 찍다.

隠居	いんきょ	은거
		故郷に帰って隠居する。 고향에 돌아가 은거하다.

引率	いんそつ	인솔 生徒を引率して見学に行く。 학생을 인솔하여 견학을 가다.
渦	うず	소용돌이 波が渦を巻く。 파도가 소용돌이치다.
内訳	うちわけ	내역, 명세 請求書の内訳を確認する。 청구서의 내역을 확인하다.
器	うつわ	그릇, 기량이나 능력 彼は社長の器ではない。 그는 사장의 그릇이 아니다.
腕前	うでまえ	실력, 솜씨 彼の料理の腕前は一流だ。 그의 요리 솜씨는 일류이다.
裏付け	うらづけ	뒷받침, 증거 裏付け捜査を進める。 증거 수사를 진행하다.
裏腹 ●反対 はんたい	うらはら	정반대, 반대 言うこととやることが裏腹だ。 말하는 것과 행동하는 것이 정반대이다.
売れ筋	うれすじ	잘 팔리는 상품, 히트 상품 売れ筋の商品を並べる。 잘 팔리는 상품을 늘어놓다.
運搬	うんぱん	운반 トラックで荷物を運搬する。 트럭으로 짐을 운반하다.
運命	うんめい	운명 彼女と出会ったのは運命だ。 그녀와 만난 것은 운명이다.
映像	えいぞう	영상 美しい映像を見る。 아름다운 영상을 보다.
英雄	えいゆう	영웅 彼は国民の英雄だ。 그는 국민의 영웅이다.
閲覧	えつらん	열람 資料を閲覧する。 자료를 열람하다.

N1

獲物	えもの	사냥감 虎が獲物を狙っている。 호랑이가 사냥감을 노리고 있다.
襟	えり	옷깃 シャツの襟が汚れている。 셔츠의 옷깃이 더러워져 있다.
遠隔	えんかく	원격 機械を遠隔操作する。 기계를 원격 조작하다.
沿岸	えんがん	연안 台風が沿岸に接近する。 태풍이 연안에 접근하다.
演出	えんしゅつ	연출 素晴らしい演出だった。 훌륭한 연출이었다.
延滞	えんたい	연체 代金の支払いが延滞する。 대금 지불이 연체되다.
縁談	えんだん	혼담 娘の縁談が決まる。 딸의 혼담이 결정되다.
生い立ち	おいたち	성장, 성장 과정 自分の生い立ちを語る。 자신의 성장 과정을 이야기하다.
黄金	おうごん	황금 この飾りは黄金で作られた。 이 장식은 황금으로 만들어졌다.
押収	おうしゅう	압수 警察が証拠品を押収する。 경찰이 증거품을 압수하다.
大筋	おおすじ	대략적인 줄거리, 대강 話の大筋を理解する。 이야기의 대략적인 줄거리를 이해하다.
公	おおやけ	공공, 공개, 사회, 정부 公の場で発言する。 공개 석상에서 발언하다.
お世辞	おせじ	아첨, 아부 上司にお世辞を言う。 상사에게 아부하다.
お手上げ	おてあげ	속수무책, 어찌 할 방법이 없음 問題が難しすぎてお手上げだ。 문제가 너무 어려워서 속수무책이다.

同い年	おないどし	동갑

彼とは同い年だ。 그와는 동갑이다.

思惑	おもわく	생각, 의도, 예상

思惑通りに事が運ぶ。 의도대로 일이 진행되다.

俺	おれ	나(남자)

何かあったら俺が責任を取る。

무슨 일이 있으면 내가 책임을 지겠다.

卸売り	おろしうり	도매

卸売り価格で仕入れる。 도매가격으로 사들이다.

N1

恩恵	おんけい	은혜, 혜택

自然の恩恵を受ける。 자연의 혜택을 받다.

改革	かいかく	개혁

組織の改革に着手する。 조직 개혁에 착수하다.

外観	がいかん	외관, 겉보기

建物の外観が美しい。 건물의 외관이 아름답다.

階級	かいきゅう	계급

階級が上がると責任が増す。 계급이 올라가면 책임이 커진다.

快挙	かいきょ	쾌거

優勝の快挙を成し遂げる。 우승의 쾌거를 이루다.

解雇	かいこ	해고
⊖首にする 해고하다		

不況で従業員を解雇する。 불황으로 종업원을 해고하다.

回顧	かいこ	회고

過去を回顧する。 과거를 회고하다.

改修	かいしゅう	개수, 수리

ビルの改修工事を行う。 빌딩의 개수 공사를 실시하다.

怪獣	かいじゅう	괴수, 괴물

この作品はたくさんの怪獣が登場する。

이 작품에는 많은 괴수가 등장한다.

解除	かいじょ	해제
		規制が解除される。 규제가 해제되다.

会心	かいしん	회심, 만족스러움
		会心の笑みを浮かべる。 회심의 미소를 짓다.

概説	がいせつ	개설, 대략 설명함
		テーマについて概説する。 주제에 대해 대략적으로 설명하다.

階層	かいそう	계층
		社会の階層構造を分析する。 사회의 계층 구조를 분석하다.

回想	かいそう	회상
		昔を回想する。 옛날을 회상하다.

開拓	かいたく	개척
		新しい分野を開拓する。 새로운 분야를 개척하다.

怪談	かいだん	괴담
		怪談を聞いて怖がる。 괴담을 듣고 겁을 먹다.

害虫	がいちゅう	해충
		害虫が作物に被害を与える。 해충이 작물에 피해를 주다.

改定	かいてい	개정(기존의 규칙 등을 다시 정하는 것)
		バスの運賃を改定する。 버스 운임을 개정하다.

改訂	かいてい	개정(책이나 문서의 결점 등 내용을 고치는 것)
		教科書が改訂される。 교과서가 개정되다.

改訂版	かいていばん	개정판
		改訂版が出版される。 개정판이 출판되다.

街頭	がいとう	가두, 길거리
		街頭で署名活動をする。 길거리에서 서명 활동을 하다.

該当	がいとう	해당
		該当する箇所に丸をつける。 해당하는 곳에 동그라미를 치다.

介入	かいにゅう	개입
		紛争に介入する。 분쟁에 개입하다.

海抜	かいばつ	해발 この高原は海抜500メートルにある。 이 고원은 해발 500m에 있다.
回避	かいひ	회피 危険を回避する。 위험을 회피하다.
介抱	かいほう	간호 けが人を介抱する。 부상자를 간호하다.
解剖	かいぼう	해부 遺体を解剖する。 시신을 해부하다.
解明	かいめい	해명 事件の真相を解明する。 사건의 진상을 해명하다.
回覧	かいらん	회람 資料を回覧する。 자료를 회람하다.
概略	がいりゃく	개략, 개요, 대강의 줄거리 計画の概略を説明する。 계획의 개요를 설명하다.
改良	かいりょう	개량 製品の改良を重ねる。 제품의 개량을 거듭하다.
核	かく	핵 核の平和的利用を図る。 핵의 평화적 이용을 도모하다.
額	がく	액자 写真を額に入れて飾る。 사진을 액자에 넣어 장식하다.
架空	かくう	가공, 상상, 허구 この映画は架空の話だ。 이 영화는 허구의 이야기이다.
格差	かくさ	격차 所得格差が広がる。 소득 격차가 벌어지다.
拡散	かくさん	확산 間違った情報が拡散する。 잘못된 정보가 확산되다.

各種	かくしゅ	**각종** 各種のサービスを提供する。 각종 서비스를 제공하다.
隔週	かくしゅう	**격주** この雑誌は隔週で発行される。 이 잡지는 격주로 발행된다.
革新	かくしん	**혁신** 今の技術革新は素晴らしい。 지금의 기술 혁신은 대단하다.
確信	かくしん	**확신** 彼は確信を持っている。 그는 확신을 가지고 있다.
確定	かくてい	**확정** 日程が確定する。 일정이 확정되다.
獲得	かくとく	**획득** 新たな知識を獲得する。 새로운 지식을 획득하다.
楽譜	がくふ	**악보** 楽譜を読む。 악보를 읽다.
革命	かくめい	**혁명** 革命が起こる。 혁명이 일어나다.
確立	かくりつ	**확립** 新しい理論が確立される。 새로운 이론이 확립되다.
学歴	がくれき	**학력** この会社は学歴を重視する。 이 회사는 학력을 중시한다.
崖	がけ	**절벽, 벼랑** 大雨で崖が崩れる。 큰비로 벼랑이 무너지다.
家計	かけい	**가계, 살림** 家計を切り盛りする。 살림을 꾸려 나가다.
可決	かけつ	**가결** 議案が可決される。 의안이 가결되다.
駆け引き	かけひき	**흥정** 駆け引きを行う。 흥정을 하다.

下限	かげん	하한, 최저한도
		価格の下限を設定する。 가격의 하한을 설정하다.
箇条書き	かじょうがき	항목별로 쓰기
		質問内容を箇条書きにする。 질문 내용을 항목별로 쓰다.
風当たり ⊜ かざあたり	かぜあたり	비난, 공격
		風当たりが強い。 비난이 거세다.
過疎 ⊕ 過密 과밀	かそ	과소, 지나치게 적음
		過疎地域で人口の減少が続く。 과소 지역에서 인구의 감소가 이어지다.
片思い	かたおもい	짝사랑
		片思いをする。 짝사랑을 하다.
片言	かたこと	서투른 말씨
		片言の英語を話す。 서투른 영어로 말하다.
片隅	かたすみ	한쪽 구석, 한구석
		部屋の片隅に座る。 방 한구석에 앉다.
偏り	かたより	치우침, 편향
		データに偏りがある。 데이터에 편향이 있다.
傍ら	かたわら	옆, 곁, 측면
		患者の傍らで看病をする。 환자 곁에서 간병을 하다.
加担	かたん	가담
		犯罪に加担する。 범죄에 가담하다.
花壇	かだん	화단
		花壇に花を植える。 화단에 꽃을 심다.
家畜	かちく	가축
		家畜を飼育する。 가축을 사육하다.
合致	がっち	합치, 일치
		意見が合致する。 의견이 일치하다.
合併	がっぺい	합병
		二つの企業が合併する。 두 기업이 합병하다.

N1

稼働	かどう	가동, 기계를 움직임
⊕ フル稼働 풀가동		新しい機械を稼働させる。 새 기계를 가동시키다.

株式	かぶしき	주식
		株式を取得する。 주식을 취득하다.

株主	かぶぬし	주주
		株主総会に出席する。 주주 총회에 출석하다.

花粉	かふん	꽃가루
⊕ 花粉症 꽃가루 알레르기		春は花粉がたくさん飛んでいる。 봄에는 꽃가루가 많이 날린다.

貨幣	かへい	화폐
		貨幣価値が下がる。 화폐 가치가 떨어지다.

加味	かみ	가미, 추가, 첨가
		参加者の意見を加味する。 참가자의 의견을 추가하다.

過密	かみつ	과밀, 지나치게 집중됨
⊖ 過疎 과소		避難所は過密状態だ。 피난소는 과밀 상태이다.

狩り	かり	사냥
		狩りをする。 사냥을 하다.

過労	かろう	과로
		過労で倒れる。 과로로 쓰러지다.

勘	かん	직감, 육감
		勘が鋭い。 직감이 날카롭다.

完結	かんけつ	완결
		物語が完結する。 이야기가 완결되다.

還元	かんげん	환원
		利益を消費者に還元する。 이익을 소비자에게 환원하다.

看護	かんご	간호
		一晩中寝ずに看護する。 밤새도록 자지 않고 간호하다.

刊行	かんこう	간행
		書籍が刊行される。 서적이 간행되다.

慣行	かんこう	관행
		慣行に従う。 관행에 따르다.

勧告	かんこく	권고
		和解を勧告する。 화해를 권고하다.

換算	かんさん	환산
		ドルを円に換算する。 달러를 엔으로 환산하다.

感受性	かんじゅせい	감수성
		彼は感受性が豊かだ。 그는 감수성이 풍부하다.

願書	がんしょ	원서, 지원서
		願書を提出する。 원서를 제출하다.

干渉	かんしょう	간섭
		他国の内政に干渉する。 타국의 내정에 간섭하다.

感触 ⊜ 手触り, 肌触り	かんしょく	감촉
		この布は柔らかい感触がする。 이 천은 부드러운 감촉이 느껴진다.

関税	かんぜい	관세
		関税が課される。 관세가 부과되다.

感染	かんせん	감염
		ウイルスに感染する。 바이러스에 감염되다.

元旦	がんたん	설날, 설날 아침
		元旦を迎える。 설날을 맞이하다.

鑑定	かんてい	감정, 판정
		宝石を鑑定する。 보석을 감정하다.

監督	かんとく	감독
		試験の監督をする。 시험 감독을 하다.

幹部	かんぶ	간부
		幹部会議に参加する。 간부 회의에 참가하다.

勘弁	かんべん	용서, 봐줌
		もう勘弁できない。 더 이상 용서할 수 없다.

関与	かんよ	관여 事件に関与する。 사건에 관여하다.
観覧	かんらん	관람 展示会を観覧する。 전시회를 관람하다.
官僚	かんりょう	관료 官僚機構が肥大化する。 관료 기구가 비대화하다.
慣例	かんれい	관례 慣例に従う。 관례에 따르다.
貫禄	かんろく	관록, 오랜 경력으로 생긴 위엄이나 권위 彼はリーダーとしての貫禄がある。 그는 리더로서의 관록이 있다.
緩和	かんわ	완화 規制を緩和する。 규제를 완화하다.
器械	きかい	기계(단순하고 소규모인 장치나 도구) 器械を操作する。 기계를 조작하다.
危害	きがい	위해 危害を加える。 위해를 가하다.
気掛かり	きがかり	걱정, 마음에 걸림 彼の安否が気掛かりだ。 그의 안부가 마음에 걸린다.
規格	きかく	규격 製品の規格を定める。 제품의 규격을 정하다.
気兼ね	きがね	어렵게 여김, 스스럼 気兼ねなく話す。 스스럼없이 말하다.
器官	きかん	기관(인간의 신체기관) 胃は消化のための重要な器官だ。 위는 소화를 위한 중요한 기관이다.
効き目	ききめ	효력, 효과 この薬は効き目がある。 이 약은 효과가 있다.

戯曲	ぎきょく	희곡

声に出して戯曲を読む。 소리 내어 희곡을 읽다.

基金	ききん	기금

基金を設立する。 기금을 설립하다.

危惧	きぐ	걱정, 염려

子供の将来を危惧する。 아이의 장래를 염려하다.

喜劇	きげき	희극

喜劇を演じて人を楽しませる。 희극을 연기하여 사람을 즐겁게 하다.

N1

議決	ぎけつ	의결

予算案を議決する。 예산안을 의결하다.

棄権	きけん	기권

投票を棄権する。 투표를 기권하다.

起源	きげん	기원, 근원

❸ 始まり, 源

生命の起源を探る。 생명의 기원을 찾다.

機構	きこう	기구, 구조, 조직

会社の機構を改革する。 회사 구조를 개혁하다.

気心	きごころ	천성, 기질, 마음

気心が通じる。 마음이 통하다.

既婚	きこん	기혼

➕ 既婚者 기혼자

既婚の男女を対象に調査を実施する。

기혼 남녀를 대상으로 조사를 실시하다.

記載	きさい	기재

書類の記載事項を確認する。 서류의 기재 사항을 확인하다.

兆し	きざし	징조, 징후, 조짐

変化の兆しが見える。 변화의 조짐이 보이다.

気性	きしょう	천성, 기질, 성질, 성미

彼は気性が激しい。 그는 성미가 고약하다.

規制	きせい	**규제** 政府が価格を規制する。 정부가 가격을 규제하다.
犠牲	ぎせい	**희생** 多少の犠牲はやむを得ない。 다소의 희생은 어쩔 수 없다.
軌跡	きせき	**궤적, 어떤 일의 과정이나 흔적** 経済発展の軌跡をたどる。 경제 발전의 궤적을 더듬다.
奇跡	きせき	**기적** 奇跡が起きる。 기적이 일어나다.
寄贈	きぞう	**기증** 母校に図書を寄贈する。 모교에 도서를 기증하다.
偽造	ぎぞう	**위조** 書類を偽造する。 서류를 위조하다.
基調	きちょう	**기조, 바탕** 経済政策の基調を決める。 경제 정책의 기조를 정하다.
拮抗	きっこう	**길항, 팽팽히 맞섬** 二つの勢力が拮抗する。 두 세력이 팽팽히 맞서다.
詰問	きつもん	**힐문, 나무라 따져 물음** 失敗の理由を詰問する。 실패한 이유를 힐문하다.
規定	きてい	**규정** 規定の料金を払う。 규정된 요금을 내다.
機転 ●才覚	きてん	**재치, 임기응변** 機転を利かせる。 재치 있게 행동하다.
軌道	きどう	**궤도** 事業が軌道に乗る。 사업이 궤도에 오르다.
技能	ぎのう	**기능, 기술, 기량** 専門的な技能を磨く。 전문적인 기술을 연마하다.
規範	きはん	**규범** 社会の規範に反する。 사회의 규범에 반하다.

484

基盤	きばん	기반, 토대
		経営の基盤を固める。 경영의 기반을 다지다.

気品	きひん	기품
		彼女は気品がある。 그녀는 기품이 있다.

気風	きふう	기풍, 기질
		自由な気風を重んじる。 자유로운 기풍을 존중하다.

起伏	きふく	기복
		感情の起伏が激しい。 감정의 기복이 심하다.

決め手	きめて	결정적 수단
		証言が事件解決の決め手となる。
		증언이 사건 해결의 결정적 수단이 되다.

規約	きやく	규약
		利用者は規約を守る義務がある。
		이용자는 규약을 지킬 의무가 있다.

逆上	ぎゃくじょう	흥분함, 이성을 잃음
		逆上して事件を起こす。 흥분하여 사건을 일으키다.

逆転	ぎゃくてん	역전
		形勢が逆転する。 형세가 역전되다.

脚本	きゃくほん	각본
		脚本を書く。 각본을 쓰다.

却下	きゃっか	각하, 기각
		提案が却下される。 제안이 각하되다.

救急 ⊕ 救急車 구급차	きゅうきゅう	구급, 응급
		救急の患者を受け入れる。 응급 환자를 받아들이다.

究極	きゅうきょく	궁극
		究極の目的を果たす。 궁극적인 목적을 달성하다.

救済	きゅうさい	구제
		被害者を救済する。 피해자를 구제하다.

宮殿	きゅうでん	궁전 宮殿を訪問する。 궁전을 방문하다.
窮乏	きゅうぼう	궁핍 職を失って生活が窮乏する。 일자리를 잃어 생활이 궁핍하다.
究明	きゅうめい	구명, 규명 事件の真相を究明する。 사건의 진상을 규명하다.
丘陵	きゅうりょう	구릉, 언덕 目の前に丘陵が現れる。 눈앞에 언덕이 나타나다.
寄与	きよ	기여, 공헌 医学の発展に寄与する。 의학 발전에 기여하다.
起用	きよう	기용, 중요한 지위에 앉힘 新人を起用する。 신인을 기용하다.
驚異	きょうい	경이 自然の驚異を体験する。 자연의 경이를 체험하다.
脅威	きょうい	위협 脅威を感じる。 위협을 느끼다.
業界	ぎょうかい	업계 業界の動向を探る。 업계의 동향을 살피다.
恐喝	きょうかつ	공갈, 협박 秘密を知って恐喝する。 비밀을 알고 협박하다.
共感	きょうかん	공감 彼の主張に共感した。 그의 주장에 공감했다.
協議	きょうぎ	협의 協議を重ねる。 협의를 거듭하다.
境遇	きょうぐう	경우, 처지, 환경 今の境遇に満足している。 지금의 처지에 만족하고 있다.
教訓	きょうくん	교훈 失敗から教訓を得る。 실패에서 교훈을 얻다.

強行	きょうこう	**강행** さいけつ きょうこう 採決を強行する。 표결을 강행하다.
教材	きょうざい	**교재** がくしゅうきょうざい しゅっぱん 学習教材を出版する。 학습 교재를 출판하다.
凶作	きょうさく	**흉작** きょうさく み ま 凶作に見舞われる。 흉작을 겪다.
凝視	ぎょうし	**응시** あいて かお ぎょうし 相手の顔を凝視する。 상대방의 얼굴을 응시하다.
業者	ぎょうしゃ	**업자** ぎょうしゃ しゅう り い らい 業者に修理を依頼する。 업자에게 수리를 의뢰하다.
享受	きょうじゅ	**향유, 음미하고 즐김, 혜택을 누림** し ぜん おんけい きょうじゅ 自然の恩恵を享受する。 자연의 혜택을 누리다.
教習	きょうしゅう	**교습** うんてんめんきょ きょうしゅう う 運転免許の教習を受ける。 운전 면허 교습을 받다.
郷愁	きょうしゅう	**향수, 고향을 그리워함** こ きょう きょうしゅう おぼ 故郷への郷愁を覚える。 고향에 대한 향수를 느끼다.
凝縮	ぎょうしゅく	**응축, 응집** さくしゃ かんが ぎょうしゅく 作者の考えが凝縮されている。 작가의 생각이 응축되어 있다.
強制	きょうせい	**강제** しゃないぎょう じ さん か きょうせい 社内行事への参加を強制する。 사내 행사 참가를 강제하다.
行政	ぎょうせい	**행정** ぎょうせいかいかく おこな 行政改革を行う。 행정 개혁을 실시하다.
業績	ぎょうせき	**업적, 실적** すぐ ぎょうせき あ 優れた業績を上げる。 뛰어난 업적을 올리다.
共存 ● きょうそん	きょうぞん	**공존** にんげん し ぜん きょうぞん め ざ 人間と自然との共存を目指す。 인간과 자연의 공존을 지향하다.
驚嘆	きょうたん	**경탄** さいしん ぎ じゅつ きょうたん 最新技術に驚嘆する。 최신 기술에 경탄하다.

N1

協定	きょうてい	협정 協定を結んで協力する。 협정을 맺어 협력하다.
仰天	ぎょうてん	**기겁함, 깜짝 놀람** その話を聞いて仰天した。 그 말을 듣고 깜짝 놀랐다.
郷土	きょうど	**향토, 지역, 고향** 郷土料理を味わう。 향토 요리를 맛보다.
脅迫	きょうはく	협박 脅迫を受ける。 협박을 받다.
業務	ぎょうむ	업무 業務を遂行する。 업무를 수행하다.
共鳴	きょうめい	공감 相手の意見に共鳴する。 상대의 의견에 공감하다.
郷里 ふるさと ●故郷	きょうり	고향 郷里に帰る。 고향으로 돌아가다.
局面	きょくめん	국면 困難な局面を打開する。 곤란한 국면을 타개하다.
漁船	ぎょせん	어선 港に漁船が集まっている。 항구에 어선이 모여 있다.
拠点	きょてん	거점 販売の拠点を設ける。 판매 거점을 마련하다.
許容	きょよう	허용 多少の変更は許容する。 다소의 변경은 허용한다.
疑惑	ぎわく	의혹, 의심 疑惑が晴れる。 의혹이 풀리다.
近眼 きんし ●近視	きんがん	근시 近眼で遠くが見えない。 근시라 먼 곳이 보이지 않는다.
均衡	きんこう	균형 需要と供給の均衡を図る。 수요와 공급의 균형을 도모하다.

| 緊迫 | きんぱく | 긴박 |
| | | 緊迫した空気が流れる。 긴박한 공기가 흐르다. |

| 吟味 | ぎんみ | 엄선 |
| | | 吟味した食材を使う。 엄선한 식재료를 사용하다. |

| 禁物 | きんもつ | 금물 |
| | | 油断は禁物だ。 방심은 금물이다. |

| 勤労 | きんろう | 근로, 노동 |
| | | 勤労の尊さを知る。 노동의 소중함을 알다. |

| 空腹 | くうふく | 공복, 배고픔 |
| | | 空腹を感じる。 공복을 느끼다. |

| 苦境 | くきょう | 괴로운 처지, 곤경, 역경 |
| | | 苦境に立たされる。 곤경에 처하다. |

| 苦言 | くげん | 고언, 쓴소리 |
| | | 苦言を呈する。 쓴소리를 하다. |

| 駆使 | くし | 구사, 자유자재로 사용함 |
| | | 英語を自由に駆使する。 영어를 자유롭게 구사하다. |

| 駆逐 | くちく | 구축, 몰아냄, 축출함 |
| | | 敵を駆逐する。 적을 몰아내다. |

| 口出し | くちだし | 말참견 |
| | | 余計な口出しをする。 쓸데없는 말참견을 하다. |

| くちばし | | 부리 |
| | | くちばしで餌を捕る。 부리로 먹이를 잡다. |

| 口元 | くちもと | 입가 |
| | | 口元に微笑を浮かべる。 입가에 미소를 띠다. |

| 口調 | くちょう | 어조, 말투 |
| | | 強い口調で話す。 강한 어조로 말하다. |

| 工面 | くめん | 마련 |
| | | 資金を工面する。 자금을 마련하다. |

愚問	ぐもん	우문, 어리석은 질문 愚問を発する。 어리석은 질문을 하다.
暗闇	くらやみ	어둠, 암흑 暗闇で道に迷う。 어둠 속에서 길을 잃다.
玄人	くろうと	전문가, 숙련자 あの人は料理の玄人だ。 저 사람은 요리 전문가이다.
群衆	ぐんしゅう	군중 群衆が取り囲む。 군중이 에워싸다.
経緯	けいい	경위, 자초지종, 전말 事件の経緯を説明する。 사건의 경위를 설명하다.
経過	けいか	경과 時間が経過する。 시간이 경과하다.
警戒	けいかい	경계 災害の発生を警戒する。 재해의 발생을 경계하다.
軽減	けいげん	경감 負担の軽減を図る。 부담의 경감을 도모하다.
掲載	けいさい	게재 記事を掲載する。 기사를 게재하다.
軽視	けいし	경시 人の意見を軽視する。 남의 의견을 경시하다.
傾斜	けいしゃ	경사 道が傾斜している。 길이 경사져 있다.
形状	けいじょう	형상 四角い形状をしている。 네모난 형상을 하고 있다.
形勢	けいせい	형세 形勢が逆転する。 형세가 역전되다.
形態	けいたい	형태 株式会社の形態をとる。 주식회사의 형태를 취하다.

刑罰	けいばつ	**형벌** 重い刑罰を受ける。 무거운 형벌을 받다.
経費	けいひ	**경비** 経費を削減する。 경비를 삭감하다.
啓蒙	けいもう	**계몽** 市民に啓蒙活動を行う。 시민에게 계몽 활동을 하다.
経由	けいゆ	**경유, 거침** 友人を経由して連絡する。 친구를 거쳐서 연락하다.
経歴	けいれき	**경력** 彼は珍しい経歴を持っている。 그는 특이한 경력을 가지고 있다.
経路	けいろ	**경로** 最短経路を選ぶ。 최단 경로를 택하다.
毛皮	けがわ	**모피, 털가죽** 動物の毛皮に触ってみる。 동물의 털가죽을 만져보다.
劇場	げきじょう	**극장** 友達と劇場で芝居を観る。 친구와 극장에서 연극을 보다.
劇団	げきだん	**극단, 연극단** 劇団に所属して活動する。 극단에 소속되어 활동하다.
激励	げきれい	**격려** 激励の言葉をかける。 격려의 말을 건네다.
決行	けっこう	**결행, 단행** 計画を決行する。 계획을 단행하다.
結合	けつごう	**결합** 二つの分子が結合する。 두 개의 분자가 결합하다.
傑作	けっさく	**걸작** 数々の傑作を残す。 수많은 걸작을 남기다.
決算	けっさん	**결산** 年度末に決算する。 연도 말에 결산하다.

月謝	げっしゃ	월 수업료 月謝を払う。 월 수업료를 치르다.
欠如	けつじょ	결여 責任感が欠如している。 책임감이 결여되어 있다.
結晶	けっしょう	결정, 결정체 子供は親の愛の結晶だ。 자식은 부모의 사랑의 결정체이다.
結成	けっせい	결성 労働組合を結成する。 노동조합을 결성하다.
結束	けっそく	결속 チームの結束を図る。 팀의 결속을 도모하다.
決断	けつだん	결단 重大な決断を下す。 중대한 결단을 내리다.
月賦	げっぷ	월부, 월납 月賦で支払う。 월납으로 지불하다.
欠乏	けつぼう	결핍, 부족, 모자름 栄養が欠乏する。 영양이 결핍되다.
懸念	けねん	염려, 우려 経済への影響が懸念される。 경제에 대한 영향이 염려된다.
獣	けもの	짐승 山で獣を見かける。 산에서 짐승을 보다.
権威	けんい	권위 権威のある賞を受賞する。 권위 있는 상을 수상하다.
嫌悪	けんお	혐오 暴力を嫌悪する。 폭력을 혐오하다.
言及	げんきゅう	언급 経済問題に言及する。 경제 문제를 언급하다.
原形	げんけい	원형 日本文化の原形を探る。 일본 문화의 원형을 찾다.

懸賞	けんしょう	현상, 상금이나 상품을 제공함
		懸賞小説に応募する。 현상 소설에 응모하다.
厳選	げんせん	엄선
		材料を厳選する。 재료를 엄선하다.
幻想	げんそう	환상
		幻想を抱く。 환상을 품다.
原則	げんそく	원칙
		原則として禁止する。 원칙적으로 금지하다.
減点	げんてん	감점
		遅刻は減点する。 지각은 감점한다.
健闘	けんとう	건투
		健闘を祈る。 건투를 빌다.
原動力	げんどうりょく	원동력
		好奇心が発明の原動力となる。 호기심이 발명의 원동력이 되다.
圏内	けんない	권내, 범위 안
		高気圧の圏内に入る。 고기압의 권내에 들다.
倹約	けんやく	검약, 아낌
		費用を倹約する。 비용을 아끼다.
兼用	けんよう	겸용, 공용
		応接室と会議室を兼用する。 응접실과 회의실을 겸용하다.
原論	げんろん	원론
		原論を解説する。 원론을 해설하다.
故意	こい	고의, 일부러 함
		故意に嘘をつく。 고의로 거짓말을 하다.
行為	こうい	행위
		彼の行為は犯罪である。 그의 행위는 범죄이다.
合意	ごうい	합의
		全員の合意が得られた。 전원의 합의가 이루어졌다.

N1

公益	こうえき	공익, 공공의 이익 こうえき ゆうせん 公益を優先する。 공익을 우선하다.
交易	こうえき	교역 がいこく こうえき 外国と交易する。 외국과 교역하다.
航海	こうかい	항해 たいせいよう こうかい 大西洋を航海する。 대서양을 항해하다.
抗議	こうぎ	항의 しんぱん はんてい こうぎ 審判の判定に抗議する。 심판의 판정에 항의하다.
合議	ごうぎ	상의, 의논 あんけん ごうぎ き 案件を合議して決める。 안건을 상의하여 결정하다.
好況	こうきょう	호황, 호경기 に ほんけいざい こうきょう つづ 日本経済は好況を続けている。 일본 경제는 호황을 이어가고 있다.
貢献	こうけん	공헌, 기여 しゃかい こうけん 社会に貢献する。 사회에 공헌하다.
高原	こうげん	고원 こうげん たの 高原でキャンプを楽しむ。 고원에서 캠핑을 즐기다.
公言	こうげん	공언, 공개적으로 말함 いんたい こうげん 引退を公言する。 은퇴를 공언하다.
考古学	こうこがく	고고학 こう こ がく けんきゅう 考古学の研究をしている。 고고학 연구를 하고 있다.
交錯	こうさく	교착, 뒤얽힘, 뒤섞임 き たい ふ あん こうさく 期待と不安が交錯する。 기대와 불안이 뒤얽히다.
鉱山	こうざん	광산 こうざん かいはつ 鉱山を開発する。 광산을 개발하다.
口述	こうじゅつ	구술 こうじゅつ し けん う 口述試験を受ける。 구술 시험을 보다.
控除	こうじょ	공제 しゅうにゅう けい ひ こうじょ 収入から経費を控除する。 수입에서 경비를 공제하다.

494

香辛料 ⊖ スパイス	こうしんりょう	**향신료** <ruby>料<rt>りょう</rt></ruby><ruby>理<rt>り</rt></ruby>に<ruby>香辛料<rt>こうしんりょう</rt></ruby>を<ruby>使<rt>つか</rt></ruby>う。 요리에 향신료를 사용하다.
降水	こうすい	**강수** この<ruby>地域<rt>ちいき</rt></ruby>は<ruby>降水<rt>こうすい</rt></ruby>が<ruby>多<rt>おお</rt></ruby>い。 이 지역은 강수가 많다.
洪水	こうずい	**홍수** <ruby>洪水<rt>こうずい</rt></ruby>で<ruby>車<rt>くるま</rt></ruby>が<ruby>浸水<rt>しんすい</rt></ruby>する。 홍수로 차가 침수되다.
公然	こうぜん	**공공연함** <ruby>二人<rt>ふたり</rt></ruby>の<ruby>関係<rt>かんけい</rt></ruby>は<ruby>公然<rt>こうぜん</rt></ruby>の<ruby>秘密<rt>ひみつ</rt></ruby>だ。 두 사람의 관계는 공공연한 비밀이다.
構想	こうそう	**구상** <ruby>構想<rt>こうそう</rt></ruby>を<ruby>練<rt>ね</rt></ruby>る。 구상을 짜다.
抗争	こうそう	**항쟁, 항전** <ruby>抗争<rt>こうそう</rt></ruby>が<ruby>激<rt>はげ</rt></ruby>しくなる。 항쟁이 격렬해지다.
拘束	こうそく	**구속** <ruby>容疑者<rt>ようぎしゃ</rt></ruby>を<ruby>拘束<rt>こうそく</rt></ruby>する。 용의자를 구속하다.
後退 ⊕ 前進<rt>ぜんしん</rt> 전진	こうたい	**후퇴** <ruby>一歩<rt>いっぽ</rt></ruby><ruby>後退<rt>こうたい</rt></ruby>する。 일보 후퇴하다.
光沢 ⊖ つや 광, 윤기	こうたく	**광택** <ruby>表面<rt>ひょうめん</rt></ruby>を<ruby>磨<rt>みが</rt></ruby>いて<ruby>光沢<rt>こうたく</rt></ruby>を<ruby>出<rt>だ</rt></ruby>す。 표면을 닦아 광택을 내다.
構築	こうちく	**구축, 쌓아 올려 만듦, 기초를 닦아 세움** ネットワークを<ruby>構築<rt>こうちく</rt></ruby>する。 네트워크를 구축하다.
高低	こうてい	**고저, 높낮이** <ruby>音<rt>おと</rt></ruby>の<ruby>高低<rt>こうてい</rt></ruby>を<ruby>調節<rt>ちょうせつ</rt></ruby>する。 소리의 높낮이를 조절하다.
好転	こうてん	**호전, 상태가 좋아짐** <ruby>患者<rt>かんじゃ</rt></ruby>の<ruby>病状<rt>びょうじょう</rt></ruby>が<ruby>好転<rt>こうてん</rt></ruby>する。 환자의 병세가 호전되다.
口頭	こうとう	**구두, 입으로 말함** <ruby>口頭<rt>こうとう</rt></ruby>で<ruby>伝<rt>つた</rt></ruby>える。 구두로 전달하다.
購読	こうどく	**구독** <ruby>雑誌<rt>ざっし</rt></ruby>を<ruby>購読<rt>こうどく</rt></ruby>する。 잡지를 구독하다.

N1

購入	こうにゅう	**구입** 商品を購入する。 상품을 구입하다.
公認	こうにん	**공인** 公認の資格を取得する。 공인 자격을 취득하다.
荒廃	こうはい	**황폐** 土地が荒廃する。 땅이 황폐해지다.
購買	こうばい	**구매** 原料を購買する。 원료를 구매하다.
好評	こうひょう	**호평** 消費者から好評を得る。 소비자로부터 호평을 얻다.
交付	こうふ	**교부** 補助金を交付する。 보조금을 교부하다.
興奮	こうふん	**흥분** 興奮して眠れない。 흥분해서 잠을 잘 수 없다.
公募	こうぼ	**공모** 一般から意見を公募する。 일반 사람들로부터 의견을 공모하다.
合法	ごうほう	**합법, 적법** 合法の範囲内で税金を減らす。 합법의 범위 내에서 세금을 줄이다.
効率	こうりつ	**효율** 作業の効率を上げる。 작업의 효율을 올리다.
口論	こうろん	**말다툼, 말싸움, 언쟁** つまらないことで口論する。 사소한 일로 말다툼하다.
護衛	ごえい	**호위** 首相を護衛する。 총리를 호위하다.
互角	ごかく	**호각, 대등함, 비슷함** 二人の力量は互角だ。 두 사람의 역량은 대등하다.
枯渇	こかつ	**고갈** 資源が枯渇する。 자원이 고갈되다.

小切手	こぎって	수표
		小切手を発行する。 수표를 발행하다.
顧客	こきゃく	고객, 단골손님
		顧客のニーズに応える。 고객의 요구에 부응하다.
酷使	こくし	혹사
		従業員を酷使する。 종업원을 혹사하다.
告白	こくはく	고백
		好意を告白する。 호감을 고백하다.
極秘	ごくひ	극비
		極秘の情報を手に入れる。 극비 정보를 손에 넣다.
極楽	ごくらく	극락
		冬の温泉は極楽だ。 겨울 온천은 극락이다.
心当たり	こころあたり	짐작, 짚이는 데
		心当たりがある。 짚이는 데가 있다.
心得	こころえ	소양, 지식
		茶道の心得を学ぶ。 다도의 소양을 익히다.
心掛け	こころがけ	마음가짐
		すべては心掛け次第だ。 모든 것은 마음가짐에 달렸다.
心構え	こころがまえ	마음가짐, 각오
		勝負に対する心構えが大切だ。 승부에 대한 각오가 중요하다.
志	こころざし	포부, 뜻, 목표
		医者になる志を持つ。 의사가 되는 포부를 지니다.
心遣い	こころづかい	배려, 마음 씀씀이
		相手への心遣いを忘れない。 상대에 대한 배려를 잊지 않는다.
誤差	ごさ	오차
		測定に誤差が生じる。 측정에 오차가 생기다.
孤児	こじ	고아
		戦争孤児を支援する。 전쟁고아를 지원하다.

故人	こじん	고인 故人をしのぶ。 고인을 그리다。
個性	こせい	개성 個性を大切にする。 개성을 소중히 하다。
小銭	こぜに	잔돈 小銭を取り出す。 잔돈을 꺼내다。
古代	こだい	고대 古代の遺跡を訪ねる。 고대의 유적을 방문하다。
誇張	こちょう	과장 事実を誇張して言う。 사실을 과장해서 말하다。
国交	こっこう	국교 国交を樹立する。 국교를 수립하다。
骨董品 ● アンティーク	こっとうひん	골동품 骨董品を収集する。 골동품을 수집하다。
事柄	ことがら	사항, 내용, 일 金銭上の事柄で争う。 금전상의 일로 다투다。
固有	こゆう	고유 地域固有の文化を守る。 지역 고유의 문화를 지키다。
雇用	こよう	고용 アルバイトを雇用する。 아르바이트를 고용하다。
暦	こよみ	달력 暦をめくる。 달력을 넘기다。
孤立	こりつ	고립 仲間から孤立する。 동료로부터 고립되다。
根気	こんき	끈기 根気強く努力する。 끈기 있게 노력하다。
根拠	こんきょ	근거 主張の根拠を示す。 주장의 근거를 제시하다。

根性	こんじょう	근성, 끈기
		根性を見せる。 근성을 보이다.

昆虫	こんちゅう	곤충
		昆虫を観察する。 곤충을 관찰하다.

根底	こんてい	근저, 밑바탕, 근본
		理論を根底から見直す。 이론을 밑바탕부터 재검토하다.

混同	こんどう	혼동
		二つの概念を混同する。 두 개념을 혼동하다.

根本	こんぽん	근본
		問題の根本を理解する。 문제의 근본을 이해하다.

最悪	さいあく	최악
		最悪の事態に備える。 최악의 사태에 대비하다.

災害	さいがい	재해
		大規模な災害が発生する。 대규모의 재해가 발생하다.

才覚 ⊖機転	さいかく	재치
		彼は才覚のある人だ。 그는 재치 있는 사람이다.

細工	さいく	세공
		繊細な細工を施す。 섬세한 세공을 하다.

採掘	さいくつ	채굴
		鉱物を採掘する。 광물을 채굴하다.

採決	さいけつ	채결, 표결
		議案を採決する。 의안을 표결하다.

歳月	さいげつ	세월
		歳月が流れる。 세월이 흐르다.

再建	さいけん	재건
		被災地の再建を目指す。 재해 지역의 재건을 목표로 하다.

再現	さいげん	재현
		事件を再現する。 사건을 재현하다.

財源	ざいげん	재원, 수입원 新たな財源を確保する。 새로운 재원을 확보하다.
在庫	ざいこ	재고 商品の在庫を確認する。 상품의 재고를 확인하다.
採算	さいさん	채산 事業の採算が取れない。 사업의 채산이 맞지 않는다.
採取	さいしゅ	채취 指紋を採取する。 지문을 채취하다.
細心	さいしん	세심함 細心の注意を払う。 세심한 주의를 기울이다.
財政	ざいせい	재정 健全な財政運営を行う。 건전한 재정 운영을 실행하다.
最善 ◉最良, ベスト	さいぜん	최선 最善の方法を模索する。 최선의 방법을 모색하다.
採択	さいたく	채택 新しい教科書を採択する。 새 교과서를 채택하다.
財団	ざいだん	재단 財団を設立する。 재단을 설립하다.
再発	さいはつ	재발 事故の再発を防ぐ。 사고의 재발을 방지하다.
細胞	さいぼう	세포 細胞分裂が起こる。 세포 분열이 일어나다.
債務	さいむ	채무, 빚 債務を返済する。 채무를 갚다.
採用	さいよう	채용 新入社員を採用する。 신입 사원을 채용하다.
最良 ◉最善, ベスト	さいりょう	최선 最良の選択肢を選ぶ。 최선의 선택지를 고르다.

詐欺	さぎ	**사기** 詐欺の疑いで逮捕される。 사기 혐의로 체포되다.
削減	さくげん	**삭감** 予算を削減する。 예산을 삭감하다.
錯誤	さくご	**착오** 計算に錯誤がある。 계산에 착오가 있다.
搾取	さくしゅ	**착취** 労働者を搾取する。 노동자를 착취하다.
挿絵	さしえ	**삽화** 本文に挿絵を添える。 본문에 삽화를 곁들이다.
差し引き	さしひき	**차감** 収入から支出を差し引きする。 수입에서 지출을 차감하다.
座談会	ざだんかい	**좌담회** 座談会で意見を交わす。 좌담회에서 의견을 나누다.
錯覚 ⊜勘違い	さっかく	**착각** 錯覚に惑わされる。 착각으로 혼란을 겪다.
殺菌	さっきん	**살균** 細菌を殺菌する。 세균을 살균하다.
察知	さっち	**알아차림** 相手の意図を察知する。 상대방의 의도를 알아차리다.
殺到	さっとう	**쇄도, 일시에 밀려듦** 注文が殺到する。 주문이 쇄도하다.
雑踏	ざっとう	**혼잡, 붐빔** 駅は雑踏で溢れている。 역은 몹시 혼잡스러웠다.
座標	ざひょう	**좌표** 座標を入力する。 좌표를 입력하다.
作用	さよう	**작용** 薬の作用が現れる。 약의 작용이 나타나다.

山岳	さんがく	산악 列車が山岳地帯を走る。 열차가 산악 지대를 달리다.
残金	ざんきん	잔금 残金を支払う。 잔금을 치르다.
惨事	さんじ	참사 惨事の現場を目撃する。 참사 현장을 목격하다.
算出	さんしゅつ	산출 利益を算出する。 이익을 산출하다.
産物	さんぶつ	산물 開発の成功は努力の産物である。 개발의 성공은 노력의 산물이다.
酸味	さんみ	산미, 신맛 このみかんは酸味が強い。 이 귤은 신맛이 강하다.
山脈	さんみゃく	산맥 山脈が南北に走る。 산맥이 남북으로 뻗어있다.
仕上がり	しあがり	마무리, 만듦새, 완성도 仕上がりがいい。 완성도가 높다.
仕上げ	しあげ	마무리, 만듦새, 완성도 仕上げに時間をかける。 마무리에 시간을 들이다.
支援	しえん	지원 子育てを支援する。 육아를 지원하다.
歯科	しか	치과 歯科に行って検診を受ける。 치과에 가서 검진을 받다.
視覚	しかく	시각 この広告は視覚に訴えている。 이 광고는 시각에 호소하고 있다.
資格	しかく	자격 資格試験に合格する。 자격시험에 합격하다.
仕掛け	しかけ	장치, 책략 簡単な仕掛けを作る。 간단한 장치를 만들다.

指揮	しき	지휘

コーラスを指揮する。 합창단을 지휘하다.

磁気	じき	자기, 자력

磁気を帯びる。 자기를 띠다.

色彩	しきさい	색채, 색

絵本で色彩感覚を育てる。 그림책으로 색채 감각을 기르다.

しきたり		관습, 관례

しきたりに従う。 관례에 따르다.

資金	しきん	자금

資金を調達する。 자금을 조달하다.

しぐさ		행동, 동작

子供がかわいいしぐさをする。 아이가 귀여운 행동을 한다.

仕組み	しくみ	구조, 장치, 기구

複雑な仕組みを理解する。 복잡한 구조를 이해하다.

施行	しこう	시행, 실시

試験を施行する。 시험을 실시하다.

試行	しこう	시행, 시험적으로 행함

様々な方法を試行する。 여러 가지 방법을 시험하다.

志向	しこう	지향

健康志向が強まる。 건강 지향이 강해지다.

事項	じこう	사항

重要事項を確認する。 중요 사항을 확인하다.

自業自得	じごうじとく	자업자득

自業自得だから仕方ない。 자업자득이라서 어쩔 수 없다.

嗜好品	しこうひん	기호품

コーヒーは嗜好品だ。 커피는 기호품이다.

示唆	しさ	시사, 암시, 귀띔

出馬を示唆する。 출마를 시사하다.

自在	じざい	**자재, 자유자재** 機械を自在に操る。 기계를 자유자재로 조종하다.
思索	しさく	**사색, 사유, 사고** 人生について思索する。 인생에 대해 사색하다.
視察	しさつ	**시찰** 現場を視察する。 현장을 시찰하다.
資産	しさん	**자산, 재산** 個人の資産を管理する。 개인의 자산을 관리하다.
資質	ししつ	**자질, 천성** 指導者としての資質がある。 지도자로서의 자질이 있다.
刺繡	ししゅう	**자수, 수를 놓은 것** 刺繡をして時間を過ごす。 수를 놓으며 시간을 보내다.
自粛	じしゅく	**자숙** 自粛ムードが広がる。 자숙하는 분위기가 확산되다.
支障	ししょう	**지장** 経営に支障が生じる。 경영에 지장이 생기다.
辞職	じしょく	**사직** 病気を理由に辞職する。 병을 이유로 사직하다.
施設	しせつ	**시설** 福祉施設を利用する。 복지 시설을 이용하다.
視線	しせん	**시선** 鋭い視線を感じる。 날카로운 시선을 느끼다.
自尊心 ◒ プライド	じそんしん	**자존심** 自尊心を傷つける。 자존심을 상하게 하다.
自他	じた	**자타, 자신과 남** 自他ともに認める。 자타가 공인하다.
事態	じたい	**사태** 深刻な事態が発生する。 심각한 사태가 발생하다.

下心	したごころ	속마음, 본심, 속셈
		下心を抱く。 속셈을 품다.

下地	したじ	밑바탕, 기초, 소양, 소질
		下地ができている。 기초가 갖추어져 있다.

下調べ	したしらべ	예비 조사, 사전 조사
		事前に下調べをする。 사전에 예비 조사를 하다.

下取り	したどり	보상 회수, 보상 판매
		下取りに出す。 보상 판매로 내놓다.

下火	したび	기세가 약해짐, 시들해짐
		人気が下火になる。 인기가 시들해지다.

失格	しっかく	실격
		彼は試験に失格した。 그는 시험에 실격했다.

質疑	しつぎ	질의
		活発な質疑が行われる。 활발한 질의가 이루어지다.

失脚	しっきゃく	실각
		失脚の危機に直面する。 실각의 위기에 직면하다.

しつけ		예의범절
		家庭でしつけを行う。 가정에서 예의범절을 가르치다.

実質	じっしつ	실질
		見かけより実質が大事だ。 겉보기보다 실질적인 것이 중요하다.

実情 ⊜実態	じつじょう	실정
		実情を把握する。 실정을 파악하다.

実態 ⊜実情	じったい	실태, 실정
		実態を調査する。 실태를 조사하다.

嫉妬	しっと	질투
		他人の成功を嫉妬する。 남의 성공을 질투하다.

実費	じっぴ	실비, 실제 비용
		実費を負担する。 실비를 부담하다.

疾病	しっぺい	질병, 질환 疾病にかかる。 질병에 걸리다.
視点	してん	시점, 관점 問題を別の視点から見る。 문제를 다른 관점에서 보다.
品揃え	しなぞろえ	구색 갖추기, 여러 종류의 상품을 준비함 豊富な品揃えが自慢だ。 풍부한 구색을 자랑하다.
辞任	じにん	사임 社長が辞任する。 사장이 사임하다.
地主	じぬし	지주, 땅 주인 地主から土地を借りる。 지주로부터 땅을 빌리다.
司法	しほう	사법 司法の判断を尊重する。 사법의 판단을 존중하다.
志望	しぼう	지망 俳優を志望する。 배우를 지망하다.
脂肪	しぼう	지방 脂肪の多い食事を避ける。 지방이 많은 식사를 피하다.
始末	しまつ	경위, 자초지종, 전말, 정리, 결말 始末をつける。 결말을 짓다.
始末書	しまつしょ	시말서 始末書を提出する。 시말서를 제출하다.
使命 ➕使命感 사명감	しめい	사명 自分の使命を果たす。 자신의 사명을 완수하다.
尺度	しゃくど	척도, 기준 評価の尺度を作成する。 평가 척도를 작성하다.
釈明	しゃくめい	해명 釈明の機会を与える。 해명의 기회를 주다.
社交 ➕社交性 사교성	しゃこう	사교 彼は社交がうまい。 그는 사교를 잘한다.

謝罪	しゃざい	사죄
		被害者に謝罪する。 피해자에게 사죄하다.
謝絶	しゃぜつ	사절
		申し出を謝絶する。 제의를 사절하다.
遮断	しゃだん	차단
		交通を遮断する。 교통을 차단하다.
斜面	しゃめん	사면, 경사면
		緩やかな斜面が続く。 완만한 경사면이 이어지다.
収益	しゅうえき	수익
		高い収益を上げる。 높은 수익을 올리다.
就業	しゅうぎょう	취업
		就業人口が増加する。 취업 인구가 증가하다.
従業員	じゅうぎょういん	종업원
		従業員の士気を高める。 종업원의 사기를 높이다.
襲撃	しゅうげき	습격
		観光客が襲撃される。 관광객이 습격당하다.
収支	しゅうし	수지, 수입과 지출
		収支のバランスを取る。 수입과 지출의 균형을 맞추다.
従事	じゅうじ	종사
		建設業に従事する。 건설업에 종사하다.
充実	じゅうじつ	충실
		内容の充実を図る。 내용의 충실을 도모하다.
収集	しゅうしゅう	수집
		情報を収集する。 정보를 수집하다.
修飾	しゅうしょく	수식, 꾸밈
		文章を修飾する。 문장을 수식하다.
習性	しゅうせい	습성
		動物の習性を観察する。 동물의 습성을 관찰하다.

執着	しゅうちゃく	집착
●しゅうじゃく		<ruby>金<rt>かね</rt></ruby>に<ruby>執着<rt>しゅうちゃく</rt></ruby>する。 돈에 집착하다.

修復	しゅうふく	수복, 복원
		<ruby>文化財<rt>ぶんかざい</rt></ruby>の<ruby>修復<rt>しゅうふく</rt></ruby><ruby>作業<rt>さぎょう</rt></ruby>を<ruby>行<rt>おこな</rt></ruby>う。 문화재의 복원 작업을 실시하다.

収容	しゅうよう	수용
		<ruby>5万人<rt>ごまんにん</rt></ruby>の<ruby>観客<rt>かんきゃく</rt></ruby>を<ruby>収容<rt>しゅうよう</rt></ruby>する。 5만 명의 관객을 수용하다.

従来	じゅうらい	종래, 종전
		<ruby>従来<rt>じゅうらい</rt></ruby>の<ruby>方法<rt>ほうほう</rt></ruby>を<ruby>守<rt>まも</rt></ruby>る。 종래의 방법을 지키다.

収録	しゅうろく	수록
		<ruby>講演<rt>こうえん</rt></ruby>の<ruby>内容<rt>ないよう</rt></ruby>を<ruby>収録<rt>しゅうろく</rt></ruby>する。 강연 내용을 수록하다.

守衛	しゅえい	수위
		<ruby>守衛<rt>しゅえい</rt></ruby>の<ruby>職<rt>しょく</rt></ruby>に<ruby>就<rt>つ</rt></ruby>く。 수위직에 취직하다.

修行	しゅぎょう	수행
		<ruby>修行<rt>しゅぎょう</rt></ruby>を<ruby>積<rt>つ</rt></ruby>む。 수행을 쌓다.

塾	じゅく	학원
		<ruby>塾<rt>じゅく</rt></ruby>に<ruby>通<rt>かよ</rt></ruby>う。 학원에 다니다.

熟知	じゅくち	숙지
		<ruby>土地<rt>とち</rt></ruby>の<ruby>事情<rt>じじょう</rt></ruby>に<ruby>熟知<rt>じゅくち</rt></ruby>している。 지역 사정을 숙지하고 있다.

宿命	しゅくめい	숙명
		<ruby>宿命<rt>しゅくめい</rt></ruby>と<ruby>思<rt>おも</rt></ruby>って<ruby>諦<rt>あきら</rt></ruby>める。 숙명으로 알고 체념하다.

主催	しゅさい	주최
		イベントを<ruby>主催<rt>しゅさい</rt></ruby>する。 이벤트를 주최하다.

趣旨	しゅし	취지
		<ruby>会議<rt>かいぎ</rt></ruby>の<ruby>趣旨<rt>しゅし</rt></ruby>を<ruby>説明<rt>せつめい</rt></ruby>する。 회의의 취지를 설명하다.

種々	しゅじゅ	여러 가지, 각종
●さまざま, いろいろ		<ruby>種々<rt>しゅじゅ</rt></ruby>の<ruby>意見<rt>いけん</rt></ruby>が<ruby>出<rt>で</rt></ruby>る。 여러 가지 의견이 나오다.

受賞	じゅしょう	수상
		<ruby>優秀賞<rt>ゆうしゅうしょう</rt></ruby>を<ruby>受賞<rt>じゅしょう</rt></ruby>する。 우수상을 수상하다.

主題	しゅだい	주제
		議論が主題から外れる。 논의가 주제에서 벗어나다.
出演	しゅつえん	출연
		人気俳優が出演する。 인기 배우가 출연하다.
出荷	しゅっか	출하
		商品を出荷する。 상품을 출하하다.
出資	しゅっし	출자
		新しい事業に出資する。 새로운 사업에 출자하다.
出馬	しゅつば	출마
		選挙に出馬する。 선거에 출마하다.
出費	しゅっぴ	지출, 비용
		多額の出費を要する。 거액의 지출을 필요로 하다.
出品	しゅっぴん	출품
		展覧会に作品を出品する。 전람회에 작품을 출품하다.
出没	しゅつぼつ	출몰
		山に熊が出没する。 산에 곰이 출몰하다.
主導権	しゅどうけん	주도권
		会議の主導権を握る。 회의의 주도권을 쥐다.
首脳	しゅのう	수뇌, 정상
		首脳会談が行われる。 정상 회담이 열리다.
樹木	じゅもく	수목
		公園に樹木を植える。 공원에 수목을 심다.
需要	じゅよう	수요, 요구
		需要が供給を上回る。 수요가 공급을 웃돌다.
樹立	じゅりつ	수립, 확립
		新政権が樹立される。 새로운 정권이 수립되다.
主力	しゅりょく	주력
		主力商品の販売が伸びる。 주력 상품의 판매가 증가하다.

手腕	しゅわん	수완, 능력, 솜씨

社長の手腕が問われる。 사장의 수완이 의문시되다.

循環	じゅんかん	순환

資金が循環する。 자금이 순환되다.

順応	じゅんのう	순응

環境の変化に順応する。 환경의 변화에 순응하다.

瞬発力	しゅんぱつりょく	순발력

瞬発力を鍛える。 순발력을 단련하다.

仕様	しよう	① 방법

説明の仕様がない。 설명할 방법이 없다.

② 사양(기계 등의 구조 또는 내용)

製品の仕様を決める。 제품의 사양을 결정하다.

浄化	じょうか	정화

水を浄化する。 물을 정화하다.

照会	しょうかい	조회(내용이 맞는지 알아봄)

契約条件を照会する。 계약 조건을 조회하다.

生涯	しょうがい	생애, 평생

幸福な生涯を送る。 행복한 생애를 보내다.

消去	しょうきょ	소거, 사라짐, 삭제함

ファイルを消去する。 파일을 소거하다.

衝撃	しょうげき	충격

強い衝撃を受ける。 강한 충격을 받다.

証言	しょうげん	증언

事件について証言する。 사건에 대해 증언하다.

証拠	しょうこ	증거
⊜ あかし, しるし		

有力な証拠が見つかる。 유력한 증거가 발견되다.

照合	しょうごう	조합, 대조하여 확인함

原本と写しを照合する。 원본과 사본을 대조하다.

昇進	しょうしん	승진 部長に昇進する。 부장으로 승진하다.
情勢	じょうせい	정세 国際情勢が不安定だ。 국제 정세가 불안정하다.
上層 ⊖下層 하층	じょうそう	상층, 상위층 会社の上層は状況を把握していない。 회사의 상층은 상황을 파악하지 못하고 있다.
消息 ⊖便り 편지, 알림	しょうそく	소식, 연락, 편지 消息が途絶える。 소식이 두절되다.
正体	しょうたい	정체 正体を暴く。 정체를 폭로하다.
承諾	しょうだく	승낙 承諾を得る。 승낙을 얻다.
情緒 ⊜じょうしょ	じょうちょ	정서, 정취 異国の情緒があふれる。 이국의 정취가 넘치다.
情熱	じょうねつ	정열, 열정 情熱を持って取り組む。 정열을 갖고 몰두하다.
譲歩	じょうほ	양보 彼は最後まで譲歩しなかった。 그는 끝까지 양보하지 않았다.
照明	しょうめい	조명 部屋の照明が暗い。 방의 조명이 어둡다.
条約	じょうやく	조약 平和条約を結ぶ。 평화 조약을 맺다.
奨励	しょうれい	장려 節電を奨励する。 절전을 장려하다.
除外	じょがい	제외 調査対象から除外する。 조사 대상에서 제외하다.

職員	しょくいん	**직원** 職員の士気が高い。 직원의 사기가 높다.	
触発	しょくはつ	**촉발, 자극을 줌** 先生の指導に触発され、頑張る。 선생님의 지도에 자극을 받아 노력하다.	
職務	しょくむ	**직무, 역할** 職務に専念する。 직무에 전념하다.	
諸君	しょくん	**제군, 여러분** 諸君の健闘を祈る。 여러분의 건투를 빈다.	
助言 ⊜じょごん	じょげん	**조언** よい助言をする。 좋은 조언을 하다.	
徐行	じょこう	**서행** 学校近くは徐行運転だ。 학교 근처는 서행 운전이다.	
所在	しょざい	**소재** 責任の所在を明らかにする。 책임의 소재를 밝히다.	
所持	しょじ	**소지** 免許証を所持する。 면허증을 소지하다.	
所属	しょぞく	**소속** 営業部に所属する。 영업부에 소속되다.	
処置 ⊜措置	しょち	**처치, 조치** 適切な処置を取る。 적절한 조치를 취하다.	
助長	じょちょう	**조장** 競争心を助長する。 경쟁심을 조장하다.	
処罰	しょばつ	**처벌** それは処罰の対象だ。 그것은 처벌 대상이다.	
処分	しょぶん	**처분, 처벌, 처리** 厳重な処分を下す。 엄중한 처분을 내리다.	

庶民	しょみん	서민
		しょみん せいかつ くる 庶民の生活が苦しい。 서민의 생활이 어렵다.

自立	じりつ	자립
		けいざいてき じ りつ 経済的に自立する。 경제적으로 자립하다.

指令	しれい	지령, 지시
		じょう し し れい したが 上司の指令に従う。 상사의 지시에 따르다.

仕業	しわざ	소행, 짓
		かれ し わざ このいたずらは彼の仕業だ。 이 장난은 그의 소행이다.

人員	じんいん	인원
		じんいん さくげん 人員を削減する。 인원을 삭감하다.

人格	じんかく	인격, 인간성
		じんかく みが 人格を磨く。 인격을 닦다.

新型	しんがた	신형
		しんがた はつばい 新型モデルを発売する。 신형 모델을 발매하다.

審議	しんぎ	심의
		ぎ あん しん ぎ 議案を審議する。 의안을 심의하다.

人権	じんけん	인권
		じんけん そんちょう 人権を尊重する。 인권을 존중하다.

振興	しんこう	진흥, 번성
		ち いきけいざい しんこう はか 地域経済の振興を図る。 지역 경제의 진흥을 도모하다.

新婚	しんこん	신혼
		しんこんりょこう で 新婚旅行に出かける。 신혼여행을 떠나다.

審査	しんさ	심사
		げんせい しん さ おこな 厳正な審査を行う。 엄정한 심사를 하다.

真珠	しんじゅ	진주
		しんじゅ み 真珠のネックレスを身につける。 진주 목걸이를 차다.

伸縮	しんしゅく	신축, 늘고 줆, 늘리고 줄임
		ざいりょう おん ど しんしゅく この材料は温度により伸縮する。 이 재료는 온도에 의해 신축된다.

心情	しんじょう	심정 自分の心情を吐露する。 자신의 심정을 토로하다. _{じぶん しんじょう と ろ}
親善	しんぜん	친선, 사이가 좋게 함 親善試合を行う。 친선 시합을 하다. _{しんぜん じ あい おこな}
深層	しんそう	심층 心の深層を探る。 마음의 심층을 살피다. _{こころ しんそう さぐ}
真相	しんそう	진상 事件の真相を明らかにする。 사건의 진상을 밝히다. _{じ けん しんそう あき}
新築	しんちく	신축, 새로 지음 新築の家に引っ越す。 새로 지은 집으로 이사하다. _{しんちく いえ ひ こ}
進呈	しんてい	증정, 드림 記念品を進呈する。 기념품을 증정하다. _{き ねんひん しんてい}
進展	しんてん	진전 交渉が進展する。 교섭이 진전되다. _{こうしょう しんてん}
振動	しんどう	진동 地震で大きな振動があった。 지진으로 커다란 진동이 있었다. _{じ しん おお しんどう}
信任	しんにん	신임 社長の信任を得る。 사장님의 신임을 얻다. _{しゃちょう しんにん え}
神秘	しんぴ	신비 生命の神秘を感じる。 생명의 신비를 느끼다. _{せいめい しん ぴ かん}
辛抱 ● 我慢 _{が まん}	しんぼう	인내, 참음 もう少しの辛抱だ。 조금만 더 참자. _{すこ しんぼう}
人脈	じんみゃく	인맥 広い人脈を持つ。 넓은 인맥을 가지다. _{ひろ じんみゃく も}
侵略	しんりゃく	침략 敵国から侵略される。 적국으로부터 침략당하다. _{てき こく しんりゃく}
診療	しんりょう	진료 患者を診療する。 환자를 진료하다. _{かんじゃ しんりょう}

進路	しんろ	진로
		進路を決める。 진로를 결정하다.

神話	しんわ	신화
		古代神話を読む。 고대 신화를 읽다.

親和	しんわ	친화, 사이좋게 잘 어울림
		チームの親和を図る。 팀의 친화를 도모하다.

推移	すいい	추이
		情勢の推移を見守る。 정세의 추이를 지켜보다.

水源	すいげん	수원, 수원지
		水源が汚染される。 수원이 오염되다.

遂行	すいこう	수행, 완수
		任務を遂行する。 임무를 수행하다.

推進	すいしん	추진
		計画を推進する。 계획을 추진하다.

吹奏	すいそう	취주, 관악기 연주
		行進曲を吹奏する。 행진곡을 연주하다.

推測	すいそく	추측
		今年度の売り上げを推測する。 금년도의 매상을 추측하다.

衰退	すいたい	쇠퇴
		地域の工業が衰退する。 지역 공업이 쇠퇴하다.

水田	すいでん	논
		水田でお米を作る。 논에서 쌀을 재배하다.

推理	すいり	추리
		推理小説を読む。 추리 소설을 읽다.

数値	すうち	수치
		数値を分析する。 수치를 분석하다.

崇拝	すうはい	숭배
		英雄として崇拝する。 영웅으로서 숭배하다.

筋道	すじみち	사리, 도리, 절차 筋道を立てて考える。 사리에 맞게 생각하다.
ずぶ濡れ ●びしょ濡れ	ずぶぬれ	흠뻑 젖음 土砂降りでずぶ濡れになる。 장대비에 흠뻑 젖다.
術	すべ	방법, 수단 なす術がない。 어찌 할 방법이 없다.
ずれ		어긋남 時間のずれを調整する。 시간의 어긋남을 조정하다.
すれ違い	すれちがい	스쳐 지나감, 엇갈림 すれ違いに会釈をする。 스쳐 지나가며 인사를 하다.
寸前	すんぜん	직전 衝突寸前にブレーキをかける。 충돌 직전에 브레이크를 걸다.
誠意	せいい	성의, 진심 誠意を持って接する。 성의를 갖고 대하다.
生育	せいいく	생육, 생물이 나서 자람 植物の生育が早い。 식물의 생육이 빠르다.
精鋭	せいえい	정예, 선택된 소수의 인재 精鋭部隊を派遣する。 정예 부대를 파견하다.
正規	せいき	정규 正規の手続きを踏む。 정규 절차를 밟다.
制裁	せいさい	제재 国連が制裁を科す。 유엔이 제재를 가하다.
政策	せいさく	정책 新しい政策を打ち出す。 새로운 정책을 내놓다.
生死	せいし	생사, 삶과 죽음 生死の境をさまよう。 생사의 경계를 헤매다.
成熟	せいじゅく	성숙 考えが成熟していく。 생각이 성숙해져 가다.

盛装	せいそう	성장, 화려하게 단장함, 차려입음 盛装して出かける。 차려입고 외출하다.
生息	せいそく	생식, 서식, 생존 野生動物が生息する。 야생 동물이 서식하다.
制定	せいてい	제정 新しい法律を制定する。 새로운 법률을 제정하다.
征服	せいふく	정복, 무력으로 복종시킴, 어려움을 이겨냄 敵を征服する。 적을 정복하다.
誓約	せいやく	서약 秘密を守ると誓約する。 비밀을 지키겠다고 서약하다.
誓約書	せいやくしょ	서약서 誓約書にサインする。 서약서에 사인하다.
税率	ぜいりつ	세율 消費税率が上がる。 소비세율이 오르다.
勢力	せいりょく	세력 勢力を拡張する。 세력을 확장하다.
責務	せきむ	책무, 책임과 의무 国民の責務を果たす。 국민의 책무를 다하다.
世間知らず	せけんしらず	세상 물정에 어두움, 철부지 世間知らずの発言をする。 세상 물정 모르는 발언을 하다.
世間体	せけんてい	세상에 대한 체면, 이목, 평판 世間体を気にする。 체면을 신경 쓰다.
世間話	せけんばなし	세상 이야기, 잡담 友達と世間話をする。 친구와 잡담을 하다.
施錠	せじょう	자물쇠를 채움 ドアに施錠する。 문에 자물쇠를 채우다.
是正	ぜせい	시정, 잘못된 것을 바로잡음 ミスを是正する。 실수를 시정하다.

N1

世相	せそう	세상, 세태
		作品に世相を反映させる。 작품에 세태를 반영시키다.

世帯	せたい	세대, 가구
		一人暮らしの世帯が増えている。 1인 가구가 늘고 있다.

絶叫	ぜっきょう	절규
		恐怖のあまり絶叫する。 공포에 질린 나머지 절규하다.

絶賛	ぜっさん	절찬, 극찬
		彼女の演技は絶賛された。 그녀의 연기는 극찬을 받았다.

接触	せっしょく	접촉
		感染者との接触を避ける。 감염자와의 접촉을 피하다.

折衷	せっちゅう	절충, 여러 의견을 알맞게 조합해 정리함
➕ 折衷案 절충안		両者の意見を折衷する。 양자의 의견을 절충하다.

切望	せつぼう	절망, 간절히 바람, 갈망
		世界の平和を切望する。 세계의 평화를 갈망하다.

絶望	ぜつぼう	절망, 좌절감
		人生に絶望を感じる。 인생에 절망을 느끼다.

絶滅	ぜつめつ	절멸, 멸종
		絶滅の危機にある野生動物が多い。
		멸종 위기에 있는 야생 동물이 많다.

世論	せろん	여론
⊜ せいろん, よろん		世論調査を実施する。 여론 조사를 실시하다.

善悪	ぜんあく	선악
		善悪の判断は難しい。 선악의 판단은 어렵다.

繊維	せんい	섬유
		綿の繊維は着心地がいい。 면 섬유는 착용감이 좋다.

宣言	せんげん	선언
		独立を宣言する。 독립을 선언하다.

選考	せんこう	전형, 능력이나 자질 등을 가려 뽑음 新入社員を選考する。 신입 사원을 전형하다.
戦災	せんさい	전재, 전쟁으로 인한 재난 戦災で町が破壊される。 전쟁의 재난으로 마을이 파괴되다.
全集	ぜんしゅう	전집 作家の全集を出版する。 작가의 전집을 출판하다.
選出	せんしゅつ	선출 代表を選出する。 대표를 선출하다.
戦術	せんじゅつ	전술 巧みな戦術を駆使する。 능란한 전술을 구사하다.
前提	ぜんてい	전제 話し合いの前提条件を示す。 대화의 전제 조건을 제시하다.
戦闘	せんとう	전투 激しい戦闘が続く。 격렬한 전투가 계속되다.
潜入	せんにゅう	잠입 スパイが潜入する。 스파이가 잠입하다.
船舶	せんぱく	선박, 배 船舶が海を行き交う。 선박이 바다를 오가다.
潜伏	せんぷく	잠복 潜伏して犯人を逮捕する。 잠복하여 범인을 체포하다.
先方	せんぽう	상대방 先方の意向を確認する。 상대방의 의향을 확인하다.
全滅	ぜんめつ	전멸 水害で作物が全滅する。 수해로 작물이 전멸하다.
占領	せんりょう	점령 敵国の首都を占領する。 적국의 수도를 점령하다.
憎悪	ぞうお	증오 暴力を憎悪する。 폭력을 증오하다.

N1

相応	そうおう	**상응, 알맞음** 仕事に相応する報酬をもらう。 일에 상응하는 보수를 받다.
増強	ぞうきょう	**증강, 수나 양을 늘려 더 강하게 함** 警備を増強する。 경비를 증강하다.
走行	そうこう	**주행** 高速道路を走行する。 고속 도로를 주행하다.
喪失	そうしつ	**상실** 記憶を喪失する。 기억을 상실하다.
操縦	そうじゅう	**조종, 생각대로 부려 움직임** 機械を操縦する。 기계를 조종하다.
装飾 ⊜飾り	そうしょく	**장식** シンプルな装飾を施す。 단순한 장식을 하다.
増進	ぞうしん	**증진, 기운이나 세력이 점점 늘어남** 福利厚生の増進を図る。 복리 후생의 증진을 도모하다.
相当	そうとう	**상당, 해당** このビタミンCはレモン5個分に相当する。 이 비타민C는 레몬 5개 분량에 해당한다.
遭難	そうなん	**조난, 등산이나 항해 중 재난을 만남** 登山者が遭難する。 등산자가 조난하다.
相場	そうば	**시가, 시장에서 상품이 거래되는 가격, 시세** 株価の相場が下がる。 주가의 시세가 떨어지다.
装備	そうび	**장비** 装備を点検する。 장비를 점검하다.
双方	そうほう	**쌍방, 양쪽** 双方の意見を聞く。 쌍방의 의견을 듣다.
促進	そくしん	**촉진** 改革を促進する。 개혁을 촉진하다.

束縛	そくばく	속박
		<ruby>過<rt>か</rt></ruby><ruby>度<rt>ど</rt></ruby>な<ruby>束<rt>そく</rt></ruby><ruby>縛<rt>ばく</rt></ruby>を<ruby>嫌<rt>きら</rt></ruby>う。 과도한 속박을 싫어하다.

側面	そくめん	측면, 한 부분
		この<ruby>問<rt>もん</rt></ruby><ruby>題<rt>だい</rt></ruby>には<ruby>別<rt>べつ</rt></ruby>の<ruby>側<rt>そく</rt></ruby><ruby>面<rt>めん</rt></ruby>もある。 이 문제에는 다른 측면도 있다.

底力	そこぢから	저력
		<ruby>底<rt>そこ</rt></ruby><ruby>力<rt>ぢから</rt></ruby>を<ruby>発<rt>はっ</rt></ruby><ruby>揮<rt>き</rt></ruby>する。 저력을 발휘하다.

阻止	そし	저지
		<ruby>悪<rt>あく</rt></ruby>の<ruby>勢<rt>せい</rt></ruby><ruby>力<rt>りょく</rt></ruby>を<ruby>阻<rt>そ</rt></ruby><ruby>止<rt>し</rt></ruby>する。 악의 세력을 저지하다.

訴訟	そしょう	소송
		<ruby>訴<rt>そ</rt></ruby><ruby>訟<rt>しょう</rt></ruby>を<ruby>起<rt>お</rt></ruby>こす。 소송을 일으키다.

措置	そち	조치, 대책
⊜<ruby>処<rt>しょ</rt></ruby><ruby>置<rt>ち</rt></ruby>		<ruby>適<rt>てき</rt></ruby><ruby>切<rt>せつ</rt></ruby>な<ruby>措<rt>そ</rt></ruby><ruby>置<rt>ち</rt></ruby>を<ruby>講<rt>こう</rt></ruby>じる。 적절한 조치를 강구하다.

率先	そっせん	솔선
		<ruby>率<rt>そっ</rt></ruby><ruby>先<rt>せん</rt></ruby>して<ruby>行<rt>こう</rt></ruby><ruby>動<rt>どう</rt></ruby>する。 솔선하여 행동하다.

そっぽ		다른 쪽
⊜そっぽう		そっぽを<ruby>向<rt>む</rt></ruby>く。 외면하다.

素養	そよう	소양, 교양, 학문이나 기술
		<ruby>彼<rt>かの</rt></ruby><ruby>女<rt>じょ</rt></ruby>には<ruby>絵<rt>え</rt></ruby>の<ruby>素<rt>そ</rt></ruby><ruby>養<rt>よう</rt></ruby>がある。 그녀에게는 그림의 소양이 있다.

尊厳	そんげん	존엄
		<ruby>人<rt>にん</rt></ruby><ruby>間<rt>げん</rt></ruby>の<ruby>尊<rt>そん</rt></ruby><ruby>厳<rt>げん</rt></ruby>を<ruby>守<rt>まも</rt></ruby>る。 인간의 존엄을 지키다.

存続	そんぞく	존속
		<ruby>会<rt>かい</rt></ruby><ruby>社<rt>しゃ</rt></ruby>の<ruby>存<rt>そん</rt></ruby><ruby>続<rt>ぞく</rt></ruby>が<ruby>危<rt>あや</rt></ruby>うい。 회사의 존속이 위태롭다.

隊員	たいいん	대원
		<ruby>隊<rt>たい</rt></ruby><ruby>員<rt>いん</rt></ruby>の<ruby>士<rt>し</rt></ruby><ruby>気<rt>き</rt></ruby>が<ruby>上<rt>あ</rt></ruby>がる。 대원의 사기가 오르다.

対応	たいおう	대응
		<ruby>変<rt>へん</rt></ruby><ruby>化<rt>か</rt></ruby>に<ruby>対<rt>たい</rt></ruby><ruby>応<rt>おう</rt></ruby>する。 변화에 대응하다.

大家	たいか	대가, 권위자
		<ruby>彼<rt>かれ</rt></ruby>はこの<ruby>分<rt>ぶん</rt></ruby><ruby>野<rt>や</rt></ruby>の<ruby>大<rt>たい</rt></ruby><ruby>家<rt>か</rt></ruby>だ。 그는 이 분야의 대가이다.

退化 ⊖ 進化 진화	たいか	퇴화 記憶力が退化する。 기억력이 퇴화하다.
大金	たいきん	거금, 큰 돈 大金を投じる。 거금을 투자하다.
待遇	たいぐう	대우, 처우 今の待遇に不満を持つ。 지금의 대우에 불만을 갖다.
体験	たいけん	체험 貴重な体験をする。 귀중한 체험을 하다.
対抗	たいこう	대항 ライバルに対抗する。 라이벌에 대항하다.
代行	だいこう	대행 弁護士が依頼人を代行する。 변호사가 의뢰인을 대행하다.
退治	たいじ	퇴치 害虫を退治する。 해충을 퇴치하다.
大衆	たいしゅう	대중, 민중 大衆の支持を得る。 대중의 지지를 얻다.
対処	たいしょ	대처 非常事態に対処する。 비상사태에 대처하다.
態勢	たいせい	태세 支援態勢を整える。 지원 태세를 갖추다.
大地	だいち	대지, 광대한 토지 雨が大地を潤す。 비가 대지를 적시다.
体調	たいちょう	몸 상태, 컨디션 体調を崩す。 몸 상태가 나빠지다.
台無し	だいなし	엉망이 됨, 형편없어짐 せっかくの計画が台無しになる。 모처럼의 계획이 엉망이 되다.
滞納	たいのう	체납 家賃の滞納が続く。 집세 체납이 계속되다.

待望	たいぼう	대망 待望の新製品が発売された。 대망의 신제품이 출시되었다.
台本	だいほん	대본 ドラマの台本を書く。 드라마 대본을 쓰다.
怠慢	たいまん	태만 部下の怠慢を叱る。 부하의 태만을 꾸짖다.
対面	たいめん	대면 直接対面して話し合う。 직접 대면하여 이야기하다.
大役	たいやく	중임, 중책, 큰 역할 大役を任せる。 중책을 맡기다.
太陽光	たいようこう	태양광 太陽光発電を導入する。 태양광 발전을 도입하다.
打開	だかい	타개 難局を打開する。 난국을 타개하다.
宝くじ	たからくじ	복권 宝くじに当たる。 복권에 당첨되다.
多岐	たき	여러 갈래, 다방면 意見が多岐にわたる。 의견이 여러 갈래에 걸치다.
妥協	だきょう	타협 双方が妥協する。 쌍방이 타협하다.
類	たぐい	같은 종류의 것, 동류 この類のものはたくさんある。 이런 종류의 것은 많이 있다.
打撃	だげき	타격 大きな打撃を受ける。 커다란 타격을 받다.
妥結	だけつ	타결 交渉がようやく妥結した。 교섭이 마침내 타결되었다.
駄作	ださく	졸작, 시시한 작품 彼の小説は駄作だ。 그의 소설은 졸작이다.

打診	だしん	타진, 상대의 의향 등을 미리 살핌 上司の意見を打診する。 상사의 의견을 타진하다.
多数決	たすうけつ	다수결 多数決で決める。 다수결로 결정하다.
脱出	だっしゅつ	탈출 火事から脱出する。 화재에서 탈출하다.
達成	たっせい	달성 目標を達成する。 목표를 달성하다.
脱退	だったい	탈퇴 組合を脱退する。 조합을 탈퇴하다.
建前 ● 立前 ● 本音 본심	たてまえ	(표면상의) 방침, 원칙, 주장 建前ではなく、本音が聞きたい。 표면상의 주장이 아니라 본심을 듣고 싶다.
旅先	たびさき	여행지 旅先で葉書を書く。 여행지에서 엽서를 쓰다.
魂	たましい	혼, 영혼 魂を込めて歌う。 혼을 담아 노래하다.
堕落	だらく	타락 倫理観の堕落が心配だ。 윤리관의 타락이 걱정이다.
単価	たんか	단가, 개당 가격 商品の単価を下げる。 상품의 단가를 낮추다.
探検	たんけん	탐험 無人島を探検する。 무인도를 탐험하다.
断言	だんげん	단언 絶対に成功すると断言する。 반드시 성공한다고 단언하다.
短縮	たんしゅく	단축 作業時間を短縮する。 작업 시간을 단축하다.

単身	たんしん	단신, 혼자
		単身で海外旅行に行く。 혼자서 해외여행을 가다.

探知	たんち	탐지, 찾아 알아냄
		敵の動きを探知する。 적의 움직임을 탐지하다.

単独	たんどく	단독
		会長が単独で決定する。 회장이 단독으로 결정하다.

断念	だんねん	단념
		計画を断念する。 계획을 단념하다.

たんぱく質	たんぱくしつ	단백질
		たんぱく質を摂る。 단백질을 섭취하다.

弾力	だんりょく	탄력
		弾力のある肌を保つ。 탄력 있는 피부를 유지하다.

蓄積	ちくせき	축적
		知識を蓄積する。 지식을 축적하다.

地中	ちちゅう	지하, 땅속
		電線を地中に埋める。 전선을 땅속에 묻다.

秩序	ちつじょ	질서
		公共の秩序を守る。 공공의 질서를 지키다.

窒息	ちっそく	질식
		煙で窒息しそうだ。 연기에 질식할 것 같다.

着手	ちゃくしゅ	착수
		プロジェクトに着手する。 프로젝트에 착수하다.

着目	ちゃくもく	착목, 착안, 주목
		重要ポイントに着目する。 중요한 포인트에 주목하다.

治癒	ちゆ	치유
		病気が治癒する。 병이 치유되다.

宙返り	ちゅうがえり	공중회전, 공중제비
		宙返りして着地する。 공중제비하여 착지하다.

忠告	ちゅうこく	충고 部下に忠告する。 부하에게 충고하다.
仲裁 ● 調停 조정	ちゅうさい	중재, 분쟁에서 쌍방을 화해시킴 紛争の仲裁をする。 분쟁의 중재를 하다.
抽出	ちゅうしゅつ	추출, 뽑아냄 無作為に抽出する。 무작위로 추출하다.
中傷	ちゅうしょう	중상, 비방 根拠のない中傷を受ける。 근거 없는 비방을 당하다.
中枢	ちゅうすう	중추, 중심 経営の中枢を担う。 경영의 중추를 담당하다.
中毒	ちゅうどく	중독 麻薬中毒に陥る。 마약 중독에 빠지다.
調印	ちょういん	조인, 약정서 등에 도장을 찍거나 서명함 条約に調印する。 조약에 조인하다.
聴覚	ちょうかく	청각 聴覚が低下する。 청각이 저하되다.
兆候	ちょうこう	징후, 징조 景気回復の兆候が見える。 경기 회복의 징후가 보인다.
長寿	ちょうじゅ	장수 長寿を祝う。 장수를 축하하다.
徴収	ちょうしゅう	징수 税金を徴収する。 세금을 징수하다.
挑戦	ちょうせん	도전 世界記録に挑戦する。 세계 기록에 도전하다.
調達	ちょうたつ	조달 資金を調達する。 자금을 조달하다.
調停 ● 仲裁 중재	ちょうてい	조정, 중재 紛争を調停で解決する。 분쟁을 조정으로 해결하다.

重複	ちょうふく	**중복**
⊖ じゅうふく		同じ話題が重複する。 같은 화제가 중복되다.

重宝	ちょうほう	**잘 사용함, 애용함**
		このお皿は重宝している。 이 접시는 애용하고 있다.

調和	ちょうわ	**조화**
		自然と調和する。 자연과 조화를 이루다.

直面	ちょくめん	**직면**
		困難に直面する。 곤란에 직면하다.

著作権	ちょさくけん	**저작권**
		著作権を保護する。 저작권을 보호하다.

貯蓄	ちょちく	**저축**
		将来に備えて貯蓄する。 장래에 대비하여 저축하다.

直感	ちょっかん	**직감**
		危険を直感する。 위험을 직감하다.

沈下	ちんか	**침하**
		地盤沈下が起きる。 지반 침하가 일어나다.

賃貸	ちんたい	**임대**
		ビルを賃貸する。 빌딩을 임대하다.

珍味	ちんみ	**진미, 고귀하고 맛이 좋은 음식**
		山海の珍味を味わう。 산해진미를 맛보다.

沈黙	ちんもく	**침묵**
		沈黙を守る。 침묵을 지키다.

陳列	ちんれつ	**진열**
		商品を陳列する。 상품을 진열하다.

追及	ついきゅう	**추궁**
		犯行の動機を追及する。 범행 동기를 추궁하다.

追跡	ついせき	**추적**
		容疑者を追跡する。 용의자를 추적하다.

墜落	ついらく	추락
		ジェット機が墜落する。 제트기가 추락하다.

痛感	つうかん	통감
		責任を痛感する。 책임을 통감하다.

束の間	つかのま	잠깐 사이, 짧은 시간
		束の間の休みを取る。 잠깐의 휴식을 취하다.

つじつま		앞뒤, 아귀
➕ つじつまが合う 앞뒤가 맞다		つじつまが合わない。 앞뒤가 맞지 않는다.

都度	つど	매번, 매회, ~할 때마다
		使用の都度、料金を支払う。 사용할 때마다 요금을 지불한다.

勤め先	つとめさき	근무처
		勤め先を変える。 근무처를 바꾸다.

粒状	つぶじょう	입자 상태, 알갱이 모양, 과립형
➖ りゅうじょう		粒状の薬を飲む。 과립형 약을 먹다.

つぼみ		꽃봉오리
		花のつぼみが膨らむ。 꽃봉오리가 부풀다.

露	つゆ	이슬
		葉っぱに露がついている。 잎사귀에 이슬이 맺혀 있다.

手当	てあて	① 치료, 처치
		怪我の手当をする。 부상을 치료하다.
		② 수당
		特別手当を支給する。 특별 수당을 지급하다.

提起	ていき	제기
		問題を提起する。 문제를 제기하다.

提携	ていけい	제휴
		業務提携を行う。 업무 제휴를 실행하다.

体裁	ていさい	① 체재, 형식 論文の体裁を整える。 논문의 형식을 가다듬다. ② 체면 体裁を気にする。 체면을 신경 쓰다.
提示	ていじ	제시 証拠を提示する。 증거를 제시하다.
泥酔	でいすい	몹시 취함, 만취 泥酔するまで飲む。 만취할 때까지 마시다.
停滞	ていたい	정체, 침체 景気が停滞する。 경기가 정체되다.
邸宅	ていたく	저택 豪華な邸宅に住む。 호화로운 저택에 살다.
手遅れ	ておくれ	때늦음, 시기를 놓침 もう手遅れだ。 이미 때가 늦었다.
手掛かり	てがかり	실마리, 단서 事件の手掛かりを探す。 사건의 실마리를 찾다.
出来	でき	완성, 성과, 결과, 완성도 仕事の出来が悪い。 일의 성과가 좋지 않다.
適応	てきおう	적응 環境に適応する。 환경에 적응하다.
手際	てぎわ	솜씨, 수완 彼は手際が良い。 그는 수완이 좋다.
手応え	てごたえ	반응, 보람 何度話しても手応えがない。 몇 번을 말해도 반응이 없다.
手順	てじゅん	순서, 차례, 수순 正しい手順を踏む。 올바른 수순을 밟다.
手立て	てだて	구체적 방법, 구체적 수단 対策を講じる手立てがない。 대책을 강구할 방법이 없다.

手違い	てちがい	착오, 차질, 실책
		資料に手違いがあった。 자료에 착오가 있었다.

撤回	てっかい	철회
		発言を撤回する。 발언을 철회하다.

撤去	てっきょ	철거
		不法建築物を撤去する。 불법 건축물을 철거하다.

てっぺん		꼭대기, 정상
		山のてっぺんが見える。 산 정상이 보인다.

出直し	でなおし	재출발, 다시 시작함
		一から出直しする。 처음부터 다시 시작하다.

手抜き	てぬき	부실, 날림
		手抜き工事が発覚した。 부실 공사가 발각되었다.

手配	てはい	① 준비, 채비
		会議の場所を手配する。 회의 장소를 준비하다.
		② 수배
		犯人を指名手配する。 범인을 지명 수배하다.

手筈	てはず	사전 준비, 계획
		出発の手筈を整える。 출발 준비를 갖추다.

手引き	てびき	안내
		使用の手引きを作成する。 사용 안내를 작성하다.

手本	てほん	표본, 모범, 본보기
		子供によい手本を示す。 아이에게 좋은 본보기를 보이다.

手回し	てまわし	① 수동식
		手回しのオルゴールを演奏する。 수동식 오르골을 연주하다.
		② 준비
		旅行の手回しができる。 여행 준비가 끝나다.

手元	てもと	수중, 자기 주변
		本を手元に置く。 책을 수중에 두다.

手分け	てわけ	분담 仕事を手分けする。 일을 분담하다.
田園 ●田舎(いなか)	でんえん	전원, 시골 目の前に田園風景が広がる。 눈앞에 전원 풍경이 펼쳐지다.
転換	てんかん	전환 方針を転換する。 방침을 전환하다.
転居 ●引っ越し	てんきょ	이사 転居の準備を進める。 이사 준비를 진행하다.
転校	てんこう	전학 引っ越しで転校することになる。 이사로 전학을 가게 되다.
天災	てんさい	천재, 자연재해, 천재지변 天災に見舞われる。 천재지변을 겪다.
伝承	でんしょう	전승, 계승 伝統文化を伝承する。 전통문화를 전승하다.
転職	てんしょく	전직, 이직 転職して再出発を図る。 이직하여 재출발을 꾀하다.
転覆	てんぷく	전복, 뒤집힘 ボートが転覆する。 보트가 전복되다.
展望	てんぼう	전망 明るい未来を展望する。 밝은 미래를 전망하다.
転落	てんらく	전락, 굴러떨어짐 階段から転落する。 계단에서 굴러떨어지다.
胴	どう	몸통, 동체 胴が細い。 몸통이 가늘다.
陶器	とうき	도기 陶器の花瓶を買う。 도기 꽃병을 사다.
討議	とうぎ	토의 活発に討議する。 활발하게 토의하다.

531

動機	どうき	동기
		はんこう どう き ふ めい 犯行の動機が不明だ。 범행 동기가 불분명하다.

同級生	どうきゅうせい	동급생
		どうきゅうせい さいかい 同級生と再会した。 동급생과 재회했다.

当局	とうきょく	당국
		とうきょく はっぴょう つた 当局の発表を伝える。 당국의 발표를 전하다.

統合	とうごう	통합
		ふた そ しき とうごう 二つの組織を統合する。 두 조직을 통합하다.

搭載	とうさい	탑재
		しん き のう とうさい ケータイに新機能を搭載する。 휴대폰에 새로운 기능을 탑재하다.

倒産	とうさん	도산
		とりひきさき とうさん 取引先が倒産する。 거래처가 도산하다.

投資	とうし	투자
		かぶしき とう し 株式に投資する。 주식에 투자하다.

同士	どうし	같은 부류, ~끼리
		しゃいんどう し きょうりょく 社員同士で協力する。 사원끼리 협력하다.

当事者	とうじしゃ	당사자
		とう じ しゃ い けん き 当事者の意見を聞く。 당사자의 의견을 듣다.

踏襲	とうしゅう	답습, 그대로 계승함
		ぜんしゃちょう ほうしん とうしゅう 前社長の方針を踏襲する。 이전 사장의 방침을 답습하다.

当初 ●最初 さいしょ 최초, 처음	とうしょ	당초
		とう しょ よ てい か 当初の予定を変える。 당초의 예정을 바꾸다.

統制	とうせい	통제
		ぶっ か とう せい 物価を統制する。 물가를 통제하다.

当選	とうせん	당선
		せんきょ とう せん 選挙で当選する。 선거에서 당선되다.

同然	どうぜん	똑같음, 다름없음
		しゃちょうどうぜん けんりょく も 社長同然の権力を持つ。 사장이나 다름없는 권력을 가지다.

闘争	とうそう	**투쟁** 賃上げを求めて闘争する。 임금 인상을 요구하며 투쟁하다.
統率	とうそつ	**통솔** 部下を統率する。 부하를 통솔하다.
到達	とうたつ	**도달** 山頂に到達する。 산 정상에 도달하다.
統治	とうち	**통치** 国を統治する。 나라를 통치하다.
同調	どうちょう	**동조, 동의, 찬동** 多数派に同調する。 다수파에 동조하다.
同等	どうとう	**동등** プロと同等の実力を持つ。 프로와 동등한 실력을 가지다.
投入	とうにゅう	**투입** 多額の資金を投入する。 거액의 자금을 투입하다.
導入	どうにゅう	**도입** 新技術を導入する。 신기술을 도입하다.
党派	とうは	**당파** 党派を超えて協力する。 당파를 초월하여 협력하다.
同封	どうふう	**동봉** 書類を同封する。 서류를 동봉하다.
同盟	どうめい	**동맹** 他国と同盟を結ぶ。 타국과 동맹을 맺다.
当面 ⊜ 直面 직면	とうめん	**당면, 지금 직면하고 있음** 当面の課題に取り組む。 당면한 과제에 몰두하다.
投与	とうよ	**투여** 患者に薬を投与する。 환자에게 약을 투여하다.
同類	どうるい	**동류, 같은 종류** 同類の事故を防止する。 같은 종류의 사고를 방지하다.

特技	とくぎ	특기 自分の特技を生かす。 자신의 특기를 살리다. じ ぶん とく ぎ い
独裁	どくさい	독재 独裁政権が崩壊する。 독재 정권이 붕괴되다. どく さい せい けん ほう かい
特産	とくさん	특산, 특산물 地域の特産を使って料理を作る。 ち いき とく さん つか りょう り つく 지역 특산물을 사용하여 요리를 만들다.
特設	とくせつ	특설 特設会場を用意する。 특설 회장을 마련하다. とく せつ かい じょう よう い
独占 ●独り占め	どくせん	독점, 독차지 市場を独占する。 시장을 독점하다. し じょう どく せん
独創性	どくそうせい	독창성 独創性を発揮する。 독창성을 발휘하다. どく そう せい はっ き
督促	とくそく	독촉 納税の督促を受ける。 납세의 독촉을 받다. のう ぜい とく そく う
得点	とくてん	득점 大量に得点する。 대량으로 득점하다. たい りょう とく てん
匿名	とくめい	익명 匿名で投稿する。 익명으로 투고하다. とく めい とう こう
戸締り	とじまり	문단속 寝る前に戸締りを確認する。 자기 전에 문단속을 확인하다. ね まえ と じま かく にん
土台	どだい	토대, 기초 経済成長の土台を築く。 경제 성장의 토대를 구축하다. けい ざい せい ちょう ど だい きず
特許	とっきょ	특허 特許を取得する。 특허를 취득하다. とっ きょ しゅ とく
特権	とっけん	특권 特権を与える。 특권을 주다. とっ けん あた

突破	とっぱ	돌파
		募金が目標額を突破する。 모금이 목표액을 돌파하다.

土手	どて	둑, 제방
		川沿いに土手を築く。 강가에 둑을 쌓다.

扉	とびら	문, 여닫이문
		扉を開ける。 문을 열다.

土木	どぼく	토목, 토목 공사
		土木工事を行う。 토목 공사를 실행하다.

取り返し	とりかえし	되찾음, 돌이킴
		今となっては取り返しがつかない。 지금으로서는 돌이킬 수 없다.

取り締まり	とりしまり	단속, 감독, 관리, 감시
		交通違反の取り締まりを行う。 교통 위반 단속을 실시하다.

度忘れ	どわすれ	깜빡 잊음
		相手の名前を度忘れする。 상대방의 이름을 깜빡 잊다.

問屋	とんや	도매상, 도맡아 함
		問屋を通して商品を仕入れる。 도매상을 통하여 상품을 매입하다.

内閣	ないかく	내각
		内閣が総辞職する。 내각이 총사퇴하다.

内心	ないしん	내심, 속마음
		内心では不安だ。 내심으로는 불안하다.

内臓	ないぞう	내장
		内臓疾患を患う。 내장 질환을 앓다.

苗	なえ	모종
		苗を植える。 모종을 심다.

仲間入り	なかまいり	동참, 합류
		先進国の仲間入りを果たす。 선진국 합류를 이루다.

仲人	なこうど	중재인, 중매인
		仲人として仲裁を行う。 중재인으로서 중재를 하다.

名残	なごり	① 자취, 여운, 여파 昔の名残を感じさせる。 과거의 자취를 느끼게 하다. ② 미련, 이별의 아쉬움 別れの名残を惜しむ。 이별의 미련을 아쉬워하다.
雪崩	なだれ	눈사태 山で雪崩が起きる。 산에서 눈사태가 일어나다.
名札	なふだ	명찰, 이름표, 명함 名札を胸に付ける。 이름표를 가슴에 달다.
怠け者	なまけもの	게으름뱅이 彼は怠け者で仕事もしない。 그는 게으름뱅이라서 일도 하지 않는다.
難	なん	재난, 어려움, 결점 難を乗り越える。 어려움을 극복하다.
難航	なんこう	난항, 장애에 부딪힘 交渉が難航する。 교섭이 난항을 겪다.
難点	なんてん	어려운 점, 곤란한 점, 결점 計画に難点がある。 계획에 곤란한 점이 있다.
荷	に	짐, 부담 私にこの仕事は荷が重い。 나에게 이 일은 부담이 크다.
苦味	にがみ	쓴맛 苦味の強いコーヒーが好きだ。 쓴맛이 강한 커피를 좋아한다.
憎しみ	にくしみ	미움, 증오 周囲の憎しみを買う。 주위의 미움을 사다.
肉親	にくしん	육친 肉親の元に帰る。 육친의 품으로 돌아가다.
偽物	にせもの	가짜, 위조품 偽物を見抜く。 가짜를 간파하다.
日夜	にちや	주야, 밤낮 日夜研究に励む。 밤낮으로 연구에 힘쓰다.

二の次	にのつぎ	두 번째, 나중 문제, 뒷전 安全を二の次にする。 안전을 뒷전으로 미루다.
乳児	にゅうじ	유아, 젖먹이 乳児にミルクを与える。 유아에게 우유를 주다.
入手	にゅうしゅ	입수 情報を入手する。 정보를 입수하다.
認識	にんしき	인식 問題の重大性を認識する。 문제의 중대성을 인식하다.
人情	にんじょう	인정 彼女は人情に厚い。 그녀는 인정이 두텁다.
妊娠	にんしん	임신 妊娠中は無理をしない方がいい。 임신 중에는 무리하지 않는 것이 좋다.
忍耐	にんたい	인내 この仕事は忍耐を要する。 이 일은 인내를 요한다.
認知	にんち	인지 現状を認知する。 현 상황을 인지하다.
任務	にんむ	임무 任務を遂行する。 임무를 수행하다.
任命	にんめい	임명 部長に任命される。 부장으로 임명되다.
沼	ぬま	늪, 습지 沼に鳥が飛んでくる。 습지에 새가 날아오다.
音色	ねいろ	음색 ピアノの音色が心地よい。 피아노의 음색이 기분 좋다.
値打ち	ねうち	값어치, 가치, 가격 これはやってみる値打ちがある。 이것은 해 볼 만한 가치가 있다.

N1

熱意	ねつい	열의 熱意を持って取り組む。 열의를 갖고 몰두하다.
熱帯夜	ねったいや	열대야 熱帯夜で寝苦しい。 열대야라서 잠들기 힘들다.
熱湯	ねっとう	열탕, 끓는 물 熱湯でやけどをする。 끓는 물에 화상을 입다.
根回し	ねまわし	사전 교섭, 물밑 작업 根回しを済ませる。 물밑 작업을 끝내다.
年鑑	ねんかん	연감 年鑑を発行する。 연감을 발행하다.
念願	ねんがん	염원 念願のマイホームを手に入れる。 염원하던 내 집을 손에 넣다.
年次	ねんじ	연차 年次報告書を提出する。 연차 보고서를 제출하다.
燃焼	ねんしょう	연소, 불탐, 불사름 ガスが燃焼する。 가스가 연소되다.
年長 ⊖年少 연소, 연소자	ねんちょう	연상, 연장자 年長の人に敬意を払う。 연장자에게 경의를 표하다.
念頭	ねんとう	염두, 마음속 念頭に置く。 염두에 두다.
粘膜	ねんまく	점막 この薬は胃の粘膜を保護する。 이 약은 위 점막을 보호한다.
燃料	ねんりょう	연료 燃料が切れる。 연료가 떨어지다.
濃縮	のうしゅく	농축 みかんの果汁を濃縮する。 귤의 과즙을 농축하다.
農地	のうち	농지, 농경지 広大な農地が広がる。 광대한 농지가 펼쳐지다.

納入	のうにゅう	납입, 납부 会費を納入する。 회비를 납입하다.
能面	のうめん	전통극 가면 能面を被る。 가면을 쓰다.
延べ	のべ	연, 합계 祭りに延べ10万人が参加した。 축제에 연 10만 명이 참가했다.
飲み込み	のみこみ	이해, 납득 彼は飲み込みが早い。 그는 이해가 빠르다.
把握	はあく	파악 状況を把握する。 상황을 파악하다.
敗因	はいいん	패인 敗因を分析する。 패인을 분석하다.
廃棄	はいき	폐기 不要なものを廃棄する。 불필요한 것을 폐기하다.
配給	はいきゅう	배급 食料を配給する。 식량을 배급하다.
配偶者	はいぐうしゃ	배우자 書類に配偶者の有無を記入する。 서류에 배우자의 유무를 기입하다.
背景	はいけい	배경 事件の背景を探る。 사건의 배경을 살피다.
背後 ●後ろ	はいご	배후, 등 뒤 背後から声をかける。 등 뒤에서 말을 걸다.
排除	はいじょ	배제, 제외 有害物質を排除する。 유해 물질을 배제하다.
賠償	ばいしょう	배상 損害賠償を請求する。 손해 배상을 청구하다.
排水	はいすい	배수, 물 빼기 下水道に排水する。 하수도에 배수하다.

排斥	はいせき	**배척** 輸入品を排斥する。 수입품을 배척하다.
敗戦	はいせん	**패전** 戦争で敗戦する。 전쟁에서 패전하다.
配属	はいぞく	**배속** 希望の部署に配属される。 희망 부서에 배속되다.
配当	はいとう	**배당, 배분** 株主に配当を支払う。 주주에게 배당을 지급하다.
配布	はいふ	**배포** チラシを配布する。 전단을 배포하다.
敗北 ⊖ 勝利 승리	はいぼく	**패배** 試合に敗北する。 시합에 패배하다.
配慮 ⊖ 心づかい	はいりょ	**배려, 마음 씀** 相手の気持ちに配慮する。 상대방의 기분을 배려하다.
破壊	はかい	**파괴** 地震で建物が破壊される。 지진으로 건물이 파괴되다.
破棄	はき	**파기** 古い書類を破棄する。 낡은 서류를 파기하다.
波及	はきゅう	**파급** 混乱が波及する。 혼란이 파급되다.
迫害	はくがい	**박해** 宗教上の理由で迫害を受ける。 종교상의 이유로 박해를 받다.
白状	はくじょう	**자백, 진술** 容疑者が白状する。 용의자가 자백하다.
爆弾	ばくだん	**폭탄** 爆弾が爆発する。 폭탄이 폭발하다.
爆破	ばくは	**폭파** 岩を爆破する。 바위를 폭파하다.

暴露	ばくろ	폭로
		スキャンダルを暴露する。 스캔들을 폭로하다.

派遣	はけん	파견
		社員を海外に派遣する。 사원을 해외에 파견하다.

橋渡し	はしわたし	중개
➕ 橋渡し役 중개역		取引の橋渡しをする。 거래를 중개하다.

派生	はせい	파생
		新しい問題が派生する。 새로운 문제가 파생되다.

破損	はそん	파손
		台風で家屋が破損する。 태풍으로 가옥이 파손되다.

裸足	はだし	맨발
		裸足で砂浜を歩く。 맨발로 모래사장을 걷다.

蜂蜜	はちみつ	벌꿀
		蜂蜜は栄養価が高い。 벌꿀은 영양가가 높다.

発芽	はつが	발아
		種が発芽する。 씨앗이 발아하다.

発覚	はっかく	발각
		会計不正が発覚する。 회계 부정이 발각되다.

抜群	ばつぐん	발군, 뛰어남, 출중함
		彼の実力は抜群だ。 그의 실력은 뛰어나다.

発散	はっさん	발산
		ストレスを発散する。 스트레스를 발산하다.

抜粋	ばっすい	발췌
		要点を抜粋する。 요점을 발췌하다.

発病	はつびょう	발병
		過労が原因で発病する。 과로가 원인이 되어 발병하다.

初耳	はつみみ	초문, 처음 들음, 금시초문
		その話は初耳だ。 그 이야기는 금시초문이다.

浜	はま	바닷가, 해변 近くの浜を散策する。 근처의 해변을 산책하다.
張り紙	はりがみ	벽보 掲示板に張り紙をする。 게시판에 벽보를 붙이다.
破裂	はれつ	파열, 갈라져 터짐 水道管が破裂する。 수도관이 파열되다.
繁栄	はんえい	번영 港町として繁栄する。 항구 도시로서 번영하다.
半額	はんがく	반값 半額セールを開催する。 반값 세일을 개최하다.
反感	はんかん	반감 彼の態度に反感を抱く。 그의 태도에 반감을 품다.
反響	はんきょう	반향 大きな反響を呼ぶ。 큰 반향을 불러일으키다.
反撃	はんげき	반격 敵の攻撃に反撃する。 적의 공격에 반격하다.
判決	はんけつ	판결 裁判所が判決を下す。 법원이 판결을 내리다.
万事	ばんじ	만사, 매사, 모든 일 万事うまくいく。 만사가 잘 되다.
反射	はんしゃ	반사 鏡に光が反射する。 거울에 빛이 반사되다.
繁盛	はんじょう	번성, 번창 あの店は繁盛している。 저 가게는 번창하고 있다.
繁殖	はんしょく	번식 細菌が繁殖する。 세균이 번식하다.
伴奏	ばんそう	반주 ピアノの伴奏に合わせて歌う。 피아노 반주에 맞추어 노래하다.

判定	はんてい	판정 審査員が判定を行う。 심사원이 판정을 실시하다。
万人	ばんにん ● ばんじん, まんにん	만인, 모든 사람 それは万人が認める事実だ。 그것은 만인이 인정하는 사실이다。
晩年	ばんねん	만년, 노년, 늘그막 幸福な晩年を過ごす。 행복한 노년을 보내다。
万能	ばんのう	만능, 무엇이든 잘함 彼はスポーツ万能だ。 그는 만능 스포츠맨이다。
反発	はんぱつ	반발 政府の決定に反発する。 정부의 결정에 반발하다。
判別	はんべつ	판별, 식별, 구별 色の違いを判別する。 색의 차이를 구별하다。
氾濫	はんらん	범람 大雨で川が氾濫する。 큰비로 강이 범람하다。
非	ひ	잘못, 실수, 단점 自分の非を認める。 자기 잘못을 인정하다。
ひいき		편애, 편을 듦, 후원 弟の方をひいきする。 동생 쪽을 편들다。
控え室	ひかえしつ	대기실 控え室で待機する。 대기실에서 대기하다。
悲観	ひかん	비관 将来を悲観する。 장래를 비관하다。
悲願	ひがん	비원, 비장한 소원 悲願の優勝を果たす。 비원의 우승을 이루다。
引き換え	ひきかえ	교환, 맞바꿈 代金と引き換えに品物を渡す。 대금과 교환하여 물건을 건네다。
秘訣	ひけつ	비결 成功の秘訣を教える。 성공의 비결을 알려주다。

N1

非行	ひこう	**비행, 잘못되거나 그릇된 행위, 부정행위** 非行に走る。 비행을 일삼다.
比重	ひじゅう	**비중** 教育費の比重が高い。 교육비의 비중이 높다.
微笑	びしょう	**미소** 微笑を浮かべる。 미소를 띠다.
微生物	びせいぶつ	**미생물** 微生物を観察する。 미생물을 관찰하다.
左利き	ひだりきき	**왼손잡이** 左利き向けの商品を買う。 왼손잡이용 상품을 사다.
必修	ひっしゅう	**필수, 필수 과목** 必修科目を履修する。 필수 과목을 이수하다.
必然	ひつぜん	**필연** 今回の失敗は必然の結果である。 이번 실패는 필연적인 결과이다.
匹敵	ひってき	**필적, 맞먹음** 彼の実力はプロに匹敵する。 그의 실력은 프로에 필적한다.
一息	ひといき	**한숨 돌림, 짧은 휴식** ここで一息入れましょう。 여기서 한숨 돌립시다.
人影	ひとかげ	**사람의 그림자, 인적** ここは夜になると人影はなくなる。 이곳은 밤이 되면 인적이 없어진다.
人気	ひとけ	**인기척** 人気を感じて振り向く。 인기척을 느끼고 돌아보다.
人質	ひとじち	**인질** 人質を全員解放する。 인질을 전원 풀어 주다.
一筋	ひとすじ	**한 줄기, 한 가닥** 窓から一筋の光が差し込む。 창으로 한 줄기 빛이 들어오다.

人手	ひとで	일손, 노동력

人手不足に悩む。 일손 부족으로 고생하다.

人出	ひとで	인파(외출나온 사람들)

祭りで人出が多い。 축제로 인파가 많다.

人波	ひとなみ	인파(이동하는 많은 사람들)

人波が押し寄せる。 인파가 밀려오다.

避難	ひなん	피난

地震の時は高台に避難する。 지진 때는 고지대로 피난한다.

ひび		금

花瓶にひびが入る。 꽃병에 금이 가다.

悲鳴	ひめい	비명

悲鳴を上げる。 비명을 지르다.

票	ひょう	표

賛成に票を投じる。 찬성에 표를 던지다.

標語	ひょうご	표어

新たな標語を募集する。 새로운 표어를 모집하다.

拍子	ひょうし	박자, 장단

手をたたいて拍子を取る。 손뼉을 쳐서 장단을 맞추다.

描写	びょうしゃ	묘사

登場人物の心理を描写する。 등장인물의 심리를 묘사하다.

表明	ひょうめい	표명

抗議の意を表明する。 항의의 뜻을 표명하다.

非力	ひりき	무력함, 무능함

● ひりょく

自分の非力を痛感する。 자신의 무력함을 통감하다.

肥料	ひりょう	비료

野菜に肥料を与える。 채소에 비료를 주다.

微量	びりょう	미량, 아주 적은 양

微量の有害成分が検出される。 미량의 유해 성분이 검출되다.

昼下がり	ひるさがり	**낮, 오후** 昼下がりにうたた寝をする。 오후에 깜빡 잠이 들다.
披露	ひろう	**피로, 공개, 널리 알림** 新製品を披露する。 신제품을 공개하다.
品質	ひんしつ	**품질** 品質を改良する。 품질을 개량하다.
品種	ひんしゅ	**품종** この品種は寒さに強い。 이 품종은 추위에 강하다.
頻度	ひんど	**빈도** この単語は使用頻度が高い。 이 단어는 사용 빈도가 높다.
貧富	ひんぷ	**빈부** 貧富の差が広がる。 빈부의 차가 벌어지다.
不意	ふい	**갑작스러움, 의외임** 不意の来客に慌てる。 갑작스런 손님의 방문에 당황하다.
吹聴	ふいちょう	**말을 퍼뜨림, 소문을 냄** 自慢話を吹聴して回る。 자기 자랑을 퍼뜨리고 다니다.
封鎖	ふうさ	**봉쇄** 道路を封鎖する。 도로를 봉쇄하다.
風習	ふうしゅう	**풍습, 관습, 관례** 昔からの風習を守る。 옛 풍습을 지키다.
風潮	ふうちょう	**풍조** 人を見た目で判断する風潮を批判する。 사람을 겉모습으로 판단하는 풍조를 비판하다.
風土	ふうど	**풍토** 日本の風土に慣れる。 일본의 풍토에 익숙해지다.
不朽	ふきゅう	**불후, 불멸** 不朽の名作を残す。 불후의 명작을 남기다.

不況 ⊖好況 호황	ふきょう	**불황** 不況で生活が苦しくなる。 불황으로 생활이 힘들어지다.
布巾	ふきん	**행주** 布巾でテーブルを拭く。 행주로 테이블을 닦다.
複合	ふくごう	**복합** 新しい複合施設がオープンする。 새로운 복합 시설이 문을 열다.
覆面	ふくめん	**복면** 覆面をした強盗が侵入する。 복면을 한 강도가 침입하다.
不景気 ⊖好景気 호경기	ふけいき	**불경기** 不景気で売上が落ち込む。 불경기로 매출이 떨어지다.
富豪	ふごう	**부호, 재산가** 富豪になる夢を見る。 부호가 되는 꿈을 꾸다.
布告	ふこく	**포고, 선포** 宣戦布告なしに攻撃する。 선전 포고 없이 공격하다.
負債	ふさい	**부채, 채무, 빚** 多額の負債を抱える。 고액의 부채를 떠안다.
扶助	ふじょ	**부조, 보조, 원조, 구호** 生活困窮者を扶助する。 생활이 곤궁한 사람을 부조하다.
負傷 ⊖けが	ふしょう	**부상, 상처를 입음** 試合で負傷する。 시합에서 부상을 입다.
侮辱	ぶじょく	**모욕** 侮辱を受ける。 모욕을 당하다.
不振	ふしん	**부진** 業績が不振だ。 실적이 부진하다.
武装	ぶそう	**무장** 武装して警備を行う。 무장하고 경비하다.
復活	ふっかつ	**부활** 昔からの伝統が復活する。 옛 전통이 부활하다.

物議	ぶつぎ	**물의** 大臣の発言が物議を醸す。 장관의 발언이 물의를 빚다.
復旧	ふっきゅう	**복구** 鉄道の復旧を急ぐ。 철도의 복구를 서두르다.
復興	ふっこう	**부흥, 재건** 被災地の復興を願う。 재해 지역의 부흥을 바라다.
物資	ぶっし	**물자, 자원** 救援物資が届く。 구호물자가 도착하다.
払拭	ふっしょく	**불식, 완전히 없앰** 不信感を払拭する。 불신감을 불식하다.
不手際	ふてぎわ	**실수, 서툰 일처리, 불찰** 不手際を謝罪する。 실수를 사죄하다.
赴任	ふにん	**부임** 海外支社に赴任する。 해외 지사에 부임하다.
腐敗	ふはい	**부패, 상함** 政治の腐敗を嘆く。 정치의 부패를 개탄하다.
不備 ⊖完備 완비	ふび	**미비** 消防設備の不備を指摘する。 소방 설비의 미비를 지적하다.
不評 ⊖好評 호평	ふひょう	**악평, 평판이 나쁨** 顧客から不評を買う。 고객으로부터 평판이 좋지 않다.
不服	ふふく	**불복, 납득이 가지 않음, 불만족** 命令に不服を唱える。 명령에 불복하다.
普遍	ふへん	**보편** 人類普遍の価値を守る。 인류의 보편적인 가치를 지키다.
扶養	ふよう	**부양** 高齢の親を扶養する。 고령의 부모를 부양하다.
ふり		**~하는 체, ~하는 척** 知らぬふりをする。 모른 체하다.

振り出し	ふりだし	원점, 출발점 計画が振り出しに戻る。 계획이 원점으로 돌아가다.
不慮	ふりょ	불의, 의외, 뜻밖 不慮の事故に遭う。 불의의 사고를 당하다.
浮力	ふりょく	부력 水の中では浮力が働く。 물속에서는 부력이 작용한다.
振る舞い	ふるまい	행동, 거동, 태도 品格のある振る舞いをする。 품격 있는 행동을 하다.
付録	ふろく	부록 雑誌に付録を付ける。 잡지에 부록을 붙이다.
憤慨	ふんがい	분개 無礼な態度に憤慨する。 무례한 태도에 분개하다.
紛糾	ふんきゅう	분규, 분란, 혼란 事態の紛糾を防ぐ。 사태의 분란을 막다.
文献	ぶんけん	문헌, 문서 参考文献を調べる。 참고 문헌을 조사하다.
分際	ぶんざい	신분의 정도, 분수, 주제 分際をわきまえる。 분수를 알다.
分散	ぶんさん	분산 資金を分散して投資する。 자금을 분산하여 투자하다.
紛失	ふんしつ	분실, 잃어버림 書類を紛失する。 서류를 분실하다.
噴出	ふんしゅつ	분출, 내뿜음 溶岩が噴出する。 용암이 분출하다.
紛争	ふんそう	분쟁 話し合いで紛争を解決する。 의논으로 분쟁을 해결하다.
奮闘	ふんとう	분투, 분전, 힘껏 싸움, 힘껏 노력함 問題解決のために奮闘する。 문제 해결을 위해 분투하다.

粉末 ⊜粉	ふんまつ	분말, 가루 薬を粉末にする。 약을 분말로 만들다.
分裂	ぶんれつ	분열 組織が分裂する。 조직이 분열되다.
兵器	へいき	병기, 무기 大量破壊兵器を保有する。 대량살상무기를 보유하다.
並行	へいこう	병행 二つの議案を並行して審議する。 두 개의 의안을 병행하여 심의하다.
閉口	へいこう	① 질림, 두 손 듦 今年の暑さには閉口した。 올해 더위에는 두 손 들었다. ② 함구, 입을 꾹 다뭄 閉口したまま何も言わない。 입을 꾹 다문 채 아무 말도 하지 않는다.
閉鎖	へいさ	폐쇄 工場を閉鎖する。 공장을 폐쇄하다.
平常 ⊜普段	へいじょう	평상, 평소 平常どおり営業する。 평소대로 영업하다.
平静	へいせい	평정, 평온 平静を取り戻す。 평정을 되찾다.
辟易	へきえき	① 기가 죽음 怒鳴り声に辟易してしまった。 호통 소리에 기가 죽어 버렸다. ② 질림, 두 손 듦 退屈な長話に辟易する。 따분한 긴 이야기에 질려버리다.
弁解	べんかい	변명 弁解の余地がない。 변명의 여지가 없다.
変革	へんかく	변혁, 개혁 社会を変革する。 사회를 변혁하다.

返還	へんかん	**반환, 돌려줌, 되돌아감** 敷金を返還する。 보증금을 반환하다.
便宜	べんぎ	**편의, 편리** 利用者の便宜を図る。 이용자의 편의를 도모하다.
返金	へんきん	**돈을 갚음, 변제** 返金の催促をする。 돈을 갚으라고 재촉하다.
変形	へんけい	**변형** プラスチック容器が熱で変形する。 플라스틱 용기가 열로 변형되다.
偏見	へんけん	**편견** 偏見を持つ。 편견을 가지다.
返済	へんさい	**변제, 갚음, 상환** 借金を返済する。 빚을 갚다.
返上	へんじょう	**반납** 休日を返上して働く。 휴일을 반납하고 일하다.
弁償	べんしょう	**변상** 過失を弁償する。 과실을 변상하다.
変遷	へんせん	**변천** 時代の変遷を感じる。 시대의 변천을 느끼다.
変容	へんよう	**변용, 변모** 市街地の景観が変容する。 시가지의 경관이 변모하다.
防衛	ぼうえい	**방위, 방어** 国土を防衛する。 국토를 방위하다.
崩壊	ほうかい	**붕괴** 地震で建物が崩壊する。 지진으로 건물이 붕괴되다.
妨害	ぼうがい	**방해** 会議の進行を妨害する。 회의의 진행을 방해하다.

N1

放棄	ほうき	방기, 포기

特権を放棄する。 특권을 포기하다.

忘却	ぼうきゃく	망각, 잊어버림

学習した知識を忘却する。 학습한 지식을 잊어버리다.

方策	ほうさく	방책, 책략, 수단, 방법

問題解決の方策を探る。 문제 해결의 방책을 찾다.

奉仕	ほうし	봉사

社会奉仕を行う。 사회봉사를 하다.

放射能	ほうしゃのう	방사능

放射能汚染が広がる。 방사능 오염이 확산되다.

報酬	ほうしゅう	보수, 대가

働いて報酬を得る。 일을 하여 보수를 받다.

紡績	ぼうせき	방적, 실을 만듦

この地域には紡績工場が多い。 이 지역에는 방적 공장이 많다.

膨張	ぼうちょう	팽창

都市が膨張する。 도시가 팽창하다.

法廷	ほうてい	법정

特許問題で法廷で争う。 특허 문제로 법정에서 다투다.

冒頭	ぼうとう	서두, 모두, 첫머리

冒頭に会議の目的を伝える。 서두에 회의의 목적을 전하다.

暴動	ぼうどう	폭동

暴動が発生する。 폭동이 발생하다.

褒美	ほうび	상, 포상

成績が上がって、ご褒美をもらう。 성적이 올라서 포상을 받다.

抱負	ほうふ	포부

抱負を語る。 포부를 말하다.

暴風 ⊜嵐	ぼうふう	폭풍

暴風で飛行機が飛べない。 폭풍으로 비행기가 날 수 없다.

飽和	ほうわ	**포화, 가득 참** 市場が飽和状態だ。 시장이 포화 상태이다.
捕獲	ほかく	**포획** 野生動物を捕獲する。 야생 동물을 포획하다.
保管	ほかん	**보관** 美術品を保管する。 미술품을 보관하다.
補給	ほきゅう	**보급** 燃料を補給する。 연료를 보급하다.
補強	ほきょう	**보강** チームの戦力を補強する。 팀의 전력을 보강하다.
募金	ぼきん	**모금** 街頭で募金する。 길거리에서 모금하다.
保険	ほけん	**보험** 保険に加入する。 보험에 가입하다.
保護	ほご	**보호** 環境を保護する。 환경을 보호하다.
補充	ほじゅう	**보충** 人員を補充する。 인원을 보충하다.
補助 ➕補助金 보조금	ほじょ	**보조** 学費の補助を受ける。 학비 보조를 받다.
補償	ほしょう	**보상, 배상** 損害を補償する。 손해를 보상하다.
保障	ほしょう	**보장** 安全を保障する。 안전을 보장하다.
舗装	ほそう	**(도로)포장** 道路の舗装工事を行う。 도로포장 공사를 하다.
墓地	ぼち	**묘지** 遺骨を墓地に埋葬する。 유골을 묘지에 매장하다.

発作	ほっさ	**발작** 心臓発作で倒れる。 심장 발작으로 쓰러지다.
没収	ぼっしゅう	**몰수** 不法所得を没収する。 불법 소득을 몰수하다.
発足	ほっそく	**발족** 新しい組織が発足する。 새로운 조직이 발족하다.
発端	ほったん	**발단** 事件の発端は口論だった。 사건의 발단은 말다툼이었다.
没頭	ぼっとう	**몰두** 仕事に没頭する。 일에 몰두하다.
没落	ぼつらく	**몰락** 若者に投資しない社会は没落する。 젊은이에게 투자하지 않는 사회는 몰락한다.
補填	ほてん	**보전, 부족한 부분을 채움** 保険で損失を補填する。 보험으로 손실을 보전하다.
畔	ほとり	**부근, 근처, 가장자리** 川の畔を歩く。 강가를 걷다.
捕虜	ほりょ	**포로** 敵兵を捕虜にする。 적병을 포로로 잡다.
本質	ほんしつ	**본질** 問題の本質を明確にする。 문제의 본질을 명확하게 하다.
本筋	ほんすじ	**본론** 話が本筋に入る。 이야기가 본론에 들어가다.
本音 ⊖建前 (표면상) 주장	ほんね	**본심** 本音を隠す。 본심을 감추다.
本能	ほんのう	**본능** 本能が働く。 본능이 작용하다.

本場	ほんば	본고장, 주산지
		本場の料理を楽しむ。 본고장의 요리를 즐기다.

本番	ほんばん	실전, 본식, 본방송
		発表会の本番を迎える。 본발표회를 맞이하다.

本末転倒	ほんまつてんとう	본말 전도
		無理な運動で怪我するとは、本末転倒だ。
		무리한 운동으로 다치다니 본말이 전도된 것이다.

埋蔵	まいぞう	매장, 땅에 묻음, 묻혀 있음
		大量の石油が埋蔵されている。 대량의 석유가 매장되어 있다.

前売り	まえうり	예매
		チケットを前売りする。 티켓을 예매하다.

前置き	まえおき	서론
		前置きが長い。 서론이 길다.

真心	まごころ	진심, 정성, 성의
		真心を込めて料理を作る。 정성을 담아 요리를 만들다.

麻酔	ますい	마취
		手術の前に全身麻酔をかける。 수술 전에 전신 마취를 하다.

まちまち ⊖さまざま		가지각색, 제각각
		意見がまちまちだ。 의견이 제각각이다.

末 ⊖終わり	まつ	끝, 말
		年度末に挨拶のメールを送る。 연도 말에 인사 메일을 보내다.

目の当たり ⊖目先	まのあたり	바로 눈앞, 목전
		事故の惨状を目の当たりにする。
		사고의 참상을 바로 눈앞에서 보다.

麻痺	まひ	마비
		雪で交通が麻痺する。 눈으로 교통이 마비되다.

幻	まぼろし	환상, 환영
		幻のように美しい風景が広がる。
		환상처럼 아름다운 풍경이 펼쳐지다.

N1

蔓延	まんえん	만연, 널리 퍼짐
		暴力が蔓延する。 폭력이 만연하다.

満喫	まんきつ	만끽, 마음껏 즐김
		休暇を満喫する。 휴가를 만끽하다.

満月	まんげつ	만월, 보름달
		空に満月が浮かぶ。 하늘에 보름달이 뜨다.

満載	まんさい	가득 실음, 많이 게재함
		トラックに荷物を満載する。 트럭에 짐을 가득 싣다.

満場	まんじょう	만장, 그 장소에 있는 모든 사람
		満場の拍手を浴びる。 만장의 박수를 받다.

慢性	まんせい	만성
⊖ 急性 급성		鼻炎が慢性になる。 비염이 만성이 되다.

見返り	みかえり	보답, 보상
		援助の見返りを要求する。 원조의 보답을 요구하다.

味覚	みかく	미각
		味覚は変わるものだ。 미각은 변하기 마련이다.

幹	みき	줄기, 줄거리, 골자
		この木は幹が太い。 이 나무는 줄기가 굵다.

見込み	みこみ	① 전망, 예상
		工事は月末に完成する見込みだ。 공사는 월말에 완성될 전망이다.
		② 장래성, 가능성
		見込みのある人材を発掘する。 장래성이 있는 인재를 발굴하다.

見た目	みため	외형, 외관, 겉모습
		見た目を気にする。 겉모습에 신경을 쓰다.

未知	みち	미지
		未知の領域に踏み込む。 미지의 영역에 발을 들여놓다.

道筋	みちすじ	경로, 코스
		郵便局は駅に行く道筋にある。 우체국은 역으로 가는 경로에 있다.

道端	みちばた	길가, 도로변
		道端に花が咲いている。 길가에 꽃이 피어 있다.

密集	みっしゅう	밀집
		ここは工場が密集している。 이곳은 공장이 밀집해 있다.

密封	みっぷう	밀봉
		薬品を密封して保存する。 약품을 밀봉하여 보관하다.

密輸	みつゆ	밀수, 밀무역
		密輸を防ぐ。 밀수를 막다.

N1

未定	みてい	미정
		旅行の日程は未定だ。 여행 일정은 미정이다.

見通し	みとおし	① 전망, 예상
		将来の見通しが立たない。 장래의 전망이 서지 않는다.
		② 한눈에 보임, 확 트인 상태
		この交差点は見通しが悪い。 이 교차로는 한눈에 잘 보이지 않는다.

源	みなもと	근원, 기원
		文明の源を探る。 문명의 근원을 찾다.

峰	みね	봉우리, 산 정상
		山の峰が連なる。 산봉우리가 이어지다.

身の上	みのうえ	신상, 처지, 신세
		彼は身の上話を始めた。 그는 신상 이야기를 시작했다.

身の回り	みのまわり	신변, 소지품
		身の回りを整理する。 신변을 정리하다.

見晴らし	みはらし	전망, 조망
		丘の上は見晴らしがいい。 언덕 위는 전망이 좋다.

身振り手振り	みぶりてぶり	손짓발짓
		身振り手振りで説明する。 손짓발짓으로 설명하다.

脈絡	みゃくらく	맥락, 조리
		話に脈絡がない。 이야기에 맥락이 없다.

未練	みれん	**미련** 今の仕事に未練はない。 지금 하는 일에 미련은 없다.
民宿	みんしゅく	**민박, 민박집** 海沿いの民宿に泊まる。 바닷가 민박집에 묵다.
民族	みんぞく	**민족** 少数民族の文化を学ぶ。 소수 민족의 문화를 배우다.
無為	むい	**무위, 아무것도 하지 않음** 無為に過ごす。 아무것도 하지 않고 지내다.
無意識	むいしき	**무의식** 無意識のうちに相手を傷つける。 무의식 중에 상대방에게 상처를 주다.
無言	むごん	**무언, 침묵, 말이 없음** 二人は無言で見つめ合った。 두 사람은 말없이 서로를 바라보았다.
無償	むしょう	**무상, 무료** 無償で奉仕する。 무상으로 봉사하다.
無断	むだん	**무단** 無断で欠席する。 무단으로 결석하다.
無知	むち	**무지** 自分の無知に気づく。 자신의 무지를 깨닫다.
無念	むねん	**원통함, 분함** 無念の涙を流す。 원통한 눈물을 흘리다.
無理強い	むりじい	**강요, 강제, 억지로 권함** 無理強いはよくない。 강제하는 것은 좋지 않다.
明暗	めいあん	**명암** この絵は明暗がはっきりしている。 이 그림은 명암이 뚜렷하다.
命中	めいちゅう	**명중, 적중** 弾丸が的に命中する。 탄환이 과녁에 명중하다.

名簿	めいぼ	명부

出席者の名簿を作る。 출석자의 명부를 작성하다.

名誉	めいよ	명예

名誉ある賞を受ける。 명예로운 상을 받다.

恵み	めぐみ	은혜, 은총, 축복

自然の恵みに感謝する。 자연의 은혜에 감사하다.

目先	めさき	바로 눈앞, 목전

⊜目の当たり

目先の利益にとらわれる。 눈앞의 이익에 사로잡히다.

滅亡	めつぼう	멸망

国家が滅亡する。 국가가 멸망하다.

目鼻	めはな	① 이목구비

⊜目鼻立ち

彼は目鼻が整っている。 그는 이목구비가 뚜렷하다.

② 윤곽

やっと仕事に目鼻がつく。 마침내 일에 윤곽이 잡히다.

目盛り	めもり	눈금

体重計の目盛りを読む。 체중계의 눈금을 읽다.

目安	めやす	기준, 목표

費用の目安を立てる。 비용의 기준을 정하다.

面識	めんしき	면식, 안면

彼とは面識がない。 그와는 면식이 없다.

免除	めんじょ	면제

試験を免除する。 시험을 면제하다.

面目	めんぼく	면목, 체면

⊜めんもく

面目を保つ。 체면을 차리다.

盲点	もうてん	맹점, 허점

計画に盲点がある。 계획에 맹점이 있다.

猛反対	もうはんたい	맹렬한 반대

多くの人が猛反対した。 많은 사람들이 맹렬히 반대했다.

網羅	もうら	**망라, 널리 받아들여 모두 포함함** 情報を網羅する。 정보를 망라하다.
目録	もくろく	**목록, 목차** 図書の目録を調べる。 도서 목록을 조사하다.
目論見	もくろみ	**계획, 의도** 彼の目論見は外れた。 그의 계획은 빗나갔다.
模型	もけい	**모형** 飛行機の模型を作る。 비행기 모형을 만들다.
模索	もさく	**모색** 解決策を模索する。 해결책을 모색하다.
持ち切り	もちきり	**화제가 지속됨, 소문이 자자함** 町中は選挙の話で持ち切りだ。 온 동네는 선거 이야기로 소문이 자자하다.
模倣	もほう	**모방** 子供は親の行動を模倣する。 아이는 부모의 행동을 모방한다.
役員	やくいん	**임원, 간부, 중역** 彼は会社の役員だ。 그는 회사의 임원이다.
躍進	やくしん	**약진** 目覚ましい躍進を遂げる。 눈부신 약진을 이루다.
屋敷	やしき	**저택** この地域は大きな屋敷が多い。 이 지역은 큰 저택이 많다.
野心	やしん	**야심, 야망** 大統領になる野心を抱く。 대통령이 될 야심을 품다.
野党 ● 与党 여당	やとう	**야당** 野党が反対する。 야당이 반대하다.
闇	やみ	**어둠** 事件の真相は闇に葬られた。 사건의 진상은 어둠에 묻혔다.

由緒	ゆいしょ	유서, 내력
		<ruby>由緒<rt>ゆいしょ</rt></ruby>ある<ruby>寺<rt>てら</rt></ruby>を<ruby>訪問<rt>ほうもん</rt></ruby>する。 유서 깊은 절을 방문하다.

優位	ゆうい	우위
		<ruby>交渉<rt>こうしょう</rt></ruby>で<ruby>優位<rt>ゆうい</rt></ruby>に<ruby>立<rt>た</rt></ruby>つ。 교섭에서 우위에 서다.

優越	ゆうえつ	우월, 우수하고 뛰어남
		<ruby>他社<rt>たしゃ</rt></ruby>より<ruby>技術面<rt>ぎじゅつめん</rt></ruby>で<ruby>優越<rt>ゆうえつ</rt></ruby>している。 타사보다 기술면에서 우월하다.

誘拐	ゆうかい	유괴
➕ <ruby>誘拐犯<rt>ゆうかいはん</rt></ruby> 유괴범		<ruby>子供<rt>こども</rt></ruby>を<ruby>誘拐<rt>ゆうかい</rt></ruby>する。 아이를 유괴하다.

有機	ゆうき	유기
		<ruby>有機<rt>ゆうき</rt></ruby><ruby>農業<rt>のうぎょう</rt></ruby>で<ruby>作物<rt>さくもつ</rt></ruby>を<ruby>栽培<rt>さいばい</rt></ruby>する。 유기 농업으로 작물을 재배하다.

友好	ゆうこう	우호
		<ruby>友好<rt>ゆうこう</rt></ruby><ruby>関係<rt>かんけい</rt></ruby>を<ruby>築<rt>きず</rt></ruby>く。 우호 관계를 구축하다.

融資	ゆうし	융자
		<ruby>銀行<rt>ぎんこう</rt></ruby>から<ruby>融資<rt>ゆうし</rt></ruby>を<ruby>受<rt>う</rt></ruby>ける。 은행에서 융자를 받다.

有数	ゆうすう	유수, 손꼽음, 굴지
		<ruby>日本<rt>にほん</rt></ruby>は<ruby>世界<rt>せかい</rt></ruby><ruby>有数<rt>ゆうすう</rt></ruby>の<ruby>漁業国<rt>ぎょぎょうこく</rt></ruby>だ。 일본은 세계 유수의 어업국이다.

融通	ゆうずう	융통
		<ruby>資金<rt>しきん</rt></ruby>を<ruby>融通<rt>ゆうずう</rt></ruby>する。 자금을 융통하다.

遊説	ゆうぜい	유세
		<ruby>候補者<rt>こうほしゃ</rt></ruby>が<ruby>街頭<rt>がいとう</rt></ruby>で<ruby>遊説<rt>ゆうぜい</rt></ruby>する。 후보자가 길거리에서 유세하다.

優先	ゆうせん	우선
		<ruby>安全<rt>あんぜん</rt></ruby>を<ruby>優先<rt>ゆうせん</rt></ruby>する。 안전을 우선하다.

誘致	ゆうち	유치, 적극적으로 불러들임
		<ruby>企業<rt>きぎょう</rt></ruby>を<ruby>誘致<rt>ゆうち</rt></ruby>する。 기업을 유치하다.

誘導	ゆうどう	유도, 이끎
		<ruby>参加者<rt>さんかしゃ</rt></ruby>を<ruby>会場<rt>かいじょう</rt></ruby>へ<ruby>誘導<rt>ゆうどう</rt></ruby>する。 참가자를 모임 장소로 이끌다.

夕闇	ゆうやみ	땅거미, 해질녘의 어둠
		<ruby>夕闇<rt>ゆうやみ</rt></ruby>が<ruby>迫<rt>せま</rt></ruby>る。 땅거미가 지다.

憂慮	ゆうりょ	우려, 근심, 걱정 事態を憂慮する。 사태를 우려하다.
幽霊	ゆうれい	유령 幽霊が出るという噂が流れる。 유령이 나온다는 소문이 돌다.
誘惑	ゆうわく	유혹 誘惑に負ける。 유혹에 넘어가다.
ゆとり		여유 経済的なゆとりがない。 경제적인 여유가 없다.
様式	ようしき	양식, 형식 伝統的な様式を守る。 전통적인 양식을 지키다.
養成	ようせい	양성 人材を養成する。 인재를 양성하다.
要請	ようせい	요청 支援を要請する。 지원을 요청하다.
様相 ⊜姿	ようそう	양상, 모습 地震の被害で町の様相が一変する。 지진의 피해로 마을의 모습이 완전히 달라지다.
洋風	ようふう	서양식, 서양풍 洋風の建物が立ち並ぶ。 서양식 건물이 늘어서다.
要望	ようぼう	요망, 바람 市民の要望に対応する。 시민의 바람에 대응하다.
余暇	よか	여가, 틈, 짬 余暇を楽しむ。 여가를 즐기다.
抑制	よくせい	억제 感情を抑制する。 감정을 억제하다.
予言	よげん	예언 大災害を予言する。 큰 재해를 예언하다.

| 横綱 | よこづな | 요코즈나, 스모(일본 씨름)의 최고 지위 |
| | | 横綱の地位に上がる。 요코즈나의 지위에 오르다. |

| 善し悪し | よしあし | 선악, 옳고 그름, 좋고 나쁨 |
| ⊜ よしわるし | | 計画の善し悪しを判断する。 계획의 옳고 그름을 판단하다. |

| 予断 | よだん | 예단, 예측 |
| | | 予断を許さない状況が続く。 예측을 불허하는 상황이 계속되다. |

| 余地 | よち | 여지 |
| | | 改善の余地がある。 개선의 여지가 있다. |

| 余波 | よは | 여파 |
| | | 事件の余波が続く。 사건의 여파가 이어지다. |

| 余白 | よはく | 여백, 공백 |
| | | 本の余白に書き込みをする。 책의 여백에 메모하다. |

| 夜更かし | よふかし | 밤늦게까지 깨어 있음 |
| | | 夜更かしは体に良くない。 밤늦게까지 깨어 있는 것은 몸에 좋지 않다. |

| 落胆 | らくたん | 낙담 |
| | | 落胆して肩を落とす。 낙담하여 어깨를 떨구다. |

| 酪農 | らくのう | 낙농 |
| | | 北海道で酪農に携わる。 홋카이도에서 낙농에 종사하다. |

| 落下 | らっか | 낙하 |
| | | 看板が道路に落下する。 간판이 도로에 낙하하다. |

| 濫用 | らんよう | 남용 |
| | | 薬の濫用は危険だ。 약의 남용은 위험하다. |

| 理屈 | りくつ | 도리, 이치 |
| | | 理屈が通らない。 이치에 맞지 않는다. |

| 利潤 | りじゅん | 이윤, 이익 |
| | | 高い利潤を得る。 높은 이윤을 얻다. |

| 利息 | りそく | 이자 |
| | | 利息を支払う。 이자를 지불하다. |

N1

離着陸	りちゃくりく	이착륙
		飛行機が離着陸する。 비행기가 이착륙하다.

立案	りつあん	입안
		新しい企画を立案する。 새로운 기획을 입안하다.

立腹	りっぷく	화를 냄, 역정을 냄
		失敬な質問に立腹する。 무례한 질문에 화를 내다.

立法	りっぽう	입법
		国会で法律を立法する。 국회에서 법률을 입법하다.

略奪	りゃくだつ	약탈, 강탈
		宝石を略奪する。 보석을 약탈하다.

流儀	りゅうぎ	관례, 독특한 방식
		師匠の流儀を受け継ぐ。 스승의 방식을 이어받다.

流出	りゅうしゅつ	유출
		情報が流出する。 정보가 유출되다.

領域	りょういき	영역
		新しい領域を開拓する。 새로운 영역을 개척하다.

了解	りょうかい	이해, 양해, 승낙
		相手の事情を了解する。 상대방의 사정을 이해하다.

了承	りょうしょう	승낙, 양해
		委員会で計画を了承する。 위원회에서 계획을 승낙하다.

領土	りょうど	영토, 영지
		領土の保全を図る。 영토의 보전을 도모하다.

履歴 ➕履歴書 이력서	りれき	이력, 경력
		履歴を正確に記録する。 이력을 정확하게 기록하다.

隣接	りんせつ	인접, 이웃함
		隣接する二つの村が合併する。 인접한 두 마을이 합병하다.

倫理	りんり	윤리, 도덕
		研究の倫理を守る。 연구 윤리를 지키다.

類似	るいじ	**유사** 二つの事例は類似している。 두 사례는 유사하다.
類推	るいすい	**유추, 추측** 過去の事例から類推する。 과거의 사례로 유추하다.
冷却	れいきゃく	**냉각, 식음, 차가워짐** エンジンを冷却する。 엔진을 냉각하다.
冷遇	れいぐう	**냉대, 푸대접** 社会から冷遇される。 사회로부터 냉대를 받다.
例年	れいねん	**예년, 매년** 今年は例年より雨が少ない。 올해는 예년보다 비가 적다.
連携	れんけい	**연계, 제휴** 他部署と連携する。 다른 부서와 연계하다.
連帯	れんたい	**연대** 債務を連帯で保証する。 채무를 연대로 보증하다.
連中 ⊜れんじゅう	れんちゅう	**무리, 패거리** 悪い連中と交わる。 나쁜 패거리와 어울리다.
連邦 ➊連邦制 연방제	れんぽう	**연방** 連邦の法律を適用する。 연방 법률을 적용하다.
連盟	れんめい	**연맹** スポーツ連盟に加盟する。 스포츠 연맹에 가입하다.
老朽化	ろうきゅうか	**노후화** 設備の老朽化が進む。 설비의 노후화가 진행되다.
老衰	ろうすい	**노쇠** 老衰で亡くなる。 노쇠하여 사망하다.
朗読	ろうどく	**낭독** 詩を朗読する。 시를 낭독하다.
浪費	ろうひ	**낭비** 資源を浪費する。 자원을 낭비하다.

朗報	ろうほう	낭보, 희소식

⊖ 悲報 비보

大会優勝の朗報が届く。 대회 우승의 희소식이 도착하다.

論理	ろんり	논리

論理を無視する。 논리를 무시하다.

賄賂	わいろ	뇌물

賄賂を贈る。 뇌물을 주다.

和解	わかい	화해

紛争が和解に向かう。 분쟁이 화해로 향하다.

若手	わかて	젊은이, 젊은 층

若手社員が活躍する。 젊은 사원이 활약하다.

枠	わく	테두리, 틀, 범위, 한계

予算の枠を超える。 예산의 범위를 넘다.

惑星	わくせい	혹성, 행성

地球は水の惑星と言われる。 지구는 물의 행성이라고 불린다.

技	わざ	기술, 솜씨

技を磨く。 기술을 연마하다.

和風	わふう	일본식, 일본풍

和風の家を建てる。 일본풍의 집을 짓다.

명사

접두어

誤~	ご~	오(잘못)~ ▶ 誤作動 오작동 誤操作 잘못 조작함 誤認識 오인식(잘못된 인식)
当~	とう~	당~ ▶ 当案件 당 안건 当社 당사 当ホテル 당 호텔
不~	ふ~	불/부~ ▶ 不一致 불일치 不可欠 불가결 不必要 불필요 不平等 불평등
無~	む~	무~ ▶ 無意識 무의식 無意味 무의미 無計画 무계획
猛~	もう~	맹(맹렬함)~ ▶ 猛攻撃 맹공격 猛追撃 맹추격 猛反対 맹렬한 반대

접미어

~化	~か	~화 ▶ 高齢化 고령화 電子化 전자화 都市化 도시화
~圏	~けん	~권 ▶ 英語圏 영어권 首都圏 수도권 大気圏 대기권
~上	~じょう	~상 ▶ 業務上 업무상 契約上 계약상 歴史上 역사상
~派	~は	~파 ▶ 改革派 개혁파 賛成派 찬성파 反対派 반대파
~版	~ばん	~판 ▶ 海賊版 해적판 改訂版 개정판 決定版 결정판
~ぶり		~모습, ~상태 ▶ 仕事ぶり 일하는 모습(업무 태도나 능력) 繁盛ぶり 번창하는 모습 奮闘ぶり 분투하는 모습
~まみれ		~투성이 ▶ 汗まみれ 땀투성이 泥まみれ 진흙투성이 ほこりまみれ 먼지투성이
~網	~もう	~망 ▶ 交通網 교통망 情報網 정보망 通信網 통신망

동사

明かす	あかす	밝히다, 털어놓다

秘密(ひみつ)を明(あ)かす。 비밀을 밝히다.

欺く	あざむく	속이다

● だます

人(ひと)を欺(あざむ)く。 사람을 속이다.

あざ笑う	あざわらう	비웃다

人(ひと)の失敗(しっぱい)をあざ笑(わら)う。 다른 사람의 실수를 비웃다.

褪せる	あせる	바래다, 퇴색하다

色(いろ)が褪(あ)せる。 색이 바래다.

値する	あたいする	가치가 있다, ~할 만하다

彼(かれ)の努力(どりょく)は尊敬(そんけい)に値(あたい)する。 그의 노력은 존경할 만하다.

誂える	あつらえる	주문하다, 맞추다

背広(せびろ)を誂(あつら)える。 신사복을 주문하다.

当てはめる	あてはめる	맞추다, 적용시키다

校則(こうそく)に当(あ)てはめて処分(しょぶん)する。 교칙을 적용하여 처분하다.

侮る	あなどる	깔보다, 업신여기다

相手(あいて)を侮(あなど)ってはいけない。 상대를 우습게 봐서는 안 된다.

甘える	あまえる	응석을 부리다

子供(こども)が親(おや)に甘(あま)える。 아이가 부모에게 응석을 부리다.

操る	あやつる	조종하다, 조작하다, 다루다

巧(たく)みにハンドルを操(あやつ)る。 능숙하게 핸들을 조종하다.

危ぶむ	あやぶむ	걱정하다

経済(けいざい)の先行(さきゆ)きが危(あや)ぶまれる。 앞으로의 경제가 걱정된다.

ありふれる		흔하다, 흔히 있다

ありふれた風景(ふうけい)を写真(しゃしん)に収(おさ)める。 흔한 풍경을 사진에 담다.

案じる	あんじる	걱정하다, 염려하다

病状(びょうじょう)を案(あん)じて見舞(みま)いに行(い)く。 병세를 염려하여 문병하러 가다.

言い放つ	いいはなつ	**단언하다, 공언하다, 분명하게 말하다**
		絶対に勝ってみせると言い放つ。 반드시 이기고 말겠다고 단언하다.

言い張る	いいはる	**주장하다, 우기다**
		自分が正しいと言い張る。 자신이 맞다고 우기다.

言い渡す	いいわたす	**지시하다, 선고하다**
		裁判官は判決を言い渡した。 재판관은 판결을 선고했다.

意気込む	いきごむ	**분발하다, 의욕을 보이다**
		今度こそ成功させようと意気込む。
		이번에야말로 성공시키겠다고 의욕을 보이다.

憤る	いきどおる	**분노하다, 분개하다**
		上司の無責任な態度に憤る。 상사의 무책임한 태도에 분노하다.

急がす	いそがす	**재촉하다**
		作品の完成を急がす。 작품의 완성을 재촉하다.

傷める	いためる	**손상시키다, 상하게 하다**
		果物を傷めないよう丁寧に扱う。
		과일이 상하지 않도록 조심스럽게 다루다.

いたわる		**돌보다, 노고를 위로하다**
		社員の労をいたわり、ボーナスを出す。
		사원의 노고를 위로하여 보너스를 주다.

営む	いとなむ	**경영하다, 영위하다**
		定年後は喫茶店を営むつもりだ。
		정년퇴직 후에는 찻집을 경영할 생각이다.

挑む	いどむ	**도전하다**
		マラソンの世界記録に挑む。 마라톤 세계 기록에 도전하다.

否む	いなむ	**부정하다, 부인하다, 거절하다**
		それは否むことのできない事実だ。
		그것은 부정할 수 없는 사실이다.

戒める	いましめる	**훈계하다, 징계하다, 금지하다**
		無断欠勤を戒める。 무단결근을 징계하다.

忌み嫌う	いみきらう	피하다, 꺼리다, 따돌리다

みんなから忌み嫌われる。 모두로부터 따돌림을 받다.

癒す	いやす	치유하다, 달래다, (피로 등을) 풀다

疲れを癒す。 피로를 풀다.

浮かれる	うかれる	들뜨다, 신나다

久しぶりのデートに浮かれている。
오랜만의 데이트에 들떠있다.

請け負う	うけおう	맡다, 청부하다

住宅の建築を請け負う。 주택 건축을 청부하다.

受け継ぐ	うけつぐ	잇다, 계승하다

伝統を受け継ぐ。 전통을 계승하다.

受け止める	うけとめる	받아들이다

批判をまじめに受け止める。 비판을 진지하게 받아들이다.

受け流す	うけながす	받아넘기다

記者の質問を巧みに受け流す。 기자의 질문을 능숙하게 받아넘기다.

受け持つ	うけもつ	맡다, 담당하다, 담임하다

一年生を受け持つ。 1학년을 담임하다.

打ち切る	うちきる	중지하다

交渉を打ち切る。 교섭을 중지하다.

打ち込む	うちこむ	① 입력하다

データを打ち込む。 데이터를 입력하다.

② 몰두하다, 집중하다

古典の研究に打ち込む。 고전 연구에 몰두하다.

促す	うながす	재촉하다

発言を促してもだれもしゃべらない。
발언을 재촉해도 아무도 말하지 않는다.

うなだれる		(실망, 슬픔 등으로) 고개를 떨구다, 머리숙이다
⊜うつむく		

うなだれたまま黙っている。 고개를 숙인 채 아무 말하지 않고 있다.

うぬぼれる		**자부하다, 자만하다, 자신하다** 彼は自分が天才だとうぬぼれている。 <small>かれ　じぶん　てんさい</small> 그는 자신이 천재라고 자부하고 있다.
潤う	うるおう	**① 촉촉하다, 촉촉해지다** 雨で大地が潤った。<small>비가 내려 대지가 촉촉해졌다.</small> <small>あめ　だいち　うるお</small> **② 풍족해지다, 두둑해지다** ボーナスが入り、懐が潤った。 <small>はい　ふところ　うるお</small> 보너스가 들어와 주머니가 두둑해졌다.
潤す	うるおす	**① 촉촉하게 하다, 적시다** この広大な大地を潤すにはまだまだ不十分だった。 <small>こうだい　だいち　うるお　ふじゅうぶん</small> 이 광대한 대지를 적시기에는 한참 모자랐다. **② 윤택하게 하다, 풍족하게 하다** 輸出が経済を潤す。<small>수출이 경제를 윤택하게 하다.</small> <small>ゆしゅつ　けいざい　うるお</small>
うろたえる		**당황하다, 허둥대다** 突然の知らせにうろたえる。<small>갑작스런 소식에 당황하다.</small> <small>とつぜん　し</small>
上回る ⊝ **下回る** 밑돌다, 하회하다 <small>したまわ</small>	うわまわる	**웃돌다, 상회하다** 予想を上回る人が集まった。<small>예상을 웃도는 사람이 모였다.</small> <small>よそう　うわまわ　ひと　あつ</small>
追い込む	おいこむ	**몰아넣다, 내몰다** 窮地に追い込まれる。<small>궁지에 몰리다.</small> <small>きゅうち　お　こ</small>
追い出す	おいだす	**내쫓다** 猫を部屋から追い出す。<small>고양이를 방에서 내쫓다.</small> <small>ねこ　へや　お　だ</small>
老いる	おいる	**늙다** 老いた両親の面倒を見る。<small>늙으신 부모님을 돌보다.</small> <small>お　りょうしん　めんどう　み</small>
負う	おう	**업다, 짐을 지다, 부담하다** 母が背に子を負う。<small>어머니가 등에 아이를 업다.</small> <small>はは　せ　こ　お</small>
怠る	おこたる	**게을리하다** 上司への報告を怠る。<small>상사에 대한 보고를 게을리하다.</small> <small>じょうし　ほうこく　おこた</small>
抑える	おさえる	**막다, 억제하다** 被害を最小限に抑える。<small>피해를 최소한으로 막다.</small> <small>ひがい　さいしょうげん　おさ</small>

N1

押し付ける	おしつける	떠넘기다, 전가하다
		部下に責任を押し付ける。 부하에게 책임을 전가하다.
押し寄せる	おしよせる	밀려오다, 밀어 넣다
		高波が押し寄せる。 높은 파도가 밀려오다.
襲う	おそう	덮치다, 습격하다
		強盗が銀行を襲った。 강도가 은행을 습격했다.
恐れ入る	おそれいる	송구스럽다
		ご心配をかけて恐れ入ります。 걱정을 끼쳐 송구스럽습니다.
おだてる		치켜세우다, 부추기다
		おだてて酒をおごらせる。 치켜세워서 술을 한턱 내게 하다.
脅す	おどす	위협하다, 협박하다
		通行人を脅して金を奪う。 통행인을 위협하여 돈을 빼앗다.
脅える	おびえる	무서워하다, 두려워하다
		子供が犬に脅えて泣く。 아이가 개를 무서워해서 울다.
帯びる	おびる	(성질·성향·색 등을) 띠다
		空が赤みを帯びている。 하늘이 붉은 빛을 띠고 있다.
思い返す	おもいかえす	① 회상하다, 돌이켜 생각하다
		学生時代を思い返す。 학생 시절을 회상하다.
		② 다시 생각하다, 재고하다
		思い返して旅行をやめた。 다시 생각해보고 여행을 그만두었다.
思い詰める	おもいつめる	골몰하다, 한 가지에 얽매여 고통스러워하다
		進学のことで思い詰めている。 진학 일로 골몰하다.
赴く	おもむく	향하다
		調査のため現地へ赴く。 조사를 위해 현지로 향하다.
及ぶ	およぶ	걸치다, 달하다, 미치다, 이르다
		交渉は8時間に及んだ。 교섭은 8시간에 이르렀다.
及ぼす	およぼす	미치게 하다, 파급시키다
		悪い影響を及ぼす。 나쁜 영향을 미치다.

買い替える	かいかえる	새로 사서 바꾸다 車を買い替える。 차를 새로 바꾸다.
害する	がいする	해치다 健康を害する。 건강을 해치다.
かいま見る	かいまみる	슬쩍 엿보다 ドアの間からかいま見る。 문틈으로 슬쩍 엿보다.
顧みる	かえりみる	돌아보다, 회고하다 多事多難の一年を顧みる。 다사다난한 한 해를 돌아보다.
省みる	かえりみる	반성하다 自らを省みて恥じる。 스스로를 반성하고 부끄러워하다.
抱え込む	かかえこむ	끌어안다, 떠맡다 大きな荷物を抱え込む。 커다란 짐을 끌어안다.
掲げる	かかげる	달다, 내걸다 国旗を掲げる。 국기를 달다.
欠く	かく	빼먹다, 누락하다, 부족하다 集中力を欠く。 집중력이 부족하다.
駆けつける	かけつける	급히 오다, 급히 가다, 서둘러 도착하다 急いで現場に駆けつける。 급히 현장으로 달려가다.
駆け寄る	かけよる	달려오다, 달려가다 駆け寄って握手をする。 달려와서 악수를 하다.
賭ける	かける	걸다, 내기하다, 도박하다 競馬で大金を賭ける。 경마에서 큰 돈을 걸다.
かこつける		핑계 삼다, 구실로 내세우다 病気にかこつけて学校を休む。 병을 핑계 삼아 학교를 쉬다.
かさばる		(부피가) 커지다 荷物がかさばる。 짐이 커지다.
かさむ		(부피, 비용, 수량이) 늘어나다 費用がかさむ。 비용이 늘어나다.

掠る	かする	スチ다

車が電柱を掠った。 차가 전봇대를 스쳤다.

傾ける	かたむける	기울이다

耳を傾ける。 귀를 기울이다.

叶える	かなえる	이루다, 실현하다, 달성하다

長年の夢を叶える。 오랜 꿈을 이루다.

かぶれる		

① 피부가 염증을 일으키다

薬にかぶれ、肌がかゆくなった。

약 때문에 염증이 생겨 피부가 가려워졌다.

② 푹 빠지다

アメリカの文化にかぶれる。 미국 문화에 푹 빠지다.

構える	かまえる	

① 갖추다, 마련하다

都心に事務所を構える。 도심에 사무소를 마련하다.

② 태도를 취하다

のんきに構える。 느긋한 태도를 취하다.

噛み合う	かみあう	서로 맞물리다, 딱 들어맞다

話が噛み合わない。 이야기가 서로 맞지 않다.

絡む	からむ	

① 휘감기다

ひもが絡んでほどけない。 끈이 엉켜서 풀 수 없다.

② 관련되다

事件の裏には政治家が絡んでいる。

사건 뒤에는 정치가가 관련되어 있다.

交わす	かわす	주고받다, 나누다

握手を交わす。 악수를 주고받다.

聞き流す	ききながす	흘려듣다

そんなうわさは聞き流すことだ。

그런 소문은 흘려들어야 한다.

きしむ		삐걱거리다

座る度に椅子がきしむ。 앉을 때마다 의자가 삐걱거린다.

築き上げる	きずきあげる	쌓아 올리다, 구축하다 苦労して財産を築き上げる。 고생하여 재산을 쌓다.
鍛える	きたえる	단련하다 スポーツで体を鍛える。 <u>스포츠로 몸을 단련하다.</u>
来す	きたす	초래하다 支障を来す。 지장을 초래하다.
興じる	きょうじる	흥겨워하다, 푹 빠지다 遊びに興じる。 놀이에 푹 빠지다.
切り替える	きりかえる	바꾸다, 전환하다 冷房を暖房に切り替える。 냉방을 난방으로 전환하다.
切り出す	きりだす	(중요한 말, 상담을) 시작하다, 꺼내다 結婚の話を切り出す。 결혼 이야기를 꺼내다.
極める	きわめる	끝까지 이루다, 극에 달하다 復旧作業は困難を極めている。 복구 작업은 극도로 곤란한 상태이다.
食い込む	くいこむ	(다른 영역으로) 진입하다, 접어들다 試合を勝ち抜いて上位に食い込んだ。 시합을 연승하며 상위에 진입했다.
食い違う	くいちがう	어긋나다, 엇갈리다 両者の証言が食い違っている。 양자의 증언이 엇갈리고 있다.
食いつく	くいつく	달려들다, 물고 늘어지다 もうけ話に食いつく。 돈벌이 이야기에 달려들다.
食い止める	くいとめる	막다, 저지하다 経営の悪化を食い止める。 경영 악화를 막다.
悔いる	くいる	후회하다, 뉘우치다 自分の犯した過ちを悔いる。 자신이 범한 잘못을 뉘우치다.
くぐる		빠져나가다, 뚫고 나가다 難関をくぐって試験に合格した。 난관을 뚫고 시험에 합격했다.

挫ける	くじける	① 꺾이다, 접질리다

足が挫ける。 발이 접질리다.

② 좌절하다

何度失敗しても挫けない。 몇 번을 실패해도 좌절하지 않는다.

砕ける	くだける	부서지다, 깨지다

力を入れたら砕けてしまった。 힘을 주었더니 부서져 버렸다.

口ずさむ	くちずさむ	흥얼거리다

歌を口ずさみながら歩く。 노래를 흥얼거리면서 걷다.

朽ちる	くちる	썩다

公園のベンチが朽ちている。 공원의 벤치가 썩어 있다.

覆す	くつがえす	뒤집다, 전복시키다

予想を覆して新人が当選した。 예상을 뒤집고 신인이 당선되었다.

くつろぐ		편히 쉬다, 휴식하다

休日は家でくつろぐ。 휴일에는 집에서 편히 쉰다.

けなす		깎아내리다, 헐뜯다

他人の作品をけなす。 타인의 작품을 깎아내리다.

心掛ける	こころがける	명심하다, 주의하다

安全第一を心掛ける。 안전제일을 명심하다.

試みる	こころみる	시도하다, 시험해 보다

新しいシステムの導入を試みる。 새로운 시스템의 도입을 시도하다.

こじれる		꼬이다, 엉키다, 악화되다

風邪がこじれて肺炎になった。 감기가 악화되어 폐렴이 되었다.

こだわる		얽매이다, 집착하다

形式にこだわる必要はない。 형식에 집착할 필요는 없다.

拒む	こばむ	거부하다, 거절하다

情報の公開を拒む。 정보 공개를 거부하다.

ごまかす		속이다, 얼버무리다

人をごまかしてお金を盗む。 남을 속여 돈을 훔치다.

籠もる	こもる	틀어박히다

子供は部屋に籠もったきり出て来ない。

아이는 방에 틀어박힌 채 나오지 않는다.

懲らしめる	こらしめる	징계하다, 응징하다

悪人を懲らしめる。 악인을 응징하다.

懲りる	こりる	질리다, 넌더리가 나다, 데다

前の失敗に懲りて慎重になる。 이전의 실패에 데어서 신중해지다.

凝る	こる	① (신체가) 뻐근하다, 결리다

肩が凝って眠れない。 어깨가 결려서 잘 수 없다.

② 열중하다, 빠지다

今、釣りに凝っている。 지금 낚시에 빠져 있다.

遮る	さえぎる	가리다, 차단하다

カーテンで光を遮る。 커튼으로 빛을 가리다.

さえずる		(새가) 지저귀다, (아이들이) 재잘거리다

鳥のさえずる声で目覚める。 새가 지저귀는 소리에 눈을 뜨다.

冴える	さえる	맑아지다, 선명해지다, 선명하다

夜空に星が冴える。 밤하늘에 별이 선명하다.

先駆ける	さきがける	(남보다) 앞서다

ライバル社に先駆けて新製品を売り出す。

경쟁사에 앞서 신제품을 발매하다.

先立つ	さきだつ	앞장서다, 앞서다

試合に先立って開会式が行われた。

시합에 앞서 개회식이 거행되었다.

裂く	さく	찢다, 가르다

布を裂く。 천을 찢다.

割く	さく	할애하다, 내어주다

時間を割く。 시간을 할애하다.

捧げる	ささげる	바치다

医学の研究に一生を捧げる。 의학 연구에 일생을 바치다.

N1

差し掛かる	さしかかる	**접어들다** 車が交差点に差し掛かる。 차가 교차로에 접어들다.
授ける	さずける	**하사하다, 수여하다** 学位を授ける。 학위를 수여하다.
定まる	さだまる	**정해지다, 결정되다** 会社の方針が定まる。 회사의 방침이 결정되다.
察する	さっする	**헤아리다** 被害者の心情を察する。 피해자의 심정을 헤아리다.
諭す	さとす	**깨우치다, 잘 타이르다** いたずらした子どもを優しく諭す。 장난친 아이를 부드럽게 타이르다.
悟る	さとる	**깨닫다** 事の重大さを悟る。 일의 중대함을 깨닫다.
裁く	さばく	**재판하다, 시비를 가리다** 事件を公平に裁く。 사건을 공평하게 재판하다.
さ迷う	さまよう	**방황하다, 헤매다** 生死の境をさ迷う。 생사의 경계를 헤매다.
障る	さわる	**지장을 초래하다, 해롭다** 夜更かしは体に障る。 밤늦게까지 깨어 있는 것은 몸에 해롭다.
強いる	しいる	**강요하다, 강제하다** 服従を強いる。 복종을 강요하다.
仕入れる	しいれる	**매입하다, 사들이다** 食材を仕入れる。 식재료를 매입하다.
しがみつく		**매달리다** 子どもは泣きながら父親にしがみついている。 아이는 울면서 아버지에게 매달리고 있다.
しくじる		**실패하다, 그르치다** 試験を何回もしくじる。 시험을 몇 번이나 그르치다.

慕う	したう	그리워하다, 우러르다, 따르다
		故人の徳を慕う。 고인의 덕을 우러르다.

仕立てる	したてる	① (옷을) 만들다
		ドレスを仕立てる。 드레스를 만들다.
		② 길러 내다, 양성하다
		弟子を立派な職人に仕立てる。 제자를 훌륭한 장인으로 길러 내다.

しのぐ		견디다, 극복하다
		飢えをしのぐ。 굶주림을 견디다.

渋る	しぶる	주저하다, 떨떠름해하다
		彼は返事を渋っていた。 그는 대답을 주저하고 있었다.

しゃれる		세련되다, 멋부리다
		デザインがしゃれている。 디자인이 세련되다.

準ずる	じゅんずる	준하다
		正職員に準ずる待遇をする。 정직원에 준하는 대우를 하다.

白ける	しらける	흥이 깨지다
		座が白ける。 (그 장소의) 흥이 깨지다.

退く	しりぞく	물러나다, 은퇴하다
		政界から退く。 정계에서 물러나다.

記す	しるす	적다, 기록하다
		出来事を日記に記す。 사건을 일기에 기록하다.

据える	すえる	① 고정시키다, 놓다
		部屋の真ん中にテーブルを据える。 방 한가운데에 탁자를 놓다.
		② (지위에) 앉히다, 모시다
		校長に据える。 교장으로 모시다.

過ぎ去る	すぎさる	지나가 버리다
		過ぎ去った青春。 지나가 버린 청춘.

透ける	すける	들여다보이다, 비쳐 보이다
		紙が薄くて裏側の字が透けて見える。
		종이가 얇아서 뒷면의 글자가 비쳐 보인다.

すすぐ		**헹구다** 洗濯物をすすぐ。 빨래를 헹구다.
廃れる	すたれる	**쇠퇴하다** 流行は廃れるものだ。 유행은 쇠퇴하는 법이다.
澄む	すむ	**맑다, 투명하다** 空が澄んでいる。 하늘이 맑다.
ずれ込む	ずれこむ	**시기가 미뤄지다, 늦춰지다** 新薬の発売はかなりずれ込みそうだ。 신약 발매는 상당히 미뤄질 듯하다.
制する	せいする	**① 제압하다** 機先を制する。 기선을 제압하다. **② 제정하다** 議会で法律を制する。 의회에서 법률을 제정하다.
急かす ◉急かせる	せかす	**재촉하다** 仕事を急かす。 일을 재촉하다.
添える	そえる	**더하다, 곁들이다, 첨부하다** 贈り物にカードを添える。 선물에 카드를 곁들이다.
損なう	そこなう	**망치다, 해치다** 健康を損なう。 건강을 해치다.
そそる		**(감정, 기분을) 돋우다, 자아내다, 유발하다** 読者の興味をそそる。 독자의 흥미를 유발하다.
備え付ける	そなえつける	**설치하다, 비치하다** 寮の部屋にはパソコンが備え付けてある。 기숙사 방에는 컴퓨터가 비치되어 있다.
そびえる		**우뚝 솟다** 高層ビルがそびえている。 고층 빌딩이 우뚝 솟아 있다.
染まる	そまる	**물들다** 布が赤く染まる。 옷감이 붉게 물들다.

背く	そむく	등지다, 어기다, 거역하다, 거스르다 命令に背く。 명령을 거역하다.
背ける	そむける	(얼굴, 눈길을) 돌리다, 외면하다 惨状に目を背ける。 참혹한 상황에 눈길을 돌리다.
染める	そめる	물들이다, 염색하다 髪を染める。 머리를 염색하다.
逸らす	そらす	(방향, 목표를) 돌리다 話題を逸らす。 화제를 돌리다.
反る	そる	휘어지다 乾いて板が反る。 말라서 널판지가 휘어지다.
耐える 堪える	たえる	① 견디다, 참다 悲しみに耐える。 슬픔을 참다. ② ~할 만하다 鑑賞に堪える。 감상할 만하다.
絶える	たえる	끊어지다, 끊기다 人通りが絶える。 사람의 왕래가 끊어지다.
託す	たくす	맡기다, 부탁하다 秘書に伝言を託した。 비서에게 전언을 부탁했다.
たしなむ		즐기다, 애호하다 タバコをたしなむ。 담배를 즐기다.
携える	たずさえる	소지하다, 휴대하다, 가지다 手土産を携えて訪問する。 간단한 선물을 가지고 방문하다.
携わる	たずさわる	종사하다, 관계하다 教育に携わる。 교육에 종사하다.
たたえる		기리다, 칭찬하다 勇気をたたえる。 용기를 칭찬하다.

N1

| 漂う | ただよう | ① 떠다니다 |
| | | 雲が漂う。 구름이 떠다니다. |

① 떠다니다
雲が漂う。 구름이 떠다니다.

② (분위기가) 감돌다
重苦しい雰囲気が漂う。 답답한 분위기가 감돌다.

立ち尽くす たちつくす

(감동, 놀람으로) 멈춰 서다, 우두커니 서 있다
呆然と立ち尽くす。 우두커니 서 있다.

断つ たつ

끊다, 그만두다
関係を断つ。 관계를 끊다.

立て替える たてかえる

대신 지불하다
会費を立て替える。 회비를 대신 지불하다.

奉る たてまつる

① 바치다, 헌상하다
貢ぎ物を奉る。 조공을 바치다.

② (형식적으로) 받들어 모시다
会長に奉る。 회장으로 모시다.

たどり着く たどりつく

겨우 도착하다, 간신히 도달하다
山頂にたどり着く。 산 정상에 간신히 도달하다.

たどる

더듬어 찾다, 더듬어 가다
地図をたどって目的地に着く。
지도를 더듬어 가며 목적지에 도착하다.

賜る たまわる

받다, 받잡다(もらう의 겸손)
お言葉を賜る。 말씀을 받잡다.

ためらう

망설이다, 주저하다
はっきりした返事をためらう。 확실한 대답을 주저하다.

垂らす たらす

늘어뜨리다
ロープを垂らす。 로프를 늘어뜨리다.

弛む たるむ

① 늘어지다, 느슨해지다
綱が弛んでいる。 밧줄이 느슨해져 있다.

② 해이해지다
気が弛んでいる。 마음이 해이해지다.

垂れる	たれる	늘어지다 前髪が額に垂れている。 앞머리가 이마 쪽으로 늘어져 있다.
費やす	ついやす	쓰다, 소비하다, 사용하다 趣味に時間を費やす。 취미에 시간을 소비하다.
仕える	つかえる	섬기다 神に仕える。 신을 섬기다.
司る	つかさどる	담당하다 行政を司る。 행정을 담당하다.
突き進む	つきすすむ	돌진하다 目標に向かって突き進む。 목표를 향해 돌진하다.
尽くす	つくす	다하다 常にベストを尽くしたい。 항상 최선을 다하고 싶다.
償う	つぐなう	보상하다, 변상하다, 갚다, 속죄하다 罪を償う。 속죄하다.
繕う	つくろう	수선하다, 깁다, 보수하다 靴下を繕う。 양말을 깁다.
告げる	つげる	고하다, 알리다 別れを告げる。 이별을 고하다.
培う	つちかう	① 배양하다, 기르다 学力を培う。 학력을 기르다. ② 재배하다 作物を培う。 작물을 재배하다.
突っかかる	つっかかる	① 걸리다, 부딪히다 いすに突っかかって転ぶ。 의자에 걸려 넘어지다. ② 덤벼들다, 대들다 相手かまわず突っかかる。 상대가 누구든 상관하지 않고 덤벼들다.
慎む	つつしむ	조심하다, 삼가다 言動を慎む。 언동을 조심하다.

N1

583

突っ張る	つっぱる	**버티다, 강경하게 나가다** 妥協せずに突っ張る。 타협하지 않고 버티다.
つなぐ		**잇다, 연결하다** 電話をつなぐ。 전화를 연결하다.
募る	つのる	**① 모집하다** 人材を募る。 인재를 모집하다. **② 점점 심해지다, 더해지다** 不安が募る。 불안감이 더해지다.
呟く	つぶやく	**중얼거리다** 一人で呟く。 혼자서 중얼거리다.
つぶる		**눈을 감다** 目をつぶって考える。 눈을 감고 생각하다.
つまむ		**집다** 指でつまんで食べる。 손가락으로 집어 먹다.
積み重なる	つみかさなる	**쌓이다** 疲れが積み重なる。 피로가 쌓이다.
積み立てる	つみたてる	**적립하다, 돈을 모으다** 旅行の費用を積み立てる。 여행 비용을 모으다.
摘む	つむ	**(손으로) 따다, 뜯다, 잘라내다** 花を摘む。 꽃을 따다.
貫く	つらぬく	**관철하다** 自分の意思を貫く。 자신의 의사를 관철하다.
手がける	てがける	**손대다, 직접 다루다** 手がけた仕事は全部失敗した。 손댄 일은 전부 실패했다.
徹する	てっする	**~에 철저하다, ~에 충실하다, 일관하다** 家業に徹する。 가업에 충실하다.
転じる	てんじる	**바뀌다, 바꾸다** 学者から政治家に転じる。 학자에서 정치가로 바뀌다.

問い詰める	といつめる	캐묻다, 추궁하다

欠勤の理由を問い詰める。 결근한 이유를 추궁하다.

投じる	とうじる	① 던지다

●とうずる

第一球を投じる。 첫 번째 공을 던지다.

② 편승하다, 기회를 이용하다

機会に投じて利益を得る。 기회에 편승하여 이익을 얻다.

尊ぶ	とうとぶ	존중하다

少数意見も尊ぶべきだ。 소수 의견도 존중해야 한다.

遠ざかる	とおざかる	멀어지다

足音が遠ざかる。 발소리가 멀어지다.

N1

とがめる		① 나무라다, 비난하다

失敗をとがめる。 실패를 나무라다.

② 가책을 느끼다, 마음이 불편하다

気がとがめる。 마음에 가책을 느끼다.

解き放す	ときはなす	풀어주다, 해방하다

●ときはなつ

古いしきたりから人々を解き放す。

낡은 관습으로부터 사람들을 해방하다.

途切れる	とぎれる	끊기다, 중단되다

会話が途切れる。 대화가 끊기다.

説く	とく	설명하다, 해설하다

開発の必要性を説く。 개발의 필요성을 설명하다.

研ぐ	とぐ	① 갈다

包丁を研ぐ。 부엌칼을 갈다.

② 곡식을 씻다

米を研ぐ。 쌀을 씻다.

遂げる	とげる	이루다, 달성하다

目的を遂げる。 목적을 달성하다.

綴じる	とじる	철하다, 묶다 原稿を綴じる。 원고를 철하다.
途絶える	とだえる	끊어지다, 두절되다 便りが途絶える。 소식이 두절되다.
滞る	とどこおる	막히다, 정체되다, (지불이) 밀리다 家賃が滞っている。 집세가 밀리고 있다.
唱える	となえる	주장하다, 외치다 新しい学説を唱える。 새로운 학설을 주장하다.
飛び交う	とびかう	난무하다, 어지럽게 날다 噂が飛び交う。 소문이 난무하다.
とぼける		시치미를 떼다 知らないととぼける。 모른다고 시치미를 떼다.
戸惑う	とまどう	당황하다, 방황하다, 헤매다, 우물쭈물하다 急に聞かれて戸惑う。 갑자기 질문을 받고 당황하다.
取り扱う	とりあつかう	다루다, 처리하다, 취급하다 荷物を丁寧に取り扱う。 짐을 조심스럽게 다루다.
取り調べる	とりしらべる	조사하다, 취조하다 容疑者を取り調べる。 용의자를 취조하다.
取り付く	とりつく	매달리다, 착수하다 新しい研究課題に取り付く。 새로운 연구 과제에 착수하다.
取り付ける	とりつける	설치하다 クーラーを取り付ける。 에어컨을 설치하다.
取り除く	とりのぞく	제거하다, 없애다 不良品を取り除く。 불량품을 제거하다.
取り巻く	とりまく	둘러싸다 ファンに取り巻かれる。 팬들에게 둘러싸이다.
取り戻す	とりもどす	되찾다, 회복하다 健康を取り戻す。 건강을 회복하다.

取り寄せる	とりよせる	(주문하여) 들여오다
		メーカーからサンプルを取り寄せる。 제조 업체로부터 샘플을 들여오다.

採る	とる	뽑다, 채용하다, 선택하다
		新入社員を採る。 신입 사원을 채용하다.

とろける		녹다
		熱でバターがとろける。 열로 버터가 녹다.

嘆く	なげく	한탄하다, 탄식하다
		失敗を嘆く。 실패를 탄식하다.

なじむ		친숙해지다, 익숙해지다
		都会の生活になじむ。 도시 생활에 익숙해지다.

詰る	なじる	힐책하다, 따지다
		部下の怠惰を詰る。 부하의 나태함을 힐책하다.

なだめる		달래다, 진정시키다
		怒っている友人をなだめる。 화난 친구를 진정시키다.

懐く	なつく	(주로 사람에게) 친숙해져 따르다, 친해지다
		新しい先生に懐く。 새로운 선생님을 따르다.

名付ける	なづける	이름 짓다, 명명하다
		長男を一郎と名付ける。 장남을 이치로라고 이름 짓다.

なめる		① 핥다, (혀로) 맛보다
		飴をなめる。 사탕을 핥다.
		② 깔보다, 얕보다, 무시하다
		素人になめられる。 초보자에게 무시 당하다.

倣う	ならう	모방하다, 본받다, 따르다
		前例に倣って決める。 전례에 따라 결정하다.

慣らす	ならす	길들이다, 익숙하게 하다
		体を寒さに慣らす。 몸을 추위에 익숙하게 하다.

587

成り立つ	なりたつ	성립되다
		契約が成り立つ。 계약이 성립되다.

似通う	にかよう	서로 닮다, 서로 비슷하다
		服装が似通っている。 복장이 서로 비슷하다.

賑わう	にぎわう	활기차다, 붐비다
		観光客で賑わっている。 관광객으로 붐비다.

にじむ		배다, 스미다, 번지다, 맺히다
		血のにじむような努力をする。 피나는 노력을 하다.

煮立つ	にたつ	펄펄 끓다, 끓어오르다
		スープが煮立つ。 스프가 끓어오르다.

担う	になう	짊어지다, 떠맡다
		国の未来を担う若者たち。 나라의 미래를 짊어질 젊은이들.

鈍る	にぶる	무디어지다, 둔해지다
		練習不足で腕が鈍る。 연습 부족으로 실력이 둔해지다.

にらむ		노려보다, 째려보다
		鋭い目つきでにらむ。 날카로운 눈초리로 노려보다.

抜かす	ぬかす	빠뜨리다, 거르다
		朝食を抜かす。 아침 식사를 거르다.

抜け出す	ぬけだす	살짝 빠져 나오다
		会議を抜け出す。 회의를 살짝 빠져 나오다.

寝込む	ねこむ	깊이 잠들다, (병으로) 드러눕다, 앓아눕다
		風邪で寝込む。 감기로 앓아눕다.

ねじれる		뒤틀리다, 꼬이다
		ネクタイがねじれる。 넥타이가 꼬이다.

妬む	ねたむ	질투하다, 시샘하다
		友達の成功を妬む。 친구의 성공을 질투하다.

ねだる		**조르다, 떼를 쓰다** 子供がおもちゃをねだって泣く。 아이가 장난감을 조르며 울다.
粘る	ねばる	**① 끈기 있다** 餅が粘って歯にくっつく。 떡이 끈기가 있어서 이에 달라붙는다. **② 끝까지 버티다** 最後まで粘る。 끝까지 버티다.
練る	ねる	**① 반죽하다** 生地を練る。 반죽하다. **② 다듬다** 対策案を練る。 대책안을 다듬다.
逃れる	のがれる	**도망치다, 벗어나다, 면하다** 責任を逃れる。 책임을 면하다.
臨む	のぞむ	**마주하다, 임하다** 試合に臨む。 시합에 임하다.
乗っ取る	のっとる	**빼앗다, (선박, 항공기 등을) 납치하다** 会社を乗っ取る。 회사를 빼앗다.
ののしる		**욕설을 퍼붓다** 人前でののしられる。 사람들 앞에서 욕을 먹다.
乗り越える	のりこえる	**뛰어넘다, 극복하다** 不況を乗り越える。 불황을 극복하다.
乗り出す	のりだす	**적극적으로 나서다** 資源開発に乗り出す。 자원 개발에 나서다.
乗り継ぐ	のりつぐ	**갈아타다, 환승하다** バスから電車に乗り継ぐ。 버스에서 전철로 갈아타다.
這う	はう	**기다** 赤ん坊が這って進む。 아기가 기어서 앞으로 나아가다.

N1

映える	はえる	**반사되어 반짝이다** 夕日に冬山が美しく映えている。 석양에 겨울 산이 아름답게 반짝이고 있다.
剥がす	はがす	**(부착된 것을) 벗기다, 떼어내다** 壁からポスターを剥がす。 벽에서 포스터를 떼어내다.
捗る	はかどる	**진척되다, 순조롭게 진행되다** 仕事が捗る。 일이 진척되다.
図る	はかる	**꾀하다, 도모하다** 客の便宜を図る。 손님의 편의를 도모하다.
諮る	はかる	**자문하다, 상의하다** 議会に諮って決める。 의회에 자문을 구하여 결정하다.
剥ぐ	はぐ	**벗기다** 木の皮を剥ぐ。 나무 껍질을 벗기다.
はぐらかす		**얼버무리다** 話をはぐらかす。 이야기를 얼버무리다.
励ます	はげます	**격려하다, 기운을 북돋우다** 被災者を励ます。 이재민을 격려하다.
励む	はげむ	**힘쓰다, 열심히 하다** 練習に励む。 연습에 힘쓰다.
化ける	ばける	**둔갑하다, 변장하다** 犯人は女性に化けて逃げた。 범인은 여성으로 변장해서 도망쳤다.
はじく		**튕기다, 막아내다** そろばんの玉をはじく。 주판알을 튕기다.
はしゃぐ		**들떠서 떠들다, 재잘거리다** 子供のようにはしゃぐ。 아이처럼 재잘거리다.
恥らう	はじらう	**부끄러워하다** 人前に出るのを恥らう。 남의 앞에 나서는 것을 부끄러워하다.

恥じる	はじる	부끄러워하다, 부끄럽게 생각하다

軽率な発言を恥じる。 경솔한 발언을 부끄러워하다.

はせる		① 달리게 하다, 몰다

馬をはせる。 말을 몰다.

② (명성을) 떨치다

名声をはせる。 명성을 떨치다.

ばてる		지치다, 녹초가 되다

暑さにばててしまう。 더위에 지치다.

跳ね返る	はねかえる	튀어오르다, 되돌아오다

ボールが跳ね返る。 공이 튀어오르다.

N1

阻む	はばむ	저지하다, 막다, 방해하다

反対派の人々に阻まれる。 반대파 사람들에게 저지 당하다.

はまる		① 꼭 들어맞다

指輪が小さくて指にはまらない。

반지가 작아서 손가락에 맞지 않는다.

② 계략에 빠지다, 속다

わなにはまる。 함정에 빠지다.

生やす	はやす	기르다

ひげを生やす。 수염을 기르다.

ばらまく		뿌리다, 흩뿌리다

鳥のえさをばらまく。 새의 먹이를 뿌리다.

張り合う ⊜競い合う	はりあう	경쟁하다, 겨루다

主役を張り合う。 주인공을 두고 경쟁하다.

控える	ひかえる	① 앞두다, 대기하다

試合を来月に控えている。 시합을 다음 달로 앞두고 있다.

② 삼가다, 자제하다, 절제하다

健康のため酒を控える。 건강을 위해 술을 삼가다.

③ 적어두다

予定を手帳に控える。 예정을 수첩에 적어두다.

率いる	ひきいる	인솔하다, 통솔하다 生徒を率いて、遠足に行く。 학생을 인솔하여 소풍을 가다.
引き起こす	ひきおこす	일으켜 세우다, 일으키다 トラブルを引き起こす。 문제를 일으키다.
引き下げる	ひきさげる	내리다, 낮추다, 인하하다 価格を引き下げる。 가격을 인하하다.
引き締まる	ひきしまる	① 팽팽해지다, 탄탄해지다 引き締まった体をしている。 탄탄한 몸을 지니다. ② 바짝 긴장하다 気持ちが引き締まる。 바짝 긴장하다.
引きずる	ひきずる	질질 끌다, 끌고 가다 荷物を引きずって運ぶ。 짐을 끌어서 옮기다.
引き取る	ひきとる	① 떠맡다, 인수하다, 받다 預けていた荷物を引き取る。 맡겼던 짐을 받다. ② 물러나다, 물러가다, 뜨다 その場を引き取る。 그 자리를 뜨다.
引き寄せる	ひきよせる	끌어당기다, 유인하다 笑顔には人を引き寄せる力がある。 미소에는 사람을 끌어당기는 힘이 있다.
浸す	ひたす	담그다, 적시다 お湯に手足を浸して温める。 따뜻한 물에 손발을 담그어 따뜻하게 하다.
秘める	ひめる	숨기다, 간직하다 子供たちは無限の可能性を秘めている。 아이들은 무한한 가능성을 간직하고 있다.
冷やかす	ひやかす	① 놀리다 道行く人を冷やかす。 길 가는 사람을 놀리다. ② 구경만 하다 店を冷やかして歩く。 가게를 구경만 하고 다니다.

ひらめく		번쩍이다, 번뜩이다
		アイデアがひらめく。 아이디어가 번뜩이다.

封じる	ふうじる	봉하다, 밀봉하다, 봉쇄하다
		敵の攻撃を封じる。 적의 공격을 봉쇄하다.

膨れる	ふくれる	부풀다, 불룩해지다
		腹が膨れる。 배가 불룩해지다.

老ける	ふける	늙다, 나이를 먹다
		年の割には老けてみえる。 나이에 비해서는 늙어 보인다.

耽る	ふける	열중하다, 몰두하다, 빠지다
		読書に耽る。 독서에 몰두하다.

踏まえる	ふまえる	판단의 근거로 삼다, 입각하다
		事実を踏まえて論じる。 사실에 입각해 논하다.

振り返る ⊜ 顧みる	ふりかえる	되돌아보다, 회고하다
		学生時代を振り返る。 학창 시절을 되돌아보다.

振り払う	ふりはらう	뿌리치다, 털어내다
		差し出した手を振り払う。 내민 손을 뿌리치다.

へりくだる		자신을 낮추다, 겸손해하다
		へりくだった態度で人に接する。 자신을 낮춘 태도로 사람을 응대하다.

経る	へる	① 경유하다, 거치다
		パリを経てロンドンへ行く。 파리를 경유해서 런던으로 가다.
		② 경과하다, (시간이) 흐르다
		多くの年月を経る。 많은 세월이 흐르다.

報じる ⊜ ほうずる	ほうじる	알리다, 보도하다
		選挙結果を報じる。 선거 결과를 알리다.

葬る	ほうむる	매장하다, 묻다
		死者を葬る。 사망자를 매장하다.

N1

放り出す	ほうりだす	집어치우다, 내팽개치다 仕事を途中で放り出す。 일을 도중에 내팽개치다.
ほぐれる		(긴장, 분노, 피로 등이) 풀리다 緊張がほぐれる。 긴장이 풀리다.
ぼける		① 흐릿하다 遠くのものがぼけて見える。 멀리 있는 것이 흐릿하게 보인다. ② 멍해지다, 정신이 흐릿해지다 年とともにぼけてきた。 나이와 더불어 정신이 흐릿해지기 시작했다.
誇る	ほこる	자랑하다, 긍지로 여기다 長い歴史と文化を誇る。 긴 역사와 문화를 자랑하다.
綻びる	ほころびる	살짝 벌어지다, 피어나다, (꽃망울을) 터뜨리다 桜のつぼみが綻びる。 벚꽃의 꽃망울이 피어나다.
解く	ほどく	풀다 ネクタイを解く。 넥타이를 풀다.
解ける	ほどける	풀리다 靴のひもが解ける。 구두 끈이 풀리다.
施す	ほどこす	① 베풀다 恩恵を施す。 은혜를 베풀다. ② 시행하다 至急対策を施すべきだ。 시급히 대책을 시행해야 한다.
ぼやく		투덜대다, 우는소리를 하다 給料が安いとぼやく。 급료가 적다고 투덜대다.
ぼやける		희미해지다, 흐릿하다 物がぼやけて見える。 사물이 흐릿하게 보이다.
滅びる	ほろびる	멸망하다, 없어지다 国家が滅びる。 국가가 멸망하다.
滅ぼす	ほろぼす	멸하다, 멸망시키다, 섬멸하다 敵を滅ぼす。 적을 섬멸하다.

負かす	まかす	**이기다, 패배시키다** 競技で相手を負かす。 경기에서 상대를 이기다.
賄う	まかなう	**조달하다, 마련하다** 寄付で費用を賄う。 기부로 비용을 조달하다.
紛れる	まぎれる	**뒤섞이다, 혼동되다** 犯人は人込みに紛れて姿が見えなくなった。 범인은 인파에 뒤섞여 모습이 보이지 않게 되었다.
まごつく ⊜まごまごする		**당황하다, 갈팡질팡하다** 外国の空港でまごつく。 외국 공항에서 갈팡질팡하다.
勝る ⊜すぐれる	まさる	**낫다, 우수하다, 뛰어나다** 実力では相手チームより勝っている。 실력으로는 상대 팀보다 뛰어나다.
交える	まじえる	**섞다, 끼워 넣다, 포함시키다** 冗談を交えて会話をする。 농담을 섞어 대화를 하다.
交わる	まじわる	**사귀다, 교제하다** 友と親しく交わる。 친구와 친밀히 사귀다.
またがる ⊜わたる		**① 올라타다, 걸터앉다** 自転車にまたがる。 자전거에 올라타다. **② 걸치다** この山は二県にまたがっている。 이 산은 두 현에 걸쳐져 있다.
全うする	まっとうする	**완수하다, 마치다** 任務を全うする。 임무를 완수하다.
惑わす	まどわす	**유혹하다, 혼란스럽게 하다, 현혹시키다, 속이다** 誇大広告が消費者を惑わす。 과대광고가 소비자를 혼란스럽게 하다.
免れる ⊜まぬかれる	まぬがれる	**면하다, 피하다** 死を免れる。 죽음을 면하다.
丸める	まるめる	**말다, 둥글게 하다** 紙くずを丸めて捨てる。 휴지를 말아서 버리다.

見合わせる	みあわせる	① 서로 마주 보다
		顔を見合わせる。 얼굴을 마주 보다.
		② 보류하다, 좋은 때를 기다리다
		病気で旅行を見合わせる。 병으로 여행을 보류하다.
見失う	みうしなう	시야에서 놓치다
		人込みの中で友だちを見失ってしまった。
		인파 속에서 친구를 놓쳐 버렸다.
見落とす	みおとす	간과하다, 못 보고 넘기다
		間違いを見落とす。 실수를 간과하다.
見極める	みきわめる	끝까지 지켜보다, 끝까지 밝히다, 확인하다
		事の真相を見極める。 일의 진상을 끝까지 밝히다.
見せびらかす	みせびらかす	과시하다, 자랑해 보이다
		新車を見せびらかす。 새 차를 자랑하다.
満たす	みたす	채우다, 충족시키다
		コップに水を満たす。 컵에 물을 채우다.
見積もる	みつもる	어림잡다, 견적을 내다, 대중 잡다
		経費を見積もる。 경비를 어림잡다.
見なす	みなす	간주하다
		返事のない者は欠席と見なす。
		대답이 없는 사람은 결석으로 간주한다.
見習う	みならう	본받다
		先輩を見習ってがんばる。 선배를 본받아 노력하다.
見抜く	みぬく	간파하다, 알아채다, 꿰뚫어 보다
		嘘を見抜く。 거짓말을 간파하다.
見計らう	みはからう	(적당한 때를) 가늠하다
		頃合を見計らって会を終わりにする。
		적당한 때를 가늠하여 모임을 끝내다.
見開く	みひらく	눈을 크게 뜨다
		驚きのあまり目を見開く。 놀란 나머지 눈을 크게 뜨다.

見破る	みやぶる	간파하다, 꿰뚫어 보다
		計略を見破る。 계략을 간파하다.

見分ける	みわける	분별하다, 감별하다, 식별하다
		不良品を見分ける。 불량품을 감별하다.

見渡す	みわたす	멀리 바라보다, 내다보다
		展望台から海を見渡す。 전망대에서 바다를 바라보다.

むしる		뽑다, 잡아 뽑다
		草をむしる。 풀을 뽑다.

結び付く	むすびつく	맺어지다, 관련되다, 이어지다
		努力が成功に結び付く。 노력이 성공으로 이어지다.

結び付ける	むすびつける	연결시키다, 관련짓다
		二つの事件を結び付けて考える。
		두 개의 사건을 관련지어 생각하다.

群がる	むらがる	몰려들다, 떼를 지어 모이다
		セールに人が群がる。 세일에 사람들이 몰려들다.

設ける	もうける	마련하다, 설치하다
		新しい講座を設ける。 새로운 강좌를 마련하다.

申し出る	もうしでる	(의견, 희망을) 신청하다, 제의하다
		自ら辞任を申し出る。 스스로 사임을 신청하다.

もがく		발버둥 치다, 안달하다
		逃れようとしてもがく。 도망가려고 발버둥 치다.

もくろむ		계획하다, 꾀하다, 꾸미다
		海外市場への進出をもくろむ。 해외 시장으로의 진출을 꾀하다.

もたらす		가져오다, 초래하다
		利益をもたらす。 이익을 가져오다.

持ち込む	もちこむ	가지고 들어오다, 반입하다, 가져오다
		車内に荷物を持ち込む。 차내에 짐을 반입하다.

597

持て余す	もてあます	주체하지 못하다, 처치 곤란이다
		泣く子を持て余す。 우는 아이를 주체하지 못하다.

もてなす		대접하다, 대우하다
		客をもてなす。 손님을 대접하다.

もてる		인기가 있다
		女性にもてる。 여성에게 인기가 있다.

揉める	もめる	옥신각신하다
		相続で兄弟が揉める。 상속으로 형제가 옥신각신하다.

催す	もよおす	개최하다, 열다
		展覧会を催す。 전람회를 개최하다.

漏らす	もらす	흘리다, 누설하다
		秘密を漏らす。 비밀을 누설하다.

盛り込む	もりこむ	담다, 포함시키다
		斬新なアイデアを製品に盛り込む。
		참신한 아이디어를 제품에 담다.

やつれる		야위다, 초췌해지다
		彼は病気で別人のようにやつれていた。
		그는 병으로 다른 사람처럼 초췌해졌다.

やり遂げる	やりとげる	해내다, 완수하다
		計画をやり遂げる。 계획을 완수하다.

和らぐ	やわらぐ	누그러지다, 가라앉다, 온화해지다
		薬を飲んだら、痛みが和らいできた。
		약을 먹었더니 통증이 가라앉았다.

歪む	ゆがむ	비뚤어지다, 일그러지다
		心が歪んでいる。 마음이 비뚤어져 있다.

行き届く	ゆきとどく	(배려나 주의가) 구석구석까지 미치다, 섬세하다
⊜ いきとどく		行き届いたサービスを提供する。
		구석구석까지 미치는 섬세한 서비스를 제공하다.

揺さぶる	ゆさぶる	① 흔들다
		両手で木を揺さぶる。 양손으로 나무를 흔들다.
		② 동요시키다
		心を揺さぶる小説。 마음을 동요시키는 소설.

| 揺らぐ | ゆらぐ | 흔들리다, 동요되다 |
| | | 決意が揺らぐ。 결심이 흔들리다. |

揺るがす	ゆるがす	뒤흔들다, 동요시키다
		消費者の信頼を揺るがすような事件が相次いでいる。
		소비자의 신뢰를 뒤흔드는 듯한 사건이 잇따르고 있다.

N1

| 緩む | ゆるむ | 느슨해지다, 허술해지다 |
| | | 規制が緩む。 규제가 느슨해지다. |

| 緩める | ゆるめる | 느슨하게 하다, 늦추다 |
| | | ベルトを緩める。 벨트를 느슨하게 하다. |

| 蘇る | よみがえる | 되살아나다 |
| | | 記憶が蘇る。 기억이 되살아나다. |

| 論じる | ろんじる | 논하다, 논쟁하다 |
| | | 法律改正について論じる。 법률 개정에 대해 논하다. |

| 詫びる | わびる | 사과하다, 사죄하다 |
| | | 自分の過ちを詫びる。 자신의 잘못을 사과하다. |

| わめく | | 큰 소리를 지르다, 소리치다, 소란을 피우다 |
| | | 大声でわめく。 큰 소리로 소란을 피우다. |

| 割り当てる | わりあてる | 할당하다, 분배하다 |
| | | 仕事を割り当てる。 일을 할당하다. |

あくどい		악랄하다, 억척스럽다

あくどい手口。 악랄한 수법.

浅ましい	あさましい	야비하다, 비열하다, 치사하다

根性が浅ましい。 근성이 야비하다.

あっけない		어이없다, 싱겁다

あっけなく敗れる。 어이없이 지다.

あどけない		(아이가) 천진난만하다

子供のあどけない表情をカメラに捉える。
아이의 천진난만한 표정을 카메라에 담다.

粗い	あらい	① 거칠다, 까칠까칠하다

布の手触りが粗い。 천의 감촉이 거칠다.

② 엉성하다, 대략적이다

経費を粗く見積もる。 경비를 대략적으로 어림잡다.

潔い	いさぎよい	깨끗하다, 결백하다, 떳떳하다

潔く責任をとる。 깨끗하게 책임을 지다.

卑しい	いやしい	천박하다, 탐욕스럽다

卑しい言葉遣い。 천박한 말투.

いやらしい		불쾌하다, 엉큼하다

いやらしい目つきで見る。 불쾌한 눈초리로 보다.

うさんくさい		수상하다, 미심쩍다

うさんくさい人物。 수상한 인물.

うっとうしい		울적하다

長雨続きでうっとうしい。 비가 계속되어 울적하다.

おびただしい		(수량이) 엄청나다, 굉장하다

おびただしい人が集まる。 엄청난 수의 사람이 모이다.

かしましい		시끄럽다, 떠들썩하다

⊜ やかましい

かしましく騒ぎ立てる。 시끄럽게 소란을 피우다.

| 軽々しい | かるがるしい | 경솔하다, 경박하다 |

軽々しい行動は慎んでほしい。
경솔한 행동은 삼갔으면 좋겠다.

| ぎこちない | | (동작, 말 등이) 어색하다, 부자연스럽다 |

ぎこちなく笑う。 어색하게 웃다.

| 決まり悪い | きまりわるい | 쑥스럽다, 부끄럽다 |
●気恥ずかしい

決まり悪そうに頭をかく。 쑥스럽다는 듯이 머리를 긁적이다.

| ぎょうぎょうしい | | 과장되다, 야단스럽다, 호들갑스럽다 |

かすり傷にもぎょうぎょうしく包帯を巻く。
찰과상에도 호들갑스럽게 붕대를 감다.

| 興味深い | きょうみぶかい | 무척 흥미롭다 |

それは興味深い話だ。 그것은 무척 흥미로운 이야기이다.

| くすぐったい | | 쑥스럽다 |

あまりほめられるとくすぐったい。
너무 칭찬 받으면 쑥스럽다.

| 煙たい | けむたい | ① 눈이 따갑다, 맵다 |

タバコの煙が煙たい。 담배 연기로 눈이 따갑다.

② 부담스럽다, 거북하다

部下にとって、上司は煙たい存在だ。
부하에게 있어 상사는 부담스러운 존재이다.

| 心地よい | ここちよい | 기분 좋다, 상쾌하다 |

心地よい風が吹く。 상쾌한 바람이 분다.

| 心無い | こころない | 분별이 없다, 생각이 모자라다 |

自分の心無い行動で親友を傷つけてしまった。
자신의 분별 없는 행동으로 친구에게 상처를 주고 말았다.

| 心細い | こころぼそい | 불안하다, 쓸쓸하다 |

夜、一人で出かけるのは心細い。
밤에 혼자서 나가는 것은 불안하다.

| しぶとい | | 끈질기다 |

しぶとく粘る。 끈질기게 버티다.

清々しい	すがすがしい	**상쾌하다** 清々しい空気。 상쾌한 공기.
すさまじい		**무시무시하다, 굉장하다** 火の勢いがすさまじい。 불의 기세가 무시무시하다.
すばしこい		**민첩하다, 날렵하다** すばしこく走り回る。 날렵하게 뛰어다니다.
素早い	すばやい	**재빠르다, 날쌔다, 민첩하다** 動作が素早い。 동작이 재빠르다.
切ない	せつない	**안타깝다, 애절하다** 人との別れが切ない。 사람과의 이별이 안타깝다.
そっけない		**무뚝뚝하다, 쌀쌀맞다, 퉁명스럽다** そっけない返事をする。 쌀쌀맞게 대답하다.
耐えがたい	たえがたい	**견디기 어렵다** 耐えがたい侮辱を受ける。 견디기 어려운 모욕을 받다.
容易い	たやすい	**쉽다, 용이하다** この問題は容易く解決できるものではない。 이 문제는 쉽게 해결할 수 있는 것이 아니다.
手厚い	てあつい	**극진하다, 융숭하다** お客さんを手厚くもてなす。 손님을 극진하게 대접하다.
手痛い	ていたい	**심하다, 뼈아프다, 뼈저리다** 仕事で手痛いミスをする。 업무에서 뼈아픈 실수를 하다.
でかい		**크다** でかい家を建てる。 큰 집을 짓다.
尊い ⊜貴い	とうとい	**고귀하다, 신성하다** 尊い命。 고귀한 생명.
情けない	なさけない	**한심하다, 비참하다** 情けない結果に終わる。 한심한 결과로 끝나다.

情け深い	なさけぶかい	인정이 많다, 동정심이 많다, 배려심이 많다
		彼は情け深い人だ。 그는 인정이 많은 사람이다.
名高い	なだかい	유명하다
		この公園は桜で名高い。 이 공원은 벚꽃으로 유명하다.
何気ない	なにげない	별 뜻 없다, 아무렇지 않다, 태연하다
		何気ない一言が胸に突きささる。
		별 뜻 없는 한마디가 가슴에 비수로 꽂히다.
生臭い	なまぐさい	비릿하다, 비린내가 나다
		魚の生臭いにおい。 생선의 비릿한 냄새.
悩ましい	なやましい	괴롭다, 고민스럽다
		悩ましい日々を送る。 괴로운 나날을 보내다.
馴れ馴れしい	なれなれしい	허물없다, 매우 친하다, 아주 정답다
		馴れ馴れしく話しかける。 허물없이 말을 건네다.
粘り強い	ねばりづよい	끈기 있다, 끈질기다
		粘り強く交渉する。 끈기 있게 교섭하다.
望ましい	のぞましい	바람직하다
		研修は全員参加が望ましい。 연수는 전원 참가가 바람직하다.
はかない ● 空しい		허무하다, 부질없다, 덧없다
		はかない夢を抱く。 부질없는 꿈을 품다.
はかばかしい		순조롭다, 호전되다
		事業がはかばかしくない。 사업이 순조롭지 못하다.
華々しい	はなばなしい	화려하다, 눈부시다
		華々しく活躍する。 눈부시게 활약하다.
幅広い	はばひろい	폭넓다, 광범위하다
		幅広い支持を得る。 폭넓은 지지를 얻다.
久しい	ひさしい	오래되다, 오랜만이다
		故郷を離れてから久しい。 고향을 떠난 지 오래이다.

N1

分厚い	ぶあつい	두껍다, 두툼하다 分厚い本を読む。 두꺼운 책을 읽다.
ほほえましい		흐뭇하다 子供たちの遊ぶ姿は見ていてほほえましい。 아이들이 노는 모습은 보고 있으면 흐뭇하다.
紛らわしい	まぎらわしい	혼동하기 쉽다, 헷갈리기 쉽다, 구별하기 어렵다 この漢字は紛らわしい。 이 한자는 헷갈리기 쉽다.
待ち遠しい	まちどおしい	몹시 기다려지다 父の帰国が待ち遠しい。 아버지의 귀국이 몹시 기다려진다.
見苦しい ➖ みっともない	みぐるしい	보기 흉하다, 꼴사납다 見苦しい服装をする。 꼴사나운 복장을 하다.
みすぼらしい		초라하다, 볼품없다 みすぼらしい家。 초라한 집.
満たない	みたない	부족하다, 기준에 미치지 못하다 この会社の社員数は20人に満たない。 이 회사의 직원 수는 스무 명에 못 미친다.
空しい ➖ はかない	むなしい	허무하다, 공허하다, 헛되다 努力も空しくまた失敗した。 노력이 허무하게 또 실패했다.
目覚ましい	めざましい	훌륭하다, 눈부시다 目覚ましい進歩を遂げる。 눈부신 진보를 이루다.
目まぐるしい	めまぐるしい	어지럽다, 변화가 매우 빠르다 株価が目まぐるしく変動する。 주가가 어지럽게 변동하다.
申し分ない	もうしぶんない	더할 나위 없다, 나무랄 데 없다 申し分ない成果。 더할 나위 없는 성과.
もどかしい		애타다, 답답하다, 안타깝다 気持ちをうまく表現できなくてとてももどかしい。 감정을 제대로 표현할 수 없어서 답답하다.
脆い	もろい	무르다, 약하다 情に脆い。 정에 약하다.

ややこしい		**복잡하다, 까다롭다**
		説明_{せつめい}がややこしくて分_わからない。 설명이 복잡해서 모르겠다.
欲深い	よくぶかい	**탐욕스럽다, 욕심 많다**
		人間_{にんげん}は欲深_{よくぶか}い生_いき物_{もの}である。 인간은 욕심 많은 동물이다.
よそよそしい		**냉담하다, 서먹서먹하다, 쌀쌀맞다**
		よそよそしい態度_{たいど}をとる。 냉담한 태도를 취하다.
喜ばしい	よろこばしい	**기쁘다**
		喜_{よろこ}ばしい結果_{けっか}が出_でた。 기쁜 결과가 나왔다.
煩わしい	わずらわしい	**번거롭다, 성가시다, 귀찮다**
		煩_{わずら}わしい手続_{てつづ}きを済_すませる。 번거로운 수속을 마치다.
わびしい		**쓸쓸하다**
		わびしい一人暮_{ひとりぐ}らし。 쓸쓸한 독신 생활.

N1

な형용사

あべこべな		거꾸로인, 뒤바뀐, 반대인
		手順があべこべになる。 순서가 뒤바뀌다.

あやふやな		애매한, 불확실한, 불분명한
		あやふやな説明では納得できない。
		애매한 설명으로는 납득할 수 없다.

安価な	あんかな	값싼, 저렴한, 하찮은
		安価な同情は無用だ。 값싼 동정은 필요 없다.

粋な	いきな	세련된, 멋진
		粋な姿を披露する。 세련된 모습을 보이다.

陰気な	いんきな	음산한, 음침한
		陰気な表情でうずくまっている。 음침한 표정으로 웅크리고 있다.

陰湿な	いんしつな	음습한, 음침한
		陰湿ないじめを受ける。 음침한 괴롭힘을 당하다.

うつろな		공허한, 텅 빈, 허탈한
		うつろな目で眺める。 공허한 눈으로 바라보다.

うやむやな		흐지부지한, 애매한, 유야무야
		話し合いがうやむやに終わる。 대화가 흐지부지 끝나다.

円滑な	えんかつな	원활한, 순조로운
		交渉が円滑に進む。 교섭이 원활하게 진행되다.

円満な	えんまんな	원만한
		万事円満に解決した。 만사를 원만하게 해결했다.

旺盛な	おうせいな	왕성한
		食欲が旺盛になる。 식욕이 왕성해지다.

おおざっぱな		대략적인, 대충인
		おおざっぱに計算する。 대략적으로 계산하다.

大まかな	おおまかな	대략적인, 대강인
		概要を大まかに話す。 개요를 대략적으로 이야기하다.

おおらかな		서글서글한, 여유로운

彼はおおらかな性格の持ち主である。

그는 서글서글한 성격의 소유자이다.

厳かな	おごそかな	엄숙한

厳かに式が進む。 엄숙하게 식이 진행되다.

おっくうな		귀찮은, 내키지 않은

人と会うのがおっくうになる。 사람과 만나는 것이 귀찮아지다.

愚かな	おろかな	어리석은, 아둔한

愚かな振る舞いにあきれる。 어리석은 행동에 놀라다.

疎かな	おろそかな	소홀한, 등한시하는

練習を疎かにする。 연습을 소홀히 하다.

温和な	おんわな	온화한, 따뜻한, 부드러운

温和な表情をする。 온화한 표정을 짓다.

画一的な	かくいつてきな	획일적인

画一的に判断せず、個々の事情を考慮する。

획일적으로 판단하지 않고 각각의 사정을 고려하다.

格段な	かくだんな	현격한

収益が格段に増える。 수익이 현격하게 증가하다.

格別な	かくべつな	각별한, 특별한

格別な待遇をする。 각별한 대우를 하다.

過酷な	かこくな	가혹한, 너무한

過酷な労働で倒れる。 가혹한 노동으로 쓰러지다.

頑なな	かたくなな	완고한, 고집스런

彼の頑なな態度は変わらなかった。

그의 완고한 태도는 변하지 않았다.

画期的な	かっきてきな	획기적인

画期的な商品が発売された。 획기적인 상품이 발매되었다.

過敏な	かびんな	과민한, 지나치게 예민한

過敏な反応を示す。 과민 반응을 보이다.

寡黙な	かもくな	**과묵한, 말수가 없는** 祖父は寡黙な人だったそうだ。 할아버지는 과묵한 사람이었다고 한다.
簡易な	かんいな	**간단하고 쉬운, 간편한, 간이** 簡易な手続きを採用する。 간편한 절차를 채택하다.
閑静な	かんせいな	**한적한, 조용한** 閑静なところに引っ越す。 한적한 곳으로 이사하다.
簡素な	かんそな	**간소한** 結婚式を簡素に行う。 결혼식을 간소하게 거행하다.
寛大な	かんだいな	**관대한, 너그러운** 寛大な心で許す。 관대한 마음으로 용서하다.
完璧な	かんぺきな	**완벽한** 完璧に仕上げる。 완벽하게 마무리하다.
肝要な ⊜ 肝心な	かんような	**중요한, 꼭 필요한** 何事にも辛抱が肝要だ。 무슨 일이든 인내가 중요하다.
寛容な	かんような	**너그러운** 寛容な態度で接する。 너그러운 태도로 응대하다.
気障な	きざな	**아니꼬운, 비위에 거슬리는** 上品ぶって気障なことを言う。 고상한 체하며 비위에 거슬리는 말을 하다.
几帳面な	きちょうめんな	**꼼꼼한** 彼の几帳面なところが好きだ。 그의 꼼꼼한 점이 좋다.
気長な	きながな	**느긋한** 結果を気長に待つ。 결과를 느긋하게 기다리다.
気まぐれな	きまぐれな	**변덕스러운** 晩秋の天気は気まぐれで困る。 늦가을 날씨는 변덕스러워서 곤란하다.
生真面目な	きまじめな	**고지식한** 生真面目すぎて柔軟性に欠ける。 너무 고지식해서 유연성이 부족하다.

608

気ままな	きままな	마음 내키는 대로, 자유롭게 仕事を辞めて、気ままな生活をする。 일을 그만두고 자유롭게 생활하다.
華奢な	きゃしゃな	가냘픈, 섬세한 華奢な指で毛糸を編む。 가냘픈 손가락으로 털실을 뜨다.
窮屈な	きゅうくつな	비좁은, 답답한 窮屈な部屋。 비좁은 방.
急速な	きゅうそくな	급속한, 급격한 急速な円高を懸念する。 급속한 엔고 현상을 우려하다.
強硬な	きょうこうな	강경한 強硬に反対する。 강경하게 반대하다.
強烈な	きょうれつな	강렬한, 강력한 強烈な印象を与える。 강렬한 인상을 주다.
清らかな	きよらかな	맑은, 때 묻지 않은 夜空に星が清らかに輝く。 밤하늘에 별이 맑게 빛나다.
きらびやかな		휘황찬란한, 화려한, 현란한 会場をきらびやかに飾りつける。 회장을 휘황찬란하게 장식하다.
均等な	きんとうな	균등한 利益を均等に分ける。 이익을 균등하게 나누다.
勤勉な	きんべんな	근면한 勤勉な態度で仕事をこなす。 근면한 태도로 일을 처리하다.
緊密な	きんみつな	긴밀한 緊密に連絡をとる。 긴밀히 연락을 취하다.
軽快な	けいかいな	경쾌한 軽快な音楽が流れる。 경쾌한 음악이 흐르다.
軽率な	けいそつな	경솔한 軽率な言動で他人を傷つける。 경솔한 언행으로 다른 사람을 상처 입히다.

N1

厳格な	げんかくな	엄격한
		厳格に審査する。 엄격하게 심사하다.

堅実な	けんじつな	견실한, 착실한
		堅実な生活をする。 착실한 생활을 하다.

厳正な	げんせいな	엄정한
		応募作品を厳正に審査する。 응모 작품을 엄정하게 심사하다.

健全な	けんぜんな	건전한
		社会の健全な発展を目指す。 사회의 건전한 발전을 지향하다.

顕著な	けんちょな	현저한, 뚜렷한, 두드러진
		文化の違いが食生活に顕著に現れる。
		문화의 차이가 식생활에 두드러지게 나타나다.

厳密な	げんみつな	엄밀한
		厳密に区別する。 엄밀하게 구별하다.

賢明な	けんめいな	현명한
		すぐに謝ったほうが賢明だと思う。
		바로 사과하는 편이 현명하다고 생각한다.

豪快な	ごうかいな	호쾌한
		彼は、楽しいときはいつも豪快に笑う。
		그는 즐거울 때는 언제나 호쾌하게 웃는다.

高尚な	こうしょうな	고상한
		高尚な趣味を持つ。 고상한 취미를 갖다.

広大な	こうだいな	광대한
		広大な牧場で牛を飼育する。 광대한 목장에서 소를 사육하다.

巧妙な	こうみょうな	교묘한
		巧妙な手口に引っかかる。 교묘한 수법에 걸려들다.

克明な	こくめいな	충실한, 세밀한, 분명한
		震災の被害状況を克明に記録する。
		지진의 피해 상황을 세밀하게 기록하다.

こっけいな		**우스꽝스러운**
		こっけいなことを言って人を笑わせる。
		우스꽝스러운 말을 해서 사람을 웃기다.

孤独な	こどくな	**고독한, 외톨이인**
		孤独な生涯を送る。 고독한 생애를 보내다.

細やかな	こまやかな	**섬세한, 자상한, 세심한**
● 濃やかな		細やかな心配りに感謝する。 섬세한 배려에 감사하다.

ささいな		**사소한, 하찮은, 별것 아닌**
		これは私にとってささいな問題だ。
		이것은 나에게 사소한 문제이다.

N1

早急な	さっきゅうな	**시급한**
● そうきゅうな		早急に連絡をとる。 시급하게 연락을 취하다.

残酷な	ざんこくな	**잔혹한, 잔인한**
		弱い者を残酷にいじめる。 약자를 잔인하게 괴롭히다.

斬新な	ざんしんな	**참신한**
		彼女はいつも斬新なアイデアを出す。
		그녀는 언제나 참신한 아이디어를 낸다.

淑やかな	しとやかな	**정숙한, 얌전한, 우아한**
● 優美な		着物姿で淑やかに歩く。 기모노 차림으로 우아하게 걷다.

しなやかな		**유연한, 부드러운, 우아한**
		しなやかに踊る。 우아하게 춤추다.

従順な	じゅうじゅんな	**순종적인**
		犬は主人に従順な動物だ。 개는 주인에게 순종적인 동물이다.

詳細な	しょうさいな	**상세한, 자세한**
		詳細な報告を受ける。 상세한 보고를 받다.

尋常な	じんじょうな	**평범한, 보통인**
		尋常な手段では解決しない。 평범한 방법으로는 해결되지 않는다.

神聖な	しんせいな	**신성한**
		ここは神聖な場所だ。 이 곳은 신성한 장소이다.

迅速な	じんそくな	신속한

問題に迅速に対処する。 문제에 신속히 대처하다.

親密な	しんみつな	친밀한

親密な関係を築く。 친밀한 관계를 구축하다.

健やかな	すこやかな	건강한

健やかに育つ。 건강하게 자라다.

速やかな	すみやかな	신속한, 빠른

速やかな対策を望む。 신속한 대책을 바라다.

精巧な	せいこうな	정교한

精巧な細工を施す。 정교한 세공을 하다.

清純な	せいじゅんな	청순한, 맑고 깨끗한

清純なイメージを持つ。 청순한 이미지를 지니다.

盛大な	せいだいな	성대한, 거창한

パーティーは盛大に行われた。 파티는 성대하게 거행되었다.

正当な	せいとうな	정당한

正当な権利を主張する。 정당한 권리를 주장하다.

精密な	せいみつな	정밀한

重量を精密に量る。 중량을 정밀하게 재다.

精力的な	せいりょくてきな	정력적인, 적극적인

精力的に仕事に取り組む。 적극적으로 일에 몰두하다.

切実な	せつじつな	절실한

親友に切実な悩みを打ち明ける。
친구에게 절실한 고민을 털어놓다.

絶大な	ぜつだいな	매우 큰, 지대한, 굉장한

若者の間で絶大な人気を誇る。
젊은이들 사이에서 굉장한 인기를 자랑하다.

繊細な	せんさいな	섬세한

彼女は繊細な感性の持ち主である。
그녀는 섬세한 감성의 소유자이다.

全面的な	ぜんめんてきな	**전면적인** 法律を全面的に改正する。 법률을 전면적으로 개정하다.
壮健な	そうけんな	**건강한** 壮健に暮らす。 건강하게 살다.
相対的な	そうたいてきな	**상대적인** 物事を相対的に見る。 매사를 상대적으로 보다.
壮大な	そうだいな	**장대한, 웅장한** 壮大な山々が連なる。 웅장한 산들이 이어져 있다.
ぞんざいな		**무성의한, 소홀한** 仕事をぞんざいにする。 일을 무성의하게 하다.
怠惰な	たいだな	**나태한, 게으른** 怠惰な生活を送る。 나태한 생활을 하다.
大胆な	だいたんな	**대담한, 겁 없는** 大胆な性格で思い切ったことをする。 대담한 성격으로 과감한 일을 하다.
対等な	たいとうな	**대등한, 동등한** 対等な立場で話し合う。 대등한 입장에서 서로 이야기하다.
多角的な	たかくてきな	**다각적인, 여러 방면에 걸친** 多角的な経営に乗り出す。 다각적인 경영에 적극적으로 나서다.
巧みな ⊜巧妙な	たくみな	**교묘한, 능숙한** 巧みな演技を披露する。 능숙한 연기를 보여주다.
達者な	たっしゃな	**능숙한, 능란한** 達者に英語を話す。 능숙하게 영어를 말하다.
多忙な	たぼうな	**매우 바쁜** 多忙な毎日を過ごす。 매우 바쁜 나날을 보내다.
多様な	たような	**다양한** 多様な商品を扱う。 다양한 상품을 취급하다.

N1

単調な	たんちょうな	단조로운

刺激のない単調な毎日が続く。

자극이 없는 단조로운 나날이 계속되다.

端的な	たんてきな	단적인, 간단하고 분명한

この文は彼の思想を端的に表している。

이 문장은 그의 사상을 단적으로 나타내고 있다.

丹念な ⊜ 入念な	たんねんな	정성스러운, 꼼꼼한

資料を一つ一つ丹念に調べる。

자료를 하나하나 꼼꼼하게 조사하다.

忠実な	ちゅうじつな	충실한

任務を忠実に遂行する。 임무를 충실히 수행하다.

中途半端な ⊜ 半端な	ちゅうとはんぱな	어중간한, 엉거주춤한

中途半端な妥協はしない。 어중간한 타협은 하지 않겠다.

著名な	ちょめいな	저명한, 유명한

著名な人物の伝記を書く。 저명한 인물의 전기를 쓰다.

痛快な	つうかいな	통쾌한

9回裏に痛快なホームランが出た。

9회 말에 통쾌한 홈런이 나왔다.

痛切な	つうせつな	통절한, 절실한

資金不足を痛切に感じる。 자금 부족을 절실하게 느끼다.

痛烈な	つうれつな	통렬한, 호된

評論家から痛烈な批判を受ける。

평론가로부터 통렬한 비판을 받다.

月並な	つきなみな	흔해 빠진, 평범한, 진부한

月並なアイデアでは駄目だ。

흔해 빠진 아이디어로는 안 된다.

つぶらな		둥근, 둥글고 귀여운

つぶらな瞳がかわいい。 둥근 눈망울이 귀엽다.

手薄な	てうすな	수중에 금품이 적은, 부족한, 모자란

所持金が手薄になる。 수중에 지닌 돈이 부족해지다.

適宜な	てきぎな	적당한, 시의적절한

適宜な処置をとる。 적당한 조치를 취하다.

適正な	てきせいな	적정한

適正な評価を下す。 적정한 평가를 내리다.

手頃な	てごろな	알맞은, 적당한

手頃な値段のコートを探す。 적당한 가격의 코트를 찾다.

鈍感な	どんかんな	둔감한

鈍感だから皮肉が通じない。 둔감해서 비꼬는 게 통하지 않는다.

N1

滑らかな	なめらかな	매끄러운, 유창한

滑らかな英語を話す。 유창한 영어를 구사하다.

入念な ⊜ 丹念な	にゅうねんな	꼼꼼한, 면밀한

入念に調査を行った。 꼼꼼하게 조사를 실시했다.

にわかな		갑작스러운

にわかに天候が変わる。 갑작스럽게 날씨가 바뀌다.

のどかな		한가로운, 느긋한, 여유로운

田舎でのどかに暮らす。 시골에서 한가롭게 지내다.

排他的な	はいたてきな	배타적인

排他的な考えを捨てる。 배타적인 생각을 버리다.

華やかな	はなやかな	화려한

舞台は華やかで、観客を楽しませた。

무대는 화려해서 관객을 즐겁게 했다.

はるかな		아득한, 까마득한, 훨씬

予想をはるかに上回る。 예상을 훨씬 웃돌다.

煩雑な	はんざつな	번잡한, 번거로운

煩雑な手続きを専門家に依頼する。

번거로운 수속을 전문가에게 의뢰하다.

半端な ⊜ 中途半端な	はんぱな	어중간한, 애매한

タクシーで行くには半端な距離だ。

택시로 가기에는 어중간한 거리이다.

悲惨な	ひさんな	비참한
		悲惨な光景を目撃する。 비참한 광경을 목격하다.

密かな	ひそかな	은밀한, 몰래
		夜遅くひそかに家を出る。 밤늦게 몰래 집을 나오다.

ひたむきな		한결같은, 전념하는
		ひたむきな努力が実を結ぶ。 한결같은 노력이 결실을 맺다.

否定的な	ひていてきな	부정적인
		否定的な見解を示す。 부정적인 견해를 나타내다.

批判的な	ひはんてきな	비판적인
		批判的な態度をとる。 비판적인 태도를 취하다.

貧弱な	ひんじゃくな	빈약한, 볼품없는
		文章の内容が貧弱だ。 문장의 내용이 빈약하다.

頻繁な	ひんぱんな	빈번한, 잦은
		頻繁に連絡をとる。 빈번하게 연락을 취하다.

不可欠な	ふかけつな	불가결한, 필수적인
		水は生きていくのに不可欠なものだ。 물은 살아가는 데 불가결한 것이다.

不機嫌な	ふきげんな	기분이 좋지 않은, 언짢은
		彼女は不機嫌そうな顔をしている。 그녀는 언짢은 듯한 얼굴을 하고 있다.

不吉な	ふきつな	불길한
		不吉な予感がする。 불길한 예감이 들다.

不自然な	ふしぜんな	부자연스러운, 억지스러운
		演技が不自然に見える。 연기가 부자연스럽게 보인다.

不十分な	ふじゅうぶんな	불충분한, 충분하지 못한
		この公園は設備が不十分である。 이 공원은 설비가 충분하지 못하다.

不順な	ふじゅんな	불순한, 순조롭지 못한, 좋지 않은
		今年は天候が不順である。 올해는 날씨가 좋지 않다.

不審な	ふしんな	**의심스러운, 수상한** 不審な人物を逮捕する。 수상한 인물을 체포하다.
不当な	ふとうな	**부당한** 不当な差別を受ける。 부당한 차별을 받다.
無難な	ぶなんな	**무난한** 無難な選択をする。 무난한 선택을 하다.
不用意な	ふよういな	**부주의한, 조심성 없는, 준비되지 않은** 不用意な発言を謝る。 조심성 없는 발언을 사과하다.
無礼な	ぶれいな	**무례한, 실례인** 先輩に無礼な言葉を吐く。 선배에게 무례한 말을 내뱉다.
ふんだんな		**충분한, 넉넉한** ふんだんな資金力を持つ。 충분한 자금력을 지니다.
へとへとな		**기진맥진한, 몹시 지친** 一日中歩いて、へとへとに疲れた。 하루 종일 걸어서 기진맥진했다.
豊潤な	ほうじゅんな	**풍요로운, 풍족하고 윤택한** 温暖な気候と豊潤な資源に恵まれる。 온난한 기후와 풍요로운 자원의 혜택을 받다.
膨大な	ぼうだいな	**방대한, 막대한** 開発には膨大な費用が必要になる。 개발에는 방대한 비용이 필요해진다.
朗らかな	ほがらかな	**명랑한, 쾌활한** 朗らかに笑う。 명랑하게 웃다.
保守的な	ほしゅてきな	**보수적인** うちの父は保守的だ。 우리 아버지는 보수적이다.
奔放な	ほんぽうな	**분방한** 彼女は奔放な性格の持ち主だ。 그녀는 분방한 성격의 소유자이다.

前向きな	まえむきな	**긍정적인, 적극적인** 前向きに考える。 긍정적으로 생각하다.
まばらな		**드문드문한, 뜸한** 店内に客の姿はまばらだった。 가게에 손님의 모습은 뜸했다.
未熟な	みじゅくな	**미숙한, 어설픈** 舞台に立つにはまだ演技が未熟だ。 무대에 서기에는 아직 연기가 미숙하다.
身近な	みぢかな	**가까운, 관계 깊은** ごみ処理は住民に身近な問題だ。 쓰레기 처리는 주민에게 관계 깊은 문제이다.
無意味な	むいみな	**무의미한, 의미 없는** 努力は無意味に終わった。 노력은 무의미하게 끝났다.
無邪気な	むじゃきな	**순진한, 천진난만한** 子供のように無邪気に笑う。 아이처럼 천진난만하게 웃다.
無神経な	むしんけいな	**무신경한, 둔감한** 無神経な発言をする。 무신경한 발언을 하다.
無造作な	むぞうさな	**손쉬운, 공들이지 않은, 아무렇게나** 帽子を無造作にかぶる。 모자를 아무렇게나 쓰다.
無駄な	むだな	**쓸데없는, 불필요한, 헛된** 無駄な出費を抑える。 불필요한 지출을 억제하다.
無茶な	むちゃな	**무리한, 터무니없는, 어거지인** 無茶な使い方をすると壊れる。 무리하게 사용하면 고장 난다.
無謀な	むぼうな	**무모한** この計画は無謀であり見直すべきだ。 이 계획은 무모하며 재검토해야 한다.
明快な	めいかいな	**명쾌한** 明快な論理で反論する。 명쾌한 논리로 반론하다.

明瞭な	めいりょうな	**명료한, 분명한** 明瞭な発音で分かりやすく話す。 명료한 발음으로 알기 쉽게 말하다.
明朗な	めいろうな	**명랑한** 彼は明朗な性格の持ち主だ。 그는 명랑한 성격의 소유자이다.
綿密な	めんみつな	**면밀한, 치밀한** 綿密に計画を立てる。 면밀하게 계획을 세우다.
猛烈な	もうれつな	**맹렬한** 火が猛烈な勢いで広がる。 불이 맹렬한 기세로 확산되다.
厄介な	やっかいな	**귀찮은, 성가신** 厄介な問題が起きた。 귀찮은 문제가 생겼다.
憂鬱な	ゆううつな	**우울한** 毎日雨ばかりで憂鬱だ。 매일 비만 내려서 우울하다.
有益な	ゆうえきな	**유익한, 도움이 되는** 社会に有益な事業を援助する。 사회에 유익한 사업을 원조하다.
勇敢な	ゆうかんな	**용감한** 苦難の時代を勇敢に生き抜く。 고난의 시대를 용감하게 살아가다.
優柔不断な	ゆうじゅうふだんな	**우유부단한, 결단력이 없는** 優柔不断な態度を非難する。 우유부단한 태도를 비난하다.
優勢な	ゆうせいな	**우세한** 試合を優勢に進める。 시합을 우세하게 진행하다.
悠長な	ゆうちょうな	**느긋한, 느릿느릿한, 여유로운** そんな悠長な話はしていられない。 그렇게 느긋한 이야기는 하고 있을 수 없다.
優美な 🔵 淑やかな	ゆうびな	**우아한** 和服姿で優美に振る舞う。 일본 전통옷 차림으로 우아하게 행동하다.

有望な	ゆうぼうな	유망한, 전망이 있는 アジアはこれから有望な市場になる。 아시아는 앞으로 유망한 시장이 될 것이다.
緩やかな	ゆるやかな	완만한, 느슨한, 관대한 緩やかな坂道を登る。 완만한 비탈길을 오르다.
良好な	りょうこうな	양호한 取引先と良好な関係を築く。 거래처와 양호한 관계를 쌓다.
良質な	りょうしつな	양질의, 질이 좋은 良質なサービスを供給する。 양질의 서비스를 공급하다.
冷酷な	れいこくな	냉혹한, 무자비한 冷酷にリストラを実行する。 냉혹하게 정리 해고를 실행하다.
冷淡な	れいたんな	냉담한, 무관심한, 쌀쌀맞은 勝手にしろと冷淡に言う。 마음대로 하라고 냉담하게 말하다.
露骨な	ろこつな	노골적인 悪口を露骨に言う。 험담을 노골적으로 하다.

부사

あえて		굳이, 무리하게, 구태여
		あえて危険を冒す。 굳이 위험을 무릅쓰다.

あっさり		시원스럽게, 깔끔하게, 깨끗하게
		試合にあっさりと負ける。 시합에 깨끗하게 지다.

ありあり		뚜렷이, 역력히, 생생히, 선명하게
		昔の思い出がありありと浮かんできた。 옛 추억이 생생히 떠올랐다.

いかなる		어떠한 〈연체사〉
		いかなる犠牲を払ってもやり遂げる。 어떠한 희생을 치르더라도 완수하겠다.

いかに		① 아무리, 얼마나
		いかに苦しくても我慢する。 아무리 괴로워도 참는다.
		② 어떻게
		人生をいかに生きるべきか。 인생을 어떻게 살아야 할 것인가?

いかにも		① 매우, 정말로
		いかにも苦しそうだ。 매우 괴로운 듯하다.
		② 과연, 확실하게
		いかにも君らしいね。 과연 자네답군.

幾度	いくど	여러 번, 몇 번이나
		幾度声をかけても返事がない。 여러 번 말을 걸어도 대답이 없다.

至って	いたって	지극히, 매우, 대단히
		子供は至って元気です。 아이는 매우 건강합니다.

一概に	いちがいに	한 마디로, 무조건, 하나같이
		一概に悪いとは言えない。 무조건 나쁘다고는 말할 수 없다.

一挙に	いっきょに	일거에, 한꺼번에, 한 번에
		問題を一挙に解決する。 문제를 한꺼번에 해결하다.

一見	いっけん	언뜻 보기에
		一見難しそうに見える。 언뜻 보기에 어려워 보인다.

一向に	いっこうに	**전혀, 조금도**
		話が一向に進まない。 이야기가 전혀 진전되지 않는다.

いとも		**매우, 아주, 지극히**
		様々な情報をいとも簡単に入手できる。
		다양한 정보를 매우 간단히 입수할 수 있다.

今更	いまさら	**이제 와서, 새삼스럽게**
		今更慌てても仕方がない。 이제 와서 허둥대도 어쩔 수 없다.

未だ	いまだ	**아직도, 지금껏, 여지껏**
		事故の原因は未だはっきりしない。
		사고의 원인은 아직도 확실치 않다.

いやいや		**마지못해, 하는 수 없이**
● しぶしぶ		いやいや承諾する。 마지못해 승낙하다.

否応なしに	いやおうなしに	**마지못해, 다짜고짜**
		否応なしに飲み会に参加する。 마지못해 술자리에 참석하다.

いやに		**몹시, 매우**
		いやに頭が痛い。 몹시 머리가 아프다.

うずうず		**근질근질, 좀이 쑤심**
		遊びに行きたくてうずうずしている。
		놀러 가고 싶어서 좀이 쑤신다.

うんざり		**지긋지긋함, 진절머리가 남, 지겨움**
		長電話にうんざりする。 긴 전화에 진절머리가 나다.

大方	おおかた	**거의, 대략, 대부분**
		仕事は大方片づいた。 일은 거의 정리되었다.

おおむね		**대체로, 대부분**
		説明の内容はおおむね理解できた。
		설명의 내용은 대체로 이해되었다.

おどおど		**주저주저, 흠칫흠칫, 안절부절**
		おどおどと辺りを見回す。 안절부절하며 주위를 둘러보다.

自ずから	おのずから	저절로, 자연히

時が来れば、自ずから分かる。 때가 오면 저절로 알게 된다.

自ずと	おのずと	저절로, 자연히

よく読めば自ずと理解できる。 잘 읽으면 자연히 이해된다.

折り返し	おりかえし	즉시, 바로

折り返し電話します。 바로 전화드리겠습니다.

確たる	かくたる	확실한 〈연체사〉
⊜確		

確たる証拠はない。 확실한 증거는 없다.

かつ		게다가, 그리고, 또 〈접속사〉

よく学び、かつよく遊ぶ。 열심히 배우고, 그리고 잘 논다.

がっくり		① 맥없이, 푹, 탁(갑자기 낙심하거나 기운을 잃는 모습)

失敗にがっくりする。 실패로 낙심하다.

② 뚝(급격히 쇠퇴하는 모습)

客足ががっくりと減る。 손님이 뚝하고 줄어들다.

がっしり		튼튼히, 다부지게

がっしりとした体格。 다부진 체격.

がっちり		① 꽉, 단단히(빈틈없이 결합된 모습)

がっちりと手を握る。 단단히 손을 잡다.

② 튼튼히, 다부지게

がっちりした体。 다부진 몸.

かねがね		진작부터, 미리, 전부터

かねがねお会いしたいと思っていました。

진작부터 만나 뵙고 싶다고 생각하고 있었습니다.

かねて		진작부터, 미리, 전부터

かねてより予期していたことだ。 진작부터 예측하고 있던 일이다.

がやがや		왁자지껄, 와글와글

教室の中ががやがやしている。 교실 안이 왁자지껄하다.

がらりと		싹, 확(갑자기 모두 바뀌는 모습)

町の様子はがらりと変わっていた。
거리의 모습은 확 달라져 있었다.

仮に	かりに	만일, 만약

仮に招待されても出席する気はない。
만약 초대를 받더라도 출석할 생각은 없다.

かろうじて		간신히, 가까스로

かろうじて最終電車に間に合った。
간신히 마지막 열차 시간에 맞췄다.

代わる代わる	かわるがわる	번갈아, 교대로
⊜交互に		

出席者が代わる代わる意見を述べた。
출석자가 번갈아 가며 의견을 말했다.

元来	がんらい	원래
⊜もともと		

この時計は元来父の物だ。 이 시계는 원래 아버지의 물건이다.

ぎくしゃく		삐끗삐끗, 서먹서먹(순조롭지 못한 모습)

友達との関係がぎくしゃくしている。
친구와의 관계가 서먹서먹하다.

きっかり		딱, 정확하게
⊜ちょうど, きっちり		

きっかり約束の時間に来る。 정확하게 약속 시간에 오다.

きっちり		① 빈틈없이, 꽉
⊜ぴったり		

ふたをきっちりと閉める。 뚜껑을 꽉 닫다.

		② 딱, 정확하게
⊜きっかり		

きっちりと2時に開会する。 정확하게 2시에 개회하다.

急遽	きゅうきょ	급거, 갑작스레, 갑자기, 서둘러
⊜急いで		

急遽出張に行くことになった。 갑자기 출장을 가게 되었다.

極力	きょくりょく	힘껏, 가능하면

争いは極力避けたい。 분쟁은 가능하면 피하고 싶다.

極めて	きわめて	지극히, 매우

解決は極めて難しい。 해결은 매우 어렵다.

くっきり		선명하게, 뚜렷하게, 또렷이 遠くの山がくっきり見える。 먼 산이 선명하게 보인다.
ぐっと		① 힘껏, 꿀꺽 ビールをぐっと飲む。 맥주를 꿀꺽 마시다. ② 울컥, 뭉클(강한 감정) 胸にぐっと来た。 가슴이 뭉클해졌다.
くまなく		빠짐없이, 샅샅이, 구석구석까지 家中をくまなく捜す。 집 전체를 샅샅이 찾았다.
くよくよ		끙끙(고민하는 모습) あまりくよくよするな。 너무 고민하지 마.
決して	けっして	결코 決してうそは言いません。 결코 거짓말은 하지 않습니다.
げっそり		홀쭉하게 病気をしてげっそりとやせる。 병을 앓아 홀쭉하게 여위다.
こうこう		반짝반짝하게, 환하게 電灯がこうこうと輝く。 전등이 환하게 빛나다.
交互に ● 代わる代わる	こうごに	번갈아, 교대로 交互に意見を述べる。 교대로 의견을 말하다.
ことごとく ● すべて		모두, 전부 意見がことごとく対立する。 의견이 모두 대립하다.
殊に ● 特に, とりわけ	ことに	특히 今年の夏は殊に暑い。 올 여름은 특히 덥다.
こりごり		지긋지긋함, 넌더리가 남 こんな仕事はもうこりごりだ。 이런 일은 이제 지긋지긋하다.
さぞ ● さぞかし, きっと		틀림없이, 필시, 분명 さぞびっくりしたことだろう。 분명 놀랐을 것이다.
さっと		휙, 재빨리 さっと身を隠す。 재빨리 몸을 숨기다.

さほど ⊜ それほど, 大して		**그다지, 그렇게** さほどひどい病気ではない。 그다지 심각한 병은 아니다.
さも ⊜ いかにも		**정말로, 아주, 너무나** さも嬉しそうに笑う。 아주 기쁜 듯이 웃다.
ざらざら		**까칠까칠, 꺼끌꺼끌(거칠고 윤기없는 모습)** 窓を開けていたら、床がざらざらになった。 창문을 열어두었더니 바닥이 꺼끌꺼끌해졌다.
強いて ⊜ あえて, 無理に	しいて	**굳이, 억지로** いやなら、強いてすることはない。 싫다면 굳이 할 필요는 없다.
しかしながら ⊜ しかし		**그렇지만, 하지만 〈접속사〉** 計画はよい。しかしながらお金がない。 계획은 좋다. 그렇지만 돈이 없다.
しきりに		**자꾸만, 끊임없이, 계속** しきりにベルが鳴る。 끊임없이 벨이 울리다.
じっくり		**차분히, 곰곰이** じっくりと考える。 차분히 생각하다.
じめじめ		**① 축축한** 梅雨でじめじめとした天気が続いている。 장마로 축축한 날씨가 계속되고 있다. **② 음침한, 어두운** 彼はじめじめとした性格の持ち主だ。 그는 음침한 성격의 소유자이다.
若干 ⊜ 多少, 少し	じゃっかん	**약간, 다소, 얼마간** 若干不安が残る。 약간 불안이 남다.
終始 ⊜ ずっと	しゅうし	**시종, 계속** 終始沈黙を守る。 시종 침묵을 지키다.
順繰りに	じゅんぐりに	**순서대로, 차례대로** 順繰りに発言する。 순서대로 발언하다.

しょっちゅう		노상, 언제나
⊜常に		しょっちゅう遅刻をする。 언제나 지각을 한다.

じわじわ		서서히
		インフレの影響がじわじわと出始める。
		인플레이션의 영향이 서서히 나타나기 시작하다.

しんなり		부드럽게
		野菜をゆでてしんなりさせる。 채소를 삶아 부드럽게 만들다.

随時	ずいじ	수시로, 그때그때
		随時アルバイトを募集する。 수시로 아르바이트를 모집하다.

ずばり		정확히
		予想がずばり的中する。 예상이 정확히 적중하다.

すべすべ		매끈매끈, 반질반질
		入浴後は肌がすべすべになる。 목욕 후에는 피부가 매끈매끈해진다.

ずらっと		죽, 줄줄이
⊜ずらりと		ずらっと並ぶ。 죽 늘어서다.

ずるずる		질질(물건을 끌거나 시간을 끄는 모습)
		返事をずるずると延ばす。 답장을 질질 끌다.

すんなり		순조롭게, 술술, 수월히
		すんなりと決まる。 순조롭게 결정되다.

整然と	せいぜんと	정연하게, 질서 있게
		整然と並ぶ。 질서 있게 줄 서다.

せかせか		후다닥후다닥, 부산하게
		彼はいつもせかせかと動き回る。 그는 항상 부산하게 돌아다닌다.

総じて	そうじて	대체로, 일반적으로
		今年の夏は総じて雨が多かった。 올 여름은 대체로 비가 많았다.

騒然と	そうぜんと	어수선하게, 소란스럽게
		思わぬ出来事に、騒然となる。 뜻하지 않은 일로 어수선해지다.

即刻	そっこく	즉각, 즉시

会長の即刻辞任を強く求める。 회장의 즉각 사임을 강력히 요구하다.

それゆえ		그러므로 〈접속사〉

自転車の事故が多い。それゆえ注意してほしい。

자전거 사고가 많다. 그러므로 주의했으면 좋겠다.

そわそわ		안절부절못함, 초조해함

そわそわしながら発表時間を待つ。

초조해하며 발표 시간을 기다리다.

大概	たいがい	대개, 대부분

休みの日は大概家にいます。 휴일은 대개 집에 있습니다.

大層	たいそう	매우, 굉장히

今朝は大層寒い。 오늘 아침은 매우 춥다.

断じて	だんじて	결코, 단연코

他人をいじめることは、断じて許されない。

남을 괴롭히는 일은 결코 용납될 수 없다.

断然	だんぜん	① 단호하게

私は断然反対だ。 나는 단호하게 반대한다.

② 월등히, 단연

こちらの方が断然得だ。 이쪽이 단연 이득이다.

ちやほや		오냐오냐함, 비위를 맞춤

子供をちやほやする。 아이를 오냐오냐하다.

ちょくちょく		이따금, 가끔
● しばしば, たびたび		

友達がちょくちょく遊びに来る。 친구가 가끔 놀러 온다.

ちらっと		언뜻, 흘끗, 힐끗, 슬쩍
● ちらりと		

ちらっと顔を見る。 힐끗 얼굴을 보다.

つくづく		곰곰이, 가만히, 절실히

親のありがたさをつくづく考える。

부모의 고마움을 절실히 생각하다.

努めて	つとめて	**애써, 무리해서, 억지로** 努めて明るく振る舞う。 애써 밝게 행동하다.
つぶさに		**상세히, 빠짐없이** 調査の結果をつぶさに報告する。 조사 결과를 상세히 보고하다.
てきぱき		**척척(일을 잘 처리하는 모습)** 仕事をてきぱきと片付ける。 일을 척척 처리하다.
てっきり ⊜きっと		**틀림없이, 의심없이** 今日はてっきり晴れると思ったのに。 오늘은 틀림없이 맑을 것이라고 생각했는데.
てんで ⊜まるっきり, まったく		**전혀** てんでやる気がない。 전혀 의욕이 없다.
到底 ⊜どうしても	とうてい	**도저히, 도무지, 아무리 해도** 到底相手にならない。 도저히 상대가 되지 않는다.
堂々と	どうどうと	**당당하게** 堂々とした態度。 당당한 태도.
どうやら		**아무래도, 어쩐지** どうやら明日は雨らしい。 아무래도 내일은 비가 내릴 것 같다.
とかく		**자칫하면, 툭하면, 곧잘** 雪が降るととかく遅刻者が多くなる。 눈이 내리면 곧잘 지각자가 많아진다.
とっさに		**순간, 순간적으로** とっさにブレーキを踏む。 순간적으로 브레이크를 밟다.
突如 ⊜不意に, 突然	とつじょ	**갑자기, 별안간** 突如爆発が起こる。 갑자기 폭발이 일어나다.
とりわけ ⊜特に, 殊に		**특히, 유독, 유달리** 今年の夏はとりわけ暑い。 올해 여름은 특히 덥다.
どろどろ		**질척질척, 걸쭉한** どろどろしたソースをかける。 걸쭉한 소스를 뿌리다.

どんより		흐린 모습, 어두침침한 모습

空はどんより曇っている。 하늘은 어두침침하게 흐리다.

ないし		내지, 혹은 〈접속사〉
● または		

電話ないし手紙で知らせる。 전화 내지 편지로 알리다.

なおさら		더욱더, 전보다 더
● ますます		

風がないので、なおさら暑く感じる。

바람이 없어서 더욱더 덥게 느낀다.

なにとぞ		부디, 아무쪼록
● どうぞ, どうか		

なにとぞよろしくお願いします。 부디 잘 부탁드립니다.

何より	なにより	무엇보다도, 가장

無事に帰国できて何より嬉しい。

무사히 귀국할 수 있어서 무엇보다도 기쁘다.

なるたけ		되도록, 가능한 한
● できるだけ, なるべく		

なるたけ早く帰って下さい。 되도록 빨리 돌아가세요.

なんだか		왠지, 어쩐지
● なぜか		

なんだか心配になってきた。 왠지 걱정이 되었다.

なんだかんだ		이래저래, 여러가지로
● いろいろ		

選挙でなんだかんだと騒がしい。

선거로 이래저래 소란스럽다.

なんと		이 얼마나, 어쩌면 이렇게, 참으로
● なんて		

なんと美しい花だ。 이 얼마나 아름다운 꽃인가!

如実に	にょじつに	여실히, 있는 그대로

事件の真相を如実に物語る。 사건의 진상을 여실히 말해 주다.

根こそぎ	ねこそぎ	전부, 몽땅, 송두리째, 남김없이

倉庫の品物を根こそぎ盗まれた。 창고의 물건을 몽땅 도난당했다.

ねばねば		끈적끈적

飴で手がねばねばする。 사탕으로 손이 끈적끈적하다.

軒並	のきなみ	모두, 일제히

軒並値上がりする。 일제히 가격이 오르다.

漠然と	ばくぜんと	**막연히** 漠然と考える。 막연히 생각하다.
はなはだ ⊜大変,非常に		**매우, 몹시** はなはだ残念だ。 매우 유감이다.
ひいては		**나아가서는** それは自身のためにも、ひいては社会のためにもなる。 그것은 자신을 위해서도, 나아가서는 사회를 위해서이기도 하다.
ひしひし		**절실하게, 뼈저리게** 社長になり、責任の重さをひしひしと感じる。 사장이 되어 책임의 무게를 뼈저리게 느낀다.
ひたすら ⊜専ら		**오로지, 한결같이** ひたすら仕事に没頭する。 오로지 일에 몰두하다.
ひっそり		**조용함, 쥐 죽은 듯 함** 深夜の町はひっそりとしている。 심야의 마을은 조용하다.
人一倍	ひといちばい	**다른 사람보다 더욱, 남보다 배로** 人一倍努力する。 남보다 배로 노력하다.
ひとまず ⊜一応,とりあえず		**일단, 우선** これでひとまず安心だ。 이것으로 일단 안심이다.
ひょっと ⊜不意に,ふと		**불쑥, 문득** ひょっと思いつく。 불쑥 생각나다.
ひんやり		**싸늘한, 썰렁한** ひんやりとした風が吹く。 싸늘한 바람이 불다.
不意に ⊜ひょっと,ふと	ふいに	**갑자기, 별안간, 불쑥** 前の車が不意に止まる。 앞차가 갑자기 멈춰 서다.
深深と	ふかぶかと	**깊숙이, 깊이** 深深と頭をさげる。 깊숙이 머리를 숙이다.
ぺこぺこ		**굽실굽실, 굽실거림, 굽신댐** ぺこぺこしながら言い訳をする。 굽실굽실하며 변명을 하다.

N1

べたべた		끈적끈적, 더덕더덕
		汗でシャツがべたべたになる。 땀으로 셔츠가 끈적끈적 달라붙다.
ぼうぜん		멍함, 어리둥절함
		ぼうぜんと立ち尽くす。 멍하니 계속 서 있다.
ぼつぼつ		슬슬, 조금씩
		ぼつぼつと人が集まってくる。 조금씩 사람이 모여들다.
ぽつぽつ		똑똑(비가 조금씩 내리기 시작하는 모양)
		ぽつぽつと雨が降ってきた。 똑똑 비가 내리기 시작했다.
前もって	まえもって	미리
●あらかじめ		前もって連絡する。 미리 연락하다.
誠に	まことに	정말로, 참으로
●実に, 本当に		誠にお世話になりました。 정말로 신세 많이 졌습니다.
まさしく		틀림없이, 분명, 실로
		この絵はまさしく傑作だ。 이 그림은 실로 걸작이다.
まして		하물며, 더구나
		音楽には興味はないのだから、ましてギターなど弾けるはずがない。
		음악에는 흥미가 없으니, 하물며 기타 같은 것을 칠 수 있을 리가 없다.
丸ごと	まるごと	통째로
		みかんを丸ごと食べる。 귤을 통째로 먹다.
丸っきり	まるっきり	도무지, 전혀
●まるきり, まったく		料理は丸っきりだめだ。 요리는 전혀 못한다.
まるまる		① 토실토실
		まるまるとした赤ちゃん。 토실토실한 아기.
		② 전부, 꼬박
		まるまる二日はかかる。 꼬박 이틀은 걸린다.
みっちり		철저하게, 착실하게
		朝から晩までみっちり勉強する。
		아침부터 밤까지 착실하게 공부하다.

| 無性に | むしょうに | 공연히, 무턱대고 |
| | | 無性に腹が立つ。 공연히 화가 난다. |

むっと		욱하는 모습, 화가 치밀어 오르는 모습
		山田さんはむっとしたようだった。
		야마다 씨는 화가 난 것 같았다.

むやみに	① 공연히, 무턱대고
●やたら	むやみに怒る。 무턱대고 화를 내다.
	② 매우, 몹시
	むやみに腹が減る。 몹시 배가 고프다.

N1

| 無論 | むろん | 물론 |
| ●もちろん | | 無論賛成だ。 물론 찬성이다. |

| めいめい | | 각각 |
| ●各々 | | お菓子をめいめいに分ける。 과자를 각각 나누다. |

| めきめき | | 눈에 띄게, 부쩍부쩍 |
| | | めきめきと上達する。 눈에 띄게 능숙해지다. |

| もしくは | | 혹은, 또는 〈접속사〉 |
| ●または, あるいは | | 手紙もしくは電話で連絡すること。 편지 혹은 전화로 연락할 것. |

| 目下 | もっか | 지금, 현재 |
| ●ただいま | | 目下検討中です。 현재 검토 중입니다. |

| 専ら | もっぱら | 오로지, 온통, 한결같이 |
| ●ひたすら | | 専ら練習に励む。 오로지 연습에 힘쓰다. |

もとより	① 처음부터, 원래
●もともと	失敗はもとより覚悟していた。
	실패는 처음부터 각오하고 있었다.
	② 물론
●もちろん	この映画は子供はもとより大人も楽しめる。
	이 영화는 아이는 물론 어른도 즐길 수 있다.

| もはや | | 이미, 이제는 |
| ●もう | | もはや手の打ちようがない。 이제는 손을 쓸 방법이 없다. |

もろに ⊖ 直接に, まともに		직접, 정면으로 木にもろにぶつかる。 나무에 정면으로 부딪히다.
やけに ⊖ やたら		매우, 몹시 やけにのどが渇く。 매우 목이 마르다.
やたら ⊖ やけに		매우, 몹시 やたらと忙しい。 몹시 바쁘다.
やむをえず ⊖ 仕方がなく		어쩔 수 없이 やむをえず試合は延期することになった。 어쩔 수 없이 시합은 연기되었다.
やんわり		부드럽게, 넌지시 やんわりと断る。 넌지시 거절하다.
故に	ゆえに	고로, 그러므로, 따라서 〈접속사〉 我思う。故に我あり。 나는 생각한다. 고로 나는 존재한다.
よほど ⊖ よっぽど		상당히, 무척, 퍽, 꽤 よほど困っているようだ。 상당히 곤란한 모양이다.
歴然と	れきぜんと	확연하게, 명확하게, 분명하게 両チームの実力の差は歴然としている。 두 팀의 실력 차이는 확연하다.
ろくに		충분히, 제대로(~하지 못하다) ろくに休みもとれない。 제대로 휴가도 낼 수 없다.

アクセル	액셀, 가속 페달
⊖ アクセルペダル	アクセルを踏む。 액셀을 밟다.

アップ	상승, 향상
	レベルがアップする。 레벨이 향상되다.

アプローチ	접근
	大胆にアプローチする。 대담하게 접근하다.

アポイント	약속
⊖ アポイントメント	アポイントをとる。 약속을 잡다.

アリバイ	알리바이
	アリバイを証明する。 알리바이를 증명하다.

アンコール	앙코르
	アンコールにこたえる。 앙코르에 답하다.

インスピレーション	영감
	インスピレーションがわく。 영감이 떠오르다.

インテリ	인텔리, 지식인, 지식층
⊖ インテリゲンチア	インテリ向けの雑誌。 지식인 대상의 잡지.

インプット	인풋, 입력, 투입
⊖ アウトプット 아웃풋, 출력	データをインプットする。 데이터를 입력하다.

インフラ	인프라, 기반 시설
⊖ インフラストラクチャー	インフラを拡充する。 인프라를 확충하다.

インフレ	인플레이션, 물가 상승
⊖ インフレーション	インフレで生活が苦しくなる。 인플레이션으로 생활이 어려워지다.

ウエート	중량, 무게, 중점
⊖ ウエイト	筆記試験より面接にウエートを置く。 필기 시험보다 면접에 중점을 두다.

エキスパート	전문가, 숙련자
	エキスパートに意見を聞く。 전문가에게 의견을 묻다.

エリア	지역, 구역, 지대
⊜エリヤ	サービスエリアを拡大する。 서비스 지역을 확대하다.

エレガント	고상함, 우아함
	エレガントな服装。 우아한 복장.

オーダー	오더, 주문
	オーダーを取り消す。 오더를 취소하다.

オートマチック	자동
	作業をオートマチックに処理する。 작업을 자동으로 처리하다.

カット	커트, 자름, 삭제, 삭감
	賃金をカットする。 임금을 삭감하다.

カテゴリー	카테고리, 범주
	同じカテゴリーに属する。 같은 범주에 속하다.

カルテ	진료 기록 카드
	病状をカルテに記載する。 병의 증상을 진료 기록 카드에 기재하다.

キャッチ	포착, 파악
	情報をキャッチする。 정보를 포착하다.

キャラクター	캐릭터, 성격, 등장인물
	特異なキャラクターの持ち主。 특이한 성격의 소유자.

キャリア	경력
⊜キャリヤ	キャリアを積む。 경력을 쌓다.

クレーム	클레임, 불만, 이의
	お客様からのクレームに対応する。 고객의 불만에 대응하다.

グローバル	국제적, 세계적
	グローバルな観点で考える。 국제적인 관점에서 생각하다.

ケア	간호, 보살핌
	患者をケアする。 환자를 보살피다.

コスト	비용, 원가
	コストを切り詰める。 비용을 절감하다.

コマーシャル	선전, 광고
	コマーシャルを放送する。 광고를 방송하다.

コメント	견해, 의견, 평론
	コメントを求める。 의견을 구하다.

コンスタント	일정함
	毎月コンスタントな収益をあげる。 매달 일정한 수익을 올리다.

コンテスト	콘테스트, 경연대회
	コンテストに参加する。 콘테스트에 참가하다.

コンテンツ	콘텐츠, 내용
	人気のあるコンテンツを確保する。 인기 있는 콘텐츠를 확보하다.

コントラスト	대조, 대비
	二つの色のコントラストが美しい。 두 색의 대비가 아름답다.

コントロール	컨트롤, 통제, 조절, 관리
	温度をコントロールする。 온도를 조절하다.

コンパクト	작고 알참, 소형
	コンパクトな車がよく売れている。 소형 자동차가 잘 팔리고 있다.

コンパス	컴퍼스
	コンパスで円を書く。 컴퍼스로 원을 그리다.

コンプレックス	콤플렉스, 열등감
	英語にコンプレックスがある。 영어에 콤플렉스가 있다.

サポート	지원, 지지
	営業活動をサポートする。 영업 활동을 지원하다.

サイクル	사이클, 순환 과정, 주기
	予習、授業、復習というサイクルを繰り返す。
	예습, 수업, 복습이라는 과정을 반복하다.

シェア	분담, 분배, 공유, 시장 점유율
	二割のシェアを占める。 20%의 점유율을 차지하다.

システム	시스템, 체계, 제도
	業務のシステムを説明する。 업무 체계를 설명하다.
シチュエーション	시추에이션, 상황, 경우
	多様な会話のシチュエーションを想定する。
	다양한 회화 상황을 가정하다.
シック	세련됨
	シックに着こなす。 세련되게 차려입다.
シナリオ	시나리오, 각본, 대본
	映画のシナリオを書く。 영화 시나리오를 쓰다.
シビア	엄격함, 가혹함
	シビアな批評を受ける。 가혹한 비평을 받다.
シャープ	날카로움, 예민함, 선명함
	シャープな画面。 선명한 화면.
ジャンプ	점프, 비약, 도약
	ジャンプしてボールを取る。 점프해서 공을 잡다.
ジャンル	장르, 종류, 영역, 갈래
	随筆は文学のジャンルに属する。 수필은 문학의 장르에 속한다.
シンプル	단순함, 간소함
	シンプルなデザインの服が好きだ。 심플한 디자인의 옷을 좋아한다.
スケール	스케일, 규모
	あの監督の映画はスケールが大きい。 그 감독의 영화는 스케일이 크다.
スタジオ	스튜디오, 촬영소
	スタジオで写真を撮る。 스튜디오에서 사진을 찍다.
ストック	재고
	まだストックが十分ある。 아직 재고가 충분하다.
ストライキ ⊜スト	스트라이크, 파업
	ストライキをする。 파업하다.

ストレート	직접적, 솔직함, 단도직입적
	彼はストレートに言う。 그는 단도직입적으로 말한다.

ストロー	빨대
	ジュースをストローで飲む。 주스를 빨대로 마시다.

スポット	점, 지점, 특정 장소
	観光スポットを教えてください。 관광 명소를 알려주세요.

スライス	슬라이스, 얇게 썬 것
	ハムをスライスして皿に載せる。 햄을 슬라이스해서 접시에 올리다.

セクション	부문, 부서
	営業セクションで働いている。 영업 부문에서 일하고 있다.

セレモニー	의식, 기념행사
	創立30周年のセレモニーを行う。 창립 30주년 기념행사를 거행하다.

センサー	센서, 감지기
	ガスをセンサーが感知して警報が鳴る。
	가스를 센서가 감지하여 경보가 울린다.

センス	센스, 감각, 판단력
	服を選ぶセンスがない。 옷을 고르는 센스가 없다.

タイト	딱 맞음, 꽉 낌
	タイトなスカートをはく。 꽉 끼는 치마를 입다.

タイマー	타이머
	タイマーを7時にセットする。 타이머를 7시로 맞추다.

タイムリー	시의적절함, 적시임
	タイムリーな話題。 시의적절한 화제.

ダウンロード	다운로드, 내려받기
	データをダウンロードする。 데이터를 다운로드하다.

ダブル	더블, 두 배, 이중
	ダブルスコアで勝つ。 두 배의 점수 차로 이기다.

N1

タレント	탤런트, 재능, 소질, 연예인

人気タレントが引退する。 인기 탤런트가 은퇴하다.

タワー	타워, 탑

東京タワーがそびえている。 도쿄 타워가 우뚝 솟아 있다.

ダンプカー	덤프카, 덤프트럭

大型のダンプカーが道路を走っている。

대형 덤프트럭이 도로를 달리고 있다.

チームワーク	팀워크, 단체 행동, 단결, 협력

目標を達成するためにはチームワークが不可欠だ。

목표를 달성하기 위해서는 팀워크가 불가결하다.

チョイス	선택

それがベストチョイスだ。 그것이 최선의 선택이다.

データベース	데이터베이스

多くの企業がデータベースを活用している。

많은 기업이 데이터베이스를 활용하고 있다.

デコレーション	장식, 꾸밈

派手なデコレーションは好きではない。

화려한 장식은 좋아하지 않는다.

デジタル	디지털

すっかりデジタルの時代になった。 완전히 디지털 시대가 되었다.

デビュー	데뷔, 첫 등장

華々しくデビューする。 화려하게 데뷔하다.

デマ	데마, 헛소문, 유언비어, 허위 정보

デマを流して他人に迷惑をかける。 헛소문을 퍼뜨려 남에게 폐를 끼치다.

デモンストレーション	데모, 시위, 시연
⊜デモ	

新車発売に際して、デモンストレーションをする。

신차 발매에 즈음하여 시연을 하다.

デリケート	섬세함, 미묘함, 민감함

これは非常にデリケートな問題だ。 이것은 매우 미묘한 문제이다.

トラブル	문제, 분쟁
	金銭上のトラブルを起こす。 금전상의 분쟁을 일으키다.

ドリル	드릴, 반복 연습
	英語のドリルをする。 영어를 반복 연습하다.

トレンド	유행, 경향, 추세
	秋のファッショントレンドを教えてください。
	가을의 패션 경향을 가르쳐 주세요.

ナイター ⊖ナイトゲーム	야간 시합
	ナイターを見に行く。 야간 시합을 보러 가다.

ナチュラル	천연, 자연적
	ナチュラルな素材を使用する。 천연 소재를 사용하다.

ナンセンス	난센스, 무의미함, 어리석음
	そんな議論はナンセンスだ。 그런 논의는 무의미하다.

ニュアンス	뉘앙스, 느낌, 미묘한 차이
	表現のニュアンスを説明する。 표현의 뉘앙스를 설명하다.

ネック ⊖ボトルネック	보틀넥, 애로 사항, 장애물, 지장
	生産コストの高さがネックになっている。
	높은 생산 비용이 장애가 되고 있다.

ノイローゼ	노이로제, 신경질환, 신경증
	ノイローゼに悩む。 노이로제로 고생하다.

ノウハウ	노하우, 요령, 기술
	経営のノウハウを学ぶ。 경영의 노하우를 배우다.

ノルマ	노르마, 할당량
	ノルマを果たす。 할당량을 채우다.

パートナー	파트너, 동반자, 상대
	よいパートナーとなる。 좋은 파트너가 되다.

ハードル	허들, 장애물
	目の前にあるハードルを越える。 눈 앞에 있는 장애물을 넘다.

バックアップ	백업, 지원
	立候補者をバックアップする。 입후보자를 지원하다.

バッテリー	배터리, 전지
	バッテリーが上がる。 배터리가 소진되다.

パトカー 🔁 パトロールカー	경찰차, 순찰차
	パトカーがサイレンを鳴らす。 경찰차가 사이렌을 울리다.

ハンガー	옷걸이
	コートをハンガーにかける。 코트를 옷걸이에 걸다.

ヒーリング	치유
	山道をのんびり歩くのもヒーリングになる。 산길을 느긋하게 걷는 것도 치유가 된다.

ビジネス	비즈니스, 사업, 일, 업무
	ビジネスに徹する。 일에 전념하다.

ピント	핀트, 초점, 요점
	カメラのピントを合わせる。 카메라의 초점을 맞추다.

ファイト	투지
	ファイトが足りない。 투지가 부족하다.

フィット	몸에 꼭 맞음
	このシャツは体にフィットする。 이 셔츠는 몸에 꼭 맞는다.

フィルター	필터, 여과기
	浄水器のフィルターを交換する。 정수기의 필터를 교환하다.

フォーム	폼, 형식, 양식, 자세
	フォームに合わせて書類を作成する。 양식에 맞추어 서류를 작성하다.

フォロー	보완, 지원, 보조
	新入社員の業務をフォローする。 신입 사원의 업무를 지원하다.

プライベート	개인적, 사적
	プライベートの時間が欲しい。 개인적인 시간을 갖고 싶다.

ブランク	공백, 공란
	_{しょくれき}職歴にブランクがあることが_{しんぱい}心配だ。 경력에 공백이 있는 것이 걱정이다.

フロント	프런트, 접수처
	フロントに_{に もつ}荷物を_{あず}預ける。 프런트에 짐을 맡기다.

ペア	한 조, 한 쌍
	_{ふたり}二人でペアになる。 둘이서 한 조가 되다.

ペース	페이스, 걷는 속도, 진행 속도
	_{じ ぶん}自分のペースで_{はし}走る。 자신의 페이스로 달리다.

ボイコット	보이콧, 참가 거부, 불매 운동
	_{とうひょう}投票をボイコットする。 투표를 거부하다.

ポジション	포지션, 지위, 위치, 역할
	ポジションを_え得る。 지위를 얻다.

ボランティア	자원봉사
	ボランティア_{かつ どう}活動をする。 자원봉사 활동을 하다.

マスコミ ● マスコミュニケーション	매스컴, 언론, 대중매체
	マスコミに_と取り_あ上げられる。 언론에 거론되다.

マッサージ	마사지, 안마
	_{ぜんしん}全身をマッサージする。 전신을 마사지하다.

マニュアル	매뉴얼, 설명서
	マニュアルを_よ読む。 설명서를 읽다.

メカニズム	메커니즘, 작용 원리, 구조
	_{けいざい}経済のメカニズムを_{けんきゅう}研究する。 경제의 메커니즘을 연구하다.

メディア	미디어, 매체
	_{しんぶん}新聞というメディア。 신문이라는 매체.

メロディー	멜로디
	メロディーを_{かな}奏でる。 멜로디를 연주하다.

モニター	모니터, 감시, 점검
	_{ばんぐみ}番組をモニターする。 방송을 모니터하다.

モラル	도덕성, 윤리
	モラルに欠ける。 도덕성이 부족하다.

ユニーク	독창적, 독특함
	ユニークな発想。 독창적인 발상.

ライバル	라이벌, 경쟁 상대, 경쟁자, 맞수
	ライバル意識を燃やす。 라이벌 의식을 불태우다.

ラフ	거침, 엉성함, 난폭함
	仕事ぶりがラフだ。 일하는 방식이 거칠다.

ラベル	라벨, 상표
	ラベルを貼る。 라벨을 붙이다.

リアリティー	리얼리티, 현실성, 진실성
	作品にリアリティーを持たせる。 작품이 현실성을 갖게 하다.

リード	리드, 앞장서서 이끎
	時代をリードする。 시대를 앞장서 이끌다.

リクエスト	요구, 주문, 신청
	リクエストに応じる。 요구에 응하다.

リスク	위험, 위험성
	投資はリスクを伴う。 투자는 위험을 수반한다.

リストアップ	선별 목록, 목록 작성
	招待客のリストアップを行う。 초대 손님 목록을 만들다.

リセット	리셋, 초기 상태로 돌림, 초기화
	設定をリセットする。 설정을 리셋하다.

リタイア	은퇴, 기권
	試合の途中、怪我でリタイアした。 시합 도중에 부상으로 기권했다.

ルーズ	느슨함, 헐렁함
	時間にルーズな人。 시간 개념이 없는 사람.

レイアウト	레이아웃, 배치, 배열
	売り場のレイアウトを工夫する。 매장의 배치를 연구하다.

レース	레이스, 경주, 경쟁
	ボートレースを見に行く。 보트 경주를 보러 가다.

レギュラー	정규의, 정식의
	レギュラーメンバーになる。 정규 회원이 되다.

レバー	레버, 지렛대, 손잡이
	サイドブレーキのレバーを引く。 사이드 브레이크의 손잡이를 당기다.

レンタカー	렌터카, 임대 자동차
	レンタカーを借りる。 렌터카를 빌리다.

レントゲン	뢴트겐, 엑스레이, 엑스선
	レントゲン写真をとる。 엑스레이 사진을 찍다.

ロス	손실, 낭비
	時間をロスする。 시간을 낭비하다.

ロマン	로망, 낭만
	ロマンを追う。 낭만을 쫓다.

JLPT 보카

N1

문자·어휘
모의고사

問題1 _____ の言葉の読み方として最もよいものを、1・2・3・4から
一つ選びなさい。

1 潔く事故の責任を認める。

　　1 いさぎよく　　　2 わずらわしく　　　3 すばやく　　　4 しぶとく

2 知事(ちじ)の発言に釈明を求める。

　　1 かいめい　　　2 しゃくめい　　　3 せきめい　　　4 しょうめい

3 部下の手本となるように行動する。

　　1 しゅほん　　　2 しゅもと　　　3 てほん　　　4 てもと

4 ようやく景気回復の兆しが見えてきた。

　　1 あかし　　　2 きざし　　　3 しめし　　　4 しるし

5 子供のいたずらを厳しく戒める。

　　1 いましめる　　　2 いやしめる　　　3 くるしめる　　　4 こらしめる

6 当センターは、感染症(かんせんしょう)予防の啓蒙活動を行っている。

　　1 かいむ　　　2 かいもう　　　3 けいむ　　　4 けいもう

問題2　（　　　）に入れるのに最もよいものを１・２・３・４から一つ選び
なさい。

7　道路の工事が終わり、通行止めが（　　　）された。
1 解消^{かいしょう}　　　2 解除^{かいじょ}　　　3 解体^{かいたい}　　　4 解約^{かいやく}

8　当選^{とうせん}を祝うパーティーが盛大に（　　　）。
1 うちきられた　　　　　　　　2 おだてられた
3 もよおされた　　　　　　　　4 きたされた

9　悪天候^{あくてんこう}で航空機^{こうくうき}の運航^{うんこう}を（　　　）いる。
1 見落^{みお}として　　　　　　　2 見習^{みなら}って
3 見合^{みあ}わせて　　　　　　　4 見渡^{みわた}して

10　安全運転のためには、常に（　　　）を保つことが大切だ。
1 安静^{あんせい}　　　2 閑静^{かんせい}　　　3 動静^{どうせい}　　　4 平静^{へいせい}

11　彼とは高校の先輩後輩の（　　　）だ。
1 間近^{まぢか}　　　2 間柄^{あいだがら}　　　3 身分^{みぶん}　　　4 身柄^{みがら}

12　エネルギー問題と環境問題を（　　　）に解決する方法はないだろうか。
1 一向^{いっこう}　　　2 一挙^{いっきょ}　　　3 一概^{いちがい}　　　4 一方^{いっぽう}

13　なんとか資金を（　　　）して、店をオープンすることができた。
1 割引　　　2 工面　　　3 利益　　　4 新規

問題3 _____の言葉に意味が最も近いものを、1・2・3・4から一つ選びなさい。

14 この二つの漢字はまぎらわしい。

1 非常に重要である　　　　　　　2 区別がつきにくい

3 書き方が難しい　　　　　　　　4 あまり使わない

15 閉店(へいてん)近くになると、食品は軒並(のきなみ)値下げされて安くなる。

1 しいて　　　　2 すべて　　　　3 つとめて　　　　4 かつて

16 癒(いや)しの音楽を聴いて眠りにつく。

1 ヒーリング　　　　　　　　　　2 デジタル

3 レクリエーション　　　　　　　4 バランス

17 赤と黄色のくっきりとしたコントラストは強烈(きょうれつ)な印象(いんしょう)を与えてくれる。

1 効果　　　　2 混合　　　　3 対比　　　　4 豊富さ

18 会議で他の人に気兼(きが)ねしてしまい、何も発言できなかった。

1 遠慮(えんりょ)して　　　　　　　　　2 気に入って

3 貫(つらぬ)いて　　　　　　　　　　　4 割(わ)り込(こ)んで

19 チャンスが与えられたときは、迷わず挑戦(ちょうせん)してみよう。

1 いどんで　　　　　　　　　　　　2 おびえて

3 からかって　　　　　　　　　　　4 つぶやいて

問題4 次の言葉の使い方として最もよいものを、1・2・3・4から一つ選び
なさい。

20 採決

1 卒業見込みの学生を対象に、4月入社に合わせて新卒採決を行う。
2 意見の一致を得られなかったので、採決を取った。
3 生徒の中間テストの答案を採決して、得点を出す。
4 建設費が値上がりし、採決が取れないため事業を断念した。

21 素早い

1 窓を開けていたら強い風が吹いて、机の上の紙が素早く飛んでしまった。
2 鈴木教授は話し方が素早いので、講義の内容が聞き取れないことがある。
3 消防側の素早い対応によって、被害は最小限に食い止められた。
4 森氏の小説は人気があって、新しい作品が発売されると素早く売り切れて
しまう。

22 リスク

1 面接では、自分のリスクを活かしてどう企業に貢献できるか述べましょう。
2 産業用ロボットの導入は、コスト削減や生産効率の向上などのリスクが
ある。
3 彼は長年銀行に勤めており、金融に詳しいことがリスクである。
4 企業の海外進出はリスクはあるが、成功すれば利益は大きい。

23 中傷

1 先進国と途上国の利害中傷がうまくいかず、会議は決裂した。
2 彼は、父親の中傷に耳をかそうともしなかった。
3 中傷を負った清水さんは、救急病院に運ばれた。
4 匿名を使ったネット上の中傷が犯罪でなくてなんだろうか。

24 慕う

1 山下先生は、温厚な人柄で生徒に慕われている。

2 薬は必ず医師の指示に慕って使用しましょう。

3 ヘリコプターがマラソンの先頭ランナーを慕っている。

4 彼はけっして悪い人ではないと言って、友人を慕った。

25 禁物

1 久しぶりに訪れた寺は境内の撮影が禁物になっていた。

2 子供にプレッシャーになるので過度の期待をするのは禁物だ。

3 刃物類は飛行機に持ち込みが禁物されている商品だ。

4 この標識がある場所では、すべての車両の通行が禁物されている。

정답

N1

1 ①	2 ②	3 ③	4 ②	5 ①	6 ④	7 ②	8 ③	9 ③	10 ④
11 ②	12 ②	13 ②	14 ②	15 ②	16 ①	17 ③	18 ①	19 ①	20 ②
21 ③	22 ④	23 ④	24 ①	25 ②					

해석

| 문제1 |

1　潔く(いさぎよく)事故の責任を認める。
깨끗하게 사고의 책임을 인정하다.

2　知事の発言に釈明(しゃくめい)を求める。
지사의 발언에 **해명**을 요구하다.

3　部下の手本(てほん)となるように行動する。
부하의 **본보기**가 되도록 행동하다.

4　ようやく景気回復の兆し(きざし)が見えてきた。
드디어 경기 회복의 **조짐**이 보이기 시작했다.

5　子供のいたずらを厳しく戒める(いましめる)。
아이의 장난을 엄하게 **훈계하다**.

6　当センターは、感染症予防の啓蒙(けいもう)活動を行っている。
당 센터는 감염병 예방 **계몽** 활동을 실시하고 있다.

| 문제2 |

7　道路の工事が終わり、通行止めが解除された。
도로 공사가 끝나 통행금지가 **해제**되었다.

8　当選を祝うパーティーが盛大に催された。
당선을 축하하는 파티가 성대하게 **개최되었다**.

9　悪天候で航空機の運航を見合わせている。
악천후로 항공기 운항을 **보류**하고 있다.

10　安全運転のためには、常に平静を保つことが大切だ。
안전 운전을 위해서는 항상 **평정**을 유지하는 것이 중요하다.

11　彼とは高校の先輩後輩の間柄だ。
그와는 고등학교 선후배 **사이**이다.

12 エネルギー問題と環境問題を一挙に解決する方法はないだろうか。

에너지 문제와 환경 문제를 **일거에** 해결하는 방법은 없을까?

13 なんとか資金を工面して、店をオープンすることができた。

어떻게든 자금을 **마련하여** 가게를 오픈할 수 있었다.

| 문제3 |

14 この二つの漢字はまぎらわしい(＝区別がつきにくい)。

이 두 한자는 **혼동하기 쉽다.**

15 閉店近くになると、食品は軒並(＝すべて)値下げされて安くなる。

폐점이 가까워지면 식품은 **모두** 가격이 인하되어 싸진다.

16 癒し(＝ヒーリング)の音楽を聴いて眠りにつく。

치유의 음악을 들으며 잠자리에 든다.

17 赤と黄色のくっきりとしたコントラスト(＝対比)は強烈な印象を与えてくれる。

빨강과 노란색의 선명한 **대비**는 강렬한 인상을 준다.

18 会議で他の人に気兼ねして(＝遠慮して)しまい、何も発言できなかった。

회의에서 다른 사람에게 **신경 쓰다**(=사양하다)보니 아무것도 발언할 수 없었다.

19 チャンスが与えられたときは、迷わず挑戦して(＝いどんで)みよう。

기회가 주어졌을 때는 망설이지 말고 **도전해** 보자.

| 문제4 |

20 意見の一致を得られなかったので、採決を取った。

의견 일치를 이루지 못했기 때문에 **표결**을 진행했다.

21 消防側の素早い対応によって、被害は最小限に食い止められた。

소방서측의 **재빠른** 대응으로 피해는 최소한으로 막았다.

22 企業の海外進出はリスクはあるが、成功すれば利益は大きい。

기업의 해외 진출은 위험성은 있지만 성공하면 이익은 크다.

23 匿名を使ったネット上の中傷が犯罪でなくてなんだろうか。

익명을 사용한 인터넷상의 **중상**이 범죄가 아니고 무엇이란 말인가?

24 山下先生は、温厚な人柄で生徒に慕われている。

야마시타 선생님은 온후한 인품으로 학생들에게 존경받고 있다.

25 子供にプレッシャーになるので過度の期待をするのは禁物だ。

아이에게 부담이 되기 때문에 과도한 기대를 하는 것은 **금물**이다.